Development Report of China's Securities Industry (2023)

中国证券业发展报告

2023

中国证券业协会 著

中国财经出版传媒集团
中国财政经济出版社
北京

图书在版编目（CIP）数据

中国证券业发展报告.2023/中国证券业协会著
.--北京：中国财政经济出版社，2023.11
ISBN 978-7-5223-2530-9

Ⅰ.①中… Ⅱ.①中… Ⅲ.①证券业-经济发展-研究报告-中国-2023 Ⅳ.①F832.51

中国国家版本馆 CIP 数据核字（2023）第 195721 号

责任编辑：翁晓红　　　　　责任校对：胡永立
封面设计：孙俪铭　　　　　责任印制：党　辉

中国证券业发展报告（2023）
ZHONGGUO ZHENGQUANYE FAZHAN BAOGAO（2023）

中国财政经济出版社 出版

URL：http：//www.cfeph.cn
E-mail：cfeph@cfeph.cn

（版权所有　翻印必究）

社址：北京市海淀区阜成路甲 28 号　邮政编码：100142
营销中心电话：010-88191522
天猫网店：中国财政经济出版社旗舰店
网址：https：//zgczjjcbs.tmall.com
北京时捷印刷有限公司印刷　各地新华书店经销
成品尺寸：185mm×260mm　16 开　23.75 印张　509 000 字
2023 年 11 月第 1 版　2023 年 11 月北京第 1 次印刷
定价：70.00 元
ISBN 978-7-5223-2530-9
（图书出现印装问题，本社负责调换，电话：010-88190548）
本社质量投诉电话：010-88190744
打击盗版举报热线：010-88191661　QQ：2242791300

《中国证券业发展报告（2023）》
编委会

主　　编：赵山忠

委　　员：（按照姓氏笔画排序）

丁　毅　　万华伟　　王　芳　　王　松　　王连志
王晓国　　王常青　　王惠娟　　邓　舸　　申　屹
乔光豪　　刘　健　　刘乃生　　刘肃毅　　李　军
何　玲　　张　威　　张佑君　　张纳沙　　张剑文
陈　亮　　武裕恒　　林传辉　　周　杰　　周素霞
赵恒珩　　徐仕达　　徐海宁　　陶永泽　　黄钰薇
黄朝晖　　霍　达

执行主编：王燕红　　孟宥慈　　张冀华　　张东升　　汪兆军
　　　　　李亚琳

执行副主编：曹永强　　于　佳

《中国证券业发展报告（2023）》
编写人员名单

（按照姓氏笔画排序）

丁耀武	于 佳	于子豪	马东军	马致远	王 岗
王阿迪	王国强	王春华	王烨伟	王铭榕	王婧文
毛兆瑞	孔令贵	邓 盛	艾仁智	冉桂林	朱 蕾
朱胜勇	刘 骋	刘 辉	刘广超	刘帅帅	刘晓光
刘晓娇	许 霄	许小旭	许彦冰	许啸虎	孙 媛
纪 尧	劳添辉	苏 贤	杜 超	杜洪波	李 曦
李怀军	李明亮	李姝醒	李银鹰	肖 丹	吴一萍
邱诗阳	汪 丽	张 玲	张怡萌	张闻达	陈 卉
陈 茵	陈 皙	陈 福	陈 橙	陈诣辉	陈显泉
陈梦怡	陈富柳	林 朵	林 青	郁天运	罗 麒
周 赟	周洪荣	郑治国	赵文雯	赵慧文	郝 帅
胡 炜	施洪斌	施继军	姜振茂	洪益明	袁宇泽
贾 佳	贾 新	钱 瑠	殷军军	黄秀丽	黄侃婧
龚 芳	龚慧敏	董欣焱	蒋健蓉	韩云从	韩月琳
赖东锐	路 颖	简化宇	颜占寅	潘 璠	潘 燕

前　言

《中国证券业发展报告（2023）》作为行业年度报告，立足于从行业宏观视角和业务发展维度，通过行业问卷调研、发展情况梳理总结、典型案例分析和国际经验借鉴，全面、深入、客观地反映2022年行业的发展状况、行业特色和发展趋势。《中国证券业发展报告（2023）》共17个报告，包括1个总报告、6个分报告、10个专题报告。

2022年是党的二十大胜利召开之年，也是实施"十四五"规划承上启下之年，证券行业认真贯彻落实党中央、国务院决策部署，坚持稳字当头、稳中求进，深入贯彻新发展理念，立足于服务实体经济高质量发展和构建"双循环"发展格局，坚持服务实体经济和支持科技自立自强的初心和使命，以金融供给侧结构性改革为主线，助力构建资本、科技与实体经济高水平循环的中国特色现代资本市场新格局。一是发挥专业优势持续强化融资功能发挥，加大对科技创新的支持力度，优化资源配置效率、服务实体经济、服务经济高质量发展的作用进一步发挥。2022年证券行业服务341家企业在沪、深证券交易所完成首次公开发行并上市，合计募集资金5 704.07亿元，同比上升6.59%；服务83家企业在北交所完成发行上市，募集资金总额163.84亿元，同比上升117.81%；服务上市公司融资性非公开发行股票295家次，共募集资金5 540.04亿元；服务10家上市公司实施配股，合计募集资金633.80亿元。2022年科创板、创业板和北交所上市企业数量合计354家，保荐机构达53家，投资银行持续为科技创新型企业上市融资提供服务。二是持续推进财富管理转型和资管业务主动转型，更好服务居民财富管理需求。截至2022年末，证券公司服务投资者数量达到2.1亿，较上年末增长7.46%；2018—2022年，证券公司投资顾问数量逐年增加，从2018年的45 133人上升到2022年的73 510人，占从业人员比重由13.5%提升至20.65%；2022年证券公司社会财富管理属性更强的资管产品规模显著增长，主动管理规模占比达到90.76%，较2021年提高了4.09%。三是持续夯实资本实力，提升资产质量，增强服务国家战略能力。截至2022年末，证券行业总资产为11.06万亿元，净资产为2.79万亿元，净资本2.09万亿元，分别较上年末增长4.41%、8.52%、4.69%。四是持续推进数字化转型，加强数字金融标准建设。2022年，证券行业IT人员继续增加，人员总数同比增长8.08%，2022年证券行业IT总投入为377.65亿元，同比增长24.41%。证券公司数字化转型逐步由零售经纪业务扩展到机构业务、资产管理、投资银行、自营投资、中后台等多个领域。五是积极履行社会责任，发展绿色金融助力实现"双碳"目标，引金融活水服务乡村振兴。2022年，证券公司承销发行乡村振兴债券305.21亿元，同比增长42.77%；承销（管理）发行绿色公司债券（含ABS）152只，融资金额1 716.58亿元，同比增长24.71%。截至2022年末，共有103家证券公司结对帮扶357个脱贫县，60家公司结对帮扶83个国家乡村振兴重点帮扶县，65家证券公司参与"证券行业促进乡村振兴公益行动"，承诺出资3.5亿元。2022年全行业公益性支出7.65亿元，公益性支出金额500万元以上的证券公司达42家。六是持续推进证券行业文化建设，夯实高质量发展根基。证券公司持续深化文化建设与公司治理、发展战略、发展方式、行为规范深度融合，与党建工作要求、人的全面发展、历史文化传承、专业能力建设有机结合，完善文化建设制度机制、优化组织保障体系、强化人员行为管理和专业能力提升，注重总结形成特色党建、文化案例，积极树立良好行业形象。2022年，合并口径103家公司公示了2021年度文化建设实践年报，其中，合并口径98家公司将文化建设写入公司章程，68家公司形成文化建设规划等纲领性文件，年报展示的公司党建经验案例、文化建设特色案例超过150个。

2023年是贯彻党的二十大精神的开局之年。党的二十大报告指出，未来五年是全面建设社会主义现代化国家开局起步的关键时期。高质量发展是全面建设社会主义现代化国家的首要任务，金融要为经济社会发展提供高质量服务。证券公司作为金融服务提供商，是连通资本市场和服务实体经济的枢纽，是我国金融体系的重要组成部分。证券行业要切实提高政治站位，胸怀"国之大者"，强化使命担当，围绕加快建设安全、规范、透明、开放、有活力、有韧性的资本市场，推进行业高质量发展，服务建设金融强国。一要坚守金融服务实体经济的根本宗旨，坚持以高质量发展为主题，以落实金融供给侧结构性改革为主线，围绕做好科技金融、绿色金融、普惠金融、养老金融、数字金融五篇大文章，优化服务结构，提升服务能力和质量，服务高水平科技自立自强，助力实现碳达峰、碳中和目标，发挥财富管理的平台作用，增强服务人民共享发展成果的社会责任，不断提升综合金融服务能力和国际竞争力。二要持续提升全面风险管理水平，进一步提高对风险管理工作重要性的认识，深刻认识防范化解金融风险，特别是防止发生系统性金融风险，是金融工作的根本性任务，也是金融工作的永恒主题，对重点领域业务风险加强预研预判，早识别、早预警、早发现、早处置，切实提高风险防范能力及各业务领域风险管理能力。三要坚持主责主业，持续加强专业能力和责任建设，健全与全面注册制相适应的专业能力和责任体系建设，做好资本市场"看门人"，增强合规风控能力，为企业和居民提供更加多样化的金融产品工具，提高科技应用水平，稳步发展跨境业务，努力建设一流投资银行，为社会提供优质金融服务。四要久久为功推进行业文化建设，坚持党建引领文化建设，大力弘扬中华优秀传统文化，压实文化建设主体责任，督促从业人员践行行业荣辱观，推动行业文化品牌建设，进一步促进文化认同，提升文化建设的内生动力，不断增强文化自信，为建设中国特色现代资本市场和行业高质量发展提供思想保证、价值引领、精神动力。

在建设中国特色现代资本市场的新阶段，面对股票发行注册制走深走实新环境，《中国证券业发展报告（2023）》力求将2022年中国证券业的发展全貌展现给读者，为中国证券业的发展留下真实可靠的历史资料。同时，该报告对未来行业发展提出了一些展望和建议，旨在促进读者更加深入地思考，以证券行业的高质量发展助力资本市场高质量发展，为建设金融强国积极贡献力量。

中国证券业协会
2023 年 11 月

目 录

总 报 告

2022 年中国证券业发展回顾与展望

第一章　2022 年中国证券业发展状况 …………………………………………（ 4 ）
第二章　2022 年中国证券业服务实体经济成效 ………………………………（ 28 ）
第三章　2022 年中国证券业发展特点 …………………………………………（ 42 ）
第四章　2023 年中国证券业发展展望 …………………………………………（ 49 ）

分 报 告

分报告之一：2022 年中国证券经纪业务发展回顾与展望

第一章　2022 年中国证券经纪业务的总体情况 ………………………………（ 55 ）
　　第一节　2022 年中国证券经纪业务的市场环境 …………………………（ 55 ）
　　第二节　2022 年中国证券经纪业务的发展情况 …………………………（ 59 ）
第二章　2022 年中国证券经纪业务面临的问题与 2023 年前景展望 ………（ 62 ）
　　第一节　2022 年中国证券经纪业务面临的问题 …………………………（ 62 ）
　　第二节　2023 年中国证券经纪业务发展前景展望 ………………………（ 64 ）

分报告之二：2022 年中国投资银行业务发展回顾与展望

第一章　2022 年中国投资银行业务的总体情况 ………………………………（ 67 ）
　　第一节　股权融资业务情况 ………………………………………………（ 68 ）

第二节　公司债券业务情况 ………………………………………………（70）
　　第三节　并购重组业务情况 ………………………………………………（74）
　　第四节　证券公司参与全国股转系统情况 ………………………………（78）
　　第五节　资产证券化及公募 REITs 业务情况 ……………………………（80）
第二章　2022 年中国投资银行业务面临的问题与 2023 年前景展望 …………（86）
　　第一节　2022 年中国投资银行业务面临的问题 …………………………（86）
　　第二节　2023 年中国投资银行业务前景展望 ……………………………（88）

分报告之三：2022 年中国证券公司资产管理业务发展回顾与展望

第一章　2022 年中国证券公司资产管理业务的总体情况 ……………………（92）
　　第一节　2022 年中国证券公司资产管理业务的发展环境 ………………（92）
　　第二节　2022 年中国证券公司资产管理业务的发展情况 ………………（94）
第二章　2022 年中国证券公司资产管理业务发展中面临的问题与 2023 年发展展望 ……（102）
　　第一节　2022 年中国证券公司资产管理业务发展中面临的问题 ……（102）
　　第二节　2023 年中国证券公司资产管理业务前景展望 ………………（105）

分报告之四：2022 年中国证券公司融资类业务发展回顾与展望

第一章　2022 年中国证券公司融资融券业务发展回顾与 2023 年前景展望 …（108）
　　第一节　2022 年中国证券市场融资融券业务发展情况 ………………（108）
　　第二节　2022 年中国融资融券业务发展特点 …………………………（113）
　　第三节　2022 年中国融资融券业务面临的问题 ………………………（116）
　　第四节　2023 年中国融资融券业务的发展前景 ………………………（117）
第二章　2022 年中国证券公司其他融资类业务发展回顾与 2023 年前景展望 …（119）
　　第一节　2022 年证券公司其他融资类业务发展状况 …………………（119）
　　第二节　2022 年证券公司其他融资类业务发展中面临的问题 ………（122）
　　第三节　2023 年证券公司其他融资类业务发展前景展望 ……………（124）

分报告之五：2022 年中国证券公司投资业务发展回顾与展望

第一章　2022 年中国证券公司投资业务的总体情况 …………………………（126）
　　第一节　2022 年中国证券公司传统投资业务发展情况 ………………（127）
　　第二节　2022 年中国证券公司传统投资业务发展中面临的问题与 2023 年前景展望 ……………………………………………………………（128）

第二章 2022年中国证券公司私募投资基金业务发展情况与2023年前景展望 ………（130）
第一节 2022年中国私募股权市场基本情况 ………（130）
第二节 2022年中国证券公司其他投资业务子公司的投资业务开展情况 ………（133）
第三节 证券公司私募投资基金业务监管政策变化 ………（134）
第四节 证券公司私募投资基金业务面临的问题和挑战 ………（135）
第五节 2023年证券公司私募投资基金业务发展环境与契机 ………（136）

分报告之六：2022年中国证券市场资信评级业务发展回顾与展望

第一章 2022年中国证券资信评级行业发展基础 ………（138）
第一节 债市概况 ………（138）
第二节 监管环境 ………（140）
第二章 2022年中国证券资信评级业务发展情况 ………（142）
第一节 2022年中国证券资信评级行业现状 ………（142）
第二节 2022年中国证券资信评级业务发展概况 ………（145）
第三节 2022年中国证券资信评级业务评级表现分析 ………（148）
第三章 2022年证券资信评级行业面临的问题与2023年前景展望 ………（162）
第一节 2022年中国证券资信评级行业面临的问题 ………（162）
第二节 2023年证券资信评级行业发展前景展望 ………（164）

专题报告

专题报告之一：2022年中国证券公司合规管理发展综述

第一章 2022年中国证券公司合规管理概况 ………（169）
第一节 2022年证券公司合规管理基本情况 ………（169）
第二节 2022年证券行业监管与自律规则体系的发展情况 ………（170）
第二章 2022年中国证券公司合规管理职能的履行情况 ………（176）
第三章 2022年中国证券公司合规管理面临的问题与2023年展望 ………（180）
第一节 2022年证券公司合规管理面临的问题 ………（180）
第二节 2023年证券公司合规管理展望 ………（181）

专题报告之二：2022年中国证券公司风险管理发展综述

第一章 2022年中国证券公司风险管理概况 ………（184）
第一节 2022年中国证券公司风险管理基本情况 ………（184）

第二节　2022 年中国证券公司风险管理特点 …………………………………（187）
第二章　2022 年证券公司关键风险及重点领域风险和管理 ……………………（190）
　　第一节　市场风险管理 ……………………………………………………………（190）
　　第二节　信用风险管理 ……………………………………………………………（192）
　　第三节　流动性风险管理 …………………………………………………………（194）
　　第四节　操作风险管理 ……………………………………………………………（195）
　　第五节　信息技术风险管理 ………………………………………………………（196）
　　第六节　声誉风险管理 ……………………………………………………………（197）
　　第七节　投资银行业务风险管理 …………………………………………………（197）
第三章　2023 年中国证券公司风险管理展望 ……………………………………（199）

专题报告之三：2022 年证券行业履行社会责任情况综述

第一章　巩固拓展脱贫攻坚成果，接续推进乡村振兴 …………………………（202）
第二章　涵养行业公益服务生态，发挥公益服务示范效应 ……………………（204）
第三章　发挥资本市场功能，积极服务国家发展战略 …………………………（206）

专题报告之四：2022 年证券公司投资者保护工作发展综述

第一章　证券公司投资者教育服务工作情况 ……………………………………（209）
第二章　证券公司投资者适当性管理工作情况 …………………………………（216）
第三章　维护投资者合法权益情况 ………………………………………………（219）
第四章　投资者保护工作建议 ……………………………………………………（222）

专题报告之五：2022 年证券行业人力资源管理发展综述

第一章　2022 年证券行业人力资源发展概况 ……………………………………（225）
　　第一节　证券行业人才数量与结构 ………………………………………………（225）
　　第二节　证券行业人才引进情况 …………………………………………………（228）
　　第三节　证券行业人力资源成本投入情况 ………………………………………（230）
第二章　2022 年证券行业组织变革与设置情况 …………………………………（232）
　　第一节　2022 年证券公司组织变革概况 …………………………………………（232）
　　第二节　2022 年证券公司总部组织设置情况 ……………………………………（233）
　　第三节　2022 年证券公司分支机构组织设置情况 ………………………………（235）
　　第四节　2022 年证券公司子公司组织设置情况 …………………………………（237）
第三章　2022 年证券公司人员构成情况 …………………………………………（238）
　　第一节　2022 年证券公司总部人员情况 …………………………………………（238）

第二节　2022 年证券公司各业务线人员构成情况 ……………………………… (239)
　　第三节　2022 年证券公司分支机构人员情况 …………………………………… (245)
第四章　2022 年证券行业人才发展和管理存在的问题与建议 ……………………… (246)
　　第一节　2022 年证券行业人才发展和管理存在的问题 ………………………… (246)
　　第二节　2023 年证券行业人才发展和管理发展建议 …………………………… (247)

专题报告之六：2022 年中国证券业信息技术与服务发展综述

第一章　2022 年中国证券业信息技术与服务发展情况 ……………………………… (250)
　　第一节　2022 年中国证券业信息技术与服务发展特点 ………………………… (250)
　　第二节　2022 年中国证券业信息技术投入情况 ………………………………… (253)
第二章　2022 年金融科技在证券业信息技术中的应用发展情况 …………………… (260)
　　第一节　2022 年证券公司数字化转型、数据治理与基础设施建设情况 ……… (260)
　　第二节　2022 年金融科技在证券业信息技术中的应用概况 …………………… (264)
　　第三节　2022 年金融科技在证券业的典型应用场景 …………………………… (268)
第三章　2023 年中国证券业信息技术与服务展望 …………………………………… (275)

专题报告之七：2022 年中国证券公司国际业务发展综述与展望

第一章　2022 年中国证券公司国际业务发展环境 …………………………………… (278)
第二章　2022 年中国证券公司国际业务开展情况 …………………………………… (283)
　　第一节　投资银行业务 ……………………………………………………………… (283)
　　第二节　资产管理业务 ……………………………………………………………… (289)
　　第三节　证券经纪业务 ……………………………………………………………… (290)
第三章　2022 年中国证券公司国际业务面临的问题与 2023 年发展展望 ………… (292)
　　第一节　2022 年中国证券公司国际业务面临的问题 …………………………… (292)
　　第二节　2023 年中国证券公司国际业务发展展望 ……………………………… (293)

专题报告之八：2022 年中国区域性股权市场发展综述与展望

第一章　2022 年中国区域性股权市场发展情况 ……………………………………… (295)
　　第一节　2022 年区域性股权市场发展概况 ……………………………………… (295)
　　第二节　2022 年区域性股权市场运营情况 ……………………………………… (297)
第二章　2022 年中国区域性股权市场发展特点 ……………………………………… (303)
　　第一节　扣紧高质量发展，建设优质企业聚集地 ………………………………… (303)
　　第二节　扣紧降本增效，建设综合金融服务链 …………………………………… (304)

  第三节 扣紧孵化培育，建设中小微企业综合服务链 …………………（306）
  第四节 扣紧提质增效，助力创新试点扩面提质 ……………………（308）
第三章 2023年中国区域性股权市场发展展望 ………………………………（311）
  第一节 区域性股权市场面临的发展瓶颈 ……………………………（311）
  第二节 区域性股权市场发展方向 ………………………………………（312）

专题报告之九：2022年证券公司场外业务监测监控概述及柜台市场业务发展综述

第一章 2022年证券公司场外业务监测监控概述 ………………………………（314）
  第一节 场外证券业务发展情况 …………………………………………（315）
  第二节 交易报告基础建设 ………………………………………………（326）
  第三节 报价系统运营情况 ………………………………………………（329）
第二章 2022年中国证券公司柜台市场业务发展综述 …………………………（335）
  第一节 2022年中国证券公司柜台市场业务的开展情况 ………………（335）
  第二节 2022年中国证券公司柜台市场业务发展特点与2023年展望 …（339）

专题报告之十：2022年中国证券公司固定收益业务发展综述与展望

第一章 2022年中国债券市场发展概况 ……………………………………………（341）
  第一节 2022年中国债券市场规模和结构 …………………………………（341）
  第二节 2022年中国债券市场投资者结构 …………………………………（344）
第二章 2022年证券公司固定收益业务发展情况 ………………………………（347）
  第一节 2022年证券公司固定收益业务发展概况 …………………………（347）
  第二节 2022年证券公司固定收益业务发展特征 …………………………（348）
第三章 2023年中国证券公司固定收益业务发展展望 …………………………（351）

附 录：2022年中国证券行业重要制度规范发布目录 ………………………（354）

后 记 ………………………………………………………………………………（360）

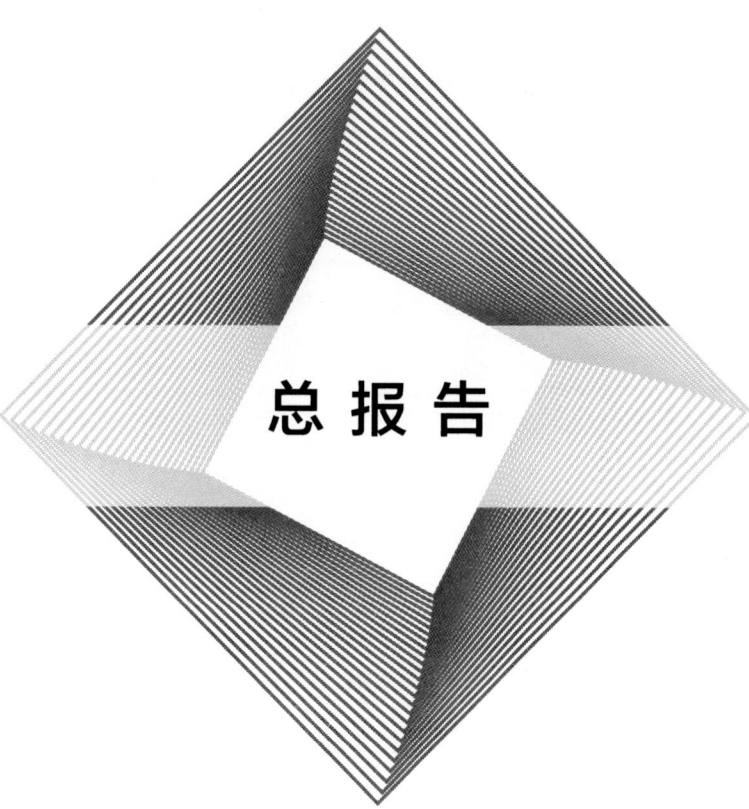

2022年中国证券业发展回顾与展望

2022年是党的二十大胜利召开之年，也是深化实施"十四五"规划的关键之年。证券行业认真贯彻落实党中央、国务院决策部署，坚持稳字当头、稳中求进，立足于服务实体经济高质量发展和构建"双循环"发展格局，坚持服务实体经济和支持科技自立自强的初心和使命，积极践行新发展理念，以金融供给侧结构性改革为主线，助力构建资本、科技与实体经济高水平循环的中国特色现代资本市场新格局。年内，面对多重超预期冲击，A股市场经受住了严峻考验，服务实体经济功能进一步提升，为稳定宏观经济大盘积极贡献了力量，资本市场改革开放持续深化，全面实行股票发行注册制稳步推进，重点领域风险持续收敛。投资者保护制度机制进一步健全。证券公司持续夯实资本实力，强化服务国家战略能力，服务实体经济和居民财富管理功能及合规风控水平持续提升，久久为功推进行业文化建设，数字化转型全面加速，行业生态进一步优化，行业发展提质增效，在服务绿色转型助力实现"碳达峰碳中和"目标、乡村振兴以及创新驱动发展等方面发挥了重要作用。

2023年是全面贯彻党的二十大精神的开局之年，是全面建设社会主义现代化国家开局起步的关键之年。当前我国经济正处于疫情后稳定恢复和实现高质量发展的关键时期，在国内经济转型升级、金融市场改革深入推进的新形势下，证券行业将坚持以习近平新时代中国特色社会主义思想为指导，切实把思想和行动统一到党中央对形势的科学判断和决策部署上，进一步突出稳字当头、稳中求进，紧紧围绕打造一个安全、规范、透明、开放、有活力、有韧性的资本市场的总目标，聚焦主责主业，以股票发行注册制改革全面落地为契机进一步畅通"科技—产业—金融"良性循环，不断提升投资银行业务核心竞争力，助力完善具有中国特色的估值体系，积极推进财富管理转型，更好地保护中小投资者合法权益，持续完善风险防范化解机制，进一步增强支持绿色循环经济的能力，助力实现"碳达峰碳中和"目标，不断探索构建证券业务与金融科技融合的创新机制，进一步巩固推进证券行业文化建设，努力构建集约型、专业化、高质量的行业发展新格局，推动实现行业高质量发展，为促进中国特色现代资本市场建设作出积极贡献，走好中国特色金融发展之路，助力实现中国式现代化。

第一章

2022年中国证券业发展状况

一、证券行业总体情况

(一) 证券公司发展情况

截至2022年底,全国共有证券公司140家,与上年持平。2022年在沪、深证券交易所上市的证券公司为42家,较上年增加首创证券;在香港联交所上市的证券公司总数为15家,在全国中小企业股份转让系统挂牌的证券公司为3家,均与上年持平。外资参股、控股证券公司为17家,与上年持平。证券公司数量及上市证券公司净资产占比变化情况见图总1-1。

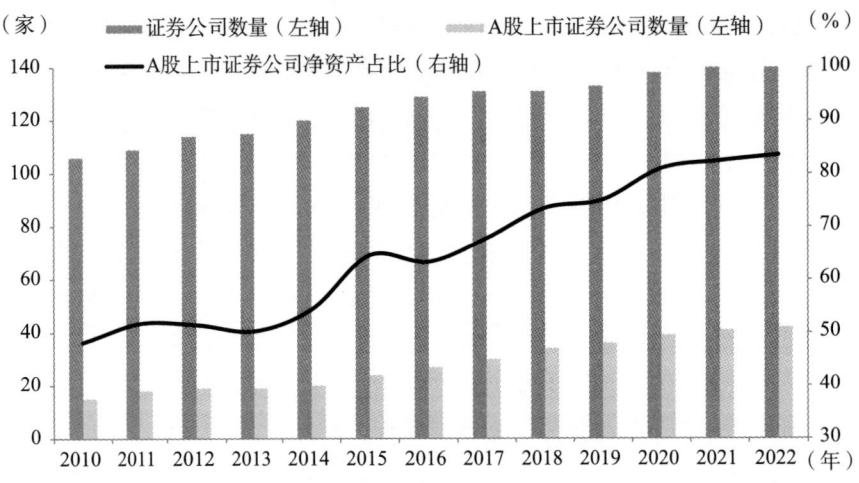

图总1-1 2010—2022年证券公司数量及上市证券公司净资产占比变化

资料来源:中国证券业协会网站,Wind,上市证券公司2022年报。

1. 证券公司资产规模

截至2022年12月31日,证券公司总资产为11.06万亿元,净资产为2.79万亿元,净资本为 2.09 万亿元。2022 年证券公司总资产增长 4.41%，净资产增长 8.52%，杠杆率略降至 3.29 倍（见图总 1-2）。

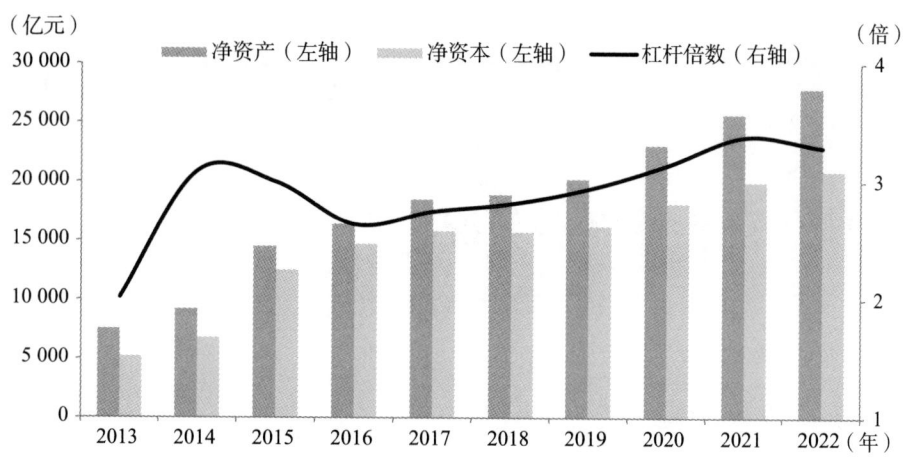

图总 1-2　2013—2022 年证券公司资本规模情况

注：杠杆倍数 = [总资产 - （代理买卖证券款 + 信用交易代理买卖证券款 + 代理承销证券款）]/净资产

资料来源：中国证券业协会，Wind。证券公司经营数据由未经审计财务报表统计而得。

2022 年证券公司总资产、净资产和净资本集中度指标保持平稳。2022 年总资产、净资产、净资本前 5 家证券公司的集中度（CR5）分别为 39.45%、33.30% 和 24.12%，净资产、净资本集中度略上升，总资产集中度略下滑（见图总 1-3）。

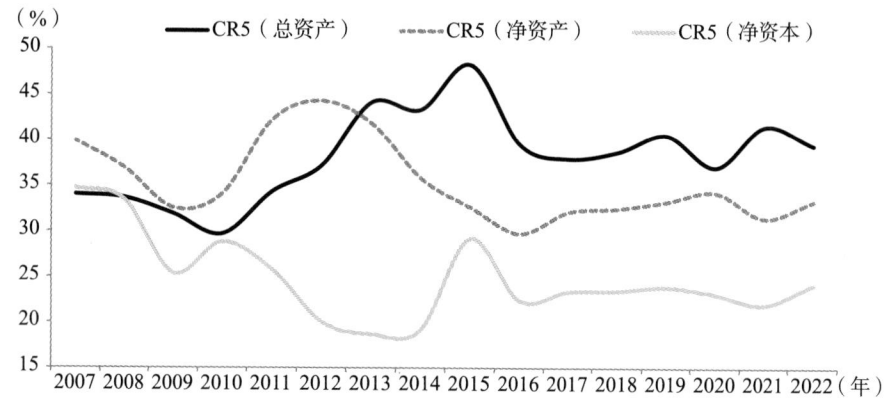

图总 1-3　2007—2022 年证券公司规模集中度变化情况

资料来源：中国证券业协会，Wind，各公司数据取自 2022 年报。

2. 证券公司业务利润变动和收入结构情况

2022 年证券公司全年实现营业收入 3 949.73 亿元，同比下降 21.38%；实现净利润 1 423.01 亿元，同比下降 25.54%；净利率为 36.03%，较上年下降 2.01 个百分点；行业净资产收益率（ROE）为 5.10%，较上年下降 2.34 个百分点（见图总 1-4）。

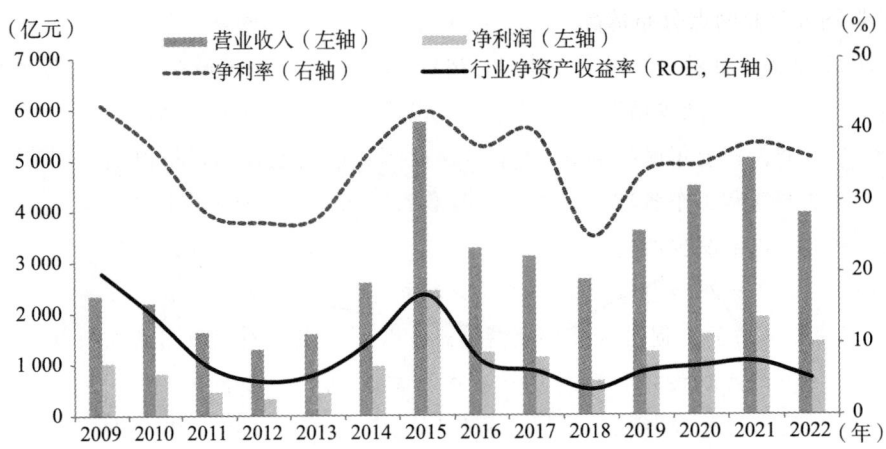

图总 1-4　2009—2022 年证券公司盈利情况

资料来源：中国证券业协会网站，Wind。

从 2022 年证券公司经营数据来看，受国际地缘政治形势及其他宏观经济因素的多重影响，证券公司各项业务较上年均有不同程度的回落，受影响最大的是自营业务，其次是证券经纪业务，投资银行业务和融资融券业务下降幅度相对较小。上年的盈利支点之一的自营业务降幅为 55.94%，成为影响盈利的主要因素之一。市场行情走低抑制了交易活跃度，证券公司经纪业务收入较上年减少 15.51%，虽然下滑但仍然是收入的主要来源之一，占整体收入的 30%，占比较上年提升 4 个百分点。融资融券业务随市场缩水，融资融券余额较上年下降 16%，融资融券业务利息收入的降幅为 9.82%，融资融券业务利息收入占比为 26.29%，占整体收入的比重连续上升。证券公司 2022 年实现承销和保荐业务净收入 584.19 亿元，较上年下降 5.55%，占整体收入的比重较上年提升（见表总 1-1）。

表总 1-1　2021—2022 年证券公司利润和收入情况

	2022 年上半年	2022 年	2021 年
营业收入（亿元）	2 059.19	3 949.73	5 024.10
代理买卖证券业务净收入占比（%）	28.32	28.63	26.64
投资咨询业务净收入占比（%）	1.37	1.51	1.09
证券承销与保荐业务净收入占比（%）	13.00	14.79	12.31
财务顾问业务净收入占比（%）	1.52	1.90	1.62
资产管理业务净收入占比（%）	6.47	6.86	6.33
证券投资净收益占比（%）	20.87	15.40	27.48
融资融券业务利息净收入占比（%）	14.40	26.29	22.90
其他业务占比（%）	14.05	4.62	1.62
净利润（亿元）	811.95	1 423.01	1 911.19
净利率（%）	39.43	36.03	38.04

注：净利率 = 净利润/营业收入×100%。

资料来源：中国证券业协会，证券公司经营数据由未经审计财务报表统计而得。

3. 证券公司营业网点分布情况

截至2022年底,证券公司营业部共11 783个,较2021年末减少45个,减少0.38%,自2016年以来首次出现减少情况。数据显示,2022年营业部较上年增加的地区有7个,与上年持平的有4个,较上年减少的有20个。营业部新增的地区仍以沿海地区居多,增速进一步放缓,其中浙江和山东各增加7家,上海增加3家,广东和天津各增加2家,江苏和西藏各增加1家。营业部减少的地区从上年的10个增加至20个,其中6个地区减少5家以上营业部,9个地区减少2—4家,5个地区减少1家(见表总1-2)。新冠疫情对证券公司来说是"双刃剑":一方面,促进其转变经营模式,线下网点的固定成本越来越高但盈利状况难以提升,优化智能终端设备、降低刚性成本等都成为营业部竞争中的必要条件;另一方面,科技渗透以及数字化经营战略赋能各项业务,营业部功能的综合提升势在必行,也给营业部经营转型带来契机,营业部与总部协同作战、使资源和潜能最大化发挥,是证券公司分支机构布局需考虑的重要因素。

表总1-2　　　　　　2016—2022年证券公司营业部辖区分布　　　　　　(单位:家)

地区	2016年	2017年	2018年	2019年	2020年	2021年	2022年
广东	1 252	1 446	1 529	1 569	1 602	1 621	1 623
浙江	799	973	1 045	1 088	1 120	1 144	1 151
江苏	790	919	986	1 012	1 014	1 018	1 019
上海	709	783	825	839	847	865	868
山东	517	602	636	658	666	669	676
北京	456	553	579	585	586	596	589
福建	412	479	522	541	547	559	559
四川	380	443	462	468	472	472	471
湖南	351	393	411	424	427	430	425
湖北	333	403	421	420	424	427	424
河南	316	378	386	407	398	399	398
辽宁	348	383	400	388	377	373	366
安徽	263	308	334	346	345	343	338
江西	294	325	345	348	347	344	344
陕西	224	273	282	292	292	297	295
河北	234	272	277	280	275	283	281
重庆	195	222	229	231	238	246	241
山西	173	199	211	209	214	215	207
云南	152	174	179	176	178	180	177
天津	160	175	182	183	181	183	185
广西	182	202	212	217	188	181	178
黑龙江	168	181	189	184	179	178	177

续表

地区	2016 年	2017 年	2018 年	2019 年	2020 年	2021 年	2022 年
吉林	140	157	161	160	153	150	146
内蒙古	105	116	121	123	122	119	116
新疆	89	111	118	123	122	119	116
贵州	98	118	124	126	121	119	119
甘肃	97	106	111	113	108	107	106
海南	62	72	79	80	79	83	83
宁夏	44	52	56	56	56	56	53
青海	25	29	31	31	27	27	26
西藏	17	26	25	26	26	25	26
合计	9 385	10 873	11 468	11 703	11 731	11 828	11 783

资料来源：上海证券交易所网站。

2022 年证券公司单个营业部年均交易量为 190 亿元/家，较上年下降 12.45%，2022 年市场下跌降低了投资者交易意愿。2022 年全行业平均佣金率为 0.278‰，较上年的 0.305‰继续下降，经纪业务的经营竞争更加激烈（见图总 1-5）。

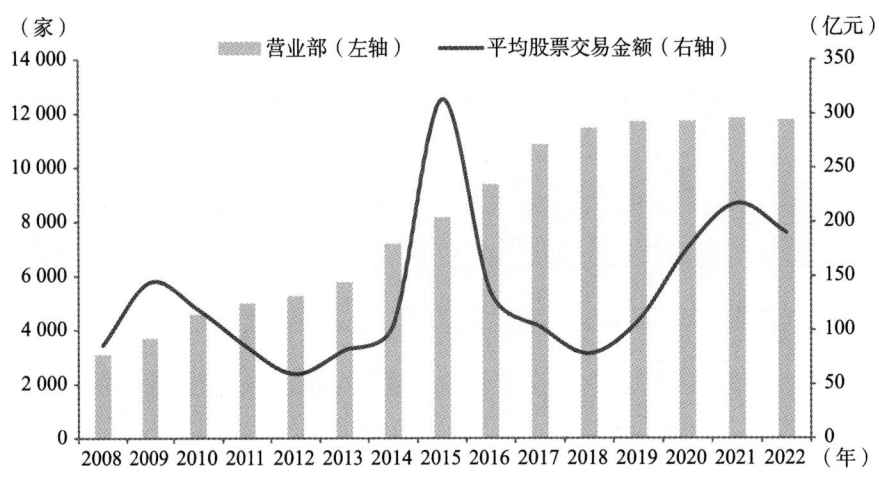

图总 1-5　2008—2022 年证券公司营业网点发展情况

资料来源：上海交易所网站，Wind。

4. 证券行业从业人员

2022 年证券行业已登记从业人员 37.81 万人，较上年增加 18 220 人，增幅为 5.06%，持续 3 年增加，整体规模创下新高，近年来证券行业人员规模连续扩张趋势明显。其中，一般从业人员 24.22 万人，证券投资咨询业务（投资顾问）7.71 万人，证券经纪人 4.58 万人，保荐代表人 7 834 人，证券投资咨询业务（分析师）4 099 人，证券投资咨询业务（其他）1 062 人。

从人员结构来看，2022年增加最多的是一般证券业务人员，2022年增加20 470人，增加规模较上年进一步扩大。2022年证券投资顾问增加和证券经纪人减少的特征持续，证券投资顾问增加了6 009人，证券经纪人减少了9 201人，证券经纪人减少数量大于证券投资顾问增加数量。保荐代表人增加了441人，增幅较上年进一步减缓。证券投资咨询业务（分析师）增加511人，扭转了上年减少的格局（见表总1-3）。

表总1-3　　　　　　2022年证券行业从业人员规模及结构　　　　　　（单位：人）

机构类型	已登记人员	一般证券业务	证券投资咨询业务（投资顾问）	证券经纪人	保荐代表人	证券投资咨询业务（分析师）	证券投资咨询业务（其他）
证券公司	356 059	224 984	73 510	45 800	7 834	3 931	0
证券投资咨询机构	20 608	16 837	3 603	0	0	168	0
证券市场资信评级机构	1 062	0	0	0	0	0	1 062
证券公司另类投资子公司	332	332	0	0	0	0	0
合计	378 061	242 153	77 113	45 800	7 834	4 099	1 062

资料来源：中国证券业协会。

（二）证券投资咨询公司发展状况[①]

截至2022年底，证券投资咨询公司共80家，以下情况是根据对75家证券投资咨询公司的问卷调查数据分析得出。

1. 经营状况

参与问卷调查的75家证券投资咨询公司2022年营业收入总计140.66亿元，同比增长12.38%；净利润总计7.42亿元，同比下降35.65%；总资产总计184.87亿元，同比增长16.44%；净资产总计94.84亿元，同比增加19.67%（见表总1-4）。

表总1-4　　　　　　2021—2022年证券投资咨询公司经营状况

基本情况	2022年（亿元）	2021年（亿元）	2022年较2021年同比增减（%）
总资产	184.87	158.77	16.44
净资产	94.84	79.25	19.67
营业收入	140.66	125.16	12.38
净利润	7.42	11.53	-35.69

从证券投资咨询公司的收入构成来看，大部分公司的业务收入主要来源于证券投资咨询业务收入。2022年证券投资咨询公司总收入140.65亿元，其中传统的证券投资咨询业务收入133.71亿元，占总营业收入的比例达到95.07%，与2021年的收入占比基本持平。证券资讯平台服务收入为0.49亿元，占总业务收入的比例为0.35%；财务顾问业务收入为1.28

---

① 如无特殊说明，本部分数据来源于2022年中国证券业协会专项调查问卷。

亿元，占总业务收入的比例为0.91%；其他证券服务业务（证券业务推广、增值电信服务等）收入0.91亿元，占总业务收入的比例为0.65%；其他业务（多屏电脑收入、私募基金管理、信用风险管理、信息技术服务、投资分红收益、利息收入及享受税收优惠政策收入等）收入4.26亿元，占总业务收入的比例为3.03%。从营收增长情况来看，2022年证券投资咨询公司营业收入增长主要来源于证券投资咨询业务。其中证券投资咨询业务和其他业务同比分别增长11.68%、43.34%，证券资讯平台服务业务、财务顾问业务及其他证券服务业务分别下降14.07%、4.18%、76.98%（见表总1-5）。

表总1-5 2020—2022年证券投资咨询公司行业总体业务收入基本情况

项目	2022年（亿元）	2021年（亿元）	2020年（亿元）	2022年较2021年增减（%）
证券投资咨询业务	133.71	119.54	87.04	11.85
证券资讯平台服务	0.49	0.56	0.49	-12.50
财务顾问业务	1.28	1.34	0.77	-4.48
其他证券服务业务	0.91	3.94	3.22	-76.90
其他收入	4.26	2.97	5.30	43.43
合计	140.65	128.35	96.82	9.58

从证券投资咨询业务收入情况来看，投资顾问业务收入依然是咨询业务收入的主要来源，收入125.01亿元，占比约93.49%，较2021年增长10.96%，其中销售证券软件工具类产品收入在证券投资顾问业务收入中的占比为53.56%，已经超过传统荐股业务。全行业证券投资顾问收入达到1亿元（含）以上的证券投资咨询公司36家，收入达到2亿元以上的证券投资咨询公司有17家，收入达到4亿元以上的证券投资咨询公司有7家。发布证券研究报告业务收入为3.56亿元，占比约2.66%。其他证券投资咨询业务（如证券分析软件、投教产品、信用风险咨询、证券培训等）收入为5.14亿元，占比约3.84%（见表总1-6）。

表总1-6 2020—2022年证券投资咨询公司证券投资咨询业务收入基本情况

项目	2022年（亿元）	2021年（亿元）	2020年（亿元）	2022年较2021年同比增减（%）
证券投资顾问业务	125.01	112.66	82.43	10.96
其中：销售证券软件工具类产品收入	66.95	62.86	50.11	6.51
发布证券研究报告业务	3.56	3.61	3.07	-1.39
其他证券投资咨询业务	5.14	3.28	1.51	56.71
合计	133.71	119.55	87.01	11.84

2. 人员发展情况

2022年证券投资咨询公司的员工人数和专业人员保持持续增长态势。截至2022年底，证券投资咨询公司登记从业人员20 608人，同比增长28.26%。其中一般证券业务人数为16 837人，同比增长28.20%；投资顾问人数为3 603人，同比增长29.98%；分析师人员总数为 168 人，同比增长 3.70%（见表总 1-7）。

表总 1-7 2020—2022 年证券投资咨询公司人员基本情况

类别	2022 年（人）	2021 年（人）	2020 年（人）	2022 年较 2021 年同比增减（%）
一般证券业务	16 837	13 133	9 230	28.20
投资顾问	3 603	2 772	2 448	29.98
分析师	168	162	170	3.70
登记人员总数	20 608	16 067	11 848	28.26

资料来源：中国证券业协会。

3. 行业集中度情况

根据问卷调查数据，总资产排名前 10 位的证券投资咨询公司总资产合计 119.39 亿元，占行业总资产的 64.58%；净资产排名前 10 位的证券投资咨询公司净资产合计 79.25 亿元，占行业净资产的 79.17%；营业收入排名前 10 位的证券投资咨询公司营业收入合计 75.95 亿元，占行业总收入的 54.00%；净利润排名前 10 位的证券投资咨询公司净利润合计 11.47 亿元，占行业净利润的 154.58%。39 家证券投资咨询公司盈利，36 家亏损，行业亏损企业达 48%。行业服务客户人数为 415.36 万人，其中服务客户人数排名前 10 位的证券投资咨询公司服务客户人数合计 342.11 万人，占行业服务人数的 82.36%。行业员工总数为 30 255 人，其中员工人数排名前 10 位的证券投资咨询公司员工合计 12 836 人，占行业总收入 42.43%。从数据上看，证券投资咨询公司行业集中度较高，行业分化明显，综合实力较强的证券投资咨询公司与规模小的公司的业务竞争能力、盈利能力差异明显。

4. 合规管理系统建设情况

2022 年，证券投资咨询公司规范化水平进一步提高，合规管理系统实现了业务的全程留痕，并建立了从业人员档案数据库和产品信息数据库。2022 年证券投资咨询公司建设合规信息管理系统已投入资金共计 6.25 亿元，比上年增长 96.54%，预计 2023 年后续投入资金 3.29 亿元。目前，55 家证券投资咨询公司的合规信息管理系统已经建好并使用，占行业的 73.00%；合规信息管理系统建设进展为 80% 以上、50%—80% 和 50% 以下的证券投资咨询公司，分别占行业的 6.67%（5 家）、2.67%（2 家）和 5.33%（4 家）。另外，9 家证券投资咨询公司因未开展面向个人的证券投资咨询业务或者未展业，因此未建合规管理系统。

（三）证券市场资信评级机构发展状况

截至 2022 年末，共有 13 家从事证券资信评级业务的公司在中国证监会备案，其中 3 家证券评级机构或其关联分支机构拥有香港证券及期货事务监察委员会提供信贷评级服务执业资质；1 家证券评级机构正在申请新加坡资信评级牌照，另有 2 家证券评级机构为开展境外评级业务，于中国香港投资成立子公司。

根据中国证券业协会专项调查统计，13 家证券资信评级机构的总资产、净资产、营业收入、利润总额分别为 50.81 亿元、26.32 亿元、30.87 亿元、10.79 亿元，分别较上年增加

9.61%、5.08%、7.55%、35.33%。虽然业务规模有所下降，但盈利未受此影响，显现出较明显的增长，评级行业盈利能力增强。

2022 年 13 家评级机构承接项目 14 968 个，较上年减少 10.90%，主要是受取消强制评级政策及信用债发行减少的影响；承做其他主体评级项目数大幅增加，合计 5 005 个，较上年增长 32.83%，表现较为突出；出具首次评级报告 13 521 份，较上年下降 11.51%；完成定期跟踪评级项目 15 521 个，较上年增加 9.56%；完成不定期跟踪评级项目 3 441 个，较上年增加 19.15%；终止、撤销评级项目 2 561 个，较上年变化不大（见表总 1 - 8）。

表总 1 - 8　　　　　　　　证券市场资信评级机构发展状况

年度	资产总额（亿元）	营业收入（亿元）	利润总额（亿元）	承接项目数量（个）	首次评级报告（份）
2022	50.81	30.87	10.79	14 968	13 521
年度	公司债项目（单）	资产证券化项目（单）	证券公司债项目（单）	信托、资管等非标项目（单）	硕士及以上学历员工数量（人）
2022	1 533	2 625	239	1 352	2 229

资料来源：中国证券业协会专项调查。

2022 年债券市场发行规模整体收缩使传统评级业务受到一定的影响，但创新债券品种的不断出现为评级机构提供了新的业务机会，创新债券品种对评级技术需求的提升以及违约常态化对信用评级机构的专业性提出了更高层次的要求。另外，取消强制评级政策的进一步落实，使评级行业的市场竞争进一步加剧；评级机构事中事后监管进一步强化，评级机构责任压实，评级机构的法律合规风险显著上升。这些都对评级行业市场化转型提出了更高要求。借助金融科技手段，评级机构在逐步加强自身业务能力方面取得了一定的成效，为提升信用风险揭示能力、实现提质增效、控制风险和业务创新构建了相应的基础，评级质量将逐渐成为评级机构的核心竞争力。

二、证券公司各项业务开展情况

（一）证券经纪业务

1. 市场规模、交易与收入情况

截至 2022 年底，沪、深证券交易所上市公司（A、B 股）数量达到 4 991 家，较 2021 年底增加 294 家；上市公司总市值和流通市值同比分别减少 13.98% 和 11.73%，为 78.80 万亿元和 66.34 万亿元，流通市值占比约为 84.19%。

2022 年股票和基金市场交易，全年共实现 247.67 万亿元股票和基金交易额，同比减少 6.65%。其中，2022 年全市场累计成交股票 224.51 万亿元，较 2021 年减少 9.10%；累计成交基金 23.16 万亿元，较 2021 年增加 26.42%。2022 年交易所债券市场实现 441.67 万亿元的交易额，同比增加 16.56%（见表总 1 - 9）。

2022 年中国证券业发展回顾与展望

表总 1-9　　　　2021—2022 年市场规模和交易情况

年度	上市公司数量（家）	退市公司数量（家）	股本（万亿股）		市值（万亿元）		股票成交额（万亿元）	基金成交额（万亿元）	交易所债券成交额（万亿元）
			总股本	流通股本	总市值	流通市值			
2022	4 991	50	7.35	6.44	78.80	66.34	224.51	23.16	441.67
2021	4 697	23	7.07	6.08	91.61	75.16	246.98	18.32	378.93

资料来源：上海证券交易所，深圳证券交易所，Wind。

2022 年，全年行业平均佣金率为 0.278‰，相较 2021 年的 0.305‰继续下降。全年证券公司经纪业务净收入 1 130.86 亿元，同比下降 15.51%。

2. 投资者情况

截至 2022 年末，沪、深两市投资者数量（投资者数量指持有未注销、未休眠的 A 股、B 股账户的一码通账户数量）达到 21 213.62 万户，其中自然人 21 162.74 万户，非自然人 50.88 万户。自然人投资者中，约 99.72% 的投资者开立 A 股账户，1.12% 的投资者开立 B 股账户；非自然人投资者中，约 96.01% 的投资者开立 A 股账户，4.07% 的投资者开立 B 股账户。

（二）证券投资咨询业务

证券公司证券投资咨询业务包括证券投资顾问业务和发布研究报告两种基本的服务形式。2022 年全年，证券公司证券投资咨询业务实现净收入 59.74 亿元，同比增加 9.47%。

1. 证券投资顾问（以下简称"投顾"）业务

中国证券业协会专项调查统计显示，截至 2022 年底，在参与调研的 98 家证券公司中，共有 95 家已开展投资顾问业务，并有 66 家设立了专门从事及管理投资顾问业务的独立部门。其中，共有 25 家证券公司成立一级部门来从事投资顾问业务，比 2021 年增加 1 家；其余 41 家多在经纪业务总部、研究发展中心、零售业务部和财富管理部等一级部门下开展此项业务。2022 年有 90 家公司的投顾业务创造收入，与 2021 年持平；业务收入主要源于投资顾问费用和差别佣金。

证券公司投资顾问业务的组织形式基本以总部和分支机构分工协作为主；总部主要负责投顾业务规章制度、投研体系、风控体系的构建，以及业务的组织、推广、培训、指导及系统支持等，分支机构则负责投顾业务的具体开展。根据调查统计显示，投资顾问业务的产品类型较为丰富。根据投资者的风险偏好，设立稳健型、平衡型、进取型产品；根据投资标的，设立权益类、固定收益类、资产配置类产品；根据服务对象，设立标准化产品和定制产品；根据服务方式，设立基础服务产品、终端服务产品、投资顾问服务产品、短信服务产品、线上投顾服务产品及资讯服务产品；根据收费方式，分为基础服务产品、固定收费产品和浮动佣金产品。

2022 年证券公司投顾业务延续 2021 年的"四化特征"（一体化、线上化、智能化、专业化），并有所深化。一是在服务形式上，通过自有 App、微信小程序、公众号推送以及与互联网平台合作等方式进一步完善和推动线上投资顾问业务；二是从收入结构看，传统投顾签约带来的差异化佣金投顾签约收入及收入占比逐年收窄,以标准化、产品化为特色的互联网投顾产品及服务业务的收入效果逐年凸显,服务涵盖客户数有明显新增,客户对该类线上化、产品化、标准化的服务接受度有所提升;三是继续加大金融科技的研发投入,加强智能投顾服务和量化投资研究。

2. 发布研究报告业务

中国证券业协会专项调查统计显示,截至2022年底,在参与调研的102家证券公司中,102家证券公司设有研究所(部、子公司),比2021年增加2家。从研究广度看,研究范围主要包括宏观研究、策略研究、行业与公司研究、金融工程研究、金融产品研究、债券及固定收益研究、买方研究、大宗商品研究、中小市值研究、北交所研究、新三板研究、海外市场研究等。

研究报告依然是证券研究的主要产品形式。2022年共有94家证券公司的研究所(部、子公司)发布研究报告,全年共计发布研究报告21.73万篇,同比增加11.01%,业务竞争持续剧烈;其中,深度报告30 082篇,约占研究报告总数的13.90%,同比提高0.99个百分点。

证券研究业务的服务对象包括公募基金管理人、保险公司、社保基金、私募基金管理人、产业资本、资产管理公司、证券公司资产管理子公司或部门、证券公司自营部门、合格境外投资者、海外客户、高净值客户等机构客户,服务形式包括提供研究报告、专家服务、定制课题服务、路演、策略会、联合调研、培训、电话会议等。根据调研统计,在开展证券研究的102家证券公司中,85家开展了对机构客户的产品推广及服务工作。

2022年,证券研究部门在研究方法上持续创新。一是贯彻落实党的二十大精神,聚焦科技创新与强链补链,梳理细分赛道、深挖优势标的、整合产业资源;二是在宏观经济高质量发展背景下,提高了对新兴产业、乡村振兴、绿色金融、"专精特新"企业等的覆盖范围和研究深度;三是持续加强跨行业研究、整体化研究,发掘投资价值;四是加强利用科技手段开发一站式数字化投研平台、智能审核等功能,提高客户服务能力,提升研究质量和效率,防范合规风险。

根据中国证券业协会的不完全调查统计,2022年从事发布研究报告业务的人员数量持续增加,102家证券公司研究所(部、子公司)的全部员工总数为7 799人,同比增加1 541人;其中,具有5年及以上从业经验的员工人数为2 594人,约占33.26%;具有博士及以上学历的员工人数为551人,约占7.07%。

(三)证券承销与发行业务

1. 股票发行与承销业务

2022年证券公司共服务341家企业在沪、深证券交易完成首次公开发行(IPO),共募集资金5 704.07亿元,同比增加6.59%。2022年沪、深证券交易所定向增发项目(以融资性为目的)募集资金5 540.04亿元;配股项目募集资金633.80亿元[①]。2022年证券公司共

---

① 资料来源:中国证监会,首次公开发行数据为上市口径,再融资数据为完成发行口径。

完成北交所公开发行上市项目 83 家，共募集资金 163.84 亿元，同比上升 117.81%[①]。

2. 债券发行与承销业务

2022 年交易所债券市场公司债券及其他各品种全年募集资金 56 654.58 亿元，较 2021 年减少 34.54%。其中，公司债券（仅包括公开发行公司债券和非公开发行公司债券）共发行 3 987 只，合计募集资金 38 014.58 亿元；可转换公司债券全年发行 148 只，发行规模合计 2 200.73 亿元；可交换公司债券全年发行 36 只，发行规模合计 422.94 亿元；企业资产支持证券全年发行 3 287 只，发行规模 11 880.79 亿元；地方政府债全年发行 110 只，规模 4 040.54 亿元；政策性银行债全年发行 3 只，发行规模 95.00 亿元。2022 年，关于市场创新以及履行社会责任方面的公司债券持续保持热度，包括绿色公司债券、乡村振兴公司债券、科技创新公司债券等。2022 年，作为绿色公司债券主承销商或绿色资产证券化产品管理人的证券公司共 55 家，承销（或管理）152 只债券（或产品），合计金额 1 716.58 亿元，其中资产证券化产品 55 只，合计金额 771.13 亿元；作为科技创新公司债券主承销商的证券公司共 30 家，承销 83 只债券，合计金额 1 028.41 亿元；证券公司承销发行乡村振兴债券 305.21 亿元，同比增长 42.77%。

3. 证券公司参与全国中小企业股份转让系统业务

（1）挂牌公司情况。根据全国中小企业股份转让系统（以下简称"股转系统"或"新三板"）统计数据，截至 2022 年底，股转系统挂牌公司共 6 580 家，其中创新层挂牌公司 1 658 家、基础层挂牌公司 4 922 家，全年市场成交金额 798.58 亿元（见图总 1-6）。

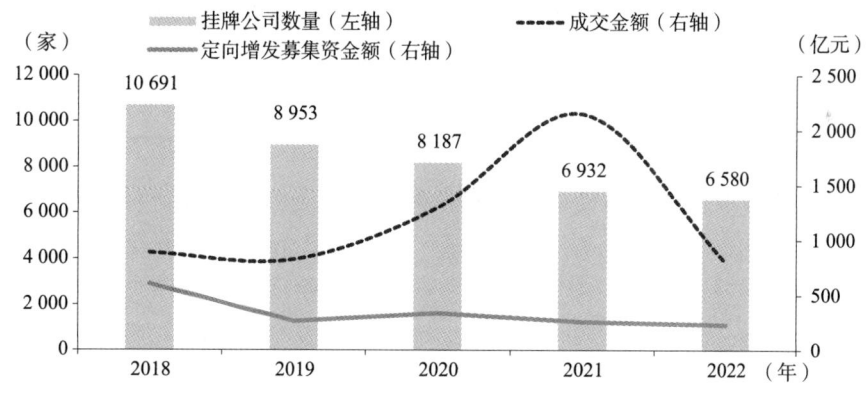

图总 1-6　2018—2022 年新三板市场发展情况

资料来源：全国中小企业股份转让系统。

（2）融资情况。2022 年新三板挂牌公司共完成股票发行 697 次，合计募集资金 232.28 亿元。

4. 证券承销与保荐业务收入情况

2022 年证券公司证券承销与保荐业务净收入为 584.19 亿元，同比减少 5.55%（见图总 1-7）。

---

① 资料来源：北京证券交易所，为上市日口径。

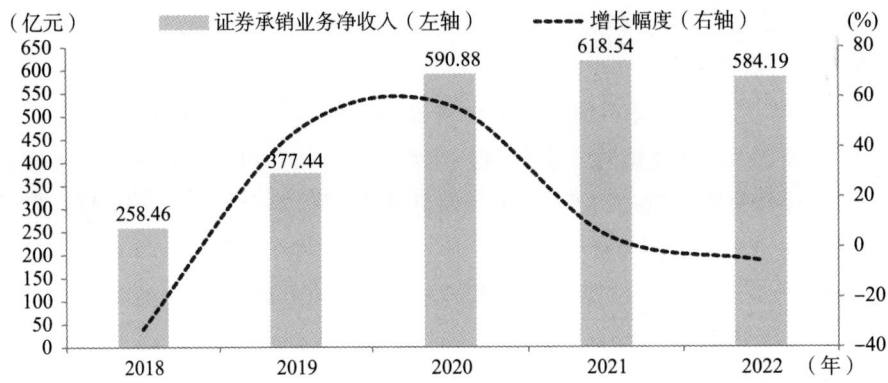

图总1-7 2018—2022年证券承销与保荐业务净收入及增幅

资料来源：中国证券业协会。

5. 市场集中度情况

2022年证券公司承销业务市场格局保持集中趋势。根据Wind数据，2022年股权融资（含可转债、可交债）排名前10位的证券公司主承销金额合计占比为74.34%，较2021年的72.11%提高2.23个百分点；债券融资方面，排名前10位的证券公司主承销金额合计占比为66.86%，较2021年的64.53%提高2.33个百分点。

（四）财务顾问业务

2022年首次上市融资延续活跃态势，并购市场规模持续收缩。全年A股上市公司完成发行股份购买资产及重大资产重组交易95单，较2021年下降3.06%；交易规模3 152.80亿元，较2021年下降5.05%。

2022年，证券公司财务顾问业务净收入为74.89亿元，较2021年下降7.87%，财务顾问业务在行业总收入的比重为1.90%，比2021年上升0.28个百分点（见图总1-8）。

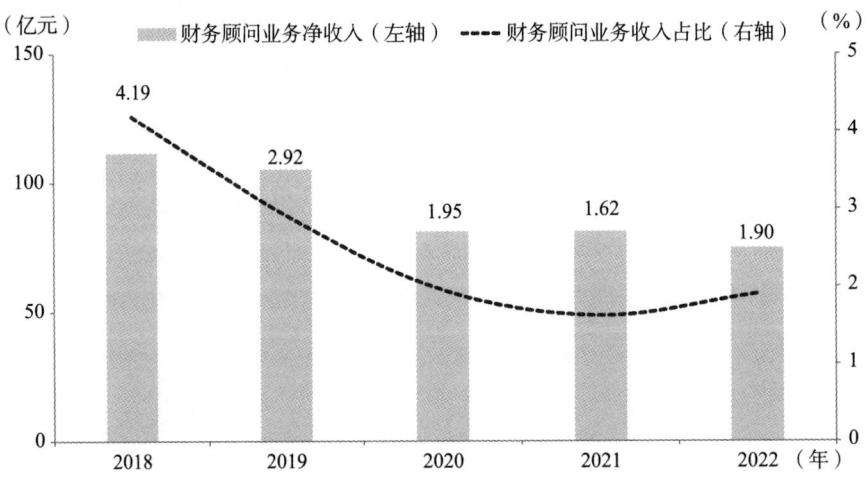

图总1-8 2018—2022年财务顾问业务净收入及其业务比重

资料来源：中国证券业协会。

（五）资产管理业务

1. 资产管理产品规模情况

根据中国证券投资基金业协会数据，截至2022年底，国内证券公司资产管理总规模为6.28万亿元，较2021年下降18.34%。其中，集合资产管理计划规模为3.18万亿元，占证券公司私募资管业务规模的比重为50.63%，较2021年提高3个百分点；单一资产管理计划规模为3.10万亿元，占证券公司私募资管业务规模的比重为49.39%，较2021年下降3个百分点。单一资产管理计划持续压降，集合资产管理计划首超单一资产管理计划。

2. 资产管理业务收入情况

2022年证券公司资产管理业务收入270.97亿元，同比减少14.75%；资产管理业务收入在行业总收入中的比重约为6.86%，较2021年上升0.53个百分点（见图总1-9）。

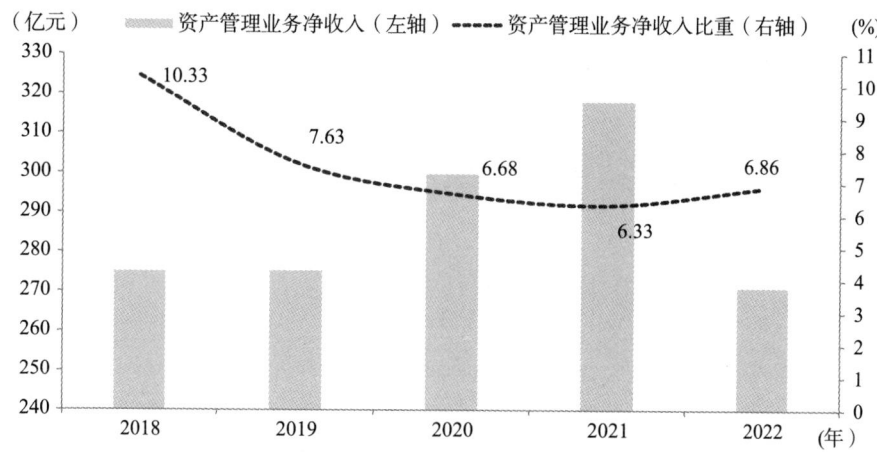

图总1-9 2018—2022年资产管理业务净收入及其业务比重

资料来源：中国证券业协会。

（六）证券自营业务

截至2022年末，证券公司进行金融产品投资的资金规模达5.33万亿元，同比增加10.74%。其中，股票和债券资产比重均有所上升，分别由2021年的7.84%、64.12%上升至2022年的8.24%和68.80%（见表总1-10）。

表总1-10 2021—2022年证券公司金融产品投资配置情况

年度	投资规模（亿元）	股票（%）	基金（%）	债券（%）	其他证券产品（%）
2022	53 256.35	8.24	12.46	68.80	10.51
2021	48 090.79	7.84	12.24	64.12	15.81

资料来源：中国证券业协会。

（七）融资类业务

1. 融资融券业务

（1）融资融券交易情况。2022年融资融券余额规模呈现逐步下降趋势。根据中国证券金融股份有限公司的数据，截至2022年底，融资融券余额为15 404.1亿元，同比减少15.92%；其中，融资余额14 445.2亿元，约占融资融券余额的93.78%；融券余额958.9亿元，约占6.22%。

从整个A股市场来看，融资融券交易是股票市场流动性的重要组成部分。截至2022年底，融资融券余额约占A股市场流通市值的2.33%，同比下降0.11个百分点；全年融资融券交易额约占A股交易总额的7.32%，同比下降1.66个百分点（见图总1-10和图总1-11）。

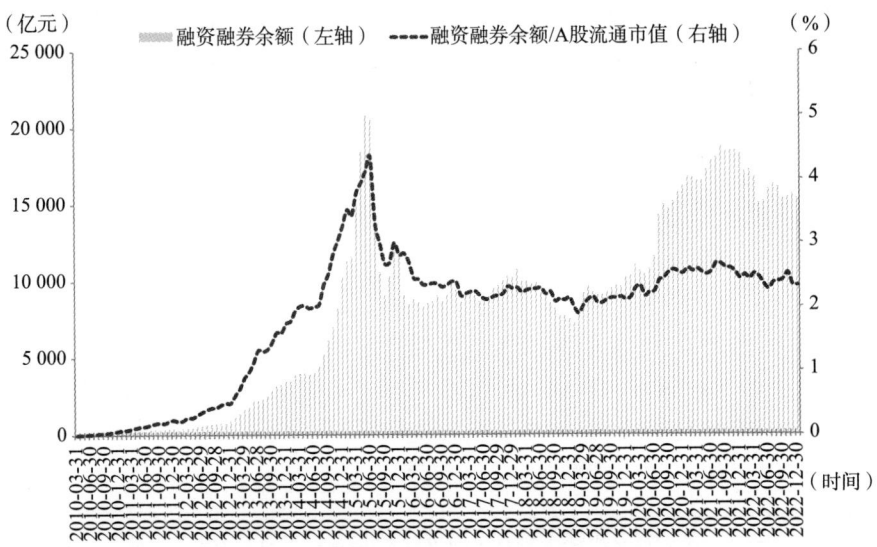

图总1-10 融资融券业务开展以来规模发展情况

资料来源：中国证券金融股份有限公司，Wind。

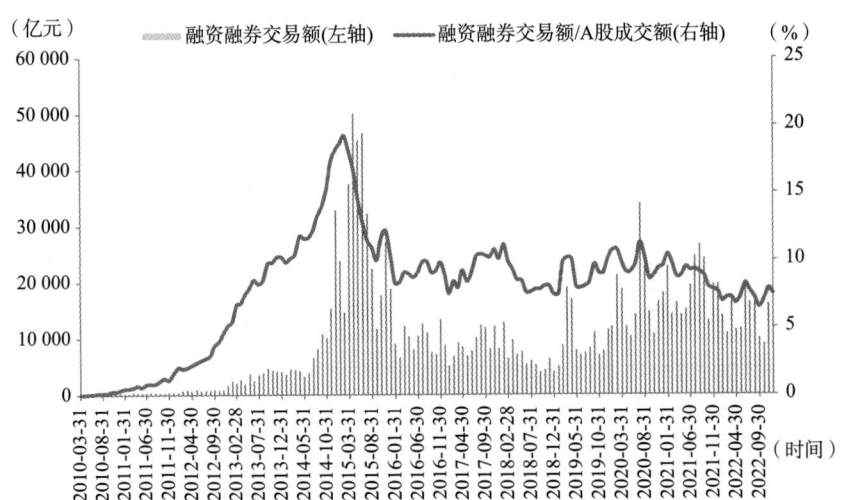

图总1-11 融资融券业务开展以来交易情况

资料来源：中国证券金融股份有限公司，Wind。

（2）转融通交易情况。截至2022年末，转融通余额2 228.38亿元，其中转融资余额971.42亿元，转融券余额1 256.96亿元。转融资业务累计向市场融出资金2 574.13亿元；转融券业务累计成交金额21 141.24亿元。截至2022年底，共有94家证券公司开通了转融通业务，转融通标的股票数量从2 239只增加至3 110只，进一步满足了投资需求（见图总1-12）。

图总1-12　转融通业务开展以来规模情况

资料来源：中国证券金融股份有限公司。

（3）融资融券投资者情况。中国证券金融股份有限公司数据显示，2022年参与融资融券业务的投资者数量继续保持增长趋势。截至2022年底，647.8万名投资者开设融资融券信用账户，比2021年底增加5.43%，全年平均每月新增2.78万名投资者开设融资融券账户（见图总1-13）。

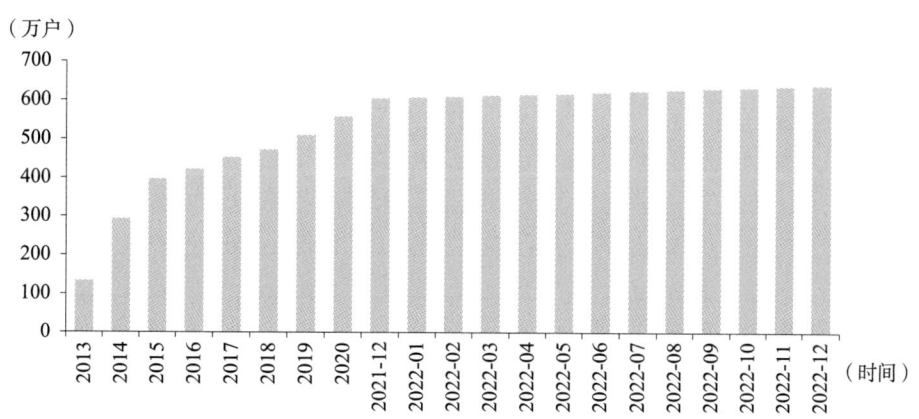

图总1-13　证券信用账户期末账户数量

资料来源：中国证券金融股份有限公司。

2. 股票质押式回购交易业务

根据沪、深证券交易所统计数据，2022年股票质押式回购业务存续规模持续下降。截至 2022 年末,共 95 家证券公司开通了股票质押式回购交易业务权限,两市待购回初始交易金额 4 820.69 亿元,同比减少 19.50%。2022 年全年初始交易金额合计 1 628.85 亿元,同比减少 7.24%。2022 年全年购回交易金额 2 548.59 亿元,同比减少 11.42%。

标的证券股份性质方面,2022 年质押标的证券为流通股的待购回初始交易金额为 4 254.05 亿元,占比 88.25%;质押标的证券为限售股的待购回初始交易金额为 566.65 亿元,占比 11.75%。

资金融出方类别方面,2022 年证券公司自有资金出资的待购回初始交易金额为 2 878.94 亿元,占比 59.72%;证券公司资产管理计划出资的待购回初始交易金额为 1 911.26 亿元,占比 39.65%;其他融出方出资的待购回初始交易金额为 30.49 亿元,占比 0.63%。

3. 约定购回式证券交易业务

根据沪、深证券交易所统计数据,截至 2022 年末,共 81 家证券公司开通了约定购回式证券交易业务权限,两市待购回初始交易金额 32.83 亿元,同比上升 16.10%。2022 年全年初始交易合计 407 笔,同比下降 10.15%;初始交易金额合计 39.14 亿元,同比上升 2.92%。

(八)证券公司私募基金投资子公司业务

根据中国证券投资基金业协会数据,截至 2022 年末,证券公司私募投资基金子公司发起设立各类直接投资基金存量为 1 246 只,较 2021 年底的 1 054 只增加 192 只,增长 18.2%;募集资金(认缴)总额 10 861.94 亿元,实缴资本总额 5 895.72 亿元,募集资金(认缴)总额和实缴资本总额分别较 2021 年底增长 12.6% 和 7.2%(见表总 1-11)。

表总 1-11　　2022 年证券公司私募投资基金子公司存量基金情况

基金类型	数量(只)	认缴金额(亿元)	实缴金额(亿元)
股权投资基金	971	8 287.86	4 244.25
创业投资基金	210	1 402.41	829.83
并购基金	46	897.32	615.57
证券投资基金	0	0.00	0.00
其他类基金	19	274.35	206.07
合计	1 246	10 861.94	5 895.72

资料来源:中国证券投资基金业协会。

(九)国际化业务

2022 年中国证券行业国际化发展持续呈现出新的特征。一是互联互通机制实现多项优化,涵盖新交易机制落地、互联互通标的扩容、新产品上市等,证券公司跨境业务向好发展。沪深港通股票标的规模进一步扩大,沪深港通交易结算效率进一步提高;粤港澳大湾区"跨境理财通"业务发展稳中向好;债券通推出多项优化措施;沪伦通机制拓展优化,境内纳入深圳证券交易所符合条件的上市公司，境外拓展到瑞士、德国。二是证券公司国际化战略布局持续推进。在"走出去"方面，截至2022年底，共有35家证券经营机构在境外设立子公司，15家证券公司实现H股上市，10家证券公司取得跨境业务试点资格；"引进来"方面，外资证券公司展业提速，截至2022年底，我国共有外资参、控股证券公司17家，其中外资控股证券公司10家。三是资本市场持续深化"一带一路"合作。上海证券交易所积极拓宽"一带一路"建设直接融资渠道，探索开展"一带一路"股权融资，积极开拓与境外交易所股权投资及其他合作，进一步研究完善"一带一路"熊猫债融资机制，支持境内和"一带一路"沿线国家相关机构、优质企业及国际金融机构在上海证券交易所发行人民币债券。深圳证券交易所不断拓展跨境资本市场服务链条，服务中国与东盟国家产业和经贸合作对接需求。

（十）金融衍生品业务

1. 交易所衍生品业务

中国金融期货交易所数据显示，2022年上证50股指期货累计全年成交1 540.77万手、同比增长7.48%，成交金额达128 870.18亿元，同比减少12.08%；沪深300股指期货累计成交2 674.94万手，成交金额331 438.21亿元，分别同比减少9.88%和26.78%；中证500股指期货累计成交2 622.11万手，成交金额322 888.74亿元，分别同比增长15.40%和5.94%；10年期国债期货累计成交1 998.94万手，成交金额201 006.65亿元，分别同比增长22.05%和24.20%；5年期国债期货累计成交1 166.56万手，成交金额118 397.77亿元，分别同比增长92.19%和94.33%。

2. 场外衍生品业务

截至2022年底，共8家证券公司具备场外期权业务一级交易商资质，37家证券公司具备场外期权业务二级交易商资质。2022年全年共新增场外衍生品交易合计名义本金83 084.76亿元，与上年基本持平。其中新增收益互换交易合计名义本金49 573.42亿元；新增场外期权交易合计名义本金33 511.34亿元。截至2022年末，未了结的场外衍生品交易合计共存续名义本金20 868.21亿元，同比增长3.48%。其中，收益互换交易存续名义本金8 952.87亿元，场外期权交易存续名义本金11 915.34亿元。

三、证券行业制度建设情况

2022年，资本市场和证券行业遵循"建制度、不干预、零容忍"总方针，深化注册制改革，持续丰富制度供给，在进一步完善股票注册发行信息披露、中介机构廉洁从业规范、促进衍生品市场发展、强化投资者保护和推动证券行业文化建设等方面出台和修订了多项规则，为服务实体经济高质量发展和更大力度支持高水平科技自立自强奠定了坚实的制度基础。

（一）完善股票发行注册制机制建设，深化债券发行注册制改革

2022 年 1 月，中国证监会发布《关于注册制下提高招股说明书信息披露质量的指导意见》。主要包含以下内容：一是坚持以投资者需求为导向，坚持问题导向，坚持归位尽责，坚持综合施策，多措并举推动提高招股说明书信息披露质量。二是督促发行人及中介机构归位尽责，撰写与编制高质量的招股说明书。同时，细化保荐人和证券服务机构合理信赖其他中介机构专业意见或者基础工作的标准、程序。三是充分发挥行政监管、自律监管和市场约束机制作用，引导提高招股说明书信息披露质量。四是强化责任追究。依法从严打击信息披露造假行为，牢牢守住信息披露真实、准确、完整的底线。

2022 年 5 月，中国证监会联合司法部、财政部共同发布《关于加强注册制下中介机构廉洁从业监管的意见》。主要包含以下内容：一是坚持系统思维，全面从严要求。实现了业务主体和业务类型的全覆盖，从内部管理入手，对证券公司廉洁从业风险防范的组织领导、内部控制、财务管理、人员管理等提出全面要求，进一步强化内部机制的监督制衡。二是坚持问题导向，有针对性解决突出问题。针对注册制下廉洁从业的重点风险领域，对证券公司及其从业人员作出了针对性的细化规定，同时明确会计师事务所、律师事务所等中介机构参照执行。三是坚持专业思维，分类施策。结合证券公司、会计师事务所、律师事务所等各主体的业务风险特征提出专门监管要求，强化监管执法问责。招股说明书是注册制下股票发行阶段信息披露的主要载体，建立健全立体化廉政风险防范机制是注册制改革顺利推进的重要保障。《关于注册制下提高招股说明书信息披露质量的指导意见》《关于加强注册制下中介机构廉洁从业监管的意见》为全面实行股票发行注册制提供了更加坚实的法治保障。

2022 年 11 月，中国证监会就《关于注册制下提高中介机构公司债券业务执业质量的指导意见（征求意见稿）》公开征求意见，着眼于推进债券市场中介机构监管的制度化、规范化、透明化，明确了服务高质量发展、强化履职尽责、深化分类监管、严格监管执法 4 方面原则；提出了强化证券公司债券业务执业规范、提升证券服务机构执业质量、强化质控、廉洁要求和投资者保护、依法加强监管、完善立体追责体系 5 个方面共 14 条措施。同月，中国证监会就《关于深化公司债券注册制改革的指导意见（征求意见稿）》公开征求意见，对深化公司债券注册制改革作出系统性制度安排，提出了优化公司债券审核注册机制、压实发行人和中介机构责任、强化存续期管理、依法打击债券违法违规行为 4 个方面的 12 条措施。

（二）《期货和衍生品法》颁布实施，全面系统规定了期货市场和衍生品市场各项基础制度

2022 年 4 月 20 日，全国人大常委会通过了《期货和衍生品法》。《期货和衍生品法》坚持市场化、法治化、国际化方向，全面系统规定了期货市场和衍生品市场的各项基础制度。主要包含以下内容：一是重点规范期货市场，兼顾衍生品市场；二是在总结提炼既有经验的基础上，为改革创新预留空间；三是发挥期货市场功能，增强服务实体经济能力；四是加强

市场风险防控，维护国家金融安全；五是构建交易者保护体系，加大普通交易者保护力度；六是对标国际最佳实践，构建期货市场对外开放的新格局。

2022年9月，中国证监会就《期货交易所管理办法（征求意见稿）》公开征求意见，重点围绕落实《期货和衍生品法》有关要求，并结合市场发展和监管实际，对相关内容进行修改完善。

2022年12月，中国证监会就《股票期权交易管理办法（征求意见稿）》向社会公开征求意见，在保持股票期权现行制度框架总体稳定的基础上，结合股票期权扩大试点以来的监管实践经验，进行适应性修订；就《期货市场持仓管理暂行规定（征求意见稿）》向社会公开征求意见，重点对期货市场运行多年的成熟做法经验进行总结梳理，对持仓限额、套期保值、大户持仓报告、持仓合并等基础性制度的内涵、制定或调整原则、适用情形、参与各方义务等作出规定，以增强持仓管理的系统性和针对性，提升期货市场监管效能。

（三）增强对民营企业、科技创新企业的融资服务能力，进一步完善支持实体经济的多层次资本市场建设

2022年5月，中国证监会发布《关于进一步发挥资本市场功能，支持受疫情影响严重地区和行业加快恢复发展的通知》，提出23项政策举措，主要针对受疫情影响严重地区和行业，着眼于加大直接融资支持力度、实施延期展期政策、优化监管工作安排、发挥行业机构作用四个方面。在企业申请首发上市、北交所上市、再融资、并购重组、公司债券、资产证券化产品等方面加大政策支持力度；对需要提交的反馈意见、问询回复、财务资料时限等作出延期等柔性安排；通过视频会议等非现场方式，以及减免上市公司、交易所会员等相关费用，体现监管弹性和温度；充分发挥证券、基金、期货经营机构作用，助力抗疫和复工复产等。

2022年5月，为深入贯彻落实党中央、国务院决策部署，提升自主创新能力，推进关键领域核心技术攻关，中国证监会指导沪、深证券交易所在前期试点基础上正式推出科技创新公司债券，进一步增强资本市场对科技创新企业的融资服务能力。科技创新债旨在加强债券市场对科技创新领域的精准支持和资金直达，主要服务于科创企业类、科创升级类、科创投资类和科创孵化类四类发行人，重点支持高新技术产业、战略性新兴产业和传统产业转型升级等领域的融资需求。沪、深证券交易所将在审核流程、资金用途等方面提供配套支持，同时也对科技创新专项信息披露作出针对性安排，要求中介机构切实履行核查责任。

2022年7月，中国证监会、国家发展改革委、全国工商联联合发布《关于推动债券市场更好支持民营企业改革发展的通知》，旨在通过加强金融服务引导、市场监管规范和部门沟通协作等方式增强债券市场服务民营企业改革发展质效。主要内容包括：一是通过加大债券融资服务力度、推动债券产品创新、培育多元化投资者结构、畅通信息沟通渠道等方式优化金融服务体系，营造良好的发展环境；二是通过加强民营企业信用体系建设、开展联合奖惩、提升信息披露质量、全方位督促中介机构归位尽责、完善债券违约处置机制等方式规范

民营企业运营，维护有序市场生态；三是建立跨部门联络协调机制，加强中国证监会及其派出机构、发展改革部门与各级工商联在规范和服务民营企业发展等方面的合作，及时分析新情况，商议解决重大问题。

2022年11月，中国证监会和国务院国资委联合发布《关于支持中央企业发行科技创新公司债券的通知》，主要内容包括：一是通过优化市场服务运行机制、监管考核标准、融资决策程序等方式多措并举支持中央企业发行科技创新公司债券募集资金，并积极支持中央企业开展数据中心、工业互联网、人工智能等新型基础设施领域REITs试点，促进盘活存量资产、扩大有效投资；二是鼓励中央企业增加研发投入，同时将募集资金通过权益出资、供应链金融、园区孵化等途径带动中小企业创新协同发展；三是增强中国证监会与国资委在规范与服务中央企业科创融资等方面的政策协同，形成引导金融资源向科技创新领域聚集的合力。

2022年11月，中国证监会、工业和信息化部联合印发《关于高质量建设区域性股权市场"专精特新"专板的指导意见》，主要包括推进高标准建设、推动高质量运行、提供高水平服务、加强市场有机联系、完善市场生态、加强组织保障等内容，旨在推动地方政府高度重视专板建设，加大组织协调、数据共享、政策资源整合和支持力度；推动区域性股权市场建立完善适合"专精特新"中小企业特点的服务和产品体系，通过与其他层次资本市场的有机衔接，使企业更快进入资本市场；同时通过专板建设推动各方转变对区域性股权市场的认识，进一步明确其功能定位，切实从省内经济发展和企业实际出发，按照场外市场逻辑探索发展路径，补齐多层次资本市场的结构性短板。

（四）进一步加强从业人员管理和执业规范，持续推进行业文化建设

2022年，随着资本市场改革开放持续深化，我国证券行业管理制度体系进一步细化和完善，证券经营机构主体责任进一步压实，董事、监事、高级管理人员及从业人员的任职和执业行为进一步规范，行业文化建设工作取得新突破，声誉管理和稳健薪酬制度构建取得新进展。

人员管理是证券行业监管的基础性制度，也是促进证券经营机构合规稳健运行的关键。为贯彻落实新《证券法》要求，中国证监会于2022年2月发布《证券基金经营机构董事、监事、高级管理人员及从业人员监督管理办法》，按照分类原则对证券基金行业相关人员的任职程序和条件进行优化，进一步强化了证券经营机构的内部管控责任，为构建行政监管、自律管理、经营机构、董监高及从业人员各司其职、各尽其责的人员管理体系提供了制度保障。2022年5月，中国证监会、司法部、财政部联合发布《关于加强注册制下中介机构廉洁从业监管的意见》，针对注册制下廉洁从业的重点风险领域，从内部管理入手，对证券公司廉洁从业风险防范的组织领导、内部控制、财务管理、人员管理等提出了全面要求，进一步强化内部机制的监督制衡。2022年5月，中国证券业协会发布《证券公司董事、监事、高级管理人员及从业人员管理规则》，主要内容包括：一是明确证券公司董事、监事、高级

管理人员及从业人员道德品行、专业能力要求；二是建立证券公司董事、监事、高级管理人员及从业人员执业登记和执业声誉管理体系；三是完善证券公司董事、监事、高级管理人员及从业人员执业行为规范；四是强化证券公司主体责任与内生性有效管理机制；五是建立健全证券公司董事、监事、高级管理人员及从业人员自律管理体系。同时，中国证券业协会年内相继发布《证券行业专业人员水平评价测试实施细则》《证券公司从业人员业务培训细则》《证券公司从业人员业务培训大纲》，分别对证券行业从业人员专业水平评价测试、业务培训等方面进行系统性规范。

在加强行业诚信建设和完善中介机构声誉约束机制方面，2022年5月，中国证券业协会发布《证券行业诚信准则》《证券行业执业声誉信息管理办法》，旨在推进证券行业诚信建设，加强从业人员自律管理，完善中介机构声誉约束机制。《证券行业诚信准则》定位为行业机构及其工作人员诚信自律行为的主动约束，主要内容包括：一是明确诚信基本义务；二是压实机构管理责任；三是强化守信激励和失信惩戒。《证券行业执业声誉信息管理办法》定位为自律管理对象执业声誉信息（包括诚信信息）管理的外部约束，主要内容包括：一是明确执业声誉信息定义；二是明确执业声誉信息主体范围；三是建立证券行业执业声誉信息库，将执业声誉信息纳入执业声誉激励约束机制并实施自律管理；四是完善执业声誉信息来源，规范其他执业声誉信息的认定程序及记入标准；五是建立执业声誉信息管理机制；六是明确信息公开和查询的有关规定。

在推进证券行业文化建设方面，2022年4月，中国证券业协会发布《证券公司文化建设实践评估办法（试行）》及《证券公司文化建设实践年度报告编制指引》，集中体现了行业文化建设核心价值观和《证券行业文化建设十要素》要求，旨在推动形成"合规、诚信、专业、稳健"的证券行业文化，规范证券公司文化建设实践评估与年度报告编制工作。评估基础指标基于文化建设十要素构建，突出强调行业文化建设与党建工作要求、人的全面发展、专业能力建设和历史文化传承的有机结合，与公司治理、发展战略、发展方式和行为规范深度融合。

此外，2022年证券行业薪酬激励约束机制建设取得新进展。2022年5月，中国证券业协会发布《证券公司建立稳健薪酬制度指引》，提出证券公司建立薪酬制度应遵循的原则与目标，明确证券公司薪酬制度应遵循的基本规范，要求证券公司保障稳健薪酬制度的有效落实，有助于引导证券公司建立与长期利益相一致、与全面风险和合规管理相衔接的稳健薪酬制度，提升证券公司服务实体经济与国家战略的能力。

（五）进一步完善投资者保护制度和证券执法机制，提升投资者权益保护力度

2022年4月，中国证监会发布《上市公司投资者关系管理工作指引》，进一步明确投资者关系管理的定义、适用范围和原则，在增加和丰富投资者关系管理的内容及方式的同时，还进一步明确上市公司投资者关系管理的组织和实施，加强上市公司与投资者之间的有效沟通，促进上市公司完善治理，切实保护投资者尤其是中小投资者的合法权益。

2022年7月，中国证监会和财政部联合发布《关于证券违法行为人财产优先用于承担民事赔偿责任有关事项的规定》，明确了违法行为人所缴纳的行政罚没款用于承担民事赔偿责任的具体工作机制，率先将民事赔偿责任优先原则在证券领域落地。《关于证券违法行为人财产优先用于承担民事赔偿责任有关事项的规定》是落实新《证券法》规定的民事赔偿责任优先原则的一种可行机制安排，能够为全面实行股票发行注册制提供更加坚实的法制保障，对于解决民事赔偿责任有限落实难的问题和保护投资者合法权益具有非常重要的现实意义。

2022年9月，中国证监会与最高人民检察院签署《关于建立健全资本市场行政执法与检察履职衔接协作机制的意见》，旨在深化执法司法协作，进一步加强资本市场法治和基础制度建设，完善证券执法司法体制机制，持续"零容忍"打击证券违法活动，共同维护好市场"三公"秩序，保护投资者合法权益。

2022年11月，中国证监会发布《中国证监会关于12386服务平台优化运行有关事项的公告》并设立12386服务平台，进一步丰富12386服务平台的服务内容，进一步明确12386服务平台的指导思想和定位，进一步明确投资者诉求分类处理方式，进一步强化投资者诉求处理相关要求，对12386中国证监会服务热线进行优化升级，设立12386网络平台，与12386热线电话共同构成中国证监会12386服务平台，接收投资者投诉、举报、咨询、意见建议，为投资者提供一站式、多元化诉求处理服务。为引导证券公司持续提升投资者教育工作水平，更好地维护投资者合法权益，中国证券业协会、上海证券交易所、深圳证券交易所、全国股转公司于2022年3月联合启动了首次证券公司投资者教育评估工作，102家具有证券经纪业务资格的证券公司参与了评估，在建立健全投教工作体系、丰富投教实践活动形式、推进投资者教育纳入国民教育体系、完善投教基地建设以及践行普惠金融等方面取得了积极进展。

（六）资本市场制度型开放稳步推进，跨境监管合作取得新进展

2022年2月，中国证监会发布《境内外证券交易所互联互通存托凭证业务监管规定》，进一步拓展了境内外互联互通适用范围，并允许境外基础证券发行人采用市场化询价机制发行融资，同时优化了年报披露内容、权益变动披露义务等持续监管方面的制度安排，旨在进一步便利跨境投融资，促进要素资源的全球化配置，推进资本市场制度型开放。

2022年6月，中国证监会发布《关于交易型开放式基金纳入互联互通相关安排的公告》，明确交易型开放式基金纳入互联互通相关安排，进一步丰富交易品种，为境内外投资者提供更多的投资便利和机会。主要内容包括：一是明确互联互通机制拓展至交易型开放式基金；二是明确相关制度安排参照股票互联互通；三是明确投资者识别码安排；四是明确证券公司、公募基金管理人相关要求；五是明确业务实施细则相关安排。

2022年8月，中国证监会会同香港证监会发布联合公告，宣布启动沪深港通交易日历优化工作，在基本不改变沪深港通机制运行逻辑的基础上，开放因不满足结算安排而关闭的沪深港通交易日,有助于进一步提升两地资本市场的吸引力,为投资者提供更多的投资便利。

2022年8月,中国证监会、财政部与美国监管机构签署审计监管合作协议。合作协议依据两国法律法规,尊重国际通行做法,按照对等互利原则,就双方对相关会计师事务所合作开展监管检查和调查活动作出了明确约定,形成了符合双方法规和监管要求的合作框架,对于提高会计师事务所执业质量、保护投资者合法权益具有积极意义,也有助于为企业依法依规开展跨境上市活动营造良好的监管环境。

2022年9月,中国证监会发布修订后的《关于合格境外机构投资者和人民币合格境外机构投资者境内证券交易登记结算业务的规定》,将人民币合格境外机构投资者(RQFII)纳入适用范围,根据货银对付(DVP)改革要求进行了适应性调整,并调整关于错误交易防范及责任分担的三方协议的备案要求。

此外,中国证券业协会分别在2022年2月和8月发布了《关于境外证券专业人才在上海市、海南省、重庆市、杭州市、广州市、深圳市从业实施特别程序的通知》和《关于境外证券专业人才在天津、江苏、山东、云南自由贸易试验区及成渝地区双城经济圈从业实施特别程序的通知》,进一步明确了境外证券专业人才从业的有关程序安排,旨在进一步促进境外证券专业人才从业便利,有利于优化证券行业营商环境,增强经营主体活力,助力中国资本市场高水平开放。

第二章
2022 年中国证券业服务实体经济成效

党的二十大报告提出，要坚持把发展经济的着力点放在实体经济上。作为资本市场的重要参与者和建设者，2022 年，证券行业认真贯彻落实党中央、国务院决策部署，坚持稳中求进的总基调，服务实体经济的广度和深度进一步拓展，强化资本市场对实体经济的适配性，在发展直接融资、加快财富管理转型、强化投资端建设、助力实现碳达峰与碳中和目标、巩固拓展脱贫攻坚成果、提升对外开放水平等方面发挥积极作用，助力科技、资本和实体经济高水平循环。

一、强化融资功能发挥，助力资本、科技与实体经济高水平循环

党的二十大报告明确指出要"健全资本市场功能，提高直接融资比重"。2022 年，证券行业继续发挥投资银行效能，助力企业发展直接融资。

（一）立足交易所市场，坚持股债联动发力

1. 股权融资

2022 年，证券行业助力企业发展直接融资，持续优化资源配置。2022 年证券行业服务 341 家企业在沪、深证券交易所完成首次公开发行并上市，合计募集资金 5 704.07 亿元，同比上升 6.59%，平均融资规模 16.73 亿元；服务上市公司融资性非公开发行股票 295 家次，共募集资金 5 540.04 亿元；服务 10 家上市公司实施配股，合计募集资金 633.80 亿元[①]。

支持创新驱动发展战略，助力市场结构转型。证券行业积极贯彻党中央战略部署，把服务科技创新摆在更加突出的位置，支持重点行业融资需求，助力市场结构转型。2022 年股权融资规模行业排名较 2021 年有所变化，其中资本货物、半导体与半导体生产设备、运输、多元金融、公用事业Ⅱ、软件与服务、能源Ⅱ等行业的融资规模排名较 2021 年有所上升

[①] 资料来源：中国证监会。首次公开发行口径为上市口径；定向增发口径为完成发行口径；配股口径为完成发行口径。

(见表总 2-1)。

表总 2-1　　　　2021—2022 年股权融资规模排名前 10 位行业

序号	2022 年排名	2021 年排名	位次变化
1	资本货物	材料Ⅱ	上升 1 位
2	材料Ⅱ	资本货物	下降 1 位
3	半导体与半导体生产设备	银行	上升 2 位
4	技术硬件与设备	技术硬件与设备	无变化
5	运输	半导体与半导体生产设备	上升 5 位
6	多元金融	制药、生物科技与生命科学	上升 5 位
7	公用事业Ⅱ	电信服务Ⅱ	上升 2 位
8	软件与服务	食品、饮料与烟草	上升 4 位
9	制药、生物科技与生命科学	公用事业Ⅱ	下降 3 位
10	能源Ⅱ	运输	上升 10 位

注：含首发、增发、配股、优先股、可转债、可交债。
资料来源：Wind。

2. 债券融资

2022 年，证券公司继续担当好中介机构的职能，助力发行人充分利用公司债、企业债、中期票据、短期融资券、资产支持证券等多种融资工具，满足发行人融资需求。Wind 数据显示，2022 年交易所市场债券发行总额为 56 654.58 亿元，其中，公司债券[①]发行总额为 40 638.25 亿元。另外，随着债券注册制基础制度的进一步完善，证券行业积极推动构建科技创新企业全生命周期债券融资支持体系，根据中国证券业协会公布的数据，2022 年度作为科技创新公司债券主承销商的证券公司共 30 家，承销 83 只债券，合计金额 1 028.41 亿元。

3. 并购重组

证券公司作为资本市场的中介机构，通过支持上市公司以并购重组等方式进行资本运作，为上市公司提质增效，有效释放微观主体活力，助力经济转型升级和高质量发展，推动实体经济加快增量优化和存量重组，助推经济增长新动能进一步集聚。根据 Wind 数据，2022 年 A 股上市公司完成重大资产重组交易数量为 95 单，交易规模 3 152.80 亿元。

（二）服务新三板改革，畅通北交所上市公司转板通道

1. 服务新三板企业融资，助力中小企业自立自强

新三板是资本市场服务创新型、创业型、成长型中小企业的重要平台，对于打造制度多

---

① 包括公开发行公司债券、非公开发行公司债券、可转换公司债券和可交换公司债券。

元、功能互补的多层次资本市场，引导资金流向实体经济发挥了重要作用。根据全国股转公司数据，截至 2022 年末，新三板存量挂牌企业 6 580 家，总市值 21 181.44 亿元。2022 年，证券行业推荐企业在新三板市场完成发行 697 次，融资 232.28 亿元。与此同时，证券行业支持新三板企业收购和并购重组，服务企业累计完成重大资产重组 19 次，涉及交易金额 21.88 亿元；完成收购 136 次，涉及交易金额 49.47 亿元。

2. 服务北交所上市公司转板，畅通北交所上市公司转板通道

2022 年 1 月 7 日，中国证监会对《关于全国中小企业股份转让系统挂牌公司转板上市的指导意见》进行修订，发布了《关于北京证券交易所上市公司转板的指导意见》，从上市时间计算、股份限售安排等方面对北交所上市公司转板作出便捷性安排，进一步畅通北交所上市公司转板通道，激发中小企业创新活力。

根据北交所数据，截至 2022 年末，北交所共有 162 家上市公司，总市值 2 110.29 亿元，其中，制造业、信息传输、软件和信息技术服务业合计占比在 90% 以上。

（三）助力场外市场业务发展，多渠道满足企业融资需求

区域性股权市场、证券公司柜台和中证机构间报价系统是证券公司开展场外市场业务的重要平台，是资本市场服务实体经济不可或缺的基础设施。区域性股权市场是中小微企业直接融资的重要渠道，是地方政府扶持中小企业政策措施的综合运用平台。截至 2022 年底，区域性股权市场累计服务企业 191 911 家，实现各类融资 1.88 万亿元，产品实现转让成交 4 396.89 亿元，发展投资者 102.37 万户、中介机构 8 277 家。服务企业累计转沪、深、北证券交易所上市 93 家，转新三板挂牌 842 家，被上市公司或新三板公司收购 70 家，改制为股份公司 5 827 家。近年来，各地证券公司积极参与区域股权市场服务体系建设，在帮助中小微企业对接资本、落实金融服务实体经济方面取得了显著成效。

证券行业通过开展场外市场业务，进一步拓展资本市场服务实体经济方式，运用发行收益凭证、场外金融衍生品交易等手段为资本市场提供流动性支持，提升资本要素配置效率，促进实体经济发展。2022 年全年，证券公司新发行收益凭证 43 258 只，规模合计 8 482.32 亿元，截至 2022 年末，收益凭证存续规模为 4 224.21 亿元。2022 年全年，证券公司共新增场外衍生品交易合计名义本金 83 084.75 亿元，截至 2022 年末，未了结的场外衍生品交易合计共存续名义本金 20 868.20 亿元。

二、培育财富管理新动能，满足居民多元化资产配置需求

财富管理是支持资本市场投资实体经济的重要业务，随着我国居民财富的快速增长，居民优化资产配置、增加财产性收入的需求日益迫切。证券行业积极开展财富管理业务，为客户提供多层次、多品种、风险收益匹配的金融产品，提供资产配置和保值增值服务，在满足居民多元化资产配置需求的同时，引导居民储蓄进入资本市场，服务实体经济发展。

（一）加强金融产品供给，夯实财富管理发展根基

证券公司在发力财富管理转型过程中，构建客户需求导向型业务路径，除了为客户提供股票、债券等传统金融产品之外，还配置基金等其他金融产品。

根据中国证券业协会数据，2022年证券行业代理销售金融产品净收入154.88亿元，收入占经纪业务收入的13.7%。证券公司根据目标客群需求和自身满足客户需求的能力，为居民配置全生命周期、多种类金融资产，夯实财富管理根基。

（二）打造专业化投顾队伍，培育财富管理新动能

近年来，证券公司面临传统经纪业务向财富管理转型，在这一转型过程中，投资顾问队伍的重要性日益凸显，作为智力密集型业务，财富顾问业务的展业模式、服务内容和服务客群需要专业化的投资顾问队伍，而专业化的投资顾问队伍将是推动居民财富管理业务发展的新动力之一。根据中国证券业协会数据，2018—2022年，证券公司投资顾问数量逐年增加，从2018年的45 133人上升到2022年的73 510人，占从业人员比重由13.5%提升至20.65%。

2022年，证券行业财富管理业务转型初见成效。私募产品方面，根据中国证券投资基金业协会数据，2022年证券公司资产管理规模为6.28万亿元，集合资产管理计划规模占证券公司私募资管业务规模的比重达到50.63%，较2021年提高3个百分点。公募产品方面，根据中国证券业协会数据，截至2022年底，由证券公司（或其资管子公司）管理的公募基金（含参公改造大集合）受托资金达到9 283.62亿元，较2021年的9 022.24亿元增长2.90%，在证券公司资产管理总规模下降的情况下，公募管理规模逆势增长。

（三）借助资本市场力量，助力居民财富管理进阶

随着金融产品种类日益丰富，居民储蓄多渠道转化为资本市场长期资金，对于实现居民财富积累、繁荣实体经济发挥了重要作用。截至2022年末，证券行业为客户开立A股资金账户数为3.26亿个，同比增加9.47%，客户基础稳中有增。庞大的居民投资群体是财富管理业务发展的基础。证券行业持续推进财富管理转型，不断提升服务居民财富管理的能力，有助于推动个人财富向资本市场长线资金的转化，助力实体经济发展，为居民带来长线投资回报。

（四）加大科技投入，将证券手机端创新作为服务居民财富管理的有力工具

近年来，证券公司借助手机App等智能工具，在扩大证券展业的同时，方便客户证券交易。一是对股票资讯进行优化，增加个股异动、龙虎榜排行、行业概念板块、热门分类等个性化内容，提供沉浸式用户体验，帮助客户第一时间捕捉投资机会；二是借助金融工具手段，在资讯语音播报、图片展示、自选股分组、OCR识别、智能审核等方面不断创新，并不断提升增值服务模块、权益系统的稳定性；三是在前端展示、后台逻辑、程序兼容性等方

面完成行情资讯、交易、自选股等方面的功能优化，保证了行情交易和客户理财更高效顺畅地进行，提升原有模块的效率。

在以上举措推动下，证券公司 App 手机终端用户稳步增加。根据中国证券业协会专项调查问卷结果，72 家证券公司 2021 年 App 手机终端用户数量为 342.2 万人，2022 年 App 手机终端用户数量为 379.96 万人，较 2021 年增加 11%。81 家证券公司 2021 年 App 手机平均月活跃用户数量从 2021 年的 81.94 万人上升到 2022 年的 90.11 万人，涨幅为 9.97%。

三、赋能投资端建设，打造市场优质企业发展新磁场

在发挥资本市场中介职能、参与资本市场建设的同时，证券行业承担直接投资者责任，通过资产管理、自营等业务，将自有资金和客户委托资金投资于实体经济。此外，证券行业通过对投资标的筛选和面向市场的研究服务，引导市场资金向具有投资价值的核心资产集聚，推动了实体经济去粗取精、扶优限劣的进程，真正成为实体经济的"重要投资者"和"价值发现者"。

（一）持续扩大投资规模，向实体经济注入流动性

资产管理业务、直接投资业务和自营业务是证券公司投资实体经济的重要方式。证券公司通过资产管理业务将客户委托资金投资于实体经济。根据中国证券投资基金业协会公布的数据，2022 年，基金管理公司及其子公司、证券公司、期货公司、私募基金管理机构资产管理业务总规模约 66.74 万亿元，其中，证券公司及其子公司私募资产管理业务规模占比约一成。

证券公司通过自营等投资类业务将自有资金直接投资于实体经济。自营业务在风险可控的前提下，通过购买企业发行的债券，向实体经济注入流动性。另外，证券公司通过另类投资子公司参与科创板企业等项目跟投，积极支持新经济企业发展。根据 Wind 数据，科创板注册制试点以来，截至 2022 年末，证券公司科创板跟投规模达 268.59 亿元。通过科创板跟投等机制，证券行业以优质项目带动有效投资，多渠道向实体经济注入发展新活力。

（二）挖掘核心资产价值，向实体经济注入资金活水

证券公司在实体企业发展的全流程中积极挖掘企业价值。在二级市场投资中，证券公司践行管理人职责，努力寻找高成长性的核心资产，配置各行业代表性龙头企业股票，对于实体经济发展起到了扶优限劣的作用。在一级市场投资中，证券公司高度重视新经济领域成长企业投资，持续为信息技术、生物医疗、互联网和半导体等重点投资领域注入资金活水。证券公司通过研究服务，为市场投资者提供了重要的参考信息，深化投资者对于优质实体企业的理解与认识，引导市场资金注入实体经济。根据中国证券业协会专项调查不完全统计，2022 年共有 94 家证券公司的研究所（部、子公司）发布研究报告，全年共计发布研究报告

21.73 万篇，其中深度报告 30 082 篇。

四、助力实现碳达峰碳中和目标，建立功能覆盖完整的碳金融综合业务体系

（一）多渠道践行新发展理念，积极稳妥推进碳达峰碳中和

1. 成立专门碳金融业务团队，聚焦碳金融业务发展

实现碳达峰碳中和，是以习近平同志为核心的党中央作出的重大战略决策，证券行业积极服务于国家发展大局，践行绿色发展理念，探索成立专门的碳金融业务团队，聚焦碳金融业务，旨在利用市场机制控制和减少温室气体排放，推动绿色低碳发展。根据中国证券业协会专项调查统计，2022 年，在践行碳达峰碳中和方面采取具体举措的 83 家证券公司中，有 18 家成立了专门的碳金融业务团队或业务组，占比 21.69%，较 2021 年有所上升。

2. 在固收产品、大宗商品和衍生品多领域发力，探索开展碳交易业务

一方面，借助海峡股权交易中心、试点碳交易场所、上海环境能源交易所等平台，开展碳交易业务的证券公司数量增加。另一方面，证券公司通过多种方式，在固收、大宗商品和衍生品等多个领域积极发力，推进碳交易业务。一是通过与钢铁、银行、建筑等大型企业签署碳金融合作协议，助力企业就碳补偿铁矿石货物达成合作，落地钢铁行业产业链碳抵消交易、农田碳汇项目交易，并在代客碳排放配额场外衍生品交易、碳配额回购业务、基于 CCER 购买承诺的碳权质押融资业务、SHEA 场外期权业务、CCER 购买交易（ERPA）等业务领域积极拓展。二是拓展碳交易的基础设施建设，协助政府部门推进气候投融资试点及碳汇能力提升工作，还通过母公司、香港子公司的境内外协同配合等方式，积极试点境外碳交易、场外碳期权业务。三是紧密围绕碳资产交易的核心功能，助力实现"双碳"目标，将绿色发展理念落到实处，重点服务水泥、发电、钢铁等行业的碳交易需求，覆盖可再生能源、甲烷利用、森林碳汇、碳普惠等类型。

3. 多措并举、精准实施，创新赋能"双碳"目标

证券公司多种方式、多管齐下，积极探索赋能"双碳"目标的有效途径。一是作为中介机构，助力绿色企业进行股权和债券融资，拓宽绿色融资渠道，降低绿色融资成本，积极服务经济社会绿色转型发展，将碳中和专项债、碳中和 ABS、清洁能源行业公募 REITs 等作为重点承销产品，募投资金用于污水治理等领域，助力改善人居环境，践行绿色低碳发展理念；另外，还担当绿色企业的财务顾问，助力企业转型发展，为绿色低碳企业提供全周期、多方位的资本市场服务。二是代销各类碳金融主题产品，同时探索开发碳期货、碳期权、碳指数、碳基金、碳保险等碳金融创新产品，培育绿色发展新动能。三是通过举办绿色主题论坛、开展绿色金融宣讲、撰写相关研究报告和开展课题研究等方式聚焦"双碳"研究，推进行业研究和标准制定工作，实时关注并发布光伏、风电、锂电、新能源汽车等重点行业发展动态，同时，通过发布"双碳"行动方案、碳中和白皮书、举办绿色主题创新知识竞赛、

对相关企业和政府部门进行培训等方式,宣导环保理念,为推进碳市场发展提供智力支持。

(二) 支持绿色股权、债券融资,引导绿色项目资金配置

证券公司积极服务碳中和以及环保概念上市公司开展股权融资。根据 Wind 数据,2022年,证券公司助力"碳中和"概念上市公司实现增发19次,募集资金总额达1 067.23亿元,助力"节能环保"概念上市公司实现增发9次,募集资金总额达107.85亿元。

根据中国证券业协会发布的2022年证券公司债券承销业务专项统计,2022年度作为绿色公司债券主承销商或绿色资产证券化产品管理人的证券公司共55家,承销(或管理)152只债券(或产品),金额1 716.58亿元;整体承销只数和金额分别比2021年上升49.02%和24.71%。从产品类别来看,2022年,证券公司管理绿色资产证券化产品55只,合计金额771.13亿元,承销只数和金额比2021年分别上升44.74%和45.70%。

(三) 大力支持投资绿色产业,推动绿色产业发展

1. 积极参与绿色债券投资,提升绿色项目资金可获得性

证券公司积极支持低碳、循环、生态领域投资需求,提升绿色项目资金可获得性。根据中国证券业协会专项调研数据,2022年56家证券公司参与绿色债券相关投资交易规模平均为32.16亿元,其中最大投资规模为540亿元,最小投资规模为0.2亿元。证券公司参与绿色债券相关投资交易规模分布情况见图总2－1。

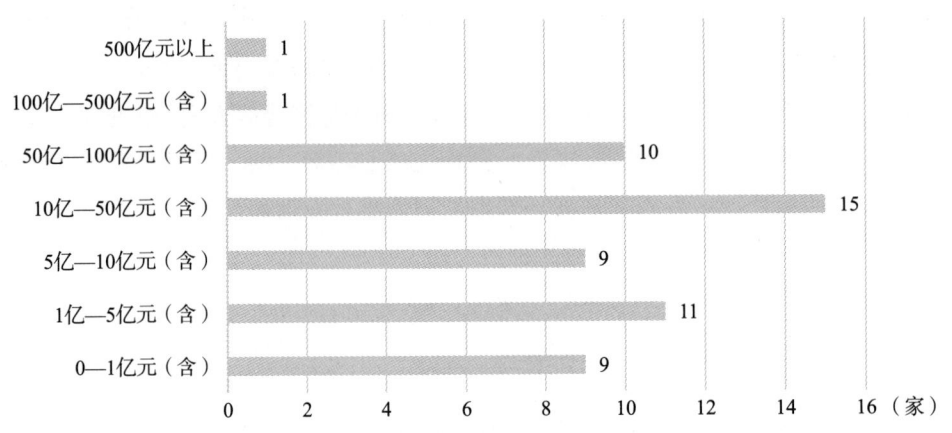

图总2－1 2022年证券公司参与绿色债券相关投资交易规模分布情况

2. 充分发挥资本市场绿色金融优势,协助机构客户投资低碳绿色产业上市公司

证券公司积极发挥资本优势,引导机构客户投资于光电感知、科学仪器、激光应用、光通讯、生态建设等重点低碳绿色产业上市公司。根据中国证券业协会专项调研数据,2022年13家证券公司助力机构客户参与投资低碳绿色产业上市公司规模平均为16.18亿元,其中最大投资规模为82亿元,最小投资规模为0.45亿元。证券公司助力机构客户参与投资低碳绿色产业上市公司规模分布情况见图总2－2。

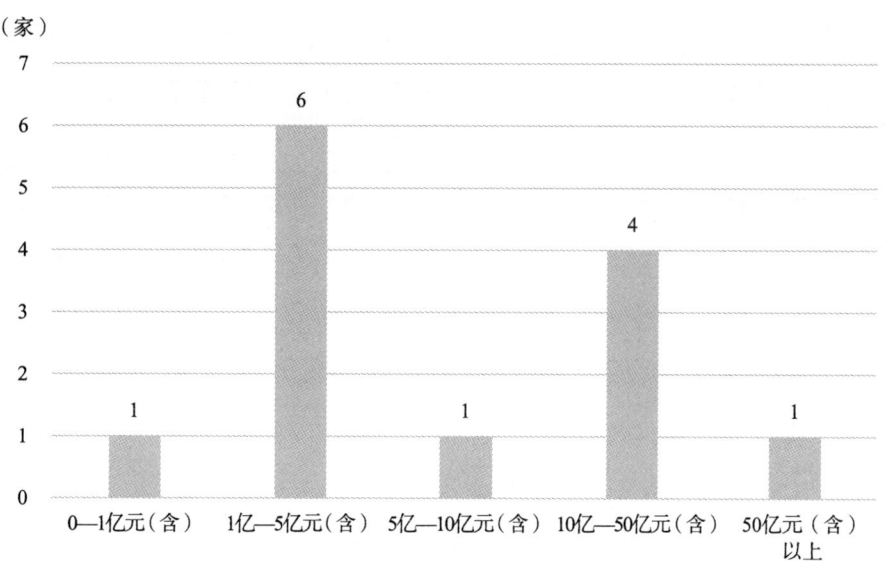

图总 2-2　2022 年证券公司助力机构客户参与投资低碳绿色产业上市公司累计规模分布情况

3. 通过市场化母基金、境内外私募股权投资及战略配售，拓宽绿色低碳投资路径

证券公司积极通过设立市场化母基金、开展境内外私募股权投资以及战略配售等方式，开拓绿色低碳投资的方式方法，覆盖更多投资领域，撬动更大的资金杠杆和资源杠杆，服务绿色低碳产业发展。根据中国证券业协会专项调研数据，2022 年 26 家证券公司通过市场化母基金以及境内外私募股权投资及战略配售对绿色低碳领域的投资规模平均为 3.49 亿元，其中最大投资规模为 25 亿元，最小投资规模为 0.03 亿元。证券公司通过市场化母基金以及境内外私募股权投资及战略配售对绿色低碳领域的投资分布情况见图总 2-3。

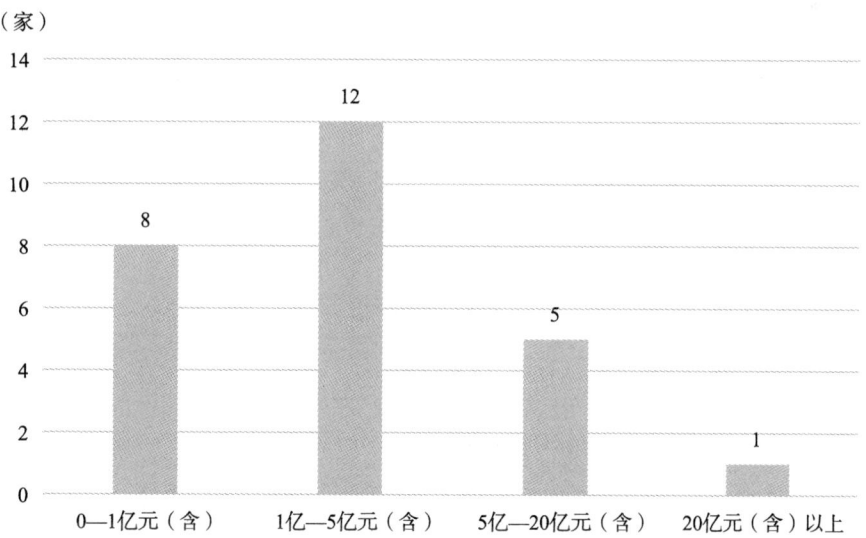

图总 2-3　2022 年证券公司通过市场化母基金、境内外私募股权投资及战略配售对绿色低碳领域的投资分布情况

(四) 积极发布各类绿色指数，鼓励和引导绿色投资

证券公司通过发布绿色指数，监测和反映绿色产业和绿色金融发展情况，从而鼓励和引导绿色投资。根据中证指数有限公司公布的数据，截至 2022 年末，累计有 57 只绿色指数，其中 2022 年新发布 12 只，包括信用债、综合债、主题、策略等类别，涵盖股票、债券、固定收益三类资产（见图总 2-4）。

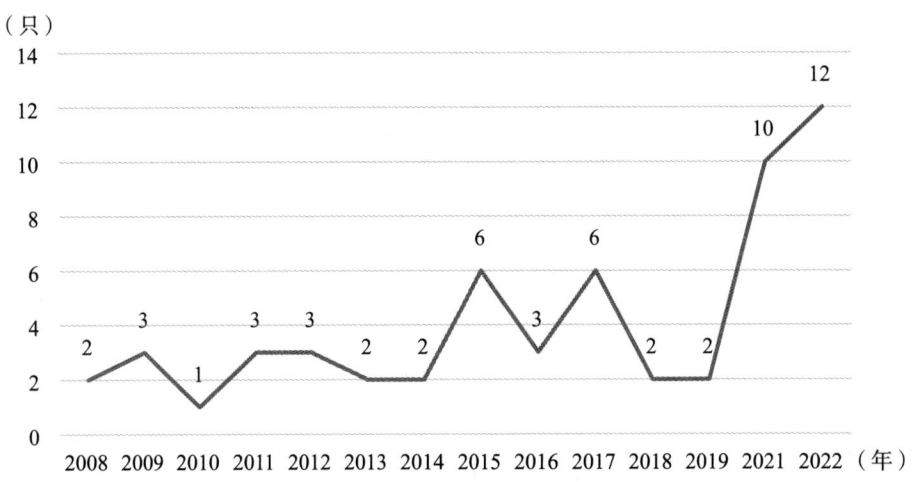

图总 2-4　绿色指数发布数量

资料来源：中证指数有限公司。

(五) 引入、创设绿色低碳金融产品，践行绿色低碳发展理念

1. 引入绿色低碳主题公募基金，丰富绿色低碳产品体系

证券公司积极引入绿色低碳主题公募基金，利用资本市场力量，丰富绿色低碳产品体系，将低碳、ESG、新能源、环保等主题基金纳入重点产品销售池。根据中国证券业协会专项调研数据，2022 年 44 家证券公司引入绿色低碳主题公募基金平均为 23.73 只，较 2021 年上升 34.22%。证券公司引入绿色低碳主题公募基金产品只数分布情况见图总 2-5。

2. 发行绿色资产证券化产品，引导资金注入绿色产业

证券公司发行绿色资产证券化产品，引导各类资金注入绿色产业，助推绿色产业发展。根据中国证券业协会专项调研数据，2022 年 12 家证券公司资管子公司发行绿色资产证券化产品规模平均为 43.75 亿元，比 2021 年增长 70.62%。证券公司资管子公司致力于推动绿色低碳行业的发展，发行的资产证券化产品入池基础资产多属于绿色领域，该类资产证券化产品的发行有利于相关绿色产业获得充足的资金支持，进一步推动相关绿色政策的落地，同时，也为企业向绿色低碳转型发展提供金融支持。

2022 年中国证券业发展回顾与展望

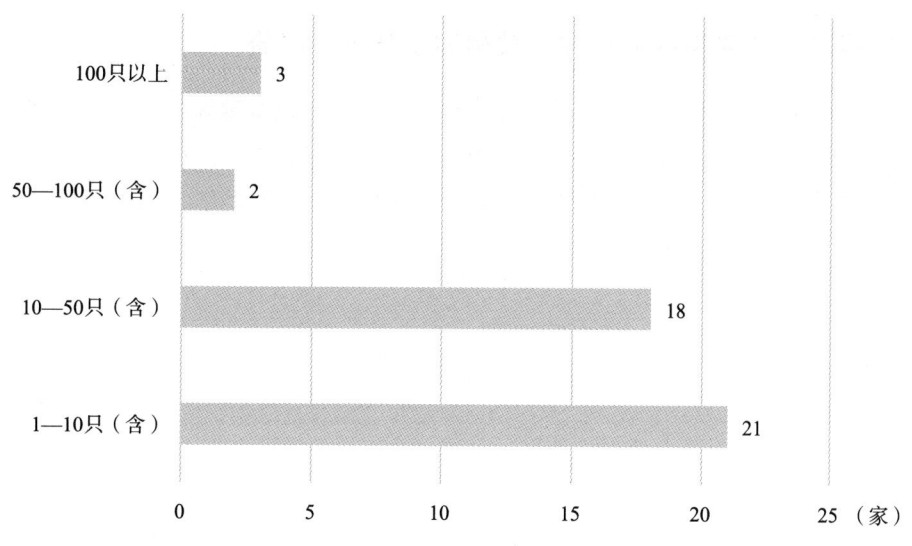

图总 2-5　2022 年证券公司引入绿色低碳主题公募基金产品分布

3. 发行绿色低碳主题基金，积极践行绿色投资理念

根据中国证券业协会专项调研数据，2022 年 27 家证券公司及旗下基金管理公司发行绿色低碳主题基金规模平均为 31.69 亿元，积极引入"绿色投资"概念，推广环保可持续理念，引导投资者参与投资，有助于通过技术创新、产业转型升级、产业结构调整促进低碳成长的行业发展。

五、巩固拓展脱贫攻坚成果，助力全面推进乡村振兴

党的二十大报告指出，要"全面推进乡村振兴"。根据中国证券业协会公布的数据，截至 2022 年底，共有 103 家证券公司结对帮扶 357 个脱贫县，其中，60 家证券公司结对帮扶 83 个国家乡村振兴重点帮扶县，65 家证券公司参与"证券行业促进乡村振兴公益行动"，承诺出资 3.5 亿元。证券行业致力于践行创新、协调、绿色、开放、共享发展理念，助力提升发展的平衡性、协调性、包容性。

（一）巩固拓展脱贫攻坚成果，推动各类公益项目向纵深化方向发展

1. 深入开展医疗、教育等各类公益项目，巩固定点帮扶成果

2022 年，证券行业在前期工作的基础上，创新帮扶模式，持续加大在帮扶对接县的医疗、教育等公益项目投入，推进落实帮扶工作。根据中国证券业协会专项调研数据，2022 年 80 家证券公司平均推进落实 12 个公益项目，较 2021 年增加 63.27%，投资项目数量在 30 个以上的证券公司有 5 家；证券公司在帮扶对接县平均赞助金额达 498.31 万元，较 2021 年上升 5.85%，投资金额在 3 000 万元以上的证券公司有 3 家。证券公司在帮扶对接县实施的公益、医疗、教育项目数量分布情况见图总 2-6、图总 2-7。

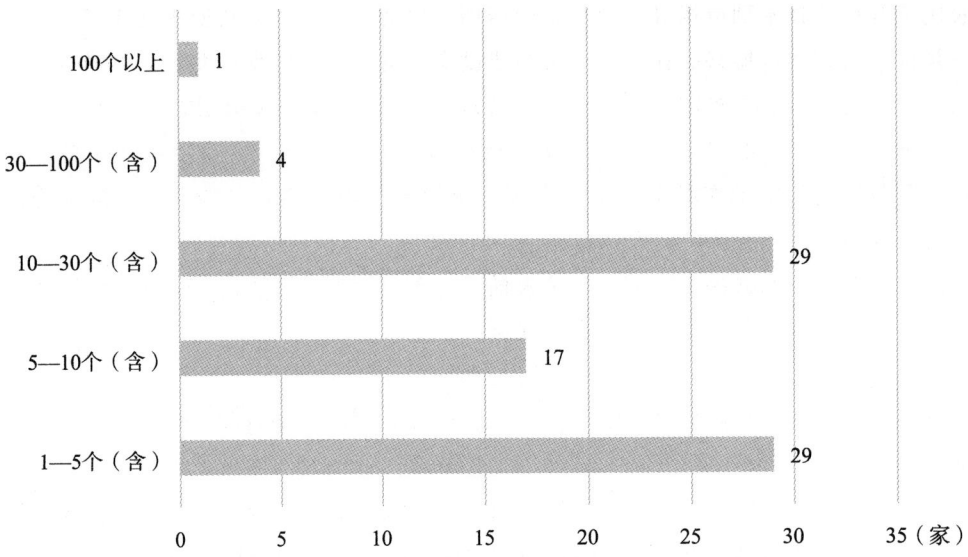

图总2-6　2022年证券公司在帮扶对接县实施的公益、医疗、教育等项目数量分布情况

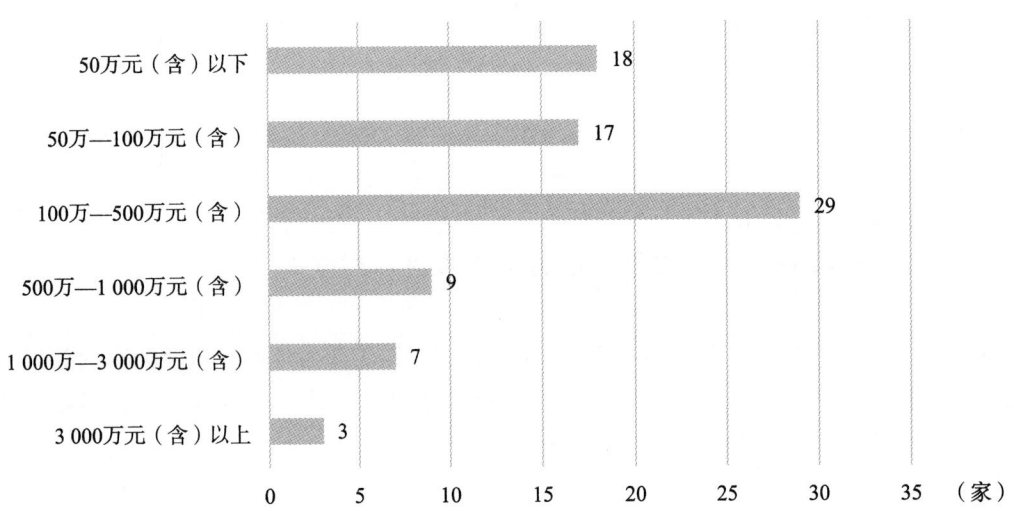

图总2-7　2022年证券公司在帮扶对接县实施的公益、医疗、教育等项目金额分布情况

2. 多渠道多方式开展资源对接，拓宽"金融+公益"帮扶模式

党的二十大报告指出，要"扎实推动乡村产业、人才、文化、生态、组织振兴"。2022年，证券行业积极贯彻落实党中央关于金融服务实体经济、金融助力乡村振兴方面的要求，采用多种形式，巩固拓展脱贫攻坚成果，助力乡村振兴。

一是推动乡村产业振兴。在帮扶对接县建设牲畜饮用水水池、蔬菜大棚、扶贫车间、"农村产业合作社发展"等项目，促进帮扶对接县第一、第二、第三产业深度融合，形成"农业+"多业态发展态势，在提高产业增值收益的同时增加就业。

二是推动乡村人才振兴。投资建设"返乡农民工创业培训中心"和"农民田间学校"，针对农民工开展从技术到市场等一揽子基础培训,增强其创业能力及创业技巧。

三是推动乡村教育振兴。在帮扶对接县建设文化场地,开展乡村助学、师资培训、支教等活动,扩建校舍,购置校服、体育用品、书籍,助力提高帮扶对接县教育水平。

四是推动乡村智力振兴。通过开展实地调研撰写研究报告,形成"乡村振兴"专项工作计划,同时通过日常工作联系机制、实地走访调研机制以及事中事后反馈机制等,系统化、常态化为乡村振兴提供智力支持。

五是推动乡村生态振兴。更新公用垃圾桶、污水泵等生产生活设施,推广人居环境治理提升等各类绿色环保项目,助力美丽乡村建设。

六是推动乡村医疗振兴。支持帮扶对接县基础医疗服务设施建设,购置医疗设备,缓解医疗设备短缺压力,提高乡村医疗水平,另外,还开展巡回义诊活动,助力帮扶对接县承担好基本公共卫生服务项目、国家重大公共卫生服务项目、健康扶贫服务等任务。

七是推动乡村消费振兴。将员工福利保障与帮扶县域农产品销售需求相结合,直接或者带动员工采购帮扶对接县农产品,助力农民增收,结合各类爱心扶贫平台,探索特色农产品的长期销售渠道。

八是推动乡村金融振兴。证券行业发挥专业优势,推动"保险+期货"、林业碳汇项目等落地实施,助力将特色农林资源转化为产业优势。另外,还向当地政府和相关企业提供资本市场基础知识、股权债券融资培训,整合行业资源,探索"金融+公益"新模式。

(二) 助力欠发达地区[①]企业融资,为企业发展注入源头活水

证券公司担任保荐机构和承销商,助力欠发达地区企业融资,巩固拓展脱贫攻坚成果。根据中国证券业协会专项调研,2022年39家证券公司助力欠发达地区企业融资项目平均为16.47个,融资金额达108.21亿元,较2021年增长20.66%。

(三) 积极履行社会责任,贯彻落实乡村振兴战略

2022年,证券行业在前期工作基础上,继续助力巩固拓展脱贫攻坚成果同乡村振兴有机衔接。一是助力乡村振兴专项债发行,有效利用资本抓手提升服务质效。根据中国证券业协会公布的数据,2022年,证券公司承销发行乡村振兴债券305.21亿元,同比增长42.77%。二是加大医疗、教育等公益项目投入,聚焦乡村振兴重点领域。根据中国证券业协会专项调研数据,2022年74家证券公司在助力乡村振兴医疗、教育等公益项目上投入平均为240万元,充分运用资本力量,聚焦乡村振兴重点领域,其中9家证券公司投入金额达500万元以上(见图总2-8)。

---

① 欠发达地区由各证券公司依照自身标准进行认定。

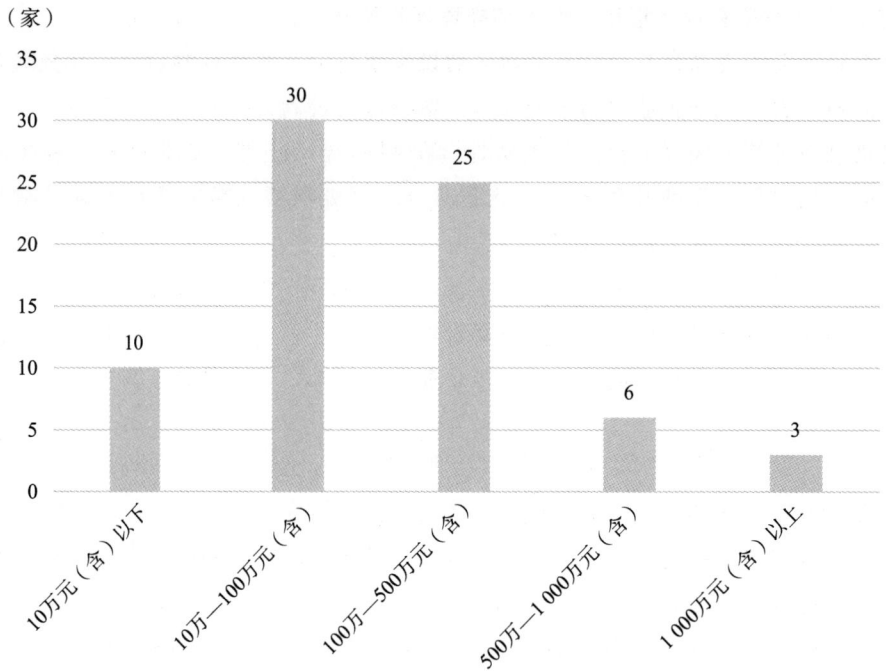

图总2-8 2022年证券公司助力乡村振兴开展的医疗、教育等公益项目投入金额分布情况

六、助力资本市场高水平对外开放，服务行业双向开放新格局，用好"两个市场、两种资源"

2022年，随着资本市场制度型开放稳步推进，与境外市场互联互通不断深化，证券行业通过引入国际资本、拓展跨境服务积极支持实体经济发展。

（一）落实"引进来"战略，引入外资共享国内发展机遇

1. 多渠道引流国际资金，为实体经济贡献增量投资来源

一是努力扩大合格境外投资者（QFII/RQFII）资金在一级市场的参与程度，利用锁定期引导国际资金长期配置国内市场，根据Wind公布的科创板、创业板首发战略投资者获配资料，2022年，合格境外投资者参与了天岳先进等科创板和创业板IPO项目的跟投；另外，还在定增等业务中积极引入外商投资者。

二是积极服务境外机构和资金，稳定和拓展在二级市场的持股布局。根据中国证券业协会公布的数据，截至2022年末，境外机构和个人持有A股市值3.20万亿元，重点布局能源、材料、工业、消费、医疗、金融、信息技术、电信以及公用事业和房地产等行业。

三是针对北向资金，通过沪股通和深股通积极拓展业务，为国际资金建立便捷的A股投资渠道。根据中国证券业协会公布的数据，2022年证券公司通过香港子公司积极服务沪深股通交易金额23.28万亿元人民币，有力促进了国内实体企业发展。

2. 拓宽产品类型和业务板块，引入多样境外投资者

一是在跨境并购方面，与全球其他地区的投资银行团队展开对话和合作，为境外公司提供财务顾问业务，为境外企业寻求境内并购、融资标的及机会。

二是借助境外子公司等平台，总分联动，通过助力境内企业发行欧元债、美元债、自贸区人民币债、熊猫债，借助 CIBM、债券通等平台，以及向境外投资者推出挂钩境内资产的衍生金融产品等方式，助力境外投资者实现对境内资产的投资配置、风险管理，共享中国发展机遇。

三是拓宽在债券交易、研究服务、财富管理、基金托管多个业务领域的布局，在实现自身产品类型和业务板块创新的同时，为境内企业发展引入多样化境外投资者。

（二）践行"走出去"战略，推动完善国际化布局

1. 推进海外融资与并购，为引入海外资金提供强力支持

一是在融资层面，中资证券公司协助国内企业在中国香港等国际平台完成海外融资。根据中国证券业协会公布的数据，2022 年证券公司通过香港子公司服务企业在中国香港市场 IPO 融资 1 019.31 亿港元，占香港全市场的 97.43%；服务 10 家 A 股上市公司在伦敦、瑞士证券交易所成功发行并上市全球存托凭证（GDR）；另外，还助力境内公司发行中资海外债、离岸人民币债券，助力中国企业拓宽国际融资渠道，用好两个市场、两种资源，提升国际市场竞争力和品牌影响力。

二是在并购层面，中资证券公司积极提供财务顾问支持，不断推动国内实体企业做大做强，为完善国际布局、优化产业链条、打开境外市场作出了贡献。根据 Wind 数据，2022 年，中资证券公司担任财务顾问和独立财务顾问，助力完成出境并购 34 单。

2. 落实"投资＋投行"战略，搭建跨境资本桥梁

根据中国证券业协会专项调研数据，证券行业积极落实"投资＋投行"战略，为境内企业搭建跨境资本桥梁：通过跨境收益互换等衍生产品，为境内外机构投资者的国际化权益资产配置提供综合交易方案；为跨境 ETF 和港股通 ETF 提供做市服务，助力投资者配置境外资产；此外，还运用 QDII 增额获批额度，开展 QDII 资管业务，发挥集团跨境投研优势，持续深化跨境协同的综合金融服务模式。

第三章
2022年中国证券业发展特点

2022年是党的二十大胜利召开之年，也是深化实施"十四五"规划的关键之年。证券行业坚持稳字当头、稳中求进，立足于更好服务构建资本市场新发展格局和高质量发展，坚持服务实体经济和支持科技自立自强的初心和使命，以金融供给侧结构性改革为主线，促进技术、资本和产业实现高水平循环，持续强化服务国家战略能力，服务实体经济和居民财富管理功能及合规风控水平持续提升，久久为功推进行业文化建设，数字化转型全面加速，行业生态进一步优化，行业发展提质增效，在服务绿色转型、乡村振兴以及创新驱动发展等方面发挥了重要作用。与2021年相比，2022年证券行业发展主要呈现如下特点。

一、建设中国特色现代资本市场，证券行业发展面临新环境

2022年，资本市场改革开放持续深化，资本市场高质量发展迈上新台阶。注册制改革稳步推进，直接融资比重显著上升，多层次市场体系建设不断完善，制度建设不断深化，金融产品体系日渐丰富，为证券行业下一步高质量发展奠定了良好的基础，证券行业发展面临新环境。

2022年，注册制改革稳步推进，直接融资比重显著上升，股债融资稳步增长。科创板、创业板试点注册制相继成功落地，建立了以信息披露为核心、全流程公开透明的发行上市制度，极大提升了资本市场对优质企业的吸引力。与此同时，持续强化上市公司信息披露和公司治理监管，大股东、董监高等"关键少数"公众公司的意识明显增强，长期困扰市场的高比例股票质押、违规占用担保等问题得到大幅改观，"有出有进，优胜劣汰"的市场生态逐渐形成。2022年A股成为全球新股发行最大的市场，上市公司突破5 000家，首发合计募资额近5 900亿元。2022年债券市场共发行各类债券61.5万亿元，同比基本持平，债券市场规模稳定增长。"专精特新"市场优势逐渐显现，市场结构持续优化。2022年新上市专精特新企业达到175家，新一代信息技术、生物医药等高科技行业市值占比由2017年初约20%增长至约40%，上市公司研发投入占全国企业研发支出的一半以上，上市公司作为实体经济"基本盘"、转型发展"领跑者"的角色更加凸显，资本市场服务国家战略和实体经

济的能力日益增强。

2022年，资本市场基础制度建设不断深化。《上市公司股份回购规则》修订，放宽上市公司回购实施条件，明确回购与再融资交叉时的限制区间，优化禁止回购窗口期的规定。《关于完善上市公司退市后监管工作的指导意见》发布，持续畅通被动和主动退市渠道，对违法违规、符合退市标准的上市公司加大退市力度，促进优胜劣汰，既明确了注册制下市场的"进"，又明确了"出"，增加上市公司根据自身发展阶段和具体情况在资本市场中选择合适上市板块的灵活度，不断优化提高上市公司质量，形成市场的源头活水。《金融标准化"十四五"发展规划》印发，明确"十四五"时期统筹推进金融标准化发展的指导思想、基本原则、主要目标、重点任务和保障措施，提出到2025年基本建成与现代金融体系相适应的标准体系的目标。《关于注册制下提高招股说明书信息披露质量的指导意见》发布，提高招股说明书信息披露质量，让招股说明书成为普通投资者愿意看、看得懂的信息披露文件，保护中小投资者合法权益，为全面实行股票发行注册制提供更加坚实的信息基础。货银对付（DVP）改革正式启动，从制度上增强结算体系的安全性，提高资金使用效率，进一步吸引境外资金进入中国市场。《期货和衍生品法》实施，有效填补了资本市场法治建设的空白，在助推期货和衍生品市场高质量发展的同时防范化解市场风险。

2022年，资本市场功能持续优化。2022年5月12日，中国证监会发布《证券公司科创板股票做市交易业务试点规定》，符合条件的证券公司可以按照要求向中国证监会申请科创板股票做市交易业务试点资格，这是发挥科创板改革"试验田"作用的重要举措，是全面推动科创板高质量发展、建设中国特色现代资本市场的又一有益实践。通过证券公司在市场报价形成交易，能够提升活跃程度，同时通过做市商的专业报价还能减小市场波动，降低投资者的非理性行为。2022年10月21日，沪、深证券交易所分别扩大了融资融券标的股票范围，对于主板股票和创业板注册制改革前上市的创业板股票，标的数量由1 600只扩大至2 200只，扩容幅度达38%，以中小市值股票为主，进一步提升了市场覆盖率和市场整体流动性，进一步发挥融资融券交易的价格发现机制，更好地满足不同类型投资者的多元化交易策略需求，持续提高市场定价效率。

2022年，金融产品创新持续推进，市场基础金融产品体系日渐完善。衍生品品种持续扩容，多品种的股指期货和期权产品加速推出。中国金融期货交易所开展上证50股指期权交易，深证100ETF期权、中证500ETF期权、创业板ETF期权、中证1000股指期货和期权进入市场，金融衍生品日渐丰富，产品数量、交易活跃度、国际化程度明显提升。进一步扩大REITs试点范围，坚持服务实体经济的根本宗旨，强化系统思维、市场观念，以推进常态化发行为抓手，加快推动市场高质量发展，走好中国特色的REITs市场发展之路。支持中央企业发行科技创新债，进一步健全资本市场服务科技创新的支持机制，发挥中央企业科技创新的引领示范作用，促进科技、资本和产业高水平循环，引导各类金融资源加快向科技创新领域聚集，更好地服务国家创新驱动发展战略。

2022年，多层次资本市场体系不断完善。一方面，持续深化新三板改革创新，推进北交所高质量扩容。北交所是连接我国场内市场与场外市场的关键枢纽，要发挥北交所的示范引领作用，促进形成具有市场特色的跨层次投资体系，北交所的高质量扩容将为更多"专精特新"企业创造更好的早期融资和发展环境，更好地推进资本市场服务的下沉。另一方面，区域性股权市场多维度改革，形成了以股权和私募可转债融资为抓手，以企业规范培育、登记托管、改制辅导、资本市场培训等业务为基础的综合业务体系。2022年11月，中国证监会、工业和信息化部出台《关于高质量建设区域性股权市场"专精特新"专板的指导意见》，通过区域性股权市场"专精特新"专板建设，进一步挖掘企业价值，拓宽中小企业直接融资渠道。截至2022年底，全国35家区域性股权市场运营机构中，已有24家设立"专精特新"相关板块，挂牌展示"专精特新"企业合计5 186家，累计服务专精特新中小企业融资503.90亿元。

二、深入践行新发展理念，持续提升服务实体经济和居民财富管理能力

2022年，证券行业深入践行新发展理念，主动融入经济社会发展全局和国家发展战略，高质量发展取得良好进展。积极融入创新驱动发展战略，发挥连接资本市场和实体经济的桥梁纽带作用，服务科技、资本与实体经济高水平循环，引导金融资源有力支持创新驱动发展、绿色转型、小微企业等经济社会发展的重点领域和薄弱环节。紧紧围绕金融供给侧结构性改革，服务区域经济、中小微企业、民营经济协调发展，助力提升发展的平衡性、协调性、包容性。加强投资银行功能建设，增强服务实体经济的能力，聚焦本源，全面加强投行的核心能力建设，勤勉尽责，切实履行好资本市场"看门人"责任。打造财富管理专业平台，提升综合金融服务能力，加快推进财富管理业务转型，打造财富管理的综合服务体系，在公募基金投顾试点的基础上，做实投顾服务体系，提升财富管理买方中介服务能力，持续加大科技投入，强化科技赋能，提升财富管理的服务效率，更好地满足居民日益增长的财富管理需求。提升交易服务能力，完善新三板、科创板做市交易服务体系，创新金融衍生品交易品种，丰富交易策略，在推进市场平稳交易的同时也为投资者提供更多的交易品种和风险对冲工具。2022年，证券行业服务341家企业在沪、深证券交易所完成首次公开发行并上市，合计募集资金5 704.07亿元，同比上升6.59%；服务上市公司融资性非公开发行股票295家次，共募集资金5 540.04亿元；服务10家上市公司实施配股，合计募集资金633.80亿元；完成北交所公开发行上市项目83家，共募集资金163.84亿元；推荐企业在新三板市场完成发行697次，融资232.28亿元；承销（或管理）152只绿色公司债券（或绿色资产证券化产品），合计金额1 716.58亿元；承销83只科技创新公司债券，合计金额1 028.41亿元。

三、坚守合规风控底线，完善全流程合规及全面风险管理，提升合规风控水平

2022年，证券行业持续健全风险管理制度，推动实现风险管理全覆盖，进一步加强和

完善风控合规体系建设，构建稳健、审慎的风险文化，全面提高风险防范化解能力。全行业行业整体风控指标均优于监管标准，合规风控水平健康稳定。

2022年，中国证监会发布《证券基金经营机构董事、监事、高级管理人员及从业人员监督管理办法》，强化经营机构主体责任，突出证券公司高管人员在公司合规管理中的重要作用，促进经营机构合规稳健运行；发布《关于加强注册制下中介机构廉洁从业监管的意见》，从内部管理入手，对证券从业风险防范的组织领导、内部控制、财务管理、人员管理等提出了全面要求，进一步强化内部机制的监督制衡。证券行业合规风控管理制度体系进一步完善，内控管理机制持续优化。

2022年，证券公司合规机制建设不断完善。证券公司针对市场发展环境和公司内部体制、架构调整，不断完善与公司发展相适应的合规管理体系，更新相关业务合规与风险管理制度，致力于与市场发展、公司发展同步。同时不断强化合规管理信息建设，通过加大资金投入、聘请外部专家、加强外部合作等形式，探索和开发符合自身发展现状的合规管理类系统。证券公司大力倡导合规文化，将合规文化内涵渗透到员工的思想和日常工作行为中，成为上下统一的行为准则。同时，加强富有针对性的合规培训教育，通过明确、全面、有效的考核方法和详细的考核指标，提高合规管理的考核比例，制定出一套科学合理的考核机制。全面落实合规问责、加强人员违规处置力度等措施，将合规责任追究落到实处，增强员工执业的自觉性。

2022年，证券行业进一步强化声誉约束。《证券基金经营机构董事、监事、高级管理人员及从业人员监督管理办法》健全监管机构、行业协会监管数据和信息共享机制，以及从业人员基本从业信息、诚信记录公示制度，强化声誉约束。2022年5月，中国证券业协会发布《证券行业诚信准则》《证券行业执业声誉信息管理办法》，推进证券行业诚信建设，加强从业人员自律管理，完善中介机构声誉约束机制，旨在探索完善诚信管理和声誉自律机制，推动形成诚信约束、声誉约束、自律约束、规则约束，构建尊崇信义、崇尚专业、忠实责任、珍惜声誉的行业生态。

四、持续推进数字化转型，加强数字金融标准建设

证券行业持续加大数字科技投入，推进数字化转型。证券公司数字化转型的"主战场"逐步由零售经纪业务扩展到机构业务、资产管理、投资银行、自营投资、中后台等多个领域。2022年，证券行业IT人员继续增加，人员总数同比增长8.08%。2022年证券行业IT总投入为377.65亿元，同比增长24.41%。其中，IT总投入达到亿元的证券公司有77家，较上年增加5家，其中15家超过8亿元，较上年增加4家。证券行业数字化转型渐入佳境，进入全面加速阶段。2022年中国证券业协会发布《证券公司数字化转型实践报告及案例汇编》，汇集优秀及典型案例，详细描述证券行业数字化转型的深刻变化：一是探索科技赋能各类金融产品与服务，从经纪业务向财富管理、大投行、资管等全业务扩展，加速业务转型升级；二是积极推进基础设施建设，优化数据中心建设布局，构建混合云基础设施等；三是

加强数据和网络安全建设，构建安全可控体系；四是积极参与技术创新，促进构建行业生态；五是积极发挥金融科技优势，助力乡村振兴，提升特殊人群服务，展现行业责任担当。

证券行业加快推进金融行业数字标准建设，夯实行业数字化转型基础。2022年中国证监会发布7项金融行业标准，推进资本市场信息化建设，从规范证券期货交易系统接口、保护行业重要数据资产、强化证券期货信息技术服务连续性管理等方面明文规范，以帮助相关机构降低系统交互成本，提升数字化转型效率，保障信息系统安全。与此同时，证券监管部门正在组织制定资本市场金融科技创新试点管理办法等制度规范。加快完善创新试点制度框架，进一步界定创新试点相关机构职责，明确各阶段工作任务与流程，确定创新试点容错与激励机制，规定监督管理措施；加快建立长效工作机制，重点关注大数据、云计算、人工智能、区块链等新一代信息技术在资本市场各个业务领域的应用实施，聚焦试点项目对于行业数字化转型的促进与引领价值，在确保风险可控的基础上，充分挖掘试点项目的潜力与价值，全面释放金融科技创新动能，促进形成资本市场金融科技创新发展的良性生态。

五、资本市场持续推进高水平制度型开放，证券行业提升跨境金融服务能力和国际竞争力

资本市场持续推进高水平制度型开放，充分用好两个市场、两种资源。持续优化境内外互联互通机制，先后推进沪深港通标的扩容、增加人民币交易柜台、支持中国香港推出国债期货等举措，进一步深化内地与香港金融市场的互联互通机制，为境内外投资丰富的全球资产配置工具提供了极大的便利。ETF纳入互联互通，丰富投资品种，有利于多元化资产配置，增强两地市场对长期增量资金的吸引力。第二批粤港澳大湾区跨境理财通试点银行公布，中小银行以及外资行入列，为粤港澳大湾区个人投资者提供优质服务。沪伦通扩容至瑞士和德国市场，中国资本市场对外开放再拓新版图，全球存托凭证（GDR）规模持续扩容。

2022年，证券行业牢牢把握资本市场互联互通重大机遇，持续优化全球业务布局，提升跨境金融服务能力和国际竞争力。证券行业积极服务境外机构和资金更广泛、更深入地参与我国资本市场。截至2022年末，境外机构和个人持有A股市值3.20万亿元。2022年，证券公司代理客户港股通交易金额7.24万亿港元，通过香港子公司积极服务沪深股通交易金额23.28万亿元人民币。通过香港子公司服务企业在中国香港市场IPO融资1 019.31亿港元，占香港全市场的97.43%；服务10家A股上市公司在伦敦、瑞士证券交易所成功发行并上市全球存托凭证（GDR）。在中国香港市场IPO排行中，中资机构占比大幅提升，2022年共有38家证券公司，以上市保荐人、联席保荐人的身份参与90家香港新上市公司的保荐工作，其中中资证券公司保荐参与率提高至60%。

六、证券行业文化建设持续推进，久久为功

2022年4月25日，中国证券业协会发布《证券公司文化建设实践评估办法（试行）》

等自律指引，推动形成"合规、诚信、专业、稳健"的证券行业文化，建立行业文化建设激励约束机制，规范文化建设实践评估工作。2022 年 5 月，中国证券业协会陆续发布《证券公司建立稳健薪酬制度指引》《证券行业诚信准则》《证券行业执业声誉信息管理办法》等规则，引导证券公司完善中长期激励机制，建立健全稳健的薪酬制度和诚信建设长效机制，完善从业人员声誉约束机制，优化行业发展生态。为全面贯彻落实党的二十大精神，进一步强化、巩固证券行业文化建设，2022 年 11 月 25 日，中国证券业协会发布《进一步巩固推进证券行业文化建设工作安排》，从进一步深化战略融合、着力提升从业人员职业操守、打造形成特色公司文化、持续强化文化认同四方面提出下一阶段行业文化建设重点工作方向，进一步强化、巩固证券行业文化建设。行业文化建设的规则体系日渐完善。

2022 年 6 月，中国证券业协会组织 2021 年度行业文化建设实践评估，发挥评估激励约束作用。合并口径 103 家参评公司中，评估结果为 A 类 AA 级公司 5 家，A 类 A 级公司 6 家，B 类 BB 级公司 10 家，B 类 B 级公司 13 家。评估从公司文化建设实践情况和公司参与行业文化建设情况两个方面，考察公司文化建设的制度机制、组织保障落实情况，关注文化建设与公司治理、发展方式、党建要求与行为规范有机结合成效，对文化建设实践特色做法得到社会肯定、形成行业示范的予以加分鼓励；考察公司在贯彻行业文化理念、丰富行业文化实践、建设行业文化示范、推动自律规则形成等方面的参与情况和取得成果，对在行业文化建设中发挥作用和做出贡献的予以加分鼓励。同时，针对行业文化建设存在的短板和问题，对不符合行业文化核心价值观的情形予以扣分，重点关注公司治理、廉洁从业、过度激励、声誉风险事件等方面的问题，充分体现"合规、诚信、专业、稳健"的行业文化建设价值导向。

2022 年，证券行业坚持党建引领，深入落实《建设证券基金行业文化、防范道德风险工作纲要》提出的任务和目标，推进中国特色证券行业文化建设，推动文化与战略深度融合，将"合规、诚信、专业、稳健"的文化理念嵌入业务流程、内部控制、合规管理之中，以制度承载道德理念、固化良好品行、强化价值引领，形成崇尚信义、勤勉尽责、专业制胜、声誉至上的行业发展生态，文化建设已成为行业机构服务人民美好生活向往、服务实体经济发展的源头活水和行动自觉。

七、积极履行社会责任，发展绿色金融助力实现"双碳"目标，引金融活水服务乡村振兴

证券行业大力推进绿色金融发展，助力绿色生态扶贫，培育"造血"机制、开展普惠金融、实施"志智双扶"、发展绿色经济、碳汇经济，发挥好专业优势，充分发掘绿水青山的资产价值，充分践行"绿水青山就是金山银山"的发展理念。2022 年证券行业积极服务实体经济绿色发展，在绿色股权债权直接融资、绿色投资工具体系建设、ESG 投资等方面取得长足发展。截至 2022 年末，绿色债券累计发行规模达 2.63 万亿元，存量规模 1.54 万亿

元，2022年ESG类债券全市场发行量为5 509亿元。证券行业在党的坚强领导下，在绿水青山之间积极探索绿色金融新模式，在推进碳中和经济上努力开辟证券服务新领域，形成可复制、可推广的示范实践，不断丰富证券行业贯彻落实新发展理念的具体实践，为证券行业服务高质量发展注入强大的"绿色基因"。

证券行业聚焦服务乡村振兴，拓展公益行动成效，促进共同富裕，凝聚公益力量，促进形成公益生态。民族要复兴，乡村必振兴，实施乡村振兴，是决胜全面建成小康社会、全面建设社会主义现代化国家的重大历史任务。为助力做好新一轮乡村振兴工作，中国证券业协会搭建了志愿者服务、课题研究、培训交流和项目展示四个平台，持续深化"证券行业促进乡村振兴公益行动"工作成效，将行业开展公益行动情况纳入履行社会责任评价体系，把四个平台打造成证券行业服务乡村振兴、践行新发展理念、开展社会公益的主阵地，引导行业增强服务人民共享发展成果的社会责任。2022年，证券公司承销发行乡村振兴债券305.21亿元，同比增长42.77%；截至2022年末，共有103家证券公司结对帮扶357个脱贫县，60家公司结对帮扶83个国家乡村振兴重点帮扶县，65家证券公司参与"证券行业促进乡村振兴公益行动"，承诺出资3.5亿元。

第四章
2023年中国证券业发展展望

2023年是全面贯彻党的二十大精神的开局之年，是全面建设社会主义现代化国家开局起步的关键之年。当前我国经济正处于疫情后稳定恢复和实现高质量发展的关键时期，在国内经济转型升级、金融市场改革深入推进的新形势下，证券行业机遇与挑战并存。证券行业要坚持以习近平新时代中国特色社会主义思想为指导，切实把思想和行动统一到党中央对形势的科学判断和决策部署上，进一步突出稳字当头、稳中求进，紧紧围绕打造一个规范、透明、开放、有活力、有韧性的资本市场的总目标，聚焦主责主业，努力构建集约型、专业化、高质量的行业发展新格局，推动实现行业高质量发展，为促进中国特色现代资本市场建设作出积极贡献。

一、推进证券行业高质量发展，服务中国特色现代资本市场建设

党的二十大报告提出，要以中国式现代化全面推进中华民族伟大复兴。走好中国特色金融发展之路，这是中国式现代化进程中金融领域必须担当起的使命责任。中国证监会主席易会满在2022金融街论坛年会上表示，建设中国特色现代资本市场应坚持和加强党的全面领导、坚持服务实体经济着力点、坚持完善资本市场基础制度、坚持守牢风险底线、坚持人民立场五大原则。作为资本市场的重要建设者、参与者，证券行业要加快推进高质量发展，进一步提升服务国家战略和实体经济的能力，服务建设中国特色现代资本市场。证券行业要加快形成差异化、特色化、集约化的行业发展格局，完善投资、融资、交易的基础功能，着力满足各类主体融资需求，满足产业链强链补链延链的需求，为成长期战略性新型产业提供更好的综合金融服务支持。同时也要不断提升专业化、国际化和数字化水平，满足实体经济科创化、数字化、绿色化和资本化的需求，加大对科技创新、专精特新企业的融资支持。要推进证券行业业务结构均衡化，从过去以通道业务、牌照业务为主的经营方式向业务种类多元化、综合化的方向转变，推进非方向性交易、场外衍生品业务、财富管理业务发展，抓住机构化发展趋势，提升证券公司综合服务能力。

二、提升投资银行核心竞争力，助力建立中国特色估值体系

探索建立中国特色估值体系，是当前及今后一段时期资本市场的一项重要任务。构建中国特色估值体系，有助于促进市场资源配置功能更好地发挥，引导投资者的估值与投资判断。全面注册制对企业科技性、业务模式新颖性和自身成长性提出了更高要求。基于此，构建中国特色估值体系，有助于促使企业练好自身内功，提高核心竞争力，实现实体经济质量的持续优化。建立中国特色估值体系是一项系统性工程，需要各方协同发力，久久为功。证券行业要进一步提升投资银行业务的核心竞争力，助力构建现代化产业体系，不断拓展业务链，推动投行业务向前后两端延伸。一方面，证券行业对企业的服务能力将更多向企业生命周期早期延伸，为企业提供"陪伴式"服务，从源头上扩大企业客户储备，注重投行业务和股权投资等业务协同，加强对潜在客户的主动识别、筛选能力，完善既对接不同板块上市标准又体现自身对产业理解的筛选指标体系，为不同类型的实体企业提供差异化的融资服务；另一方面，证券行业也将积极提升专业服务能力，加强对新资产、新企业、新业态的估值定价研究，助力构建中国特色估值体系，在双向开放中确保对国内核心资产的定价权，引导广大上市央企、国企更加注重公众公司形象，更加积极与市场沟通，充分挖掘大型央企和国企的投资价值。

三、提升区域服务能力，助力区域协调发展

证券行业将进一步完善区域化布局，加大重点区域布局，提升区域服务能力，推进以城市群为载体的网络枢纽布局。围绕国家区域协同战略，进一步深化对京津冀、长三角、粤港澳大湾区及成渝城市群等重点区域的一体化服务，完整、全面、准确贯彻"创新、协调、绿色、开放、共享"新发展理念，推动长三角资本市场服务一体化，助力建设好大湾区内跨境资本市场，进一步强化我国香港市场连接内地金融市场与国际金融市场的纽带作用，统筹我国香港、澳门与内地金融资源。加大普惠型资本市场服务供给，尤其是对中西部地区的服务，提升中西部地区居民享受资本市场服务的便利性和可得性。在前期加大网络布局的基础上，以城市群及城市群中的核心城市为枢纽，不断调整和优化网络布局，持续加大对城市群内重点城市及地方政府的服务，加快打造区域型投行，提升对区域经济发展的综合服务能力。

四、发力绿色金融，更好推进"双碳"目标实现

证券行业将加快绿色发展转型，推进绿色金融服务发展。持续创新绿色金融服务工具体系，全力打造"碳"金融业务新模式，在丰富绿色债券、绿色产业 IPO 及定向增发、绿色

投资基金、绿色基础设施 REITs 等绿色金融产品的基础上，加快创设与碳排放权相关衍生产品，发展转型债券、可持续发展挂钩债券等转型金融产品，为企业低碳转型提供多元化的碳金融服务。积极参与碳交易市场，充分发挥证券公司在"碳"资产定价、"碳"衍生品设计、做市交易服务及资金引导上的功能，积极参与碳排放权现货和期货市场服务，推动碳交易市场做大做强。与此同时，证券行业也将加快推进自身经营管理的绿色化，强化 ESG 信息披露质量，建立绿色金融治理体系，聚焦绿色研究、绿色投资，充分发挥金融端支持实体经济绿色发展的功能，降低证券公司碳排放，实现低碳绿色发展。

五、以投资端改革推进财富管理业务转型，提升普惠金融服务能力

资本市场投资端改革将为证券行业财富管理业务转型发展创造机遇，证券行业将以改革为契机，加快推进传统经纪业务向财富管理转型，提升普惠金融服务能力。2023 年个人养老金业务正式运行，尽管运行初期个人养老金的缴费规模有限，但长期累积效应十分可观，证券行业将整合资源提升养老金配置产品的供给能力，为银行理财、商业养老保险及公募基金等机构提供资产配置、销售交易、研究等服务，在服务居民养老需求的同时推动公司财富管理、资产管理及机构销售业务一体化发展。同时，随着机构化、权益化及专业化投资趋势的不断强化，证券公司将加快培育专业投资顾问队伍，以"全能型分公司+功能型营业部+综合型投资顾问"的方式积极赋能一线投顾人员，为个人投资者及中小企业提供更好的综合金融服务。

六、证券行业数字化转型不断升级，提升行业数字化和科技化水平

近年来科技和金融加速融合，金融数字化推进了金融服务效率的显著提升，也催生了新业态的发展，在很大程度上改变了金融生态。金融数字化要求证券公司加速拥抱数字化转型，利用数字化改造业务流程，依靠数字化支持、赋能业务发展乃至提供技术输出服务。在数字化浪潮下，证券行业将不断推进数字化转型，健全数字标准建设，以数字化为基础推进运营的平台化，不断提升服务的数字化和科技化水平。证券公司将在战略上重视数字化转型，制订明确的战略落地路径和实施方案，健全数据治理制度，探索打造行业共享数据，建立数据共享平台。同时，证券公司也将调整组织架构，更多设立数字化总部，完善全面数字化转型的顶层设计。借助数据对业务服务的赋能来提升证券公司专业服务能力，通过数字化来完善线上线下一体化的服务体系，提升客户体验；通过数字化为客户提供更及时、高效、定制的专业服务，提升客户满意度；通过数字化来提升交易效率，创设更多元的交易策略，满足客户差异化的风险偏好需求。借助数据对人才团队的赋能来提升人均产出效率，将专业人才从大量重复劳动中解放出来，将时间更多分配在与产品创设、资产定价、风险管理相关的专业服务上，提升专业服务能力。

七、提升专业能力，强化投资者保护

建设中国特色现代资本市场对证券行业的专业能力提出了更高要求。证券行业将进一步提升专业服务能力，尤其是在资产定价、产品创设上的专业能力，以专业服务来健全"看门人"职责，提供更好的专业中介服务。为更好地适应全面注册制改革的要求，证券公司将积极参与构建有利于全面实行股票发行注册制的良好市场生态，准确领会注册制改革"三原则"和"六方面关系"，加强主板、科创板、创业板、北交所谋篇布局，扎实细致做好各项准备，提升履职尽责能力，严把资本市场入口关，通过遴选优质可投项目、加强资本规范引导、做好投资者保护及风险防范化解等举措，为全面实行股票发行注册制保驾护航。同时，证券公司也将不断提升投资管理能力和交易能力，完善资产管理产品体系，创新交易策略，提升做市交易能力，为投资者提供更专业的资产管理服务和交易服务。

八、进一步巩固推进证券行业文化建设，夯实高质量发展的根基

证券行业将以习近平新时代中国特色社会主义思想为指导，全面贯彻落实党的二十大精神，坚持党建引领文化建设，接续《建设证券基金行业文化、防范道德风险工作纲要》确立的目标，以《证券行业文化建设十要素》为指引，推动落实《进一步巩固推进证券行业文化建设工作安排》。证券公司将充分落实文化建设主体责任，进一步深化文化建设与公司治理、发展战略、发展方式、行为规范深度融合，与党建工作要求、人的全面发展、历史文化传承、专业能力建设有机结合，建立完善长效激励机制和稳健薪酬制度，加强从业人员职业道德建设和廉洁从业管理，督促从业人员践行行业荣辱观，反对违法乱纪、急功冒进、拜金享乐等不良风气和行为，树立良好行业形象、公司形象和从业人员形象，促进行业文化品牌建设，进一步强化文化认同，提升文化建设内生动力，不断增强文化自信，为建设中国特色现代资本市场和行业高质量发展提供思想保证、价值引领、精神动力。

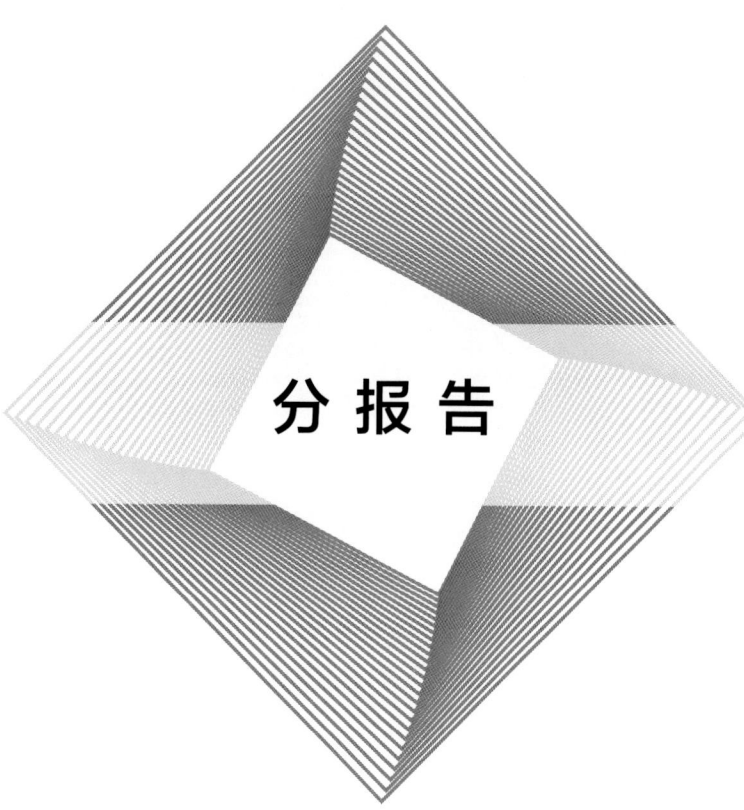

分报告之一：
2022年中国证券经纪业务发展回顾与展望

第一章
2022年中国证券经纪业务的总体情况

第一节 2022年中国证券经纪业务的市场环境

一、市场总体情况

（一）两市指数先抑后扬，震荡下跌

2022年，股票市场第一季度大幅下跌，第二季度稳步上涨，第三、第四季度开始震荡下跌。

2022年，上证综指从上年收盘的3639.78点，最高到3651.89点，最低达2863.65点，收盘3089.26点，全年指数下跌15.13%。深证综指从上年收盘的2530.14点，最高到

2542.99点,最低达1724.92点,收盘1975.61点,全年指数下跌21.92%。

科创50指数从上年收盘的1398.18点,最高到1405.51点,最低达853.21点,收盘959.90点,全年指数下跌31.35%。创业板指数从上年收盘的3322.67点,最高到3349.45点,最低达2122.32点,收盘2346.77点,全年指数下跌29.37%(见表分1-1)。

表分1-1　　　　　2021—2022年A股市场板块指数变化情况

指数点位	上证综指(000001)	深证综指(399006)	科创50(000688)	创业板指(399006)
2021年收盘点位	3639.78	2530.14	1398.18	3322.67
2022年收盘点位	3089.26	1975.61	959.90	2346.77
变化幅度(%)	-15.13	-21.92	-31.35	-29.37

资料来源:上海证券交易所,深圳证券交易所。

(二)市场持续扩容,市值小幅缩减,市盈率小幅下降

2022年市场持续发行新股。截至2022年底,境内上市公司数(A、B股)合计4991家,较2021年底的4697家增加了294家,增幅为6.26%。

市场新股扩容,沪、深两市指数先抑后扬,然后震荡下跌,总市值有所减少。2022年底,沪、深两市股票市价总值为78.80万亿元,较2021年的91.61万亿元下降13.98%;其中,流通市值从2021年的75.16万亿元下降到2022年底的66.34万亿元,降幅11.73%。

市场平均静态市盈率下降明显。截至2022年底,沪市平均静态市盈率为12.78倍,较2021年底的16.61倍下降23.06%;深市平均静态市盈率为23.44倍,较2021年底的33.03倍下降29.03%(见表分1-2)。

表分1-2　　　　　2021—2022年证券市场概况统计

项目	2021年底	2022年底	变化幅度(%)
境内上市公司数(A、B股,家)	4 697	4 991	6.26
境内上市外资股(B股,家)	90	86	-4.44
股票市价总值(A、B股,亿元)	916 088.18	788 005.90	-13.98
其中:股票流通市值(亿元)	751 556.11	663 428.88	-11.73
股票成交金额(亿元)	2 469 870.95	2 245 094.75	-9.10
日均股票成交金额(亿元)	10 164.08	9 277.25	-8.73
上证综合指数(收盘)	3 639.78	3 089.26	-15.13
深证综合指数(收盘)	2 530.14	1 975.61	-21.92
平均市盈率(静态)			
其中:上海	16.61	12.78	-23.06
深圳	33.03	23.44	-29.03

资料来源:中国证监会,上海证券交易所,深圳证券交易所,中国证券登记结算有限责任公司。

(三)股票交易量下降,基金、债券①交易量均有所增长

2022年,沪、深两市股票合计成交224.51万亿元,较2021年的246.98万亿元减少9.10%,股票日均交易额从2021年的10 164.08亿元减少到2022年的9 277.25亿元,降幅为8.73%;基金成交方面,2022年两市基金成交金额23.16万亿元,较2021年的18.32万亿元上涨26.42%;债券成交方面,2022年债券合计成交441.67万亿元,较2021年的378.93万亿元上涨16.56%(见图分1-1)。

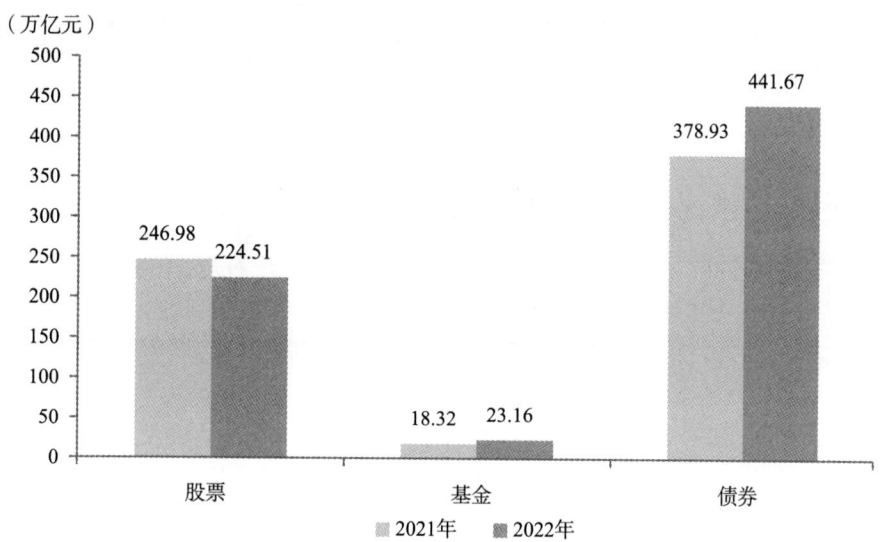

图分1-1　2021年和2022年各证券类别交易量变化对比图

资料来源:上海证券交易所,深圳证券交易所。

股基②总交易量有所下降。根据沪、深证券交易所的统计数据,2022年两市股票基金总成交247.67万亿元,较2021年的265.30万亿元减少17.63万亿元,降幅6.65%。其中,上海证券交易所股基交易金额115.03万亿元,深圳证券交易所股基交易金额132.64万亿元,分别较2021年下降2.80%和9.74%。日均成交量方面,2022年成交天数为242天,比2021年交易日少1天,2022年两市日均股基交易金额为10 234.34亿元,较2021年下降6.26%。

(四)融资和融券交易均有所下降

2022年,融资融券整体交易呈现下降态势,融资融券业务余额由2021年末的18 321.91亿元减少到15 403.92亿元,降幅为15.93%。

---

① 本书的债券交易特指沪、深证券交易所的债券交易。
② "股基"指股票和基金。其中,股票包括主板A股、科创板、创业板和主板B股;基金包括ETF、LOF、封闭式基金、基础设施基金等。

融资交易规模下降。截至2022年底,融资余额14 445.11亿元,期间买入额151 107.34亿元,偿还额153 782.75亿元;2021年同期对应的三项指标分别为17 120.51亿元、216 268.31亿元及213 968.04亿元,降幅分别为15.63%、30.13%及28.13%。

融券交易规模大幅上涨,2022年期间卖出量1 463.25亿股,较上年涨幅为81.02%(见表分1-3和图分1-2)。

表分1-3　　　　　　　　　2019—2022年融资融券业务发展数据

年份	融资			融券		融资融券余额（亿元）
	截止日余额（亿元）	期间买入额（亿元）	期间偿还额（亿元）	截止日余额（亿元）	期间卖出量（亿股）	
2019	10 055.04	113 452.84	110 887.60	137.80	365.50	10 192.85
2020	14 820.24	195 624.59	190 859.39	1 369.84	671.39	16 190.08
2021	17 120.51	216 268.31	213 968.04	1 201.40	808.32	18 321.91
2022	14 445.11	151 107.34	153 782.75	958.81	1 463.25	15 403.92
2022年相比2021年的变化幅度（%）	-15.63	-30.13	-28.13	-20.19	81.02	-15.93

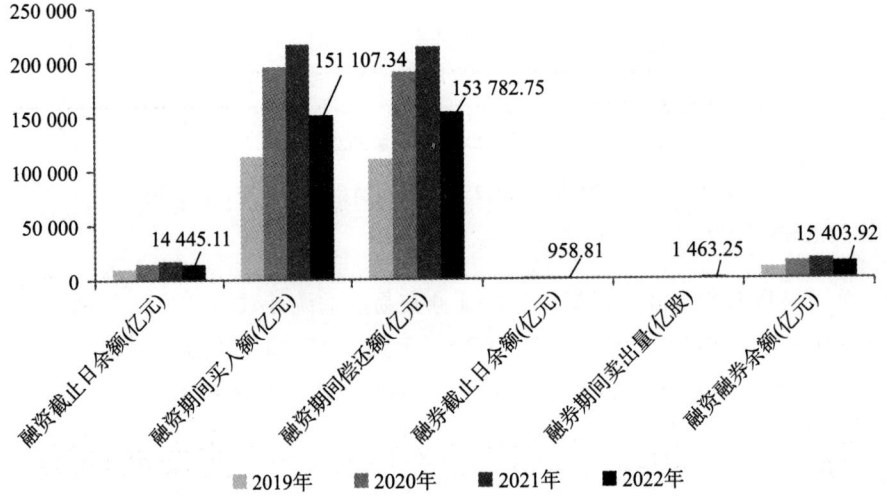

图分1-2　2019—2022年融资融券业务发展数据

资料来源：Wind。

二、市场参与主体

（一）沪、深两市投资者数保持增长

2022年末,沪、深两市共有投资者21 213.62万户,较2021年增长7.46%,其中自然

人共计 21 162.74 万户，较 2021 年增长 7.46%，非自然人共计 50.88 万户，较 2021 年增长 8.39%，增幅超过自然人投资者增幅（见表分 1-4）。

表分 1-4　　　　2020—2022 年沪、深两市投资者数量

项目	2020 年	2021 年	2022 年
沪深两市投资者数量（万户）	17 777.49	19 740.85	21 213.62
较上年增长（%）	11.28	11.04	7.46
其中：自然人（万户）	17 735.77	19 693.91	21 162.74
较上年增长（%）	11.29	11.04	7.46
非自然人（万户）	41.72	46.94	50.88
较上年增长（%）	9.73	12.51	8.39

资料来源：中国证券登记结算有限责任公司。

（二）信用账户投资者数保持增长

截至 2022 年末，开立信用证券账户的投资者数为 640.37 万个，其中，个人投资者 635.72 万个，较上年增长 5.42%；机构投资者 4.65 万个，较上年增长 16.25%（见表分 1-5）。

表分 1-5　　　　2020—2022 年开立信用证券账户的投资者数　　　　（单位：万个）

项目	2020 年	2021 年	2022 年
期末信用证券账户	558.07	607.03	640.37
其中：个人	554.93	603.03	635.72
机构	3.14	4.00	4.65

资料来源：中国证券登记结算有限责任公司。

第二节　2022 年中国证券经纪业务的发展情况

一、行业代理买卖证券业务净收入下降，占比上升

根据中国证券业协会统计，全行业 140 家证券公司 2022 年实现营业收入 3 949.73 亿元，较上年的 5 024.10 亿元下降 21.38%；净利润为 1 423.01 亿元，较上年的 1 911.19 亿元下降 25.54%。

具体到经纪业务收入方面，2022 年行业代理买卖证券业务净收入为 1 130.86 亿元，较

2021 年的 1 338.41 亿元下降 15.51%；从收入结构来看，代理买卖证券业务净收入占营业收入的比重从 2021 年的 26.64% 上升至 2022 年的 28.63%（见表分 1-6）。

表分 1-6　　　　2021—2022 年证券行业主要经营数据对比

项目	2021 年	占比（%）	2022 年	占比（%）
营业收入（亿元）	5 024.10	—	3 949.73	—
代理买卖证券业务净收入（亿元）	1 338.41	26.64	1 130.86	28.63
证券承销与保荐业务净收入	618.54	12.31	584.19	14.79
财务顾问业务净收入（亿元）	81.29	1.62	74.89	1.90
投资咨询业务净收入（亿元）	54.57	1.09	59.74	1.51
资产管理业务净收入（亿元）	317.86	6.33	270.97	6.86
证券投资收益（含公允价值变动）（亿元）	1 380.86	27.48	608.39	15.40
融资融券业务利息收入（亿元）	1 151.36	22.90	1 038.29	26.29
净利润（亿元）	1 911.19	—	1 423.01	—
证券公司盈利家数（家）	124	—	112	—

资料来源：中国证券业协会。

二、证券公司营业部数量基本稳定

截至 2022 年末，证券公司营业部数量达 11 783 家，相比 2021 年末的 11 828 家减少 45 家，降幅为 0.38%。

从营业部数量排名靠前的证券公司的比较来看，2022 年，中国银河证券减少 11 家，营业部数量保持行业第 1 位；方正证券减少 2 家，营业部数量排名行业第 2 位；安信证券保持不变，营业部数量排名行业第 3 位；广发证券、中泰证券、国泰君安证券营业部数量分别增加 22 家、3 家、2 家（见表分 1-7）。

表分 1-7　　　　2021—2022 年证券公司营业部数量前 10 位　　　　（单位：家）

会员名称	2021 年营业部数量	2022 年营业部数量	增加数量
中国银河证券	506	495	-11
方正证券	386	384	-2
安信证券	368	368	0
国泰君安证券	357	359	2
中泰证券	320	323	3
广发证券	296	318	22
海通证券	305	305	0
中信建投证券	未公布	296	—

续表

会员名称	2021年营业部数量	2022年营业部数量	增加数量
申万宏源证券	未公布	289	—
长江证券	未公布	277	—

资料来源：上海证券交易所。

三、从业人员总量持续上升

根据中国证券业协会数据，2022年证券公司从业人员数持续上升。截至2022年底，证券公司证券从业人数为356 059人。其中，一般从业人员224 984人，较上年增加16 434人；证券经纪人45 800人，较上年减少9 201人；证券投资咨询业务（投资顾问）73 510人，较上年增加5 178人，近5年连续增长；证券投资咨询业务（分析师）3 931人，较上年增加505人；保荐代表人7 834人，较上年增加441人。

从证券公司从业人员结构来看，一般从业人员占比63.19%，相较2021年略有提升；证券投资咨询业务（投资顾问）、证券投资咨询业务（分析师）、保荐代表人较2021年占比上升，人数增加；证券经纪人占比下降，人数减少（见表分1-8）。

表分1-8　　　　　2021—2022年证券公司从业人员结构

从业类型	2021年（人）	2021年占比（%）	2022年（人）	人数变化（人）	2022年占比（%）
一般证券业务	208 550	60.85	224 984	16 434	63.19
证券经纪人	55 001	16.05	45 800	-9 201	12.86
证券投资咨询业务（分析师）	3 426	1.00	3 931	505	1.10
证券投资咨询业务（投资顾问）	68 332	19.94	73 510	5 178	20.65
保荐代表人	7 393	2.16	7 834	441	2.20
总计	342 702	100.00	356 059	13 357	100.00

资料来源：中国证券业协会。

第二章
2022年中国证券经纪业务面临的问题与2023年前景展望

第一节 2022年中国证券经纪业务面临的问题

一、证券行业财富管理转型需进一步推进

2022年,证券经纪业务的价格竞争依然存在,行业平均净佣金率继续下降至2.78‰[①],相较2019年的3.49‰,降幅为20.34%,实现代理买卖证券业务收入(含席位租赁)1 130.86亿元,同比减少15.51%。

经纪业务收入仍以传统代理买卖证券业务收入为主,2015—2019年经纪业务收入贡献度逐年下降,自2019年起贡献度逐步上升,2022年相较2019年的21.85%,增加6.78个百分点(见表分1-9),证券行业财富管理转型进入深水区,收入结构仍有待进一步优化。

表分1-9　　　　　　2015—2022年经纪业务收入贡献度统计

项目	2015年	2016年	2017年	2018年	2019年	2020年	2021年	2022年
行业代理买卖证券业务收入(含席位租赁)(亿元)	2 690.96	1 052.95	820.92	623.42	787.63	1 161.10	1 338.41	1 130.86
行业营业收入(亿元)	5 751.55	3 279.94	3 113.28	2 662.87	3 604.83	4 484.79	5 024.10	3 949.73
经纪业务收入贡献度(%)	46.79	32.10	26.37	23.41	21.85	25.89	26.64	28.63

---

① 资料来源:中国证券业协会。

二、以代销广谱化权益类产品为主,定制产品有待丰富

当前,金融产品仍是满足客户财富管理需求的基础载体。2022 年,证券公司财富管理转型均在不断丰富广谱化的金融产品货架,证券行业实现代理销售金融产品净收入 154.88 亿元,同比减少 25.14%,占营业收入的比重较 2021 年减少 0.2 个百分点(见表分 1–10)。

表分 1–10　　　　2019—2022 年代理销售金融产品业务收入情况

项目	2019 年	2020 年	2021 年	2022 年
代理销售金融产品收入(亿元)	54.02	134.38	206.90	154.88
同比增幅(%)	5.20	148.76	53.96	-25.14
行业营业收入(亿元)	3 604.83	4 484.79	5 024.10	3 949.73
代销收入贡献度(%)	1.50	3.00	4.12	3.92

资料来源:中国证券业协会。

根据中国证券投资基金业协会公布的 2022 年基金销售行业数据,"股票+混合"公募基金保有规模前 100 名总计 5.65 万亿元,其中证券公司保有规模 12 570 亿元,同比 2021 年末增加 33.84%,银行、第三方保有规模均有所减少;非货币市场公募基金保有规模前 100 名总计 8.01 万亿元,其中证券公司保有规模 14 378 亿元,同比增加 41.56%,银行、第三方保有规模均有所减少。证券相较于银行、第三方公募基金销售保有增速显著,逆势而上(见表分 1–11)。

表分 1–11　　　　2022 年末基金销售机构公募基金销售前 100 名保有规模情况

行业分类	股票+混合公募基金保有规模		非货币市场公募基金保有规模	
	保有规模(亿元)	同比增幅(%)	保有规模(亿元)	同比增幅(%)
前 100 名总计	56 525	—	80 079	—
其中:证券	12 570	33.84	14 378	41.56
银行	28 868	-23.75	38 927	-11.43
第三方	14 501	-14.86	26 037	-9.50
保险	586	80.86	737	91.93

资料来源:中国证券投资基金业协会。

2022 年,证券公司不断优化由产品引入到供给的产品生命周期全流程;打造现金类、权益类、泛固收、多策略的产品矩阵;通过优质的投研能力构建各自的精选产品池为客户提供专业化服务。通过线上平台,证券公司已为客户提供便捷、专业的广谱化服务。但随着近两年市场环境的影响,客户个性化需求不断增多,广谱化的服务已经不能满足全部客户需求,有待证券公司在定制化产品上不断深耕,通过自身专业投研能力的优势,为客户设计、定制专属资产配置方案,降低客户选择成本,更好地沉淀客户信任并提升口碑传播能力。

三、金融科技赋能客户端逐见成效，精准服务有待提升

近年来，证券公司不断进行数字化转型，加大金融科技投入，通过智能化、平台化提供客户智能资讯、智能理财、智能交易、智能投后服务，满足用户多样化的要求。

目前，部分行业领先的证券公司正在建立线上运营中台和数据服务中台，并通过打造员工服务平台将客户和员工链接起来，使投顾可以通过线上服务广谱客户，保留更多精力来服务高净值客户。但从行业整体看，大部分基础客户难以得到更加专业的服务，多为自助通过线上平台完成相应的业务开展和咨询服务，精准服务有待进一步提升。

第二节 2023年中国证券经纪业务发展前景展望

一、资本市场功能进一步健全，证券行业服务实体经济和满足人民财富管理需求的功能有望得到更好发挥

党的二十大报告指出要"健全资本市场功能，提高直接融资比重"。中国特色现代资本市场建设将持续聚焦服务构建新发展格局、推动实体经济高质量发展、增加居民财产性收入。证券行业将始终站稳人民立场，把满足人民财富管理需求作为根本价值追求，不断提升服务投资者的质效，扎实推动共同富裕。

具体来看，以全面实行股票发行注册制为主线的资本市场改革向纵深推进，为证券经纪业务带来更多的发展机遇。一是提升投资标的质量。全面注册制大大提升了资本市场对优质企业的支持力度和吸引力，公募REITs扩大试点范围、个人养老金制度启动实施、基金投顾业务试点转常规等，都进一步丰富了投资者对优质金融产品服务的选择空间。二是完善基础制度。全面注册制改革进一步强化市场化和法治化的改革方向，推动资本市场加快提升融资、投资和风险管理三大基础性功能，有效拓宽居民投资渠道和财产性收入来源。三是扩大高水平对外开放。沪深港通交易机制优化、"互换通"及"港币—人民币双柜台模式"等的推出，不仅有利于吸引海外资本加速布局中国资本市场，也为跨境财富管理业务发展创造了有利的政策环境。

此外，《证券经纪业务管理办法》正式实施，明确互联网营销模式合法性，规范跨境经纪业务开展等，为行业回归本源、有序发展提供了规范指引。综上，2023年证券经纪业务将深入贯彻以客户为中心的经营理念，加快推动财富管理转型升级，更好地为居民财富保值增值提供高质量的产品与服务。

二、证券经纪业务产品化、机构化的长期发展趋势有望延续

一是居民旺盛的财富管理需求，将带动经纪业务产品化发展，2023年证券行业金融产品销售有望企稳回升。从资金端来看，在理财产品净值化转型、个人养老金业务加速拓展、投资者教育工作持续开展等因素共同促进下，居民加大权益资产配置的长期趋势有望延续，为金融产品销售提供较为稳定的资金增量；从供给端来看，以基金为代表的满足客户保值、增值、投资、避险等多元化需求的金融产品供给日益丰富，截至2022年末，公募基金管理规模升至26.03万亿元，同比增长1.83%，全年公募基金合并发行规模1.53万亿元，排名历史第3位；从销售渠道来看，截至2022年末，证券公司在权益基金（股票+混合）保有规模前100家中占据53席，较2021年末增加7席，未来将在权益类公募基金销售端扮演更重要的角色。

二是在产品化趋势带动下，机构经纪交易量占比预计将保持上升态势。传统零售客户越来越多地将自主交易转化为购买金融产品，从而由发行产品的金融机构借由证券公司交易通道代为参与交易，推动机构经纪交易量占比上升。2022年，证券公司代理客户证券交易额733.25万亿元，其中代理机构客户证券交易额占比为31.81%，同比提高5.32个百分点。预计2023年，随着产品化趋势的进一步延续，经纪业务机构化趋势也将逐步增强，机构经纪交易量占比或将持续提升。

三、财富管理转型趋势下，投顾队伍建设和数字化能力建设将是更好地服务广大投资者的重要抓手

在"投资者利益至上"的买方理念引领下，证券行业将持续优化证券经纪业务服务模式，加快财富管理转型步伐，着力加强投顾能力建设，更好地发挥数字科技变革引领作用，全面增进客户获得感和满意度。

在投顾服务方面，证券公司加快由"卖方代销"向"买方投顾"模式转型升级。一是重点加强投研核心能力、资产配置能力和投顾咨询能力建设，整合输出专业的买方投资顾问服务，为各类投资者高效提供全品类、全生命周期的优质金融产品和资产配置方案，助力客户获得持续稳定的增值收益。二是深度参与公募基金投顾业务和个人养老金业务试点，通过服务创新更好地发挥专业投资管理能力，为广大中小投资者实现更大的价值创造。三是建立健全投资者教育服务体系，引导社会公众形成长期投资、价值投资的科学理念，切实保护投资者合法权益。

在数字科技方面，证券公司加快将传统信息技术基础转化为数字化经营服务能力，全面增进对零售经纪业务的赋能。一是充分发挥数字金融科技在客户画像、产品配置、交易执行、组合管理等环节的作用，不断完善客户全生命周期的精细化运营体系，更好地为千禧一

代、Z世代（新时代人群）、银发人群等细分领域的海量基础客群提供全天候、旅程式的数字化服务体验。二是进一步加强数字化中台建设，推动数据链与财富管理业务流的深度融合，将智能投顾嵌入客户服务全流程，为广大客户提供更加个性化、智能化的财富管理综合服务方案。三是深化践行"开放证券"理念，在安全合规前提下，积极探索业务联动、数据共享、渠道合作等多领域共赢机会，以客户为中心不断丰富服务场景、提升服务质效，探索构建更高层级的金融科技创新服务模式。

分报告之二：
2022 年中国投资银行业务发展回顾与展望

第一章
2022 年中国投资银行业务的总体情况

2022 年面临复杂的国内外形势，我国资本市场坚持"稳"字当头，稳中求"进"，围绕建设中国特色现代资本市场进行了一系列改革和创新。投资银行业务方面，股债融资规模虽有所下降，但 IPO 融资仍保持较高活跃度，A 股成为全球新股发行量最大的市场，上市公司突破 5 000 家。资本市场包容度提升，不断加大对科技创新的支持力度，优化资源配置效率、服务实体经济、服务经济高质量发展的功能进一步凸显。

2022 年境内交易所市场证券承销总额为 6.90 万亿元。其中，股权融资业务[①]全年承销总额为 12 381.01 亿元，同比下降 6.20%；交易所市场债券发行总额为 56 654.58 亿元，同比下降 34.54%，其中公司债券[②]发行总额为 40 638.25 亿元，同比下降 16.38%。证券公司保荐承销业务市场格局保持集中趋势。根据 Wind 数据，2022 年度股权融资（含可转债、可交债）排名前 10 位的证券公司主承销金额合计占比为 74.34%，与 2021 年的 72.11% 相比提高 2.23 个百分点；债券融资方面，排名前 10 位的证券公司主承销金额合计占比为 66.86%，较 2021 年的 64.53% 提高 2.33 个百分点。

上市公司重大资产重组方面，2022 年 A 股上市公司完成重大资产重组交易数量为 95

---

① 包括首次公开发行（IPO）、融资性非公开发行股票、重组配套融资、配股及在北京证券交易所公开发行并上市的股权融资和再融资，2022 年无实施的公开增发和优先股项目。
② 包括公开发行公司债券、非公开发行公司债券、可转换公司债券和可交换公司债券。

单，交易规模 3 152.80 亿元，同比分别下降 3.06%、5.05%。

2022 年，全国中小企业股份转让系统（以下简称"新三板"或"全国股转系统"）新增 270 家挂牌公司，较上年同比增加 196.70%。截至 2022 年底，新三板存量挂牌公司共 6 580 家，其中创新层挂牌公司 1 658 家，占比 25.20%，基础层挂牌公司有 4 922 家，占比 74.80%。

2022 年证券公司实现承销与保荐业务净收入 584.19 亿元，较 2021 年下降 5.55%；实现财务顾问业务净收入 74.89 亿元，较 2021 年下降 7.87%①。据不完全统计②，2022 年度证券公司投资银行业务收入平均值为 5.06 亿元、中位数为 1.62 亿元，排名前 10 位的证券公司合计收入占比为 54.66%。

第一节　股权融资业务情况③

一、股权融资发行情况

2022 年，我国 A 股证券市场股权融资金额和主承销项目家数同比有所下降。全年股权融资募集资金共 12 381.01 亿元，同比下降 6.20%；主承销家数共 757 家，同比下降 23.61%（见图分 2－1）。

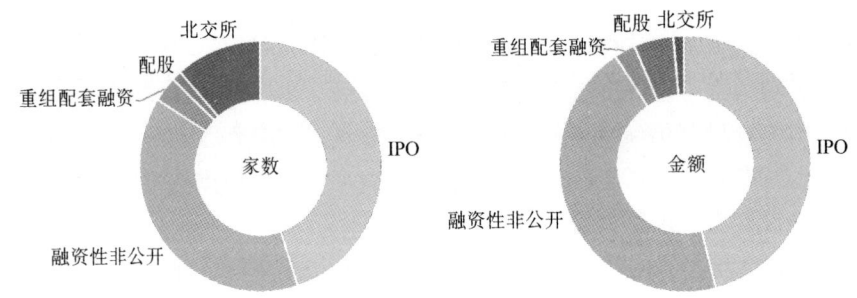

图分 2－1　2022 年 A 股股权融资情况

资料来源：中国证监会，Wind 资讯。

（一）首次公开发行（IPO）

2022 年，沪、深证券交易所共有 341 家企业完成首次公开发行并上市，合计募集资金 5 704.07 亿元，同比上升 6.59%，平均融资规模 16.73 亿元④。

---

① 资料来源：中国证券业协会。
② 资料来源：中国证券业协会 2022 年专项调查，数据由回收的有效问卷统计得出。
③ 资料来源：本节数据若无特殊说明，均源自 Wind 资讯。2022 年无实施的公开增发项目，无实施的优先股项目。
④ 资料来源：中国证监会，首次公开发行口径为上市口径。

在科创板方面，2022 年 123 家公司完成发行上市，首募金额达到 2 520.44 亿元，占 IPO 募集资金总额的 44.19%。从保荐机构与主承销业务来看，2022 年共有 38 家保荐机构参与科创板 IPO 项目。保荐家数排名前 10 位的保荐机构占据市场 77.40% 的份额。

在创业板方面，2022 年 148 家公司完成发行上市，首募金额达到 1 796.36 亿元，占 IPO 募集资金总额的 31.49%。从保荐机构与主承销业务来看，2022 年共有 38 家保荐机构参与创业板 IPO 项目。保荐家数排名前 10 位的保荐机构占据市场 76.00% 的份额。

（二）定向增发

2022 年，沪、深证券交易所上市公司融资性非公开发行股票 295 家次，共募集资金 5 540.04 亿元，同比下降 14.36%，平均融资规模 18.78 亿元[①]。

2022 年，除因再融资非公开发行股票外，发行股份购买资产项目 39 个，涉及资产认购规模 1 759.71 亿元；并购重组配套融资 25 个，募集资金 336.11 亿元。

（三）配股

2022 年共有 10 家上市公司实施配股，合计募集资金 633.80 亿元，平均融资规模 63.38 亿元。与 2021 年相比增加 4 家次，募集资金增加 83.54%[②]。

（四）北京证券交易所股权融资发行情况[③]

北京证券交易所（以下简称"北交所"）在资本市场服务创新型中小企业方面积极进行制度探索，通过包容性、差异化、精准化的制度设计，在"主阵地"建设方面取得有益经验，逐步探索具有中国特色的服务创新型中小企业的资本市场新道路。2022 年共有 83 家企业在北交所完成发行上市，募集资金总额 163.84 亿元，同比上升 117.81%，平均融资规模 1.91 亿元。此外，还有 3 家北交所上市公司再融资，累计金额 3.15 亿元。

从保荐机构与主承销业务来看，2022 年北交所承销与保荐业务排名前 10 位的证券公司参与公开发行金额合计 94.85 亿元，占据市场 57.89% 的份额。

二、股权融资业务特点

（一）落实国家战略，积极服务科技创新型企业上市融资

党的二十大报告指出，"教育、科技、人才是全面建设社会主义现代化国家的基础性、战略性支撑""必须坚持科技是第一生产力"。科技自立自强是国家强盛之基、安全之要。

---

① 资料来源：中国证监会，定向增发口径为完成发行口径。
② 资料来源：中国证监会，配股口径为完成发行口径。
③ 资料来源：北京证券交易所。

在支撑科技创新投入方面，我国多层次资本市场发挥了重要作用，其中科创板定位是服务"硬科技"企业，创业板定位是服务成长型创新创业企业，北交所定位是服务"专精特新"型企业。2022年科创板、创业板和北交所上市企业数量合计354家，保荐机构达53家，投资银行持续为科技创新型企业上市融资提供服务。

（二）压实合规风控责任，迎接全面注册制

2022年12月2日，中国证券业协会发布《证券公司投行业务质量评价办法（试行）》，对投行业务执业质量建立了完整的评价体系。在全面注册制来临之际，提升执业质量、降低合规风险同样是投资银行业务的重中之重，注册制在带来机遇的同时也为各家证券公司带来了更多的挑战，各家证券公司应当建立健全与注册制相匹配的业务能力，形成专业、高效、合规的业务生态，压实"看门人"责任。未来在合规风控方面保持领先的证券公司才有在市场竞争中胜出的机会。

（三）传统投资银行业务转型速度加快，投资与投行积极联动

在全面注册制逐步推进的进程中，传统的单一保荐承销业务难以支撑投资银行业务在新一轮竞争中脱颖而出。注册制要求证券公司更好地为企业提供综合服务，"投前+投后"的闭环模式能够更好地服务企业、发现价值，推动合理定价。2022年，证券公司更加注重打造投资与投行联动的综合服务能力，在转型升级中提升自身竞争力。

（四）数字投行加速建设，金融数字化持续发力

受到疫情的影响，众多投资银行业务的开展以线上方式进行，证券公司也逐渐看到了数字化能力和金融科技对自身业务的重要性，投资银行的数字化发展，无论是从投入力度还是重视程度来看，都成为各家证券公司竞争的焦点。业内积极尝试建设面向未来的智能投行，增强专业数据分析能力和动态督导能力，提升投资银行业务人员的专业水平和工作效率。以智能文档审核、银行流水核查、投行质量评价系统等为代表的金融科技持续赋能投行，数字化平台建设和人工智能（AI）工具应用也使得投行客户服务效能得到了进一步提高。

第二节 公司债券业务情况[①]

一、公司债券发行情况

2022年，债券市场多空因素交织，上半年市场收益率呈现宽幅震荡，下半年市场波幅

[①] 资料来源：本节数据如无特殊说明，均源自Wind资讯。

逐步增大,全年市场利率呈现深"V"走势。

(一) 交易所市场公司债券总体情况

2022 年,交易所市场公司债券(包括公开发行公司债券、非公开发行公司债券、可转换公司债券和可交换公司债券)的发行规模回落。2022 年共发行 4 171 只,合计募集资金 40 638.25 亿元,较 2021 年减少 16.38%。其中,公开发行公司债券与非公开发行公司债券共 3 987 只,合计募集资金 38 014.58 亿元,募集规模较 2021 年减少 16.22%;可转换公司债券全年发行 148 只,发行规模合计 2 200.73 亿元;可交换公司债券全年发行 36 只,发行规模合计 422.9 亿元。除公司债券外,交易所市场 2022 年还发行企业资产支持证券 3 287 只,规模 11 880.79 亿元,较 2021 年减少 23.31%;发行地方政府债 110 只,规模 4 040.54 亿元;政策性银行债 3 只,规模 95.00 亿元。公司债券及其他各品种合计规模为 56 654.58 亿元,较 2021 年减少 34.54%(见图分 2-2)。

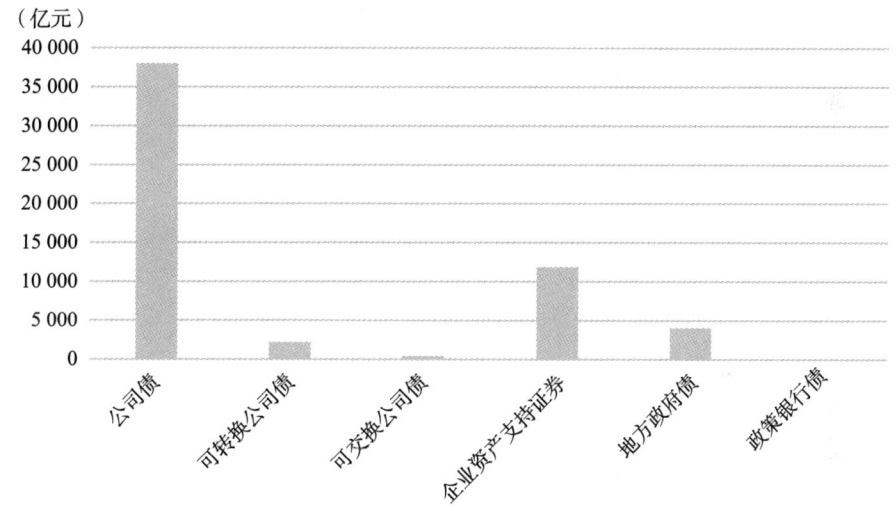

图分 2-2　2022 年交易所债券发行情况

资料来源:Wind 资讯。

2022 年,关于市场创新以及履行社会责任方面的公司债券持续保持热度,包括可持续发展相关公司债券、科技创新公司债券、乡村振兴公司债券等。

(二) 可持续发展相关公司债券

2022 年作为绿色公司债券主承销商或绿色资产证券化产品管理人的证券公司共 55 家,承销(或管理)152 只债券(或产品),合计金额 1 716.58 亿元;其中,资产证券化产品 55 只,合计金额 771.13 亿元[①]。

2022 年 3 月 2 日,上海证券交易所发布《"十四五"期间碳达峰碳中和行动方案》,指

---

① 资料来源:中国证券业协会,2022 年证券公司债券承销业务专项统计。

出推动绿色债券发展，从扩大绿色债券发行规模、完善绿色债券制度建设、推动绿色债券投资等方面提出具体措施，支持绿色债券发行。2022年6月2日，上海证券交易所修订《上海证券交易所公司债券发行上市审核规则适用指引第2号——特定品种公司债券》，新增推出低碳转型债券和低碳转型挂钩债券，明确债券定义、募集资金用途、特殊条款安排、项目申报及披露要求等，支持低碳转型领域债券发行。上述政策的推出进一步丰富了我国可持续债券品类，有助于推动可持续发展相关债券的发行。

2022年共发行低碳转型债券4只，规模27亿元，全部为一般公司债，期限均为3年，发行人涉及化工、电力、钢铁、有色等高碳排放行业；共发行17只低碳转型挂钩债，规模204亿元，期限以3年期和5年期为主，发行人主要涉及电力、建筑与工程、建材等行业。其中，最大单只债券发行额为25亿元，分别由中国华电集团、山东能源集团于上交所发行；最长发行期限为10年，由无锡市交通产业集团于上交所发行。可持续发展在经济发展中具有越来越重要的地位，低碳转型债券和低碳转型挂钩债券有助于丰富绿色金融领域工具发展，推动传统产业转型升级，促进供给侧结构性改革。

（三）科技创新公司债券

2022年作为科技创新公司债券主承销商的证券公司共30家，承销83只债券，合计金额1 028.41亿元[①]。

知识产权资产证券化是贯彻落实国家支持科技创新政策、推动债券市场不断完善的具体举措。2022年5月20日，上海证券交易所发布了《上海证券交易所公司债券发行上市审核规则适用指引第4号——科技创新公司债券》，进一步发挥公司债券服务国家创新驱动发展战略和产业转型升级功能，规范科技创新公司债券发行上市申请及挂牌转让相关业务行为。2022年11月，中国证监会、国资委发布《关于支持中央企业发行科技创新公司债券的通知》，深入贯彻党中央、国务院关于实施创新驱动发展的战略决策，强化资本市场服务科技创新能力，进一步支持中央企业发行科技创新公司债券融资。科技创新公司债券的推出是落实"十四五"规划中"坚持创新驱动发展，全面塑造发展新优势"的重要举措，有助于推动利用社会资金促进科技创新，促进创新要素向具有创新能力的企业聚集，从而推动科技进步发展，促进实体经济创新发展。

（四）乡村振兴公司债券

为充分发挥资本市场在服务国家乡村振兴战略中的作用，巩固脱贫攻坚成果，推动脱贫地区发展和乡村全面振兴，沪、深证券交易所推出乡村振兴公司债券。

2022年，证券公司承销发行乡村振兴债券305.21亿元，同比增长42.77%[②]。乡村振兴债券募集资金用途涵盖乡村产业现代化建设、基础设施建设、村舍周边环境整治等领域。

---

① 资料来源：中国证券业协会，2022年证券公司债券承销业务专项统计。
② 资料来源：中国证券业协会发布证券公司2022年度经营数据。

二、公司债券发行特点

（一）房地产融资持续回落，国企融资占比进一步提升

从行业角度来看，2022 年公司债券（仅包括公开发行公司债券和非公开发行公司债券）发行规模最大的 3 个行业分别是：建筑业、综合、租赁和商务服务业，分别占公司债券融资总额的 32.12%、27.59% 和 7.34%。相比 2021 年发行规模前三大行业，即建筑业（占比 33.93%）、综合（占比 25.52%）和房地产业（占比 7.66%），综合类公司债券融资较 2021 年小幅上升。

从发债企业属性角度来看，2022 年国企（包括中央国有企业和地方国有企业）发行规模占比高达 97.60%，发债只数占比高达 97.34%，相比 2021 年的 94.18% 和 95.15%，国企融资占比进一步提升。

（二）公司债券发行主体的信用等级有所提升

从发行规模来看，2022 年主体评级为 AA 级以上（含 AA 级）的企业是市场发行主体，占比约 99.44%，较 2021 年的 98.75% 小幅提升。其中，AAA 级企业发行规模占比最大，为 49.29%，较 2021 年小幅上升，其次分别为 AA+级企业（32.14%）和 AA 级企业（18.01%）。

从发行只数来看，2022 年主体评级为 AA 级以上（含 AA 级）的企业也是市场发行主体，占比约 99.06%，较 2021 年的 97.61% 小幅提升。其中，AAA 级企业发行只数最多，占比达 36.38%，较 2021 年的 29.76% 明显提升；AA+级企业占比也较高，达到 35.91%，较 2021 年的 33.74% 小幅提升。

（三）公司债券仍以信用发行为主

由于公司债券的发行主体信用等级普遍较高，因此发行人一般选择信用发行。2022 年信用发行的公司债券只数和规模占比分别为 80.91% 和 86.91%，相比 2021 年的 76.42% 和 83.82% 均小幅上升。

非信用发行的公司债券采用的担保方式以不可撤销连带责任担保为主，只数和规模在非信用发行公司债券中的占比分别为 98.42% 和 98.45%。

（四）公司债券票面利率延续下行趋势，中短期限债券的发行只数及规模占比有所降低

2022 年主体评级为 AAA、AA+和 AA 级的公司债券平均票面利率分别为 3.45%、4.03% 和 5.11%，平均票面利率较 2021 年分别下降 0.31%、0.71% 和 0.65%。

中短期限（3 年及以下）债券的发行只数及规模占比有所降低。2022 年发行的中短

期限债券的只数占比为87.08%，规模占比为84.73%，较2021年的90.84%和89.73%有所降低。

第三节　并购重组业务情况[①]

一、并购重组市场概况

（一）市场情况

2022年，A股上市公司完成发行股份购买资产及重大资产重组交易数量为95单，较2021年下降3.06%；交易规模3 152.80亿元，较2021年下降5.06%。2022年上市公司并购重组交易数量和规模均处于近5年以来的低位（见图分2-3）。

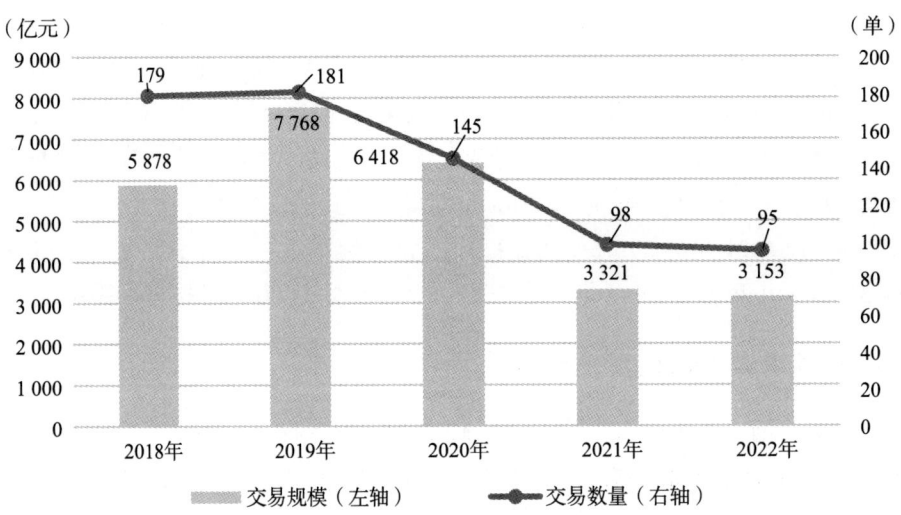

图分2-3　2018—2022年已完成发行股份购买资产及重大资产重组交易规模及数量

从行业来看，根据上市公司的证监会行业分类，2022年已完成的发行股份购买资产及重大资产重组交易中，其中专用设备制造业8家次，家数占比8.42%，位居榜首；其次是电气机械和器材制造业、零售业以及电力、热力生产和供应业，各6家次，家数占比各为6.32%；再次是计算机、通信和其他电子设备制造业5家次，家数占比5.26%（见图分2-4）。

---

① 资料来源：本节数据如无特殊说明，均源自Wind资讯。

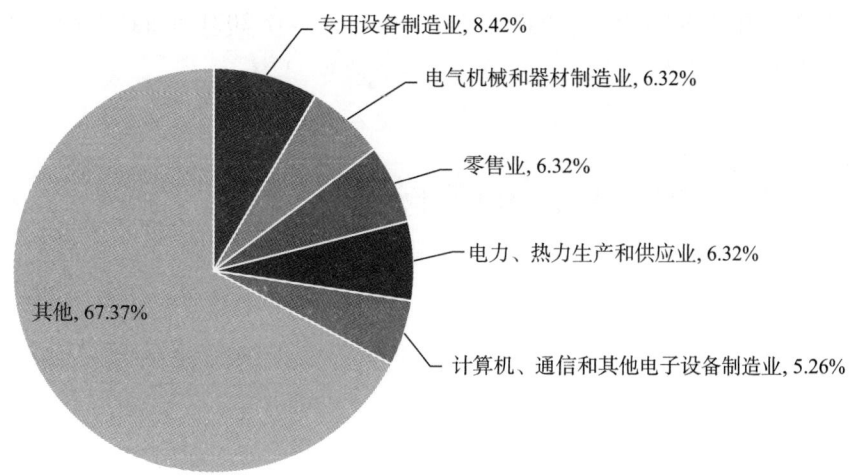

图分 2-4 2022 年已完成发行股份购买资产及重大资产重组交易行业分布

从支付对价方式来看，2022 年发行股份购买资产交易的交易金额合计为 2 311.81 亿元，占 2022 年交易总金额的 73.33%；家数合计为 40 家，占 2022 年交易总家数的 42.11%。以股票为支付方式的交易较现金收购通常规模更大，导致发行股份购买资产交易合计金额占比高而家数占比小。

（二）审核情况

近 5 年来，需行政审批的并购重组项目数量整体呈减少态势。2022 年，创业板和科创板的并购重组项目审核数量增多，主板的并购重组项目审核数量同比持平，并购重组项目整体审核数量同比小幅回升（见表分 2-1）。

表分 2-1 2018—2022 年中国证监会及证券交易所审核上市公司并购重组情况 （单位：家）

类别	2018 年	2019 年	2020 年	2021 年	2022 年
总审核家数	144	124	86	47	53
中国证监会（主板）	144	124	78	42	42
上海证券交易所（科创板）	—	—	1	—	3
深圳证券交易所（创业板）	—	—	7	5	8
通过	123	103	71	41	46
未通过	17	21	15	6	5
取消审核或暂缓审议	4	—	—	—	2

二、并购重组市场特点

（一）国资整合和产业并购仍是并购业务的主要方向

2022 年，国企改革三年行动主体任务胜利收官，央企战略性重组和专业化整合有力有序有效推进，国有经济布局进一步优化。2022 年央企和地方国企发行股份购买资产和重大资产重组交易规模为 2 091.04 亿元，占总交易金额的 66.32%。

2022 年交易规模前十大发行股份购买资产和重大资产重组项目中，有 4 家央企项目及 3 家地方国企项目，央企国企项目包揽了前 4 名。

2022 年完成的 95 单上市公司发行股份购买资产及重大资产重组项目中，61 单系上市公司与标的资产为同行业、行业上下游或协同产业的产业并购，家数占比 64.21%，产业并购仍是并购业务的主要方向。

（二）上市公司控制权收购热度持续

由于经营困难、资金压力或业务转型等因素，上市公司的实际控制人频频出让控制权或寻求战略合作。近年 A 股上市公司控制权交易市场较为频繁。根据公开信息统计，2022 年有 172 家上市公司完成控制权转让。其中，49 家系无偿划转、一致行动协议解除、继承等非商业实质事项；123 家为具有商业实质的控制权转让交易，数量同比提高 44.71%。

（三）重组审核通过率保持稳定，关注要点均衡全面

2022 年，中国证监会并购重组委共召开了 27 次工作会议，审核了 42 单，审核通过 36 单，整体过会率为 85.71%，同比持平（见图分 2 - 5）。

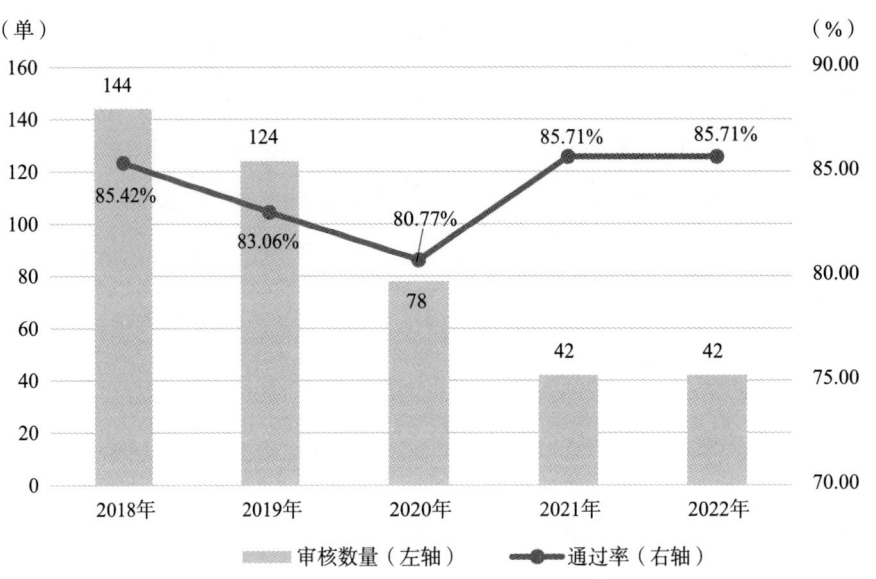

图分 2 - 5　2018—2022 年中国证监会审核上市公司并购重组情况

2022 年，科创板和创业板并购重组委审核 11 单，审核通过 10 单，暂缓审议 1 单。科创板和创业板的交易所审核环节自设立以来，暂未有直接否决案例。

从 2022 年中国证监会并购重组委审核未通过的披露原因来看，标的资产定价公允性、独立性、持续经营能力均有所关注（见表分 2 - 2）。

表分 2-2　　　　2022 年中国证监会审核上市公司并购重组被否原因统计表

股票简称、代码	会议届次	被否原因
福达合金（603045.SH）	22	申请人未充分说明和披露本次交易有利于保持上市公司独立性
福鞍股份（603315.SH）	19	申请人未充分说明并披露本次交易定价的公允性以及评估增值的合理性
盈方微（000670.SZ）	18	申请人未充分说明本次交易不存在损害上市公司股东合法权益的情形
乐通股份（002319.SZ）	15	申请人未充分说明并披露本次交易标的资产评估增值率较高的合理性和定价公允性
亚钾国际（000893.SZ）	1	本次交易完成后标的资产未来按期达产、运营存在较大不确定性

（四）跨境并购整体探底

受疫情、美联储加息、地缘政治冲突等不利因素的影响，2020 年以来我国跨境并购单数及金额持续下滑。其中，出境并购受影响最为严重，2019—2022 年出境并购单数呈整体下滑趋势，其中 2022 年度同比减少 64.21%。外资并购境内企业以及外资出售境内资产的交易在 2021 年有较大幅度同比回升，但 2022 年再次同比减少 51.14%（见图分 2-6）。

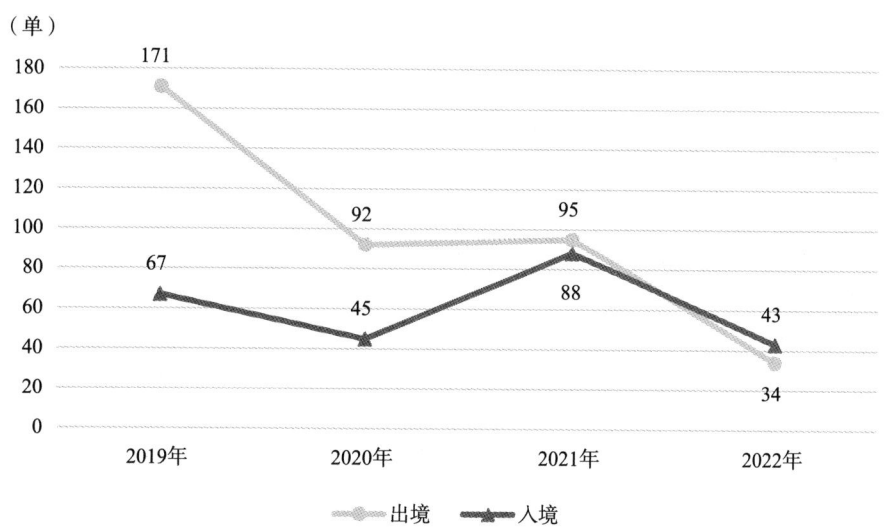

图分 2-6　2019—2022 年跨境并购情况

（五）上市公司破产重整进一步规范

2022 年，中国证监会提出优化上市公司破产重整制度、支持符合条件且具有挽救价值的危困公司通过破产重整实现重生；沪、深证券交易所发布了破产重整相关的上市公司自律监管指引，从信息披露角度优化完善了上市公司破产重整制度。近 5 年来，A 股上市公司被法院裁定进入破产重整程序数量整体呈现上升态势，2022年同比略有下降（见图分2-7）。

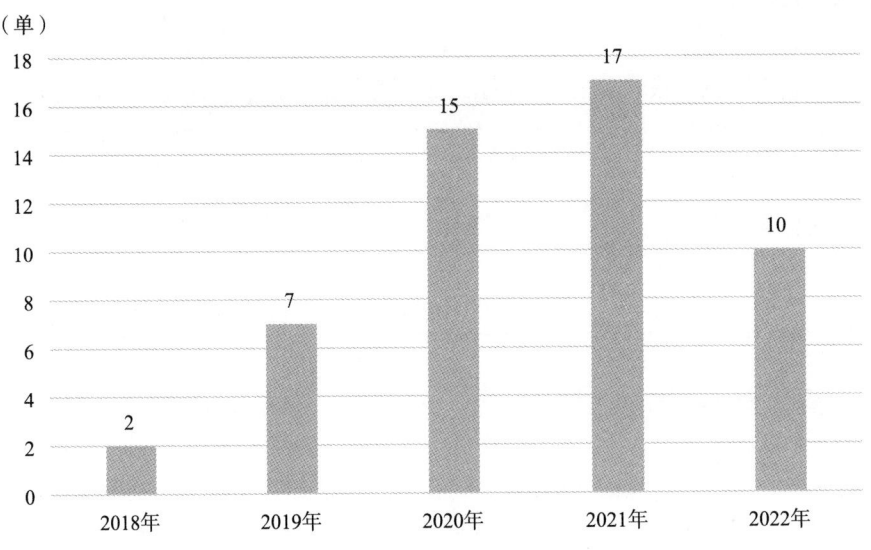

图分2-7 2018—2022年破产重整情况

（六）监管政策引导推动并购重组市场复苏

2022年，中国证监会发布了《推动提高上市公司质量三年行动方案（2022—2025）》，提出了完善并购重组监管机制，更好地促进产业链供应链贯通融合，推动上市公司质量稳步提升，调整监管政策支持涉房企业开展并购重组及配套融资，协助房地产行业应对面临的困难和挑战，同时有效激发资本市场活力。在监管政策的积极引导、推动下，上市公司并购重组市场正在逐步走向复苏，顺应我国社会经济发展的新局面。

第四节　证券公司参与全国股转系统情况[①]

一、挂牌情况

2022年，新三板市场新增挂牌公司270家，较2021年同比增加196.70%。截至2022年底，新三板存量挂牌公司6 580家，其中创新层挂牌公司1 658家，占比25.20%；基础层挂牌公司4 922家，占比74.80%。

[①] 资料来源：本节数据源自全国股转系统和北京证券交易所。

二、发行情况

2022年，668家新三板挂牌公司共完成股票发行697次，融资232.28亿元；含自办发行169次，融资14.77亿元，自办发行次数及融资额分别占比24.25%、6.36%。

三、交易情况

2022年新三板市场的股票成交数量为188.87亿股，成交金额为798.58亿元，较2020年、2021年的1 294.64亿元、2 148.16亿元分别减少38.32%、62.82%。2022年新三板市场全年换手率为7.41%，较2020年、2021年的9.90%、17.66%有所减少。其中上述2021年成交及换手率数据包含2021年1月1日至11月12日精选层挂牌数据，精选层公司股票成交数量为58.41亿股，占2021年新三板股票交易量的18.90%，成交金额为942.62亿元，占比43.88%。

四、全国股转系统主要政策变化

（一）制定筹备发行上市和提供担保相关持续监管指引

2022年2月18日，全国股转公司发布实施《全国中小企业股份转让系统挂牌公司持续监管指引第1号——筹备发行上市》和《全国中小企业股份转让系统挂牌公司持续监管指引第2号——提供担保》两件持续监管指引。《全国中小企业股份转让系统挂牌公司持续监管指引第1号——筹备发行上市》对挂牌公司筹备发行上市涉及的发行辅导、内部审议、股份限售、申报停牌等各业务办理环节作出明确要求。《全国中小企业股份转让系统挂牌公司持续监管指引第2号——提供担保》重点强调"未经董事会或者股东大会审议通过，挂牌公司不得为他人提供担保"这一底线要求，并细化了担保范围、审议程序及披露要求。

（二）修订分层管理办法

2022年3月4日，全国股转公司对《全国中小企业股份转让系统分层管理办法》进行了修订，主要为统筹新三板与北交所之间的制度协同。一是优化创新层进层条件，适当降低净利润条件中的净资产收益率要求、适当提高营业收入条件中的收入金额并降低增速要求、增设研发类进层条件、适当降低市值进层条件。此外，还取消合格投资者人数不少于50人要求，将可转债发行金额纳入累计发行融资，并进一步压实中介机构责任，从严规范公司治理。二是优化降层规定，优化财务降层要求，适当放宽了净利润指标降层条件，明确了与研发和市值进层条件适配的降层条件，严格规范治理要求。三是调整分层安排，分层工作由每年 4 月 30 日启动改为上半年 2—6 月逐月实施，下半年 9 月一次实施。

（三）制定《关于退市公司进入退市板块挂牌转让的实施办法》

2022 年 4 月 29 日，全国股转公司发布实施《关于退市公司进入退市板块挂牌转让的实施办法》，主要为适应注册制改革和常态化退市的要求，保护投资者合法权益。一是明确适用范围与公司、主办券商、交易所、中国结算和全国股转公司各方职责；二是将主办券商承接退市公司机制制度化；三是优化退市股票确权登记安排；四是明确股票在退市板块挂牌要求及后续安排；五是设置与退市公司风险状况相匹配的投资者准入要求。

（四）制定募集资金管理和关联交易相关持续监管指引

2022 年 12 月 9 日，全国股转公司发布实施《全国中小企业股份转让系统挂牌公司持续监管指引第 3 号——募集资金管理》和《全国中小企业股份转让系统挂牌公司持续监管指引第 4 号——关联交易》两件持续监管系列指引。《全国中小企业股份转让系统挂牌公司持续监管指引第 3 号——募集资金管理》一是建立募集资金余额转出制度；二是细化企业将暂时闲置的募集资金用于补充流动资金或进行现金管理的要求；三是明确非用途变更募集资金情形，允许募集资金使用主体在公司及其子公司之间变更，允许公司在采购原材料、发放职工薪酬等具体用途之间调整补充流动资金类募集资金金额比例。《全国中小企业股份转让系统挂牌公司持续监管指引第 4 号——关联交易》一是明晰关联方认定、回避表决、新增关联方的存续交易处理等监管标准；二是约束重点交易，防范利益输送行为；三是明确挂牌公司、大股东、董监高、主办券商等关键主体的职责。

第五节　资产证券化及公募 REITs 业务情况①

一、资产证券化产品的总体发行情况

2022 年全年企业资产支持证券（ABS）产品共发行 1 188 单，累计发行规模 11 511.67 亿元②，发行规模同比降低 27.09%（见图分 2-8）。截至 2022 年末，企业资产证券化存量 20 327.25 亿元，净融资额为 -3 152.95 亿元③，自 2015 年以来首次出现净融资额为负。

---

① 资料来源：如无特殊说明，本节数据源自 Wind 资讯。
② 统计口径为起息日在 2022 年的项目。
③ 计算口径为 2022 年资产证券化总发行量 - 总偿还量，数据源自 Wind 资讯（债券专题—市场概况—债券发行与到期）。

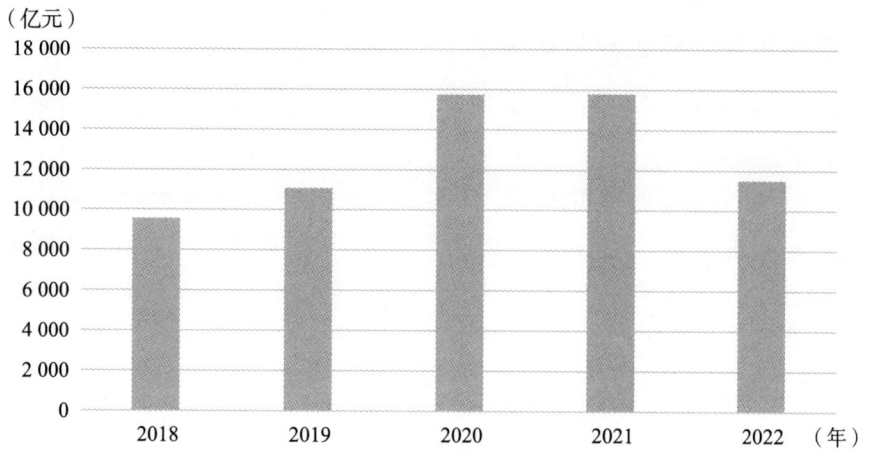

图分 2-8　2018—2022 年企业 ABS 发行规模

二、资产证券化业务的创新情况

（一）绿色 ABS 发行量增速显著

随着碳达峰碳中和的深入推进，绿色产业、绿色项目、绿色经济活动迸发出蓬勃的生机。在此背景下，绿色 ABS 呈现逐年增长趋势，从 2021 年的 542.95 亿元增加到 2022 年的 802.73 亿元，增幅达到 47.85%（见图分 2-9）。在 2022 年 ABS 总发行量下降的情况下，绿色 ABS 逆势发展，为绿色项目的资金需求提供强劲的动力。

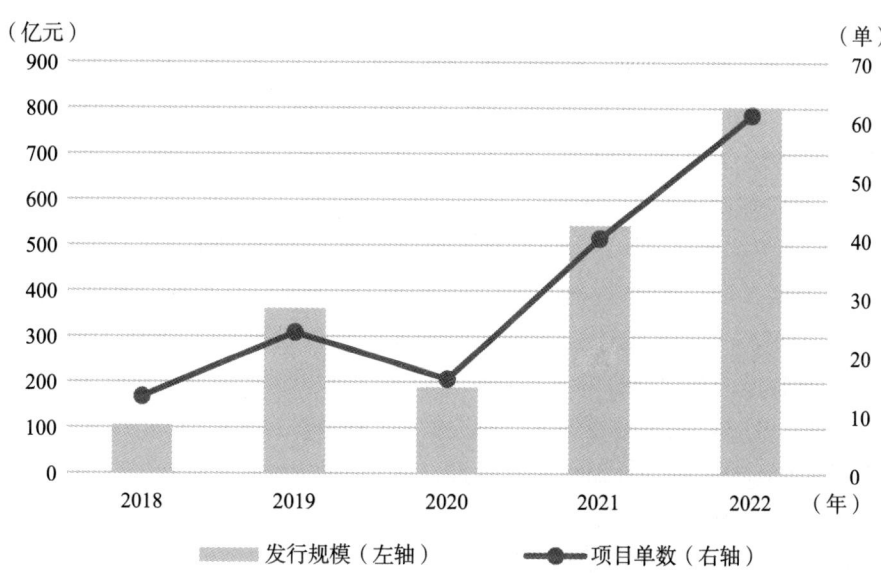

图分 2-9　2018—2022 年绿色项目发行情况

（二）信用风险缓释工具创新频出

经过近年来对信用保护合约和信用保护凭证（以下简称"信用风险缓释工具"）的探索实践，2022年信用风险缓释工具得到进一步发展和创新，其中以资产支持证券为标的的信用风险缓释工具实现突破，全年共计创设11单，计划发行金额合计7.47亿元，实际发行金额5.66亿元。创设机构为证券公司和中国证券金融股份有限公司，标的主体涉及央企、地方国企和民营企业，底层基础资产为应收账款（含供应链）、租赁资产和小额贷款，凭证期限从最短的62天到最长900天。信用风险缓释工具的拓展和创新是资本市场丰富的标志，也为优质资产打开融资渠道拓宽了路径。

（三）"新""兴"产品发行量大幅提升

尽管2022年资产支持证券发行总量有所下降，但新兴类型的产品呈现增长趋势。2021年涌现出"专精特新""乡村振兴""战略新兴"等具有特色发展的资产支持专项计划共计11单，金额合计67.86亿元。2022年进一步丰富了"高新技术""科技创新"等高科技特色的资产支持专项计划，全年共发行22单，金额合计140.45亿元，发行规模较2021年增长107%。科创类产品的百花齐放以及乡村振兴类产品的大力推广，是符合国家政策导向的有力践行。科创类产品的发行能够有效满足科技类、创新类企业在初创期的融资需求，为科技创新提供更适宜发展的环境；乡村振兴类产品能够将资金用于巩固脱贫攻坚成果、推动脱贫地区发展和乡村全面振兴，为实现共同富裕添砖加瓦。

三、资产证券化产品基础资产结构情况

根据Wind数据，2022年度按照基础资产类型分类，发行规模最大的为融资租赁ABS（2 582.43亿元），其次是企业应收账款ABS（2 481.21亿元）、供应链ABS（1 736.35亿元）、小额贷款ABS（1 361.73亿元）、银行/互联网消费贷款ABS（748.91亿元）、CMBS（商业房地产抵押贷款支持证券）（706.16亿元）、类REITs（447.16亿元）、信托受益权ABS（412.89亿元），其余类型基础资产发行量合计为1 034.86亿元，具体发行比例见图分2-10。

从2018—2022年的变化来看，供应链、融资租赁、企业应收账款、银行/互联网消费金融和小额贷款、CMBS以及特定非金款项，稳居各年发行量前列（见图分2-11）。第一，融资租赁ABS呈逐年上升的趋势，一方面近几年来融资租赁行业得到长足发展，另一方面融资租赁公司通过多资产打包以及分层技术，实现风险分散和重组，能够为更多不满足公开市场融资条件的中小企业及个人提供融资渠道。第二，把银行/互联网消费金融和小额贷款（简称"消金小贷"）合并计算，消金小贷ABS、供应链ABS、CMBS在2020年达到顶点后逐年下降。第三，企业应收账款ABS和特定非金款项ABS从2018年到2021年大体呈逐年增长趋势，在2021年达到顶点后2022年有所下降，其中特定非金款项ABS下降最为显著。

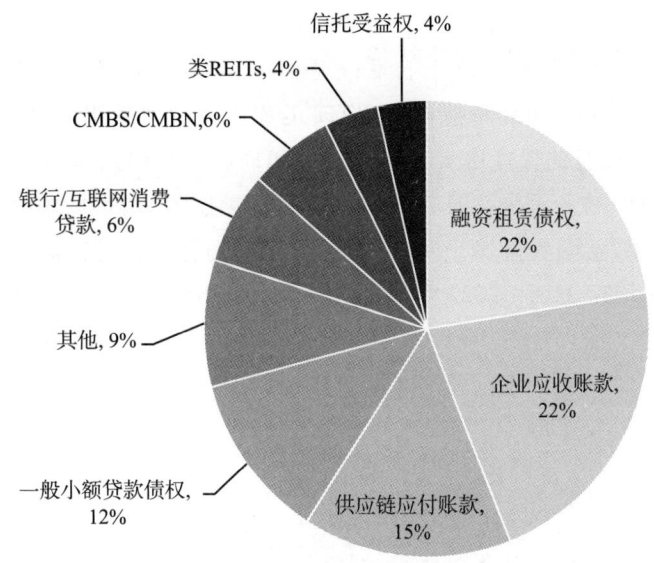

图分 2-10　2022 年各类型基础资产 ABS 发行量占比

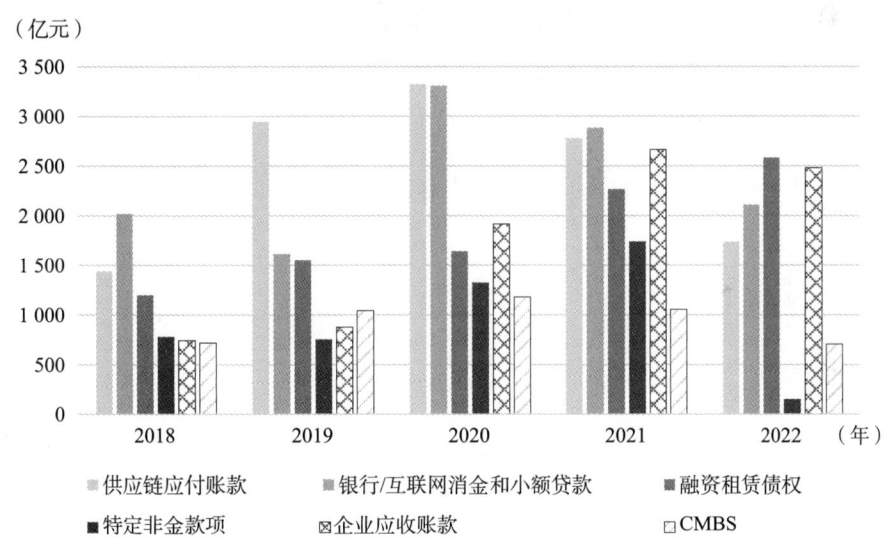

图分 2-11　2018—2022 年主要基础资产发行情况对比

四、公募 REITs 业务情况

(一) 一级市场情况

2022 年我国公募 REITs 市场持续扩容,全年共有 14 只公募 REITs 产品获批注册,其中 13 只已上市交易,已上市发行规模总计 419.48 亿元,相比 2021 年增长 15.20%。

资产类型方面,2022 年在 2021 年已发行过的仓储物流、产业园区、高速公路、生态环保REITs的基础上新增保障性租赁住房和清洁能源发电两种资产类型。其中，保障房REITs方面，2022年共发行4只保障房REITs，发行规模总计为50.06亿元。其中首批上市的深圳安居REIT、厦门安居REIT和北京保障房REIT的发行主体均为政府发行平台，华润有巢REIT则是首个由房企发行的保障房REIT，是公募REITs在保障房领域的又一创新探索，进一步推动了公募REITs的多元化发展。保障房REITs是住房租赁市场的金融工具创新，打通了租赁住房资本市场权益融资通道，为优质租赁住房项目提供退出渠道。

清洁能源发电REITs方面，2022年发行的深圳能源REIT作为首单清洁能源发电REITs获得市场的高度关注，深圳能源REIT发行规模为35.38亿元，网下询价认购倍数超百倍。此外，首批新能源REITs中信建投国家电投新能源REIT和中航京能光伏REIT于2022年底正式获得上海证券交易所受理。

（二）二级市场表现

2022年6月，公募REITs市场迎来首批战略投资人的限售份额解禁，9只REITs首批解禁份额占总份额的平均比例为33.9%，解禁当日及后续二级市场价格表现相对平稳，大宗交易平稳有序，体现了投资人对REITs产品作为长期大类资产配置价值的认可。

截至2022年末，全市场24只上市公募REITs产品总市值超850亿元。在已上市的24单公募REITs中，2022年末累计涨跌幅有21只为正、3只为负（见图分2-12）。

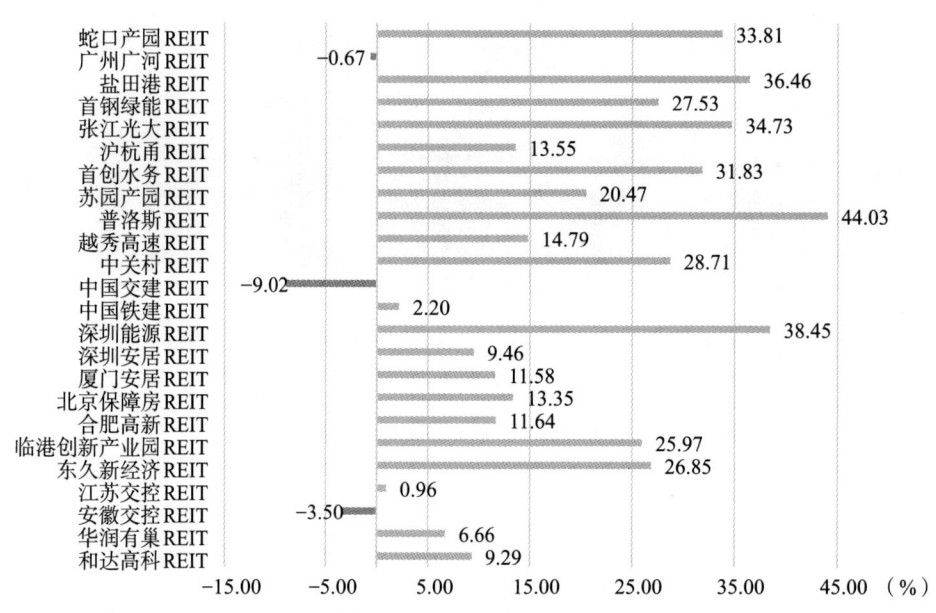

图分2-12 截至2022年末公募REITs累计涨跌幅（含分红）

从不同公募REITs资产类型来看，截至2022年末，仓储物流、清洁能源发电、生态环保、产业园、保障房和高速公路REITs加权累计收益率分别为42.26%、38.45%、30.08%、24.74%、10.36%和-0.21%（见表分2-3）。

表分2-3　　　　　2022年末各类公募REITs市场规模及加权收益率

REITs类别	市场总规模（亿元）	加权累计收益率（%）
高速公路REITs	419.99	-0.21
保障房REITs	55.22	10.36
仓储物流REITs	105.65	42.26
产业园REITs	186.15	24.74
清洁能源发电REITs	48.98	38.45
生态环保REITs	38.35	30.08

（三）首批公募REITs扩募

REITs扩募是进一步完善我国REITs市场建设的重要基础，一方面，有利于加快形成存量资产和新增投资的良性循环，合理扩大有效投资，推动基础设施高质量发展；另一方面，有利于已上市优质运营主体依托市场机制增发份额收购资产，优化投资组合，改善风险收益结构。

2022年5月，沪、深证券交易所正式发布《公募REITs新购入基础设施项目指引（试行）》，对我国公募REITs扩募机制进行了顶层设计；9月底首批5单扩募项目正式获交易所受理。

第二章
2022 年中国投资银行业务面临的问题与 2023 年前景展望

第一节　2022 年中国投资银行业务面临的问题

党的二十大报告明确提出要"健全资本市场功能，提高直接融资比重"。习近平总书记指出，金融要为实体经济服务，满足经济社会发展和人民群众需要。服务实体经济和寻求高质量发展是投资银行业发展的主要目标。回顾 2022 年，在高质量发展的道路上，投资银行业务高质量发展任重道远，仍存在着一些亟待解决的问题。

一、业务创新能力有待进一步提升，同质化竞争加剧

我国 140 家证券公司[①]中约七成具备保荐承销资格。近十年来，从头部证券公司到区域性及特色证券公司，投资银行业务大多在保荐承销和财务顾问领域进行竞争，业务日趋同质化，在这一情况下，价格战成为获取市场份额的主要手段。然而低价竞争和通过承诺申报时间、承诺发行估值获取项目等手段竞争并不利于投行业务的长期发展。在全面注册制来临之际，证券公司如何培育自身核心竞争优势，投资银行业务如何扩展业务的深度和广度，寻求新的增长点将是一大挑战。

二、风控意识和合规管理水平有待进一步加强

从 2022 年证券期货行业处罚情况来看，总计披露的 425 张罚单，包含经济处罚、警告、

---

①　资料来源：中国证券业协会。数据截止日期：2023 年 2 月 7 日。

监管谈话、责令整改、出具警示函、暂停业务开展、撤销业务牌照、认定为不适当人选等方式，其中投资银行业务罚单最多，为133单①。从2022年的数据来看，投资银行业务的合规风控水平存在较大的进步空间，尤其是在全面注册制来临之际，证券中介机构将更加强调归位尽责，压实责任，严监管、强监管下，投资银行业务将面临更大的压力。投资银行业务的内控体系需要进一步加强，执业质量需要进一步提高。

三、债券市场的供给侧结构调整仍在路上

供给侧结构性改革是我国经济社会实现可持续和新常态发展的必由之路，关乎国家未来长远的发展。而长期以来，债券市场作为金融市场的重要组成部分，在整体经济的供给侧结构性改革中也具有极为重要的作用。

2022年末，我国债券市场存量规模达到141.36万亿元，较上年末增加8.40%，我国债券市场已经发展成为全球第二大债券市场。但我国公司债发行主体仍以国有企业为主，其中又以地方政府融资平台为主。2022年国企（包括中央国有企业和地方国有企业）公司发行规模占比高达96.69%，发债只数占比高达97.03%，国企融资占比连续3年增长。从劳动力和资本两大要素看，民营企业吸纳了我国超过80%的就业，但是从债券市场看，这一比例基本上是倒挂的。如果能够鼓励、促进民营企业参与债券市场，将有利于债券市场供给侧改革。

四、优质标的估值偏低，上市公司并购重组交易活跃度不高

根据国家统计局数据，2022年我国全年国内生产总值（GDP）比上年增长3.0%，2021年同期数据为8.1%。2022年面对超预期因素冲击，我国经济历经多重考验迎难而上。与此相应，各类优质企业近两年的经营业绩处于历史较低水平，部分作为潜在并购重组标的的公司经营业绩无法充分体现企业的真实价值。上述原因导致优质企业作为标的公司向上市公司出售的积极性较低，进而导致上市公司并购重组活跃度不高，交易金额和规模呈现持续下降趋势。

同时，近年来IPO、再融资市场持续活跃，全面注册制的落地更加利好IPO市场，科创板和创业板上市公司估值倍数普遍较高，多数情况下，优质企业更愿意选择独立IPO的方式实现证券化。相比之下并购重组标的估值仍处于较低水平，卖方没有充足的动力进行交易，双方谈判难度较大，也导致了上市公司并购重组交易活跃度不高。

五、北交所在打造服务创新型中小企业主阵地方面的市场功能仍需要进一步提升

北交所自设立以来，投融资两端稳步推进，一方面在企业上市数量方面取得了快速提

---

① 资料来源：普华永道。

升,截至 2022 年底上市企业数达 162 家,另一方面在交易活跃度方面取得了显著进步,目前合格投资者数量迅速增长,公募基金、社保基金、保险资金、QFII、RQFII 等纷纷在北交所布局。但与此同时,北交所的交易活跃度还存在一定的提升空间。由于北交所股票以小市值为主,流通盘规模小,因此流通市值、换手率、成交额和成交量等流动性指标均低于创业板和科创板。另外,由于北交所的投资者准入门槛相对较高,目前的投资者以合格个人投资者、机构投资者为主,交易相对低频理性,持股期限相对较长。具备较强的流动性、较大的交易量以及一批彰显活力的优质上市公司的市场才能成为更加成熟的市场,北交所的市场功能需要进一步提升。

六、资产证券化业务仍较大程度依赖主体信用,风险识别能力不足

由于原始权益人/核心企业的自有资金和基础资产的现金流很难实现完全隔离,目前资产证券化产品除了内部增信外,还有主体信用的外部增信,并且有主体外部增信的产品是目前市场的主流。随着资产证券化市场的深化发展,越来越多的 ABS 产品开始尝试脱离或部分脱离主体信用,回归资产信用的本源。如部分消金小贷 ABS、应收账款 ABS。

我国资产证券化市场从 2015 年以来经历了长达 8 年的高速增长,企业 ABS 市场存量从 2015 年的 2 301.94 亿元增长到 2022 年的 20 327.25 亿元,实现跨越式增长。随着资产类型的丰富、交易结构的复杂化,法律法规、尽调指引等制度的出台对执业质量提出明确的要求。但是,现金流虚估、增信措施落实不到位、原始权益人和增信机构经营恶化等使违约事件不可避免地发生。在此背景下,无论是从业人员还是投资人,都既需要对资产情况进行判断,又需要对原始权益人、增信机构、服务机构等重要参与方的持续经营能力进行审慎评估,因此对各方的风险识别能力均提出新的挑战。

第二节 2023 年中国投资银行业务前景展望

2023 年 4 月 10 日,沪、深证券交易所主板注册制首批企业上市,标志着股票发行注册制改革全面落地,投资银行业务步入了新的战略机遇期。

一、迎接全面注册制,股权融资业务机遇与挑战并存

全面注册制有望为投行带来股权融资业务增量。注册制改革将选择权交给市场,强化市场约束和法治约束,充分贯彻以信息披露为核心的理念,发行上市全过程更加规范、透明、可预期。发行上市条件、审核机制等方面也持续优化,这将推动市场有效扩容、不断畅通企

业融资渠道，使更多企业有望登陆 A 股市场；同时上市公司队伍的扩张，也将带动再融资等业务的发展，从而在较大程度上拓展了投资银行业务的客户覆盖面与业务量。

全面注册制将有力推动投资银行业务转型，不断提升投行综合服务实体经济能力。注册制下，投资银行通过不断提升保荐、定价、销售能力，推动业务实现市场化、专业化、综合化。IPO 作为投资银行服务客户的切入点，可有力带动再融资、并购重组、债权融资等投行业务发展，也能在一定程度上带动资产管理、财富管理等业务发展；推动投资银行以客户需求为导向，构建体系化、平台化的综合实力，切实做到全产品、高效率服务实体经济，助力高质量发展。

全面注册制在为投行业务带来重大机遇的同时，也为投行业务带来了较大挑战。一方面，全面注册制对投行履行"看门人"责任提出了更高要求。中介机构责任将被进一步压实，需勤勉尽责才能行稳致远，这也将督促投行进一步修炼"内功"，加强投行业务内部控制管理，提高全员合规意识，全流程把控项目风险，严把上市公司质量关，避免"带病申报"，切实履行好资本市场"看门人"责任，把好上市公司入口关。另一方面，全面注册制对投行的综合服务能力也提出了更高的要求。注册制下，投行服务将不再局限于申报、过审、上市的通道作用，投行人员要成为行业专家、价值发现者。未来投行要积极主动融入国家重大战略，善于发现和服务代表经济转型和高质量发展方向的企业，同时还要提升价值发现能力、估值定价能力、销售能力，准确、完整地向市场传递企业价值，促使市场更好地发挥资源配置作用，更好地服务实体经济。

二、债券市场发挥更加重要的资金配置作用，将有效支持民营经济

2023 年作为新冠疫情常态化后的第一年，实体经济的恢复与发展是经济发展的重中之重。债券市场作为企业融资的重要途径，将在 2023 年为支持实体经济发挥重要的配置作用。民营企业作为重要的经济构成主体，在推动实体经济发展中具有重要地位。2022 年以来，多个部门出台相关政策措施，支持民营企业债券融资，完善民营企业融资机制，积极推动债券产品创新，培育多元化投资者结构，降低交易成本，创设信用保护工具，拓宽民营企业融资渠道；同时加强监管规范，包括加强民营企业信用体系建设，开展联合奖罚工作，提高信息披露质量，引导中介机构归位尽责和完善债券违约处置机制。随着一系列支持民企债券融资的政策措施出台，未来民营企业债务融资途径将更加畅通。

三、并购重组有望迎来复苏，为提高上市公司质量、服务实体经济发挥重要作用

党的二十大提出未来五年的主要目标任务是经济高质量发展取得新突破，指出要加快国有经济布局优化和结构调整；2022 年 12 月的中央经济工作会议要求推动房地产行业重

组并购重组，有效防范化解优质头部房企风险；中共中央、国务院印发《扩大内需战略规划纲要（2022—2035年）》提出完善股票发行、信息披露等制度，推动资本市场规范健康发展。

并购重组作为提高资本市场存量上市公司质量的主要渠道之一，对于激发资本市场活力、服务并支持我国实体经济高质量发展具有重要作用。中国证监会发布的《推动提高上市公司质量三年行动方案（2022—2025）》，提出完善并购重组监管机制，更好地促进产业链供应链贯通融合，推动上市公司质量稳步提升。

在中央大政方针和行业监管政策的积极引导推动下，上市公司并购重组市场有望迎来复苏，为提高上市公司质量、服务实体经济发挥重要作用。

四、北交所大力推进高质量扩容，开启投资银行业务新机遇

北交所定位于服务创新型中小企业的主阵地，大力服务"专精特新"中小企业，有力推动各投资银行重点布局战略新兴产业和高新技术企业，优先支持硬科技和"卡脖子"企业借助资本市场发展壮大，积极探索资本市场服务创新型中小企业新路径，为投资银行积极落实国家创新战略、服务专精特新企业提供了新的有效抓手。

展望2023年，北交所为投资银行服务前沿科技提供了新的历史机遇，引导投资银行服务前移，推动"更早、更小、更新"的真正前沿科技公司挂牌新三板，如人工智能、生物科技、商业航天、软件信息、氢能源等，利用"领航计划""直联机制"优势实现快速北交所上市。所谓"直联机制"，即北交所和新三板内部通过对直联企业全链条审核、监管、服务工作进行集中归口管理，实现各业务环节的无缝对接，支持直联企业挂牌满一年后迅速完成发行上市流程。同时，北交所为投资银行落实普惠金融开辟新的业务机会，充分发挥对新三板的龙头撬动作用，带动了新三板的健康、快速发展，使北交所和新三板业务作为一项常态化投资银行业务，给证券公司开辟了一块新的业务领域。

五、公募REITs迎来扩容提速发展阶段，未来市场发展空间可期

展望2023年，我国将继续推进公募REITs扩容提速与常态化发行，让更多优质项目实现发行上市。总体来看，我国公募REITs规模较小，尚处于发展初期。根据《国务院办公厅关于进一步盘活存量资产扩大有效投资的意见》，有效盘活存量资产、扩大有效投资，依然是基础设施领域的重要任务[①]。中国证监会会同国家发改委等相关方面研究提出了加快推进基础设施REITs常态化发行的十条措施[②]。随着相关支持政策的不断出台，2023年公募REITs扩容提速与常态化发行有望得到进一步落实。

---

① 资料来源：中国政府网，网址：http://www.gov.cn/zhengce/zhengceku/2022-05/25/content_5692190.htm。
② 资料来源：中国证监会官网，网址：http://www.csrc.gov.cn/csrc/c106311/c5592477/content.shtml。

展望 2023 年，我国将尽快推动首批扩募项目落地。从海外成熟 REITs 市场的发展经验来看，扩募机制是 REITs 市场可持续发展的重要一环，通过扩募收购优质资产可以提升 REITs 层面的市值规模，带动项目经营业绩的持续向好。2023 年我国首批公募 REITs 扩募项目有望成功落地，预期我国公募 REITs 在首发与扩募的双重驱动下，市场规模与估值将持续提升。

分报告之三：
2022年中国证券公司资产管理业务发展回顾与展望

第一章
2022年中国证券公司资产管理业务的总体情况

第一节 2022年中国证券公司资产管理业务的发展环境

一、经济环境：党的二十大顺利召开，"十四五"规划承上启下

2022年是党的二十大胜利召开之年，也是"十四五"实施规划承上启下的重要一年。2022年世界经济增长动能减弱、衰退风险上升，国际市场震荡加剧、大类资产面临下行风险。国内经济恢复发展面临需求收缩、供给冲击、预期转弱三重压力，市场主体经营困难较多，一些领域风险显现。同时，我国经济韧性强、潜力大、活力足，长期向好的基本面没有变，重点领域和关键环节改革效应持续显现，存量政策和增量政策叠加发力，活力在释放、机遇在增多，将为经济企稳回升创造良好的条件。

从宏观经济来看，我国实施稳健有效的宏观政策，保持了经济社会大局稳定。坚定实施扩大内需战略，内需潜力持续释放。把发展经济的着力点放在实体经济上，供给体系质量稳步提升。在海外主要经济体纷纷陷入滞涨格局的背景下，2022年我国通货膨胀水平保持基本稳定，全年居民消费价格指数（CPI）上涨2.0%。全年国内生产总值121.02万亿元，比上年增长3.0%。全年最终消费支出拉动国内生产总值增长1.0个百分点，资本形成总额拉动国内生产总值增长1.5个百分点，货物和服务净出口拉动国内生产总值增长0.5个百分点。全年全国居民人均可支配收入36 883元，比上年增长5.0%，扣除价格因素，实际增长2.9%。2022年居民收入继续保持增长，持续增长的财富管理需求继续为资产管理行业提供需求动力。

二、政策环境：监管制度不断完善，为行业高质量发展夯实基础

2022年是《关于规范金融机构资产管理业务的指导意见》（简称"资管新规"）实施的元年，监管机构从严监管。中国证监会及其派出机构出具各类涉及资管业务处罚函件11次，涵盖了公募、私募、ABS等多种业务类型，覆盖了投资交易、关联交易管控、估值方法、违规向地方政府提供融资、尽职调查、信息披露、人员配置、内控建设、账户管控等众多业务环节[①]。

在制度建设方面，2022年4月26日，中国证监会发布《关于加快推进公募基金行业高质量发展的意见》，从积极培育专业资产管理机构、全面强化专业能力建设、着力打造行业良好发展生态、不断提升监管转型效能四个方面，提出16项具体意见，大力推进行业高质量发展，与投资者利益同提升、共进步。2022年5月20日，中国证监会发布《公开募集证券投资基金管理人监督管理办法》，形成对基金管理人"准入—内控—治理—经营—退出—监管"的全链条监管，突出放管结合，将重塑行业秩序。2022年11月4日，中国证监会发布《个人养老金投资公开募集证券投资基金业务管理暂行规定》，对公募基金行业有深远影响。公募牌照的重要性日益突出，申请公募牌照成为众多证券资管公司的战略布局。

2022年5月13日，为指导证券公司建立稳健的薪酬制度，健全薪酬激励约束机制，促进证券公司稳健经营和可持续发展，更好地承担社会责任，中国证券业协会发布《证券公司建立稳健薪酬制度指引》（以下简称《指引》），自发布之日起施行。《指引》规定证券公司在制定薪酬制度时，应当保障全面风险管理和合规管理的有效落实，不片面追求市场排名、规模类指标和短期业绩，制定防止因过度激励引发风险隐患或合规风险的具体规定。该《指引》对于证券资管行业完善薪酬激励制度具有重要的指导意义。2022年6月10日，中国证券投资基金业协会发布《基金管理公司绩效考核与薪酬管理指引》，对薪酬结构、薪酬支付、绩效考核、薪酬内控管理等方面提出了具体要求。基金公司应合理确定和适时调整不

---

① 根据中国证监会及各地证监局网站公开披露信息统计。

同岗位的基本薪酬标准和薪酬结构。基本薪酬与绩效薪酬应当保持适当结构，避免因薪酬结构不合理可能引发的风险隐患和冒险行为。监管体系和制度体系的不断完善，为未来行业高质量发展奠定了坚实基础。

2022年底，中国证券投资基金业协会对《中国证券投资基金业协会估值核算工作小组关于2015年第一季度固定收益品种的估值处理标准》进行了修订，并发布了《关于固定收益品种的估值处理标准》，进一步确保对固定收益品种估值的合理性和公允性，为实现打破"刚兑"的政策目标、推动行业从"隐性刚兑"向"买者自负"转变夯实了制度基础。

三、行业环境：马太效应显现，证券公司资产管理业务公募化转型布局加速

2022年证券公司资产管理业务发展分化更为明显。一是各家证券公司在收入及管理规模方面呈现"二八"分层状态，行业马太效应显著，强者恒强，近3年行业前10名基本无变化。业务条线无短板、基础业务扎实的综合性证券公司更具优势。"财富管理＋资产管理＋投资银行"协同发展模式下，综合实力较强的证券公司业务之间相互促进，在私募业务领域，护城河将越来越坚固。二是证券资管发展公募业务的战略日益清晰。随着"一参一控一牌"政策正式落地，公募业务牌照放开，不少机构结合大集合参公运作经验，开始通过设立资管子公司、申请公募牌照等方式进一步拓宽业务边界。截至2022年末，共有25家证券公司设立资管子公司，共有6家证券公司、8家证券公司资管子公司合计14家证券经营机构取得公募牌照，多家证券公司排队申请资管子公司，公募化转型布局明显提速。三是在资管新规整改压力下，各家证券公司的管理规模波动较大，叠加市场影响，总体来看2022年证券资管规模出现下降。

第二节 2022年中国证券公司资产管理业务的发展情况

一、管理规模：总量下降，结构优化

（一）管理规模小幅下降

2022年证券公司资产管理规模小幅下降。私募产品方面，根据中国证券投资基金业协会数据，2022年证券公司资产管理规模为6.28万亿元，较2021年的7.69万亿元下降18.34%[①]。

---

① 证券公司资产管理规模包含未转公募基金的大集合产品。自2020年8月起，证券资管总规模统计中不含已规范整改的大集合产品，因此2020年、2021年、2022年数据统计口径较2019年小。

公募产品方面，根据中国证券业协会数据，截至 2022 年底，由证券公司（或其资管子公司）管理的公募基金（含参公改造大集合）受托资金达到 9 283.62 亿元，较 2021 年的 9 022.24 亿元增长 2.90%，在证券公司资产管理总规模下降的情况下，公募管理规模逆势增长。

（二）私募资管业务结构进一步优化

1. 社会财富管理属性更强的资管产品规模持续增长

2022 年在资管新规整改过渡期结束的背景下，证券公司社会财富管理属性更强的资管产品规模显著增长。根据中国证券投资基金业协会数据，2022 年证券公司私募资管业务中，主动管理规模占比已经达到 90.76%，较 2020 年提高了 32.91 个百分点，较 2021 年提高了 4.09 个百分点（见图分 3-1）。

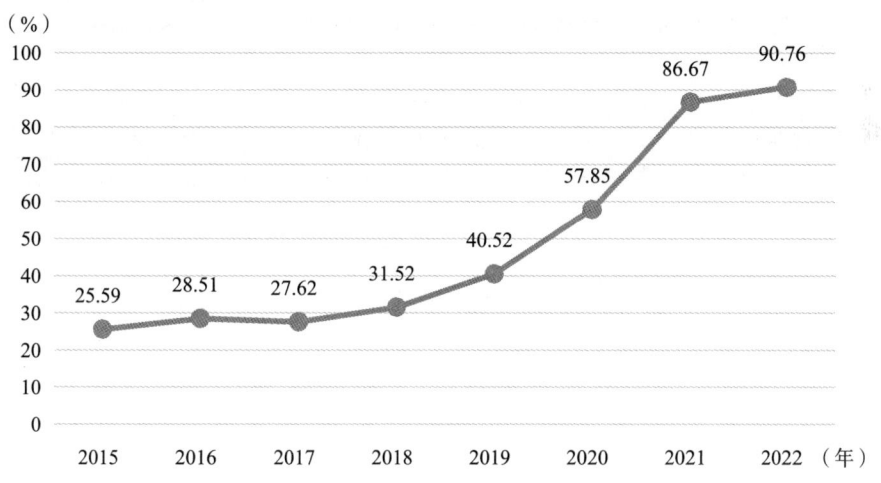

图分 3-1　证券公司私募资管业务主动管理规模占比

资料来源：中国证券投资基金业协会。

2. 单一资产管理计划持续压降，集合资产管理计划首超单一资产管理计划

根据中国证券投资基金业协会数据，2022 年证券公司集合资产管理计划规模为 3.18 万亿元，较 2021 年的 3.65 万亿元下降 12.88%，这是自 2019 年以来的连续第三年回升后首次出现下降。2022 年集合资产管理计划规模占证券公司私募资管业务规模的比重达到 50.63%，较 2021 年提高了 3 个百分点。

2022 年证券公司单一资产管理计划规模为 3.10 万亿元，较 2021 年的 4.04 万亿元下降 23.27%。单一资产管理计划规模占证券公司私募资管业务规模的比重从 2021 年的 52.53% 下降到 2022 年的 49.39%，较 2021 年下降了 3.14 个百分点。

以主动管理类产品为代表的集合资管计划规模首次超过单一资产管理计划，在管理总规模中的占比由 2021 年落后单一资产管理计划近 5 个百分点到 2022 年反超 1 个百分点（见图分 3-2）。

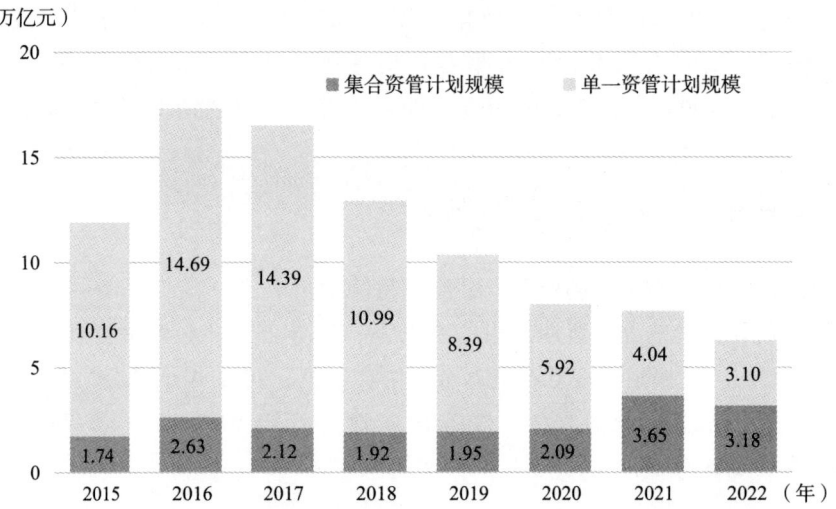

图分3-2 证券公司私募资管业务集合和单一资产管理计划规模构成

资料来源：中国证券投资基金业协会。

3. 固定收益类产品仍是绝对主导产品

根据中国证券投资基金业协会数据，2022年证券公司固定收益类资产管理计划规模为5.12万亿元，较2021年的6.13万亿元下降16.48%；权益类资产管理计划规模为0.53万亿元，较2021年的0.69万亿元下降23.19%；混合类资产管理计划规模为0.60万亿元，较2021年的0.85万亿元下降29.41%；商品及金融衍生品类资产管理计划规模为288亿元，较2021年的190亿元增长51.58%。从规模占比看，2022年固定收益类资产管理计划规模占比达到81.52%，较2021年提高2个百分点，仍是证券公司私募资管业务的绝对主体（见图分3-3）。2022年在上述4个类别的产品中，仅商品及金融衍生品类资产管理计划的规模增长。

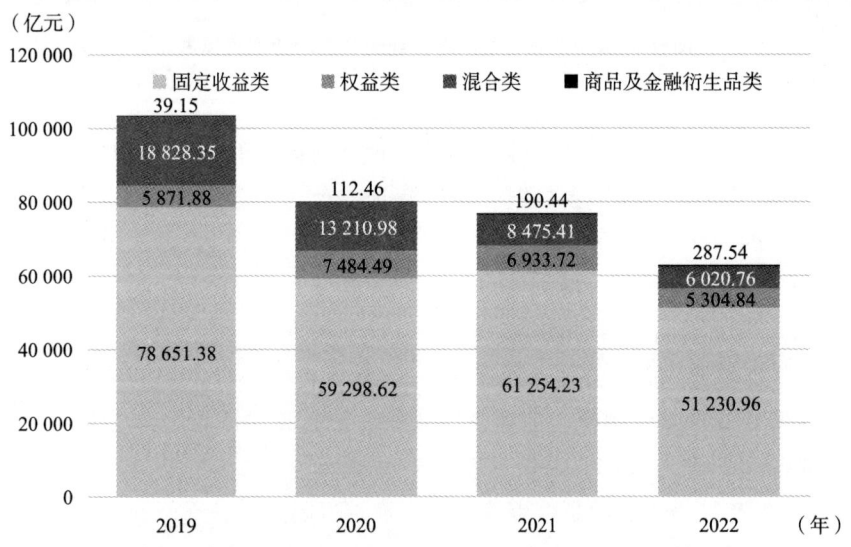

图分3-3 证券公司私募资管业务不同类型产品规模构成

资料来源：中国证券投资基金业协会。

（三）公募资产管理业务迎来较快发展

2022 年证券公司大集合产品的参公改造明显加快，绝大部分大集合产品已完成了参公改造。同时在公募基金市场较快发展的大环境下，持有公募基金管理资质的证券公司也积极做大公募基金管理规模。2022 年证券公司公募资产管理业务总体发展较快。

根据中国证券业协会专项调查问卷统计①，截至 2022 年底，共有 52 家证券公司（或证券公司资管子公司）合计管理公募产品（包括公募基金及完成参公改造的大集合）608 只，较 2021 年底 24 家合计管理 468 只增长 29.91%。2022 年底公募产品合计受托资金规模 9 283.62 亿元，较 2021 年底增长 2.90%。

根据 Wind 数据，从产品类型构成来看，债券型产品在证券公司公募产品中占据主体地位。2022 年底由证券公司（或证券公司资管子公司）管理的债券型公募产品 231 只，较 2021 年底增加 71 只，在证券公司公募产品数量中占比达到 41.32%；合计份额不低于 4 243.97 亿份，较 2021 年底增长 34.34%，在证券公司公募产品合计份额中占比达到 47.46%；合计资产净值不低于 3 620.33 亿元，较 2021 年底增长 6.47%，在证券公司公募产品合计资产净值中占比达到 37.49%。

其次是混合型产品。2022 年底产品数量 209 只，较 2021 年底增加 30 只，产品数量占比达到 37.39%；合计份额不低于 1 776.19 亿份，较 2021 年底下降 5.52%，在证券公司公募产品合计份额中占比达到 19.86%；合计资产净值不低于 2 286.58 亿元，较 2021 年底下降 26.31%，在证券公司公募产品合计资产净值中占比达到 23.68%。

再次是货币市场型产品。2022 年底产品数量 49 只，较 2021 年底增加 38 只，产品数量占比达到 8.77%。货币市场型产品虽然数量不多，但规模较大，合计份额和资产净值均排在债券型和混合型之后。证券资管保证金产品参公改造的完成，扩充了货币市场型产品规模。2022 年货币市场型产品的份额占比为 30.25%，资产净值占比为 36.65%。

股票型、QDII 和 FOF 三类产品规模占比仍然不高，2022 年底规模相对于 2021 年底变动幅度不大。公募 REITs 基金在 2022 年共存续 4 只产品，由 3 家证券资管担任管理人（见表分 3-1）。

表分 3-1　　　　2021 年、2022 年证券公司公募产品数量和规模

产品类型	产品数量（只）		产品份额（亿份）		资产净值（亿元）	
	2022 年底	2021 年底	2022 年底	2021 年底	2022 年底	2021 年底
货币市场型	49	11	2 704.83	1 149.37	3 538.72	1 149.37
债券型	231	160	4 243.97	3 159.17	3 620.33	3 400.20
股票型	36	29	74.19	72.51	66.72	112.23
混合型	209	179	1 776.19	1 880.05	2 286.58	3 103.01
QDII	2	4	11.20	12.53	5.36	7.25
另类投资型	1	2	3.31	5.41	3.11	5.54

① 2023 年初，中国证券业协会组织开展 2022 年证券公司资产管理业务专项问卷调查，共计获得有效问卷 99 份。

续表

产品类型	产品数量（只）		产品份额（亿份）		资产净值（亿元）	
	2022年底	2021年底	2022年底	2021年底	2022年底	2021年底
FOF	27	11	112.39	102.64	119.74	124.62
REITs	4	1	16.00	5.00	16.00	5.00
合计	559	397	8 942.07	6 386.68	9 656.56	7 907.22

资料来源：Wind，申万宏源资管。

1. 证券公司公募基金业务增长与公募基金行业同步

截至2022年底，中国证监会共核准了14家证券公司（或证券公司资管子公司）公开募集证券投资基金管理业务资格，根据Wind数据，2022年和2021年实际管理公募基金的是其中的11家。根据中国证券投资基金业协会数据，同期公募基金行业整体份额增幅和净值增幅分别为9.91%和1.83%，证券公司公募基金业务增速与公募基金行业整体较为接近。

2. 大集合参公改造明显提速

根据中国证券业协会专项调查问卷统计，截至2022年底，共有47家证券公司（或证券公司资管子公司）合计完成了218只大集合产品的参公改造，在2021年底37家合计完成169只的基础上提速明显，截至2022年底，仅11只大集合尚未完成改造。

二、业务收入：规模下降，结构优化，公募业务收入占比超过1/3

根据中国证券业协会数据，2022年证券公司资产管理业务净收入为270.97亿元，较2021年下降14.75%。虽然证券公司资产管理净收入有所下降，但是内部结构有一定的优化：单一资产管理净收入下降27.18%，而集合资产管理净收入逆势增长1.36%。2022年资产管理业务净收入和受托资产管理规模出现双降，净收入下降的幅度大于规模下降幅度，资管行业的竞争日趋激烈（见图分3-4）。

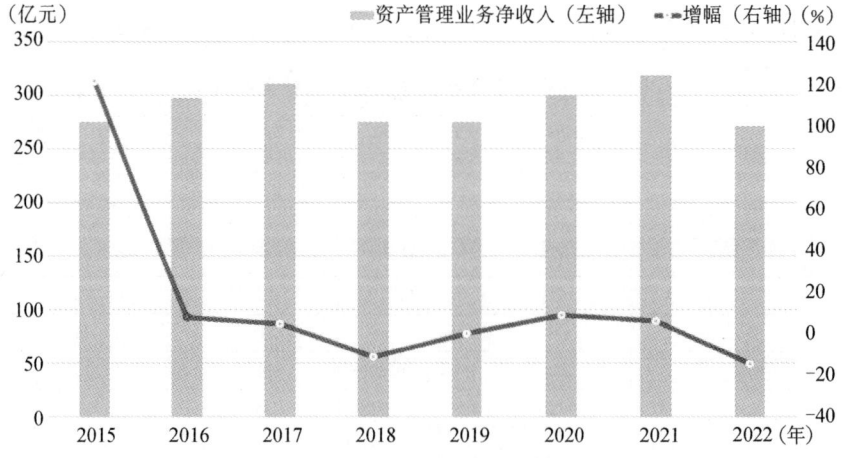

图分3-4 证券公司资产管理业务净收入

资料来源：中国证券业协会。

从证券公司资管业务总收入占证券公司总营业收入的变化趋势来看,资管业务收入占比呈现明显的先升后降趋势。2014—2018 年,资管业务占比由 4.78% 上升至 10.33%;2018 年资管新规发布后,资管业务收入占比下降至 2021 年的 6.33%,2022 年略回升至 6.86%(见图分 3-5)。

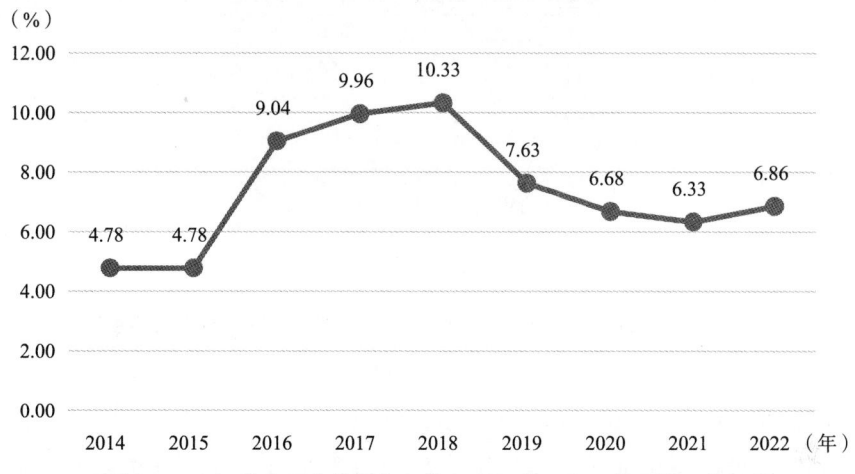

图分 3-5 证券公司资管业务总收入占证券公司总营业收入的比重

资料来源:中国证券业协会。

从 2022 年证券公司资产管理业务净收入的构成来看,公募基金(含大集合)业务净收入为 94.14 亿元,占比达到 34.74%;私募集合业务净收入为 95.04 亿元,占比 35.07%;单一资管业务净收入为 69.43 亿元,占比 25.62%。显著的变化是私募集合与单一产品此消彼长,私募集合业务净收入较 2021 年提升 5 个百分点,单一业务净收入较 2021 年下降 5 个百分点,公募业务收入占比较 2021 年下降 2 个百分点。

三、资金来源:机构渠道仍为主体,证券资管与银行业务合作加深

2022 年证券公司私募资管业务的资金来源中,银行资金①仍为主体,但占比略有下降。根据中国证券投资基金业协会数据,银行渠道资金在证券公司私募资管业务资金来源中的占比从 2021 年的 72.20% 下降到了 2022 年的 69.65%;个人投资者资金占比则从 2021 年的 11.61% 下降至 2022 年的 11.12%;非银金融机构资金占比从 2021 年的 11.41% 上升至 2022 年 12.56%(见图分 3-6)。

从进一步细分数据来看,资金来源构成的变动幅度略有差异。银行资金在单一资管业务资金来源中的占比从 2021 年的 75.20% 下降到 2022 年的 71.75%,而个人投资者资金占比则从 2021 年的 2.85% 上升到 2022 年的 3.44%。银行资金在集合资管业务资金来源中的占比从 2021 年的 69.04% 下降到了 2022 年的 67.50%,而个人投资者资金占比则从

---

① "银行资金"包括银行自有资金与银行理财资金。

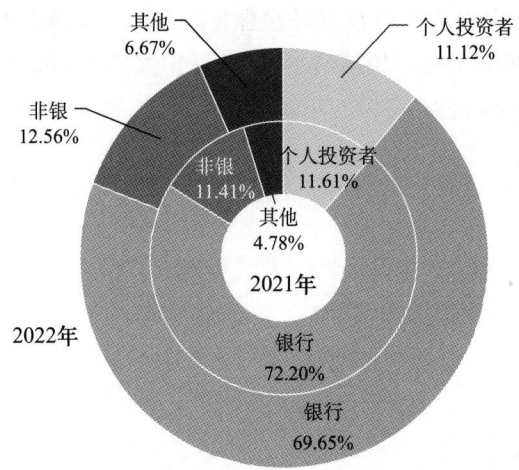

图分 3-6 2021年、2022年证券公司私募资管业务的资金来源构成

资料来源：中国证券投资基金业协会。

2021年的21.48%下降到了2022年的18.98%（见图分3-7）。集合资管业务资金来源构成仍然主要以银行资金为主。证券公司资产管理业务与银行的合作已经改变了资管新规颁布前主要通过单一资产管理计划开展委外合作的模式，集合资管业务方面的合作正逐步深入。

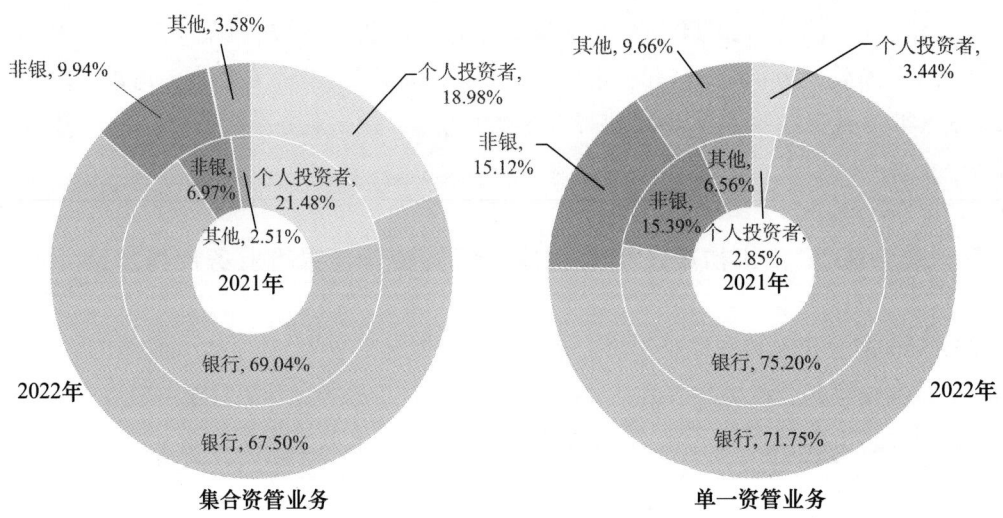

图分 3-7 2021年、2022年证券公司集合和单一资管业务的资金来源构成

资料来源：中国证券投资基金业协会。

四、资产配置：标准化资产比例进一步提升

从资产配置构成来看，2022年证券公司私募资管业务在债券、基金等标准化资产上的

配置比例进一步提升。根据中国证券投资基金业协会数据,截至 2022 年底,债券、股票和基金合计在证券公司私募资管业务的资产配置中占比已达约 68.54%,较 2021 年底提高 8.79 个百分点;其中债券占比从 2021 年的 49.02% 提高到 2022 年的 58.94%(见图分 3-8)。

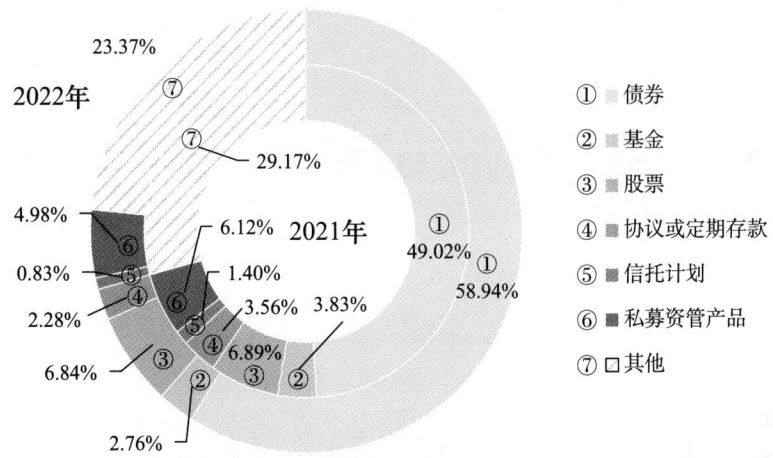

图分 3-8 2021 年、2022 年证券公司私募资管业务的资产配置构成

资料来源:中国证券投资基金业协会。

较多配置标准化资产的集合资管业务进一步提升标准化投资比例,截至 2022 年底,证券公司集合资产管理计划投向债券、股票和基金的比例达到 81.35%,较 2021 年进一步提高 8.50 个百分点。而单一资产管理计划中标准化资产的配置比例也有明显提升,截至 2022 年底,投向债券、股票和基金的比例从 2021 年底的 47.60% 提高到 2022 年底的 54.33%(见图分 3-9)。

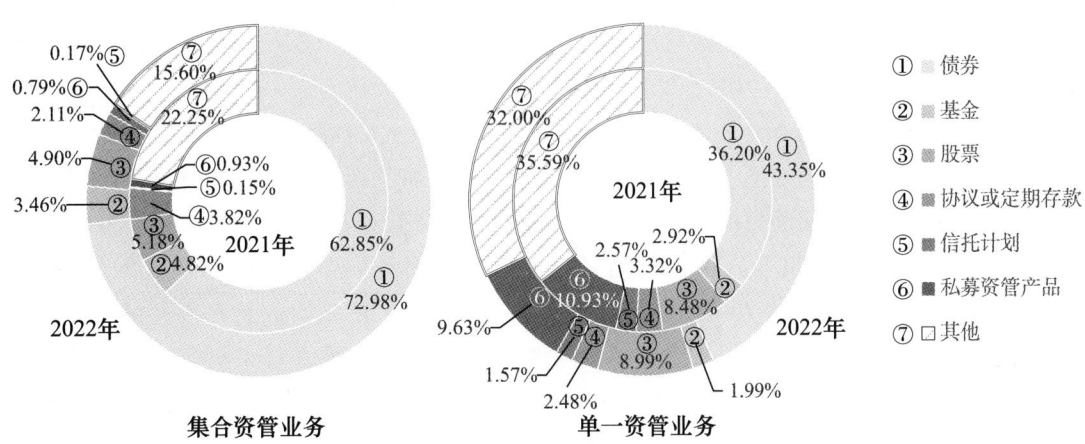

图分 3-9 2021 年、2022 年证券公司集合和单一资管业务的资产配置构成

资料来源:中国证券投资基金业协会。

第二章
2022年中国证券公司资产管理业务发展中面临的问题与2023年发展展望

第一节 2022年中国证券公司资产管理业务发展中面临的问题

一、私募资管业务规模压降影响仍需消化，公募化转型面临瓶颈

虽然部分转型领先的证券公司（或证券公司资管子公司）资产管理规模已企稳甚至上升，但2022年行业整体资产管理规模仍然下降。从新设产品情况来看，2019—2021年证券公司年内新设立的私募资管产品数量增长明显，但在2022年新设立私募资管产品的总规模和数量均有下降（见图分3-10）。2022年资产规模面临较大压力，一是资产端，2022年是资管新规落地的元年，仍有大量资产被压降；二是负债端，主动管理业务尚未能完全弥补通道业务的萎缩；三是市场环境，2022年整体市场环境增加了新设立产品的难度，未来证券公司私募资管业务仍然面临规模增长压力；四是公募业务转型仍面临瓶颈，虽然2022年证券资管公募基金（含大集合）实现正增长，但根据中国证券业协会专项调查问卷统计，2022年完成大集合参公改造49只，新发行公募基金94只，从新增数量看，大集合改造产品占新增公募基金的比重超过1/2，公募业务增长相当大的比重来自大集合改造产品；同时，与公募业务匹配的投研体系、人员团队、销售渠道与公募业务发展要求仍然有不少差距。

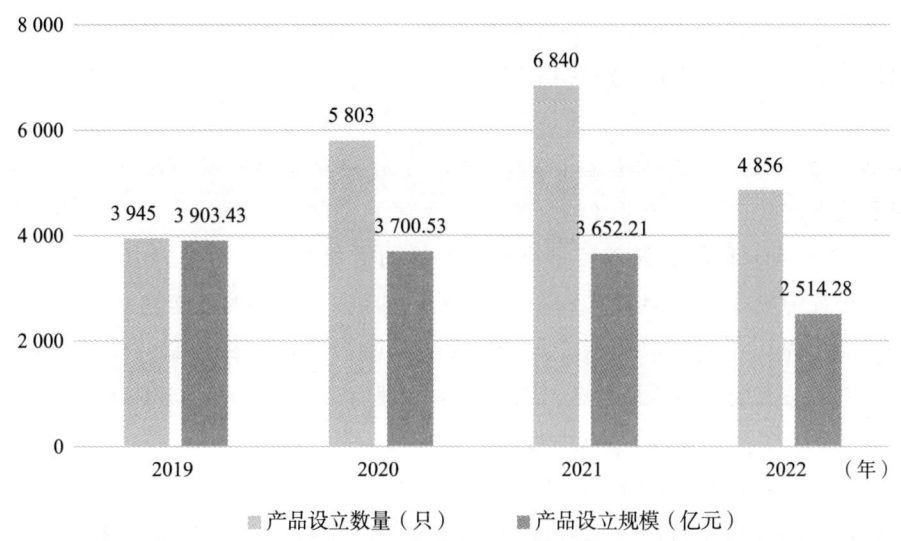

图分 3-10　2019—2022 年证券公司私募资管产品设立数量和规模

资料来源：中国证券投资基金业协会。产品设立数量和规模均按备案通过口径。

二、证券公司资管主动管理转型任重道远

一是买方投研体系仍需不断完善，证券资管投研体系建设与长期从事主动管理的公募基金相比仍有较大差距，对标行业领先机构，加强投研队伍建设，完善投研体系，是夯实主动管理转型的基础。二是合规风险控制能力仍有待加强，资管新规落地之前证券资管通道和非标业务比重大，证券资管合规风控能力建设与主动管理、标准化投资尚未完全匹配。三是渠道销售能力对主动管理转型的支持还需加强。证券资管渠道销售能力不足，渠道销售区域布局、内外部协同机制、客户分类分级体制仍需细化和完善。四是金融科技能力不足，数字化程度有待提升，金融科技赋能投研、风控、营销还需加强。

三、产品类型构成待优化，权益类产品发展空间值得期待

2022 年证券公司资产管理产品结构进一步优化，一方面主动管理规模占比大幅上升，另一方面单一资产管理产品占比下降，集合资产管理产品占比上升，但仍有继续优化的空间。

一是公募产品具备较大的发展空间。目前证券公司资产管理产品仍以私募产品为主，公募产品因业务资格限制等因素规模仍偏低。随着资管新规过渡期的结束，不少证券公司已把公募业务作为资产管理业务的重点发展方向。根据中国证券业协会专项调查问卷数据显示，在有效反馈问卷的证券公司（或证券公司资管子公司）中，50 家为"已获得、正在申请或计划申请公募基金管理业务资格"，17 家把"缺乏公募基金管理业务资格"或与公募业务相

关问题视为"公司资管业务面临的最大挑战"。证券公司公募资产管理产品的快速发展将进一步优化证券公司资产管理产品结构。

二是权益类产品占比有待进一步提高。根据美国投资公司协会《2022年美国投资公司年报》数据，美国股票型共同基金于2021年末占全类型基金规模的比重为60%。相对而言，目前权益类产品在证券公司（或证券公司资管子公司）管理的资管产品中占比仍然偏低，截至2022年底，私募资管产品中权益类产品的受托资金占比仅为10.35%，私募资管产品的资产配置中股票占6.84%；公募资管产品中股票型产品的份额占比和资产净值占比均不足1%，较2021年仍有下降。在资管新规过渡期结束后，证券公司资管持续完善投研体系，权益类产品有望伴随着证券公司资管主动管理能力的增强而迎来较快发展，为吸引更多中长期资金参与资本市场投资贡献力量。

三是固收类产品的投资策略不断丰富。2022年证券公司资管固收类产品线除了常规的定开型纯固收产品持续发行之外，呼应市场的理财替代需求，短周期开放产品逐步增加，"周开""双周开"等3个月以下封闭期的产品陆续发行；"固收+"策略中"+"的部分策略也呈现多元化，股票量化策略、衍生品策略、CTA策略也成为"固收+"的组成部分，充分体现了证券公司私募资管产品策略灵活的优势。另一方面大集合整改丰富了短债型产品的布局，也丰富了固收类产品的开放期分布，为广大机构和个人投资者提供更多的流动性选择。

四是FOF类产品在资产配置等方面的积极作用应进一步提升。FOF类产品也是2022年证券公司资管的一大类特色产品。根据中国证券业协会专项调查问卷数据显示，在有效反馈问卷的证券公司（或证券公司资管子公司）中，有45家将FOF产品作为本年度特色产品或资管业务的特色和优势，主要将其作为大类资产配置策略的载体，以及为高净值客户提供量化等私募产品配置的工具。符合资管新规的FOF产品在为客户提供资产配置工具等方面具有难以替代的积极作用，具备持续发展的空间。

五是商品和金融衍生品类产品受到关注，但需审慎监管、有序发展。近年来，以雪球结构为代表的商品和金融衍生品类资管产品持续获得市场关注，由证券公司（或证券公司资管子公司）管理的商品及金融衍生品类资管产品的存续规模进一步增长，增幅达到50.99%，但增幅较2021年已有明显下降。金融衍生品类资产不但能单独作为产品发行，还可以在资产配置中发挥重要作用，在"固收+衍生品"起到固收增强作用。未来金融衍生品类资产重要性日益提升，在资产配置中发挥重要作用，对证券资管的投研、资产定价、风控能力的要求也会更高。

四、以机构客户为主，投资者结构有待优化

资管新规发布以来，证券公司资管业务的整体投资者结构仍然以机构投资者为主。2022年银行和非银金融机构资金在证券公司私募资管业务资金来源中的占比从2021年的

83.60%微降至2022年的82.21%，个人投资者资金占比则从2021年的11.61%下降至2022年的11.12%。集合产品资金来源中银行和非银金融机构的占比从2021年的76.01%上升至2022年的77.44%；单一产品资金来源中银行和非银金融机构的占比从2021年的90.59%下降到86.87%。证券公司资管业务客户机构化的状况变化不大。

根据中国证券业协会专项调查问卷数据显示，在有效反馈问卷的证券公司（或证券公司资管子公司）中，私募合格投资者客户数量0—1 000人（含）的有11家，1 000—10 000人（含）的有33家，10 000—50 000人（含）的有8家，50 000人以上的有1家。证券公司的高净值客户成为资管业务发展重要的服务对象，助力于实现资产管理与财富管理协同发展。中国的高净值客户群体整体容量可观，且数量逐年增长，高净值客户需要管理人提供优秀的投研能力、稳健的产品业绩和高质量的客户服务。另外，据中国人民银行统计数据显示，2022年住户存款增加17.8万亿元，同比多增7.9万亿元，创历史同期最高纪录。居民储蓄向财富管理需求转化的潜力巨大。随着证券资管大集合改造基本完成和券商系公募产品的陆续发行，增强了证券资管行业对起点低的普惠型产品的供应能力。

第二节 2023年中国证券公司资产管理业务前景展望

一、证券公司资产管理业务要在服务国家战略中抓住机遇

证券公司资产管理业务要始终坚守金融工作的政治性、人民性，全面贯彻党的二十大和中央经济工作会议精神，在积极服务国家战略、落实高质量发展中抓住机遇。要聚焦自身优势，不断丰富的产品体系和综合全面的金融服务，使证券公司资产管理业务在服务国家战略、支持实体经济发展方面具备充分的工具。一是证券公司资管通过发行专项资管计划，帮助实体企业资产证券化，服务国家科技自强战略、服务产业优化升级战略、支持区域重大发展战略、绿色发展战略等。二是通过创设主题型资管产品，可以为"专精特新"企业、先进制造业和前沿科技企业、产业链重要环节和核心节点企业等提供投融资支持和发展助力，也可以为传统产业节能降碳升级、绿色低碳技术创新、"碳达峰碳中和"提供支持。三是证券公司及其资管子公司管理的公募产品快速发展，也将是普惠金融的重要组成部分。证券公司资产管理业务在连接实体经济与资本市场、吸引中长期资金优化配置方面具备比较优势，将迎来重要的发展机遇和广阔的发展前景。

二、证券公司资产管理业务将加速公募化、主动化、标准化、权益化

一是加快布局公募业务已成为证券资管行业的共识，积极申请公募牌照是普遍的战略布

局方向；二是持续向主动管理转型，从趋势来看主动管理规模比重已超过 90%，未来比重将进一步提升，证券资管将继续坚持回归资管业务本源；三是标准化投资的比重进一步提升，股票、债券、基金投资是证券资管业务的主战场，是主动管理转型的着力点，其他另类投资仍为重要补充；四是重点坚持权益化的发展方向，一方面从国际比较看，证券资管权益投资的比重仍然偏低，另一方面资本市场的各项基础制度不断优化，为权益类投资提供机遇。

三、证券公司资管将逐步形成差异化发展模式

证券公司资管行业马太效应明显。头部证券公司具有综合业务优势，一些证券资管具备社保基金、企业年金等管理资格；另一些已在公募业务领域形成品牌。证券资管差异化发展趋势已初现端倪。从目前行业梯队格局来看，至少三类核心能力有可能在证券公司资管业务的差异化发展路径中发挥关键作用：一是投研能力、投研体系和投研团队建设，是主动管理能力的核心；二是投研部门与市场部门的协同合作能力，将成为投研能力向业务落地转化的关键；三是整合渠道等外部资源的能力，是证券公司资管主动管理能力转型的重要助力。

四、资产管理业务与其他业务的协同效应进一步增强

一是资产管理业务与证券公司财富管理业务的协同发展更加重要。对于资管业务而言，一方面，证券公司客户是资管业务的基本盘，例如保证金产品仅面向证券公司客户，在各类资管产品发行中，证券公司客户都是重要的推介对象；另一方面，证券公司分支机构为资管业务推介银行等机构客户，形成属地服务优势。对于财富业务而言，财富管理转型需要资管业务提供定制化产品，提供快速产品响应能力。二是资产管理业务与证券公司其他业务条线的协同合作，证券公司具有研究、投行、投资等业务板块，从资产端到资金端的业务链条更为齐全，未来要进一步强化"资管+研究+投行+投资"业务链条，发挥证券公司各项业务之间的协同效应。

五、证券公司资产管理业务积极融入大资管产业链

证券资管与其他金融机构的合作走向纵深。资管产业链分工及禀赋优势逐步清晰，未来各类资管机构之间的合作将会更为紧密，证券资管在大资管产业链中发挥积极作用。证券公司业务资格齐全，网点布局较为全面，未来可以与其他金融机构合作的领域包括：一是产品代销。通过与银行、第三方等外部渠道的代销合作，证券公司不仅可以扩大销售网点覆盖，也可以吸引风险偏好不同的各类客户。二是投资顾问。投研体系完备、主动管理能力较强的

证券公司，可以通过为其他机构或产品提供投资顾问服务形成投研能力的有效输出，扩大业务合作范围和规模。三是FOF配置。充分发挥证券公司的产品研究和FOF主动管理优势，对接商业银行等其他金融机构的FOF配置需求，以及部分投研能力突出的特色私募机构的募资需求。

分报告之四：
2022年中国证券公司融资类业务发展回顾与展望

第一章
2022年中国证券公司融资融券业务发展回顾与2023年前景展望

第一节 2022年中国证券市场融资融券业务发展情况

一、融资融券市场余额情况

2022年，A股市场整体表现波动较大：年内第一轮下跌持续至4月底，Wind全A指数触及最低点，之后迎来大幅反弹和横盘震荡；9月遭遇年内第二轮下跌；第四季度在较大波动中结束年内行情。全年融资融券业务整体运行情况和市场走势类似，在大幅波动中呈现下降趋势。根据中国证券金融股份有限公司数据，截至2022年末，融资融券全市场余额为15 404.09亿元[①]，

---

① 融资融券余额有两个主要数据来源：一是中国证券金融股份有限公司统计数据；二是Wind等数据服务商根据沪、深证券交易所公布数据进行加总所得。两者在统计口径上略有差异，2022年底沪、深两市的融资融券余额按照中国证券金融股份有限公司统计口径为15 404.09亿元，按照Wind统计口径为15 403.92亿元。

相比 2021 年末的市场余额 18 321.52 亿元下降了 15.92%（见图分 4-1）。

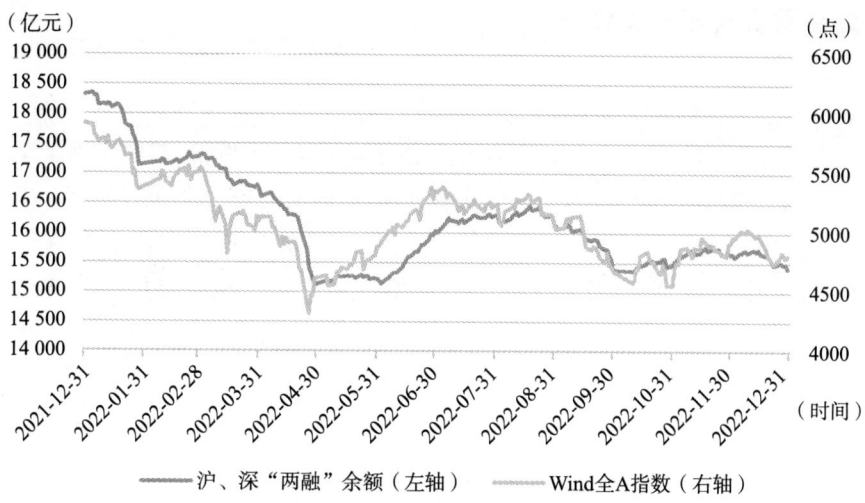

图分 4-1　2022 年融资融券余额与万得全 A 走势

资料来源：Wind。

2022 年全年，融资余额整体上呈现出明显的波动下降趋势，尤其在上半年出现大幅下跌；融券余额上半年在趋势上和融资余额走势类似，大幅下跌后下半年大幅上涨，全年来看整体上在波动中下降（见图分 4-2）。具体来看，根据 Wind 数据，融资余额 2022 年末相较于 2021 年末下降了 15.63%，1 月 4 日达到全年最大值 17 190.28 亿元，4 月 29 日为全年最小值 14 337.67 亿元；融券余额 2022 年末相较于 2021 年末下降了 20.19%，1 月 4 日达到全年最大值 1 158.48 亿元，6 月 2 日降低至全年最小值 736.59 亿元。

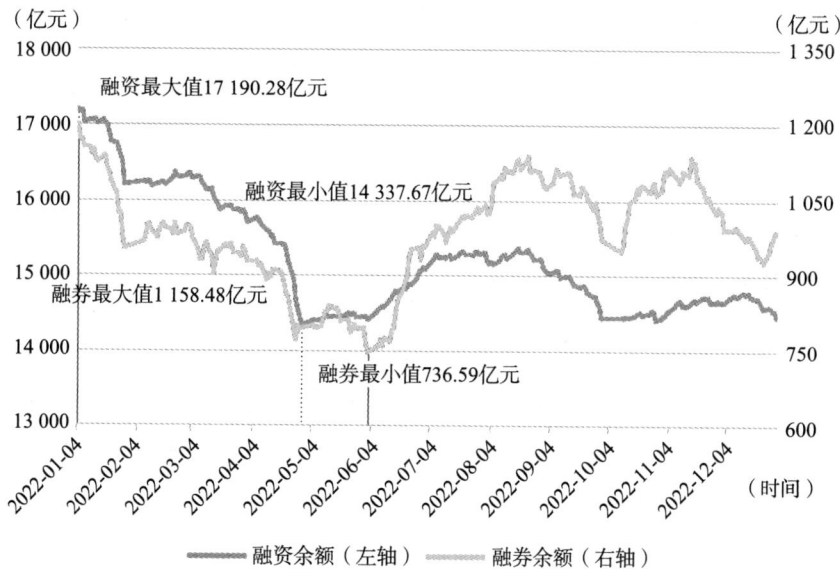

图分 4-2　2022 年融资融券市场余额变化情况

资料来源：Wind。

二、融资融券市场交易情况

2022年全年，A股总成交金额223.92万亿元①，全市场累计融资买入金额15.11万亿元，占A股总成交金额的6.75%；2021年全年累计融券卖出金额1.27万亿元，占A股总成交金额的0.57%。2022年全年，融资买入金额占A股成交金额比例波动较大，但无明显的趋势，围绕着中枢6.68%上下波动，最大值为6月15日的8.46%，最小值为9月30日的4.69%；融券卖出金额占A股成交金额比例全年整体震荡上升，最大值为12月29日的0.87%，最小值为1月7日的0.30%（见图分4-3）。

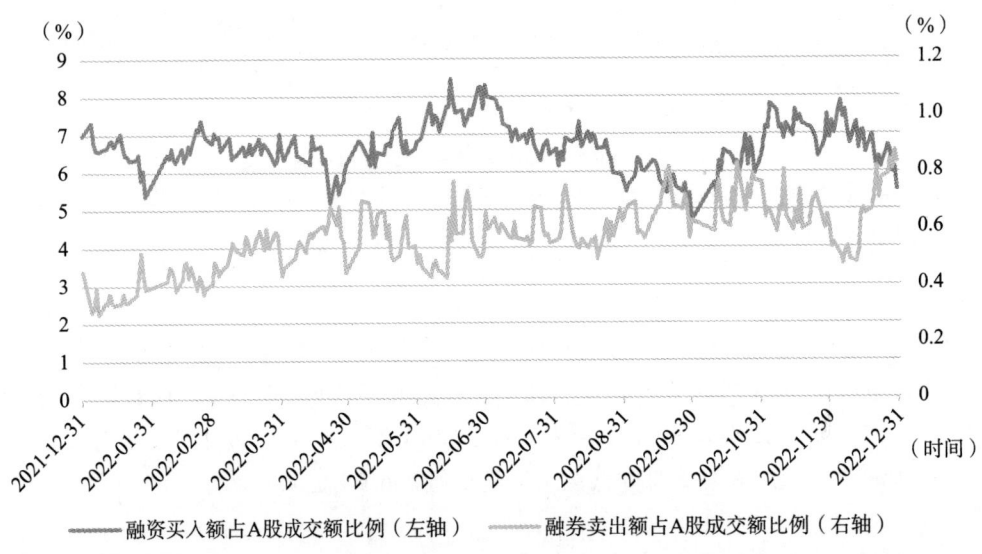

图分4-3 融资买入额和融券卖出额占A股成交额比例

资料来源：Wind。

三、融资融券业务开户情况

从融资融券业务的参与者来看，参与融资融券业务的投资者数量稳步增长。根据中国证券登记结算有限责任公司数据，2022年末开设信用证券账户的投资者数约为640.37万户，较2021年末开设信用证券账户的投资者数607.03万户增长了5.49%。融资融券业务的开户比例（即参与融资融券业务的投资者数量占沪、深证券交易所投资者总数的比例）逐年缓慢下降，从2015年的4.01%下降至2022年的3.02%（见表分4-1）。

---

① A股总成交金额使用了Wind全A指数（代码881001.WI）的成交金额，Wind全A指数的样本范围是全部在沪、深证券交易所上市交易的A股股票。

分报告之四
2022 年中国证券公司融资类业务发展回顾与展望

表分 4-1　　　　　　　　2015—2022 年末信用账户数及占比

年份	期末投资者数①（万户）	期末信用账户数（万户）	信用账户占比（%）
2015	9 910.53	397.69	4.01
2016	11 811.04	424.89	3.60
2017	13 398.30	455.53	3.40
2018	14 650.44	472.42	3.22
2019	15 975.24	509.90	3.19
2020	17 777.49	558.07	3.14
2021	19 740.85	607.03	3.08
2022	21 213.62	640.37	3.02

注：①根据中国证券登记结算有限责任公司网站说明，期末投资者数量指持有未注销、未休眠的 A 股、B 股、信用账户、衍生品合约账户的一码通账户数量。

资料来源：中国证券登记结算有限责任公司。

从融资融券开户增长率来看，2022 年信用账户开户数月增长率整体上相对稳定，围绕着中枢 0.51% 上下震荡，平均月增长率为 0.54%，与 2021 年平均月增长率 0.77% 相比有所下降（见图分 4-4）。

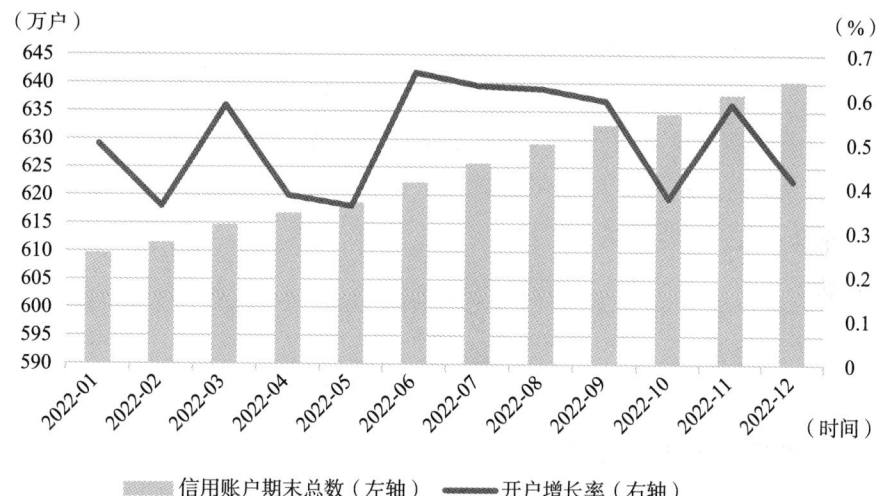

图分 4-4　2022 年信用账户开户月增长率

资料来源：中国证券登记结算有限责任公司。

个人和机构投资者融资融券业务的开户比例存在差异。自 2010 年融资融券业务试点以来，2010—2015 年参与融资融券业务的个人投资者开户比例（即参与融资融券业务的个人投资者数量占沪、深证券交易所个人投资者总数的比例）增幅显著高于机构投资者开户比例（即参与融资融券业务的机构投资者数量占沪、深证券交易所机构投资者总数的比例）。2015 年以来，参与融资融券业务的个人投资者的开户比例逐年稳步下降，机构投资者的开户比例快速提升。截至 2022 年末，参与融资融券业务的机构投资者开户比例为 9.14%，是个人投资者开户比例 3.00% 的 3.05 倍（见图分 4-5）。

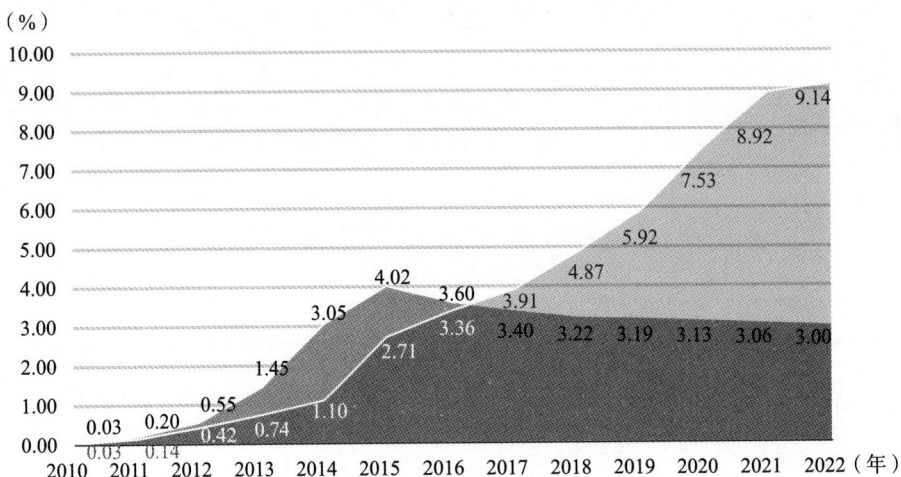

图分 4-5 个人和机构信用账户开户比例

资料来源：中国证券登记结算有限责任公司。

四、融资融券市场担保物及维持担保比例

根据中国证券金融股份有限公司数据，2022 年融资融券客户的平均维持担保比例波动性显著，年内经历两次较大幅度的下降，最大值出现在 6 月份，为 284.25%，最小值出现在 4 月份，为 252.42%（见图分 4-6）。

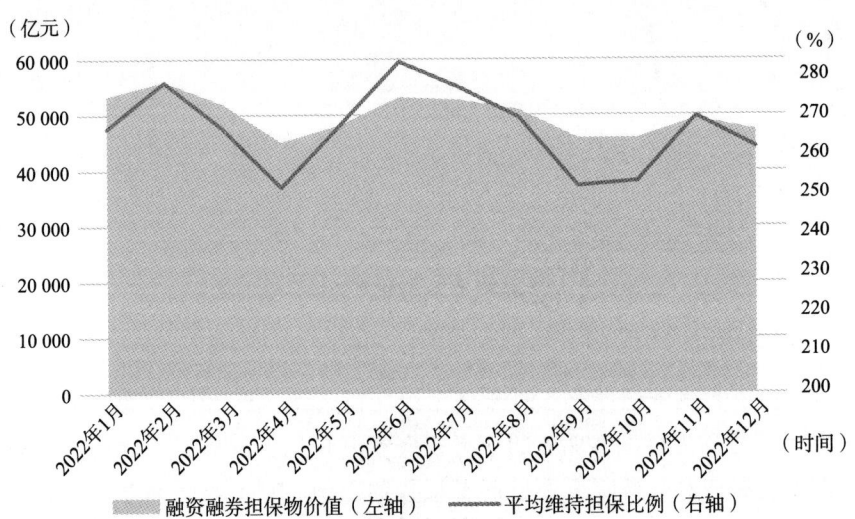

图分 4-6 2022 年融资融券市场担保物及平均维持担保比例（月度）

资料来源：中国证券金融股份有限公司。

五、融资融券对证券公司收入贡献情况

截至 2022 年末,共有 95 家证券公司参与融资融券业务。2022 年融资融券业务的利息收入占证券公司全年营业收入的比重约 22%,近年来趋于稳定,已成为我国证券公司的主营业务之一(见图分 4-7)。

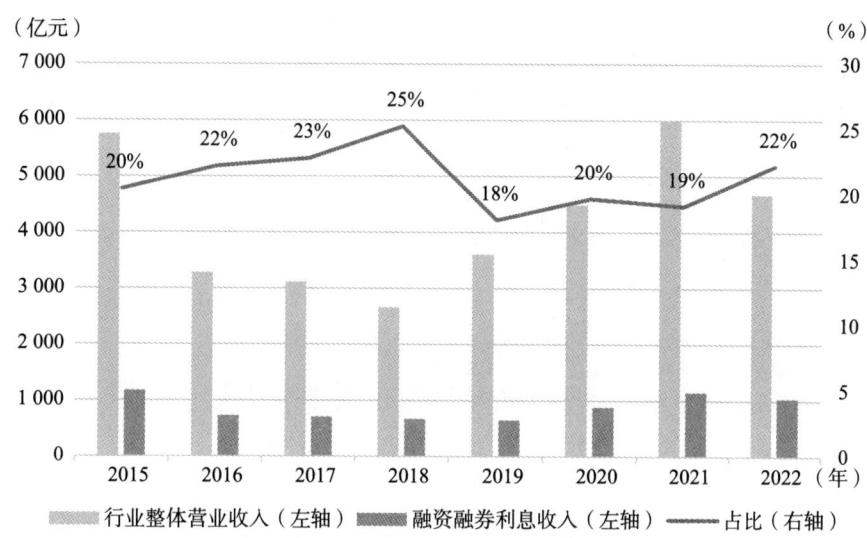

图分 4-7　2015—2022 年融资融券市场利息收入及占比

资料来源:中国证券业协会。

第二节　2022 年中国融资融券业务发展特点

一、融资融券业务与转融通业务年内波动加剧

2022 年,随着市场的大幅波动,融资余额和融券余额整体上均呈现出明显的波动性,尤其在上半年出现大幅下跌,后半年随着市场预期的变化,融资余额跌幅收窄,融券余额反弹后出现较大幅度的波动,全年融资融券余额下滑。

2022 年,转融通业务随着 A 股市场以及融资融券业务整体波动明显。分项来看,转融资业务前 10 个月逐步降低后年末大幅上涨,转融券业务呈现出和融券业务相似的走势。根据中国证券金融股份有限公司数据,2022 年转融资日均余额为 751.76 亿元,较 2021 年日均

余额 872.33 亿元下降了 13.82%，转融券日均余额为 1 115.31 亿元，较 2021 年日均余额 1 560.62 亿元下降了 28.53%（见图分 4-8）。

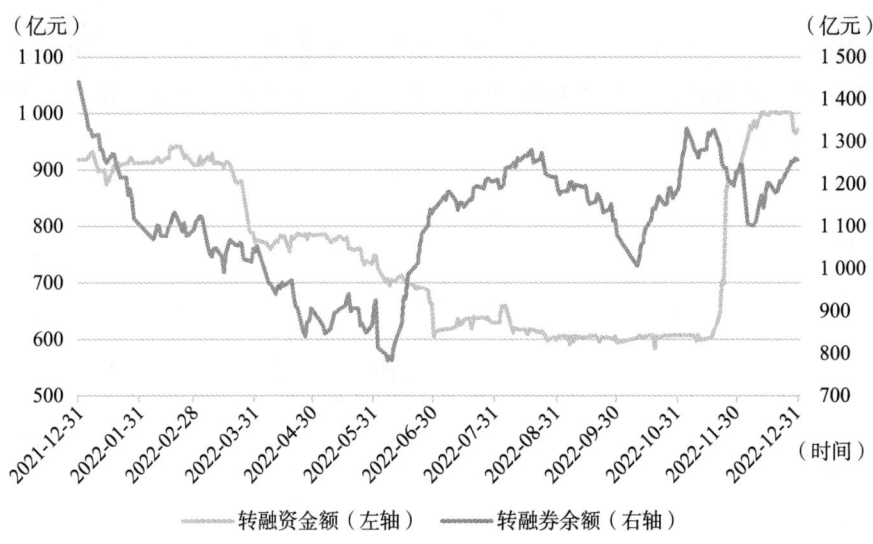

图分 4-8　2022 年转融资、转融券余额变化

资料来源：Wind。

二、融资融券标的进一步扩容，交易所定期调整标的范围，"双创"板新股上市"常态化"

自 2019 年科创板、2020 年创业板注册制改革以来，科创板和创业板注册制首发股票自首个交易日起可作为融资融券标的。随着后续全面注册制的实施，主板和北京证券交易所新股预计将被陆续纳入融资融券标的证券范围。2019 年以来，交易所定期调整融资融券标的证券范围，调入标的数量远超过调出标的数量，科创板和创业板新股上市"常态化"列入标的证券范围。根据 Wind 数据，截至 2022 年末，融资融券标的股票数量 3 110 只，占 A 股市场 4 934 只股票（含 CDR）的 63.03%，标的证券市值约 80.13 万亿元，占 A 股总市值 87.54 万亿元的 91.54%。融资融券标的证券调入调出数量见图分 4-9。

三、融资融券标的证券流动性分化

从 2022 年沪、深 A 股日均成交金额来看，市场成交的流动性集中度较高（见图分 4-10）。随着越来越多的投资人关注各行业龙头股，A 股流动性（即日均成交金额）出现明显的结构性调整，即市场的流动性会集中在少数头部公司中，"二八"风格格局可能会成为常态。

分报告之四
2022 年中国证券公司融资类业务发展回顾与展望

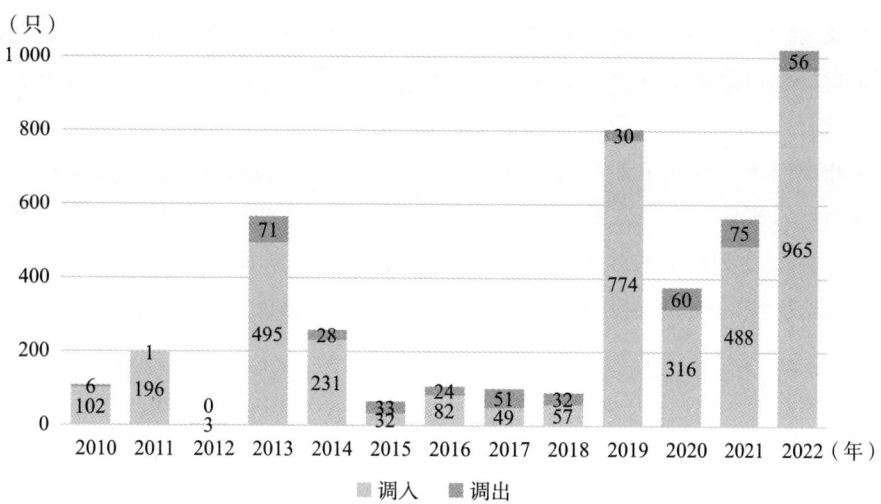

图分 4-9 2010—2022 年融资融券标的证券调入调出数量

资料来源：Wind。

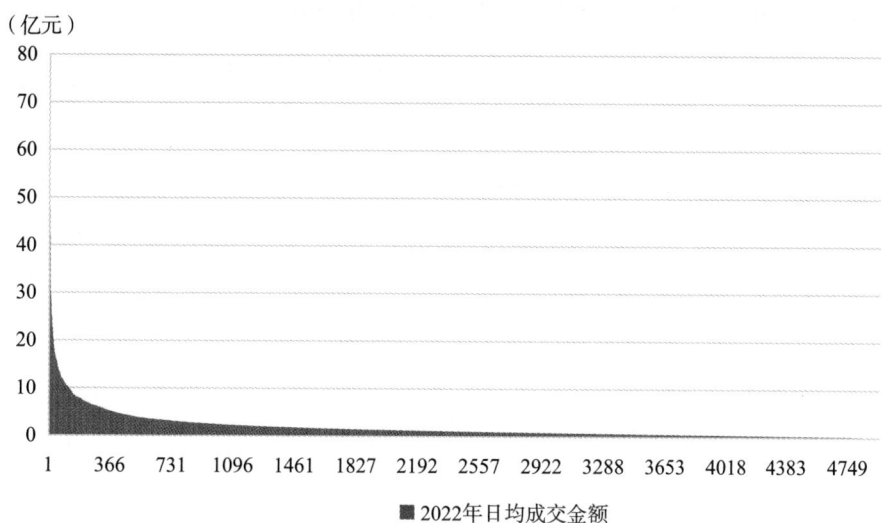

图分 4-10 2022 年沪、深 A 股个股日均成交金额分布

注：横轴为股票按照日均成交金额降序排序后的编号，编号越小代表该股票日均成交金额越大。

资料来源：Wind。

四、北京证券交易所发布融资融券相关规则

2022 年 11 月 11 日，北京证券交易所（以下简称"北交所"）发布《北京证券交易所融资融券交易细则》，配套发布《北京证券交易所融资融券业务指南》，对会员业务开展流程、交易业务管理、保证金和维持担保比例管理、投资者适当性管理等方面予以规定。北交所融

资融券业务规则借鉴了沪、深证券交易所的成熟模式，总体上与沪、深市场融资融券业务保持一致。北交所推出融资融券业务有利于丰富投资者的交易策略，满足投资者的多元交易需求，促进市场价格发现，进一步提升市场流动性。

北交所开市以来，构建了连续竞价的基础交易制度，市场运行平稳，合格投资者群体迅速壮大，流动性水平明显提升。此次推出融资融券制度，是北交所持续推进市场功能建设的重要举措，能够为投资者采取多元交易策略和风险管理提供有效支撑，增强市场活力与韧性，对完善北交所交易机制、提升二级市场定价功能具有积极意义。

第三节 2022年中国融资融券业务面临的问题

一、全面注册制背景下融资融券业务面临新挑战

随着注册制改革的全面推进，证券市场一系列创新交易机制安排，如放宽涨跌幅限制、自上市首日起可作为融资融券标的等，均为证券公司融资融券业务的管理带了新的挑战。证券市场将面临许多"新常态"，如优胜劣汰进程加剧、"垃圾股"逐步退出市场，"去散户化"提速、机构逐步成为市场主导，个股波动性加剧等。后续随着全面注册制下标的涨跌幅可能进一步放宽，融资融券业务风险需要深入研究，措施也需要不断完善和优化。这些变化均将对融资融券业务的风险管理、合规经营和业务开展产生深远的影响。

二、证券出借及转融券机制有待持续优化

伴随公募基金积极参与转融券、全面注册制改革持续推进等一系列政策相继落地，融券市场注入新的活力，转融通机制得到进一步完善，2020年以来业务迎来高速发展期，但是相关交易量仍远远小于融资业务。2022年融券卖出额占融资买入额比重日均值仅为8.75%，融券余额占融资余额比重日均值为6.32%（见图分4-11）。整体而言，融资融券业务发展均衡性仍有调整空间。从成熟市场融资融券的实践来看，尽管融资交易量高于融券交易量，但融券业务的占比仍有一席之地，例如，在日本和我国台湾地区的证券市场，融券交易总额一般会占融资融券交易总额的20%左右。

制约融券业务发展的因素较多，市场融券券源供给受限是主要因素之一，以下几个方面亟待研究和进一步优化：一是提升转融券效率，将转融券市场化约定申报推广至全市场，建立更加灵活和市场化的证券借贷交易机制；二是扩大可供出借的证券范围，研究将交易型开放式指数基金（ETF）纳入转融通标的证券范围，适时推动标的证券进一步覆盖交易所市场

全部股票；三是扩大出借主体范围，研究放开个人投资者参与证券出借，推动国有大股东、社保基金等机构投资者积极参与证券出借；四是放宽出借比例和期限限制，放宽大股东和特定股东以及公募基金出借比例和期限的限制。

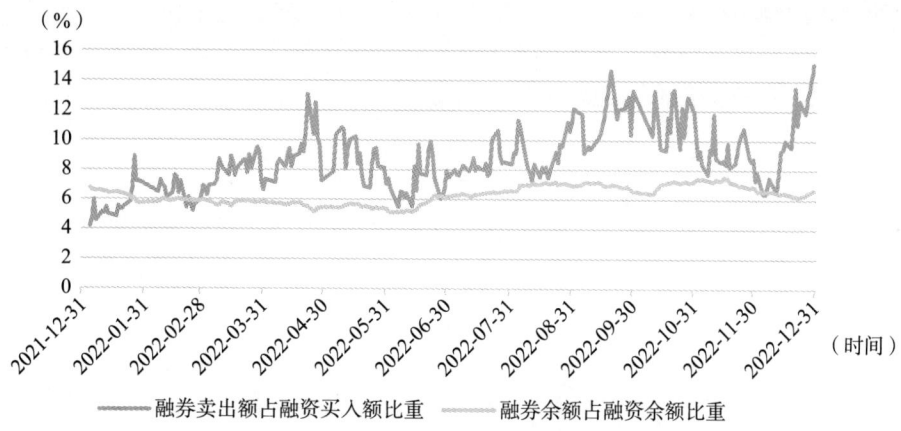

图分 4－11　2022 年融资业务和融券业务比较

资料来源：Wind。

三、风险回收（坏账）有待统一的制度规范

融资融券业务自 2010 年试点至今，市场经历了 2015—2016 年初的异常波动、2017 年和 2018 年个股风险密集释放、2021—2022 年的大幅波动，大量客户因未及时追保而被强制平仓，部分客户信用账户已无可处置资产，但仍对证券公司有负债未清偿，因此遗留了一些坏账客户。从我国证券公司的发展历程来看，证券公司长期以来主要以投资银行和证券经纪业务为主，未能像商业银行一样建立起完整的坏账追索、财务计提、坏账核销等配套制度，在处理融资融券以及质押融资等信贷类业务出现坏账时普遍经验不足。对于融资融券客户的风险回收（坏账追索和核销）将是证券公司过去几年面临的重要问题，需要整个行业共同探究，建立相应的行业标准和规范。

第四节　2023 年中国融资融券业务的发展前景

一、进一步扩充融资融券标的证券范围

2022 年沪、深证券交易所融资融券标的进一步扩容，已有超过半数上市公司股票作为

融资融券标的证券，且标的证券市值已达到沪、深 A 股总市值的 90% 以上，融资融券业务成为资本市场投资者的重要投资工具之一。2022 年 11 月北交所发布融资融券新规，标志着北交所融资融券业务正式落地。随着全面注册制的推进，沪、深、北交易所或将进一步扩大融资融券标的证券范围，有助于进一步完善资本市场功能，持续推动融资融券业务的发展。

二、融券和转融券规则逐步完善、持续优化

公募基金、社保基金参与转融通证券出借业务的逐步落地和发展，以及科创板、创业板转融券市场化约定申报、实时成交等制度创新的逐步全面推广，将进一步拓展融券券源，提升成交效率，降低交易成本。展望后市，融券、转融券业务后续的优化方向可以聚焦在如下方面：一是推动放开个人投资者参与证券出借，缓解券源不足问题；二是推动 ETF 纳入转融通标的证券范围，丰富转融通标的品种；三是优化转融券约定申报合约归还机制，按一对一原则匹配归还；四是降低转融券业务收费，提升证券出借收益。上述优化的核心为市场化机制的拓展适用，即进一步允许主板出借费率、期限等核心业务要素市场化，有利于调动业务参与方的积极性，提升主板转融券业务市场化水平和成交效率，发挥融券作为资本市场重要基础性交易制度的功能和作用，逐步改变当前融资融券业务发展不均衡的局面，促进转融券和融券业务进一步发展。

三、持续拓宽信用账户功能，提供多样化交易方式

随着融资融券业务的发展，融资融券和转融通制度不断优化，信用账户可交易证券的范围将不断拓展，信用账户可提供的交易服务也将不断丰富。预计在今后，融资融券业务的担保标的范围有望进一步扩大和优化，逐步向"负面清单"的管理方式过渡；港股通标的证券、证券公司现金管理产品等有望陆续加入可充抵保证金证券范围，可充抵保证金证券的折算率规定有望更加灵活；部分优质的港股通标的证券有望加入标的证券范围。此外，可进一步探讨将场内期权等衍生品工具纳入信用账户可交易范围，多样化的交易品种也将不断满足专业投资者多样化的投资交易需求。

第二章

2022年中国证券公司其他融资类业务发展回顾与2023年前景展望

第一节 2022年证券公司其他融资类业务发展状况

一、股票质押式回购交易

根据沪、深证券交易所统计数据，截至2022年末，共95家证券公司开通了股票质押式回购交易（简称"股票质押回购"）业务权限并发生交易，两市股票质押回购存续规模[1]降至4 820.69亿元，降幅19.50%，自2018年以来已连续5年下降（见图分4-12）。2022年全年初始交易金额合计1 628.85亿元，同比减少7.24%。2022年全年购回交易金额合计2 548.59亿元，同比减少11.42%。逐月来看，2022年每月均呈现余额净减少趋势（见图分4-13），全年平均每月减少余额97.33亿元。

自2013年6月24日业务上线至2022年12月31日，沪、深两市初始交易金额累计54 991.88亿元，其中沪市占31.61%，深市占68.39%；同期发生购回的初始交易金额累计48 716.65亿元，沪市占29.42%，深市占70.58%；待购回初始交易金额4 820.69亿元，沪市占33.09%，深市占66.91%；履约保障比例[2]沪市为186.13%，深市按市值加权平均为300.68%（见表分4-2）。

---

[1] 本章中，股票质押回购存续规模指股票质押回购待购回初始交易金额。
[2] 履约保障比例，沪市为上海市场所有待购回交易的质押证券市值总和除以对应负债余额总和的比例，深市为对每笔深圳市场存续交易按逐笔质押证券市值加权方式计算出的平均履约保障比例。

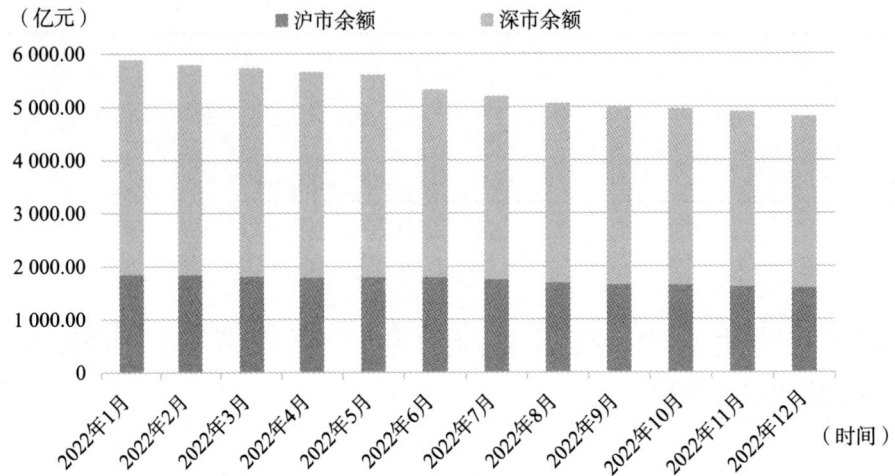

图分 4-12 2022 年股票质押回购业务逐月月末待购回金额

资料来源：上海证券交易所、深圳证券交易所。

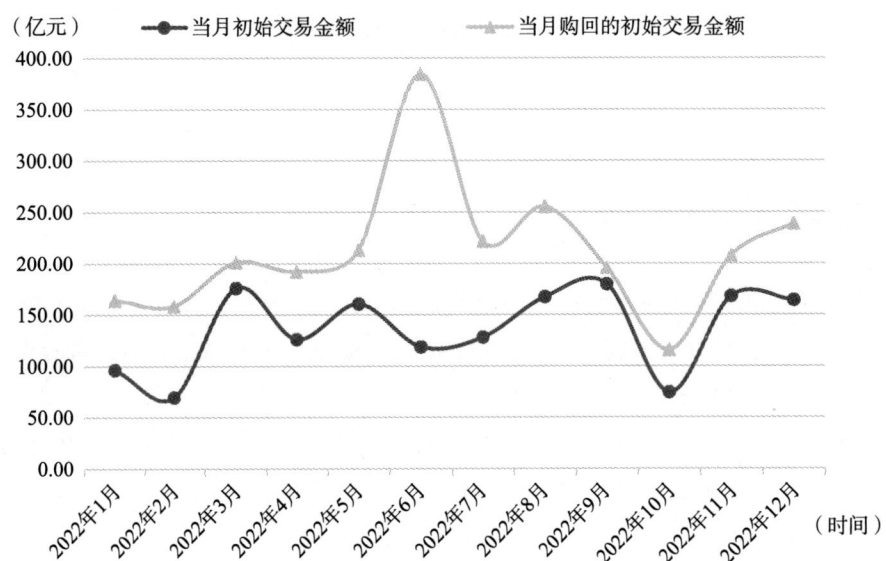

图分 4-13 2022 年股票质押回购业务逐月初始交易金额与购回交易金额

资料来源：上海证券交易所、深圳证券交易所。

表分 4-2　　　　　沪、深两市股票质押回购交易规模（自 2013 年 6 月业务上线起算）

项目	沪市		深市		沪、深两市（亿元）
	金额（亿元）	占比（%）	金额（亿元）	占比（%）	
初始交易金额累计值	17 380.71	31.61	37 611.17	68.39	54 991.88
发生购回的初始交易金额累计值	14 330.83	29.42	34 385.82	70.58	48 716.65
待购回初始交易金额	1 595.34	33.09	3 225.35	66.91	4 820.69

续表

项目	沪市		深市		沪、深两市 (亿元)
	金额（亿元）	占比（%）	金额（亿元）	占比（%）	
标的证券市值	2 312.47	27.96	5 957.52	72.04	8 269.99
履约保障比例	186.13%		市值加权平均300.68%		

资料来源：上海证券交易所、深圳证券交易所（截至 2022 年 12 月 31 日）。

标的证券股份性质方面，质押标的证券为流通股的待购回初始交易金额为 4 254.05 亿元，占比 88.25%；质押标的证券为限售股的待购回初始交易金额为 566.65 亿元，占比 11.75%。沪、深两市流通股待购回初始交易金额 4 254.05 亿元中，沪市占比 29.76%，深市占比 70.24%。沪、深两市限售股待购回初始交易金额 566.65 亿元中，沪市占比 58.11%，深市占比 41.89%。沪市待购回初始交易金额 1 595.34 亿元，流通股占比 79.36%，限售股占比 20.64%。深市待购回初始交易金额 3 225.35 亿元，流通股占比 92.64%，限售股占比 7.36%（见表分 4 - 3）。

表分 4 - 3　　　　沪、深两市不同类型股份待购回初始交易金额

项目	沪市		深市		沪、深两市 (亿元)
	金额（亿元）	占比（%）	金额（亿元）	占比（%）	
流通股	1 266.05	29.76	2 988.00	70.24	4 254.05
限售股	329.30	58.11	237.35	41.89	566.65
合计	1 595.34	33.09	3 225.35	66.91	4 820.69

资料来源：上海证券交易所、深圳证券交易所（截至 2022 年 12 月 31 日）。

资金融出方类别方面，证券公司自有资金出资的待购回初始交易金额为 2 878.94 亿元，占比 59.72%；证券公司资产管理计划出资的待购回初始交易金额为 1 911.26 亿元，占比 39.65%，其他融出方出资的待购回初始交易金额为 30.49 亿元，占比 0.63%，均为沪市交易。沪、深两市证券公司自有资金待购回初始交易金额 2 878.94 亿元中，沪市占 32.45%，深市占 67.55%。沪、深两市证券公司资产管理计划待购回初始交易金额 1 911.26 亿元中，沪市占 33.00%，深市占 67.00%。沪市待购回初始交易金额，证券公司自有资金占比 58.55%，证券公司资产管理计划占比 39.54%，其他融出方占比 1.91%；深市待购回初始交易金额，证券公司自有资金占比 60.30%，资产管理计划占比 39.70%（见表分 4 - 4）。

表分 4 - 4　　　　沪、深两市不同融出方的待购回初始交易金额

项目	沪市		深市		沪、深两市 (亿元)
	金额（亿元）	占比（%）	金额（亿元）	占比（%）	
证券公司	934.11	32.45	1 944.83	67.55	2 878.94
资产管理产品	630.74	33.00	1 280.52	67.00	1 911.26
其他	30.49	100.00	0.00	0.00	30.49

续表

项目	沪市		深市		沪、深两市（亿元）
	金额（亿元）	占比（%）	金额（亿元）	占比（%）	
合计	1 595.34	33.09	3 225.35	66.91	4 820.69

资料来源：上海证券交易所、深圳证券交易所（截至 2022 年 12 月 31 日）。

二、约定购回式证券交易

根据沪、深证券交易所统计数据，截至 2022 年 12 月 31 日，共 81 家证券公司开通了约定购回式证券交易（简称"约定购回"）业务权限，两市待购回初始交易金额 32.83 亿元，较 2021 年末增加了 4.55 亿元，同比增长 16.09%。2022 年全年初始交易合计 407 笔，同比下降 10.15%；初始交易金额合计 39.14 亿元，同比上升 2.92%。

自 2011 年 10 月 31 日业务上线至 2022 年 12 月 31 日，沪、深两市初始交易金额累计 1 159.25 亿元，其中沪市占 56.99%，深市占 43.01%；发生购回的初始交易金额累计 1 121.69 亿元，沪市占 55.81%，深市占 44.19%；待购回初始交易金额 32.83 亿元，沪市占 90.92%，深市占 9.08%；履约保障比例沪市为 211.00%，深市按市值加权平均为 289.21%（见表分 4-5）。

表分 4-5 沪、深两市约定购回交易规模（自 2011 年 10 月业务上线起算）

项目	沪市		深市		沪、深两市（亿元）
	金额（亿元）	占比（%）	金额（亿元）	占比（%）	
初始交易金额累计值	660.65	56.99	498.60	43.01	1 159.25
发生购回的初始交易金额累计值	626.07	55.81	495.62	44.19	1 121.69
待购回初始交易金额	29.85	90.92	2.98	9.08	32.83
履约保障比例	211%		市值加权平均 289.21%		

资料来源：上海证券交易所、深圳证券交易所（截至 2022 年 12 月 31 日）。

交易所约定购回业务规则的优化创新目前暂未继续推进。

第二节 2022 年证券公司其他融资类业务发展中面临的问题

一、股票质押式回购交易

2022 年，股票质押回购业务规模呈下降趋势，月均复合降幅为 1.79%。2022 年底，市场存续规模降至 4 820.69 亿元，较 2021 年末下降 19.50%，自 2018 年以来已连续 5 年下降。在业务发展过程中，面临的问题主要体现在以下几方面。

（一）交易指令有待进一步完善

目前沪、深证券交易所都未推出"卖券还款"交易指令，使有意通过减持股份来还款的融入方无法灵活操作，同时增加了融入方资金占用，即需要融入方自行备资完成质押交易购回解质押后再自行卖出股份。

（二）上市公司股东参与场外质押风险防范机制需进一步完善

目前银行、信托等金融机构仍然可以为上市公司股东参与场外质押提供支持，且不受场内质押新规的限制，可考虑对于上市公司的核心股东参与场外质押业务，能够参考场内质押的监管要求进行一定程度的管理，通过重点关注信息披露、信息查询、风险指标等，进一步完善风险防范机制。

（三）标的证券范围有待扩充

目前注册制股票尚不能作为股票质押业务的标的证券，但相关股东的质押融资需求持续存在。随着我国资本市场建设的不断完善成熟，注册制上市公司将持续增加，相关股东的质押融资需求也将同步增长，标的证券范围有待进一步扩充。

二、约定购回式证券交易

2022 年末约定购回业务存续规模 32.83 亿元，仅占同期股票质押回购业务 4 820.69 亿元规模的 0.68%。在业务发展中，面临的问题主要有监管政策、交易规则、客户体验三大类。

（一）监管政策方面

因标的证券过户的交易规则，上市公司持股比例 5% 以上股东及董事、监事、高级管理人员受限于其股东身份在买卖股票时的交易限制，较难参与约定购回业务。同时，约定购回业务过户的标的证券，需纳入证券公司权益类证券进行规模和集中度指标控制，在一定程度上限制了约定购回业务的发展。

（二）交易规则方面

相对于股票质押回购业务的 T+0 交收、最长融资期限为 3 年、允许部分购回、违约处置支持电子化申报的便利特点，约定购回业务存在 T+1 日交收的相对效率较低，融资期限最长为 1 年相对较短，不支持对一笔交易的分次部分购回，违约处置不支持电子化申报等特征，业务规则有待进一步优化。

（三）客户体验方面

由于约定购回式证券交易开户要求临柜办理，导致客户体验较差。证券公司在客户完成开户及投资者适当性确认等相关工作后，可考虑通过适当的流程设定，允许客户通过非现场方式完成约定购回交易开户操作，在业务合规开展的前提下，达到方便客户的目的，提升客户体验。

第三节 2023年证券公司其他融资类业务发展前景展望

一、股票质押式回购交易

（一）股票质押回购业务应践行国家战略，助力实体经济高质量发展

根据沪、深证券交易所数据，2022年两市股票质押回购业务新增初始交易金额共1 628.85亿元，其中约21.16%的资金用途直接用于生产经营及补充流动资金；约45.89%的资金用途用于偿还债务以纾解融入方流动性风险；两者合计占比67.05%，同比提升4.22个百分点。证券公司在开展股票质押业务时，应立足服务实体经济的本源，不断提升服务实体经济高质量发展能力。

（二）股票质押回购业务市场环境前景持续向好

一方面，大股东持股质押比例高、标的股票全市场质押比例高的现象逐步缓解，实体企业流动性风险逐步化解。基于Wind数据统计，上市公司5%以上股东持股质押比例的中位数已由2018年末的69.96%下降至2022年末的50%；全市场质押比例在50%及以上的股票数量已由2018年末的140只降至2022年末的25只。另一方面，国内经济逐步恢复，实体企业融资用于生产经营的需求增多，股票质押业务在服务实体经济的同时，也将促进股票质押业务市场环境的改善，形成良性循环。

（三）行业风险管理能力与持续合规经营水平将逐步提高

前期，沪、深证券交易所分别发布了《上海证券交易所股票质押式回购交易业务指引第1号——风险管理》《深圳证券交易所证券交易业务指引第1号——股票质押式回购交易风险管理》（以下统称《指引》），从融入方管理、标的证券管理、资金用途管理、业务持续

管理、公司内部控制等方面对证券公司开展股票质押回购业务作出了相应的要求。《指引》在规范证券公司展业的同时，也促使证券公司提高自身风险管理能力与持续合规经营水平。

二、约定购回式证券交易

目前约定购回业务逐渐被股票质押回购业务替代，业务的市场关注度逐渐降低。未来约定购回业务规模的增长，很大程度上取决于交易规则的进一步优化及创新。

分报告之五：
2022年中国证券公司投资业务发展回顾与展望

第一章
2022年中国证券公司投资业务的总体情况

我国证券公司传统投资业务主要包括权益类投资和固定收益类投资等品种。2022年各类投资品种规模如下：股票投资期末账面价值4 386.25亿元，较2021年末的3 768.76亿元增长16%；基金投资期末账面价值6 636.91亿元，较2021年末的5 883.97亿元增长13%；债券投资期末账面价值36 638.23亿元，较2021年末的30 834.31亿元增长19%；其他证券产品期末账面价值5 594.97亿元，较2021年末的7 603.76亿元降低26%。总体来看，2022年末证券投资产品合计期末账面价值为53 256.35亿元，较2021年末的48 090.79亿元增长11%，证券投资规模2022年稳健增长（见表分5-1）。

表分5-1　　　　　　2022年末全行业自营业务运作情况　　　　　（单位：亿元）

序号	指标	期末账面成本	期末账面价值
1	股票投资	4 575.18	4 386.25
2	基金投资	6 684.16	6 636.91
3	债券投资	36 438.07	36 638.23
4	其他证券产品投资	5 537.76	5 594.97
5	证券投资产品合计	53 235.17	53 256.35

资料来源：中国证券业协会。

第一节　2022年中国证券公司传统投资业务发展情况

一、与投资业务相关的市场运行状况

经过2019—2021年的连续上涨，2022年主要投资品种全年出现较大幅度回撤。全年上证指数下跌15.13%，深证成指下跌25.85%，创业板指下跌29.37%，中小综指下跌20.06%，科创50下跌31.35%。2022年市场风格轮动频繁，大小盘、成长/价值风格反复轮动。1—4月，受俄乌冲突、美联储开启加息周期等多重因素影响，A股快速下行；4月末—7月初，复工复产提速，开始超跌反弹行情，小盘成长股领涨；经过7—10月的再次调整，11—12月A股筑底上行，价值股涨幅靠前。

债券市场2022年上半年呈现震荡走势，10年期国债收益率在2.7%—2.85%的区间内震荡。下半年债市先涨后跌，10年期国债收益率最低下行至2.58%，最高上行至2.92%。

二、证券公司自营业务发展情况

从证券公司收入结构来看，2022年证券投资收益为608.39亿元，占比15.40%。2022年在国外动荡局势影响下，A股市场整体回撤较大，证券公司自营收入大幅收窄。但从资产端来看，上市券商仍延续扩表态势，2022年，42家上市证券公司合计金融资产规模较2021年增长6%。

2023年初，中国证券业协会对证券公司自营业务情况进行了专项问卷调查，收到问卷反馈共计100份。调查结果显示，2022年证券公司自营业务明确完成业绩考核的占比不到十分之一。100家证券公司中，9家反馈基本完成目标，74家表示业绩与目标还有差距，剩余17家表示不便透露业绩。

证券公司对2023年投资业务的布局仍然乐观。在投资规模方面，35%表示未来投资额度或有增加，44%预计投资规模将持平，9%打算降低投资额度，12%表示将视情况而定。在人员方面，32家公司打算增加研究员，14家公司打算增加投资经理，64家人员预计持平，5家表示要精减人员，10家公司表示需看情况而定。

在账户管理模式方面，34%的证券公司选择总账户统一管理的模式，17%选择母子大小账户管理，46%选择分散独立账户管理，3%选择其他。约1/2的证券公司选择集中式的管理方式，提高投资效率；约1/2的证券公司选择分散管理，发挥各投资经理的优势。2022年选择分散独立账户管理的证券公司比例较2021年问卷调查结果提升6%。

在投资策略方面，48%的证券公司以基本面选股为主，45%为多策略组合管理，仅有

2%的证券公司参考量化模型，5%选择其他模式。证券公司的自营投资模式以传统的基本面选股为主，在2022年复杂的市场行情中，采用多策略组合管理的证券公司占比提升5%，而采用基本面选股的证券公司占比降低7%。

在投资对冲方面，41%的证券公司不选择对冲操作，47%选择用期货小幅度对冲，10%选择用期货大幅度对冲，2.0%选择用期权等其他方式对冲。在2022年的震荡行情下，参与对冲的证券公司比例较2021年问卷调查结果增加7%。

在投资范围方面，45家公司仅参与A股市场投资，不参与境外市场。54家公司参与港股市场投资，3家公司参与美股市场，1家公司参与新兴市场。2022年证券公司自营业务投资范围更加聚焦A股市场，投资港股市场和美股市场的公司数量较2021年问卷调查结果分别减少6家和3家。

在基金投资方面，证券公司与公募基金发展联系紧密，2022年基金投资规模同比上涨13%。其中仅有10家公司不参与基金投资，55家公司购买宽基指数，40家公司配置特定行业的基金，34家公司申购主动型基金，28家公司有专户委外投资。

在北京证券交易所上市标的投资方面，31%机构明确表示不参与；30%表示有意愿，仍在观望；37%已经开始小幅度参与；2%已经在北京证券交易所上市标的的研究上投入大量资源。

在外部机构服务方面，62%表示能得到签约证券公司的服务，仅有6%表示能得到众多卖方服务，6%表示有其他渠道获取资讯，26%表示较少有卖方服务。卖方服务仍是市场主流的信息渠道来源。

在内部合作方面，57家公司与内部研究部门有交流，22家与衍生品部门交流，14家与投行部门有交流，15家与经纪部门有交流，35家公司表示与其他部门有交流。

证券公司对自营业务发展纷纷献言献策。业务交流方面，建议组织证券公司股票自营业务开展及管理的交流；提供更多新业务培训课程，使从业人员及时跟进行业发展动态。业务层面，建议多渠道引导更多中长线资金进入市场，积极引导上市公司分红，培育市场长期投资理念，不断丰富实体经济投融资工具，更好地推动市场发展。

第二节 2022年中国证券公司传统投资业务发展中面临的问题与2023年前景展望

一、证券公司传统投资业务发展中面临的问题

（一）自营业务波动大，盈利持续性不足

根据问卷调查结果，2022年自营业务完成业绩目标的证券公司比例为9%，同比下降

39%。自营业务收入对于证券公司全年净利润的扰动较为明显,资本市场的涨跌一定程度上也会放大证券公司业绩的不确定性,自营业务的盈利稳定性、持续性、可预期性不足。对于证券公司的自营业务而言,所专注的方向应尽可能分布在具有优势的业务板块上,提升专业能力,让长板更长,增强盈利的稳定性、持续性。

(二) 投资风险控制需强化

2022年股市行情波动大,风格切换频繁,如果踏错节奏,证券公司自营业务收益会受到极大冲击。因此,自营业务需要进一步加强风险识别与风险防范,优化投资结构,严格监管,提高投研团队能力,以提升自营业务投资风险控制水平,从而给证券公司自营业务蓬勃发展创造良好的基础条件。

二、证券公司传统投资业务发展前景展望

(一) 权益市场高质量发展,中长期投资价值不断提升

2022年,在国内外多重超预期因素的冲击下,我国经济展现出坚强韧性,与此同时,经济新动能的稳步增长,为推动经济高质量发展持续注入新动力。根据国家统计局数据,2022年高技术产业投资同比增长18.9%;2022年全社会研究与试验发展经费(R&D)达3.1万亿元,首次突破3万亿元,同比增长10.4%,连续7年保持两位数增长;R&D经费与国内生产总值(GDP)之比达到2.55%,同比增长0.12个百分点。

从中长期来看,伴随着我国经济的转型升级以及高质量发展,资本市场改革开放不断深化,全面实行股票发行注册制,推动权益类基金高质量发展,引导更多中长期资金入市,A股具备长期向上的动力,其投资价值将不断显现。

(二) 市场估值低位,投资业务机遇大于挑战

我国经济复苏为A股长期投资者提供了较好的机会。当前A股的整体估值在过去十年的中低位数附近,相比其他资产而言估值优势较为明显,是中长期资金配置的洼地。

证券公司自营投资业务机会和挑战并存。一方面,2023年股票发行注册制改革全面落地,有利于提升资本市场的包容性和开放性,提高市场效率,大幅提升国内资本市场的资源配置功能以及高质量服务实体经济的能力;另一方面,中长期资金和境外资金的不断流入将对权益市场形成流动性支撑。

第二章
2022年中国证券公司私募投资基金业务发展情况与2023年前景展望

第一节 2022年中国私募股权市场基本情况

经过多年发展，私募基金在促进股权资本形成、有效服务实体经济方面发挥了重要作用。注册制改革以来，近九成的科创板上市公司、六成的创业板上市公司和九成以上的北京证券交易所上市公司在上市前获得过私募股权基金支持。

根据清科集团统计，受整体环境的影响，2022年中国股权投资市场投资、募资双双下降，其中募资金额人民币21 582.55亿元，同比下降2.3%；投资金额人民币9 076.79亿元，同比下降36.2%；投资案例数10 650例，同比下降13.6%。退出方面，在IPO项目溢价降低和上市不确定性持续增强的影响下，2022年中国股权投资市场共发生4 365例退出案例，同比下降3.7%，其中IPO数量达到2 696例，同比下降13.0%。

一、募资情况

根据清科集团统计，2022年中国股权投资基金新完成募集7 061只基金，小幅同比增加1.2%；从股权基金募集规模来看，2022年共募集完成人民币21 582.55亿元，较2021年的募资金额减少2.3%；就平均募资金额而言，2022年的平均募集规模为人民币3.06亿元，较2021年的平均募资规模人民币3.16亿元下降了3.2%（见图分5-1）。随着行业监管的逐步健全以及各类资本的有序入局，行业合规性要求以及市场差异化诉求有所增加，机构募资面临的要求随之逐渐升级，此背景下，多数不具备或缺乏国资、大型金融机构、产业资源与背景的中小机构募资难度进一步上升，因此股权投资基金多以募集项目基金、专项基金和专注特定领域的小型产业基金等小规模基金为主，2022年我国股权投资市场新募基金的单只规模在 1 亿元人民币以下的占比约为 59.6%，进一步拉低了平均募资额。

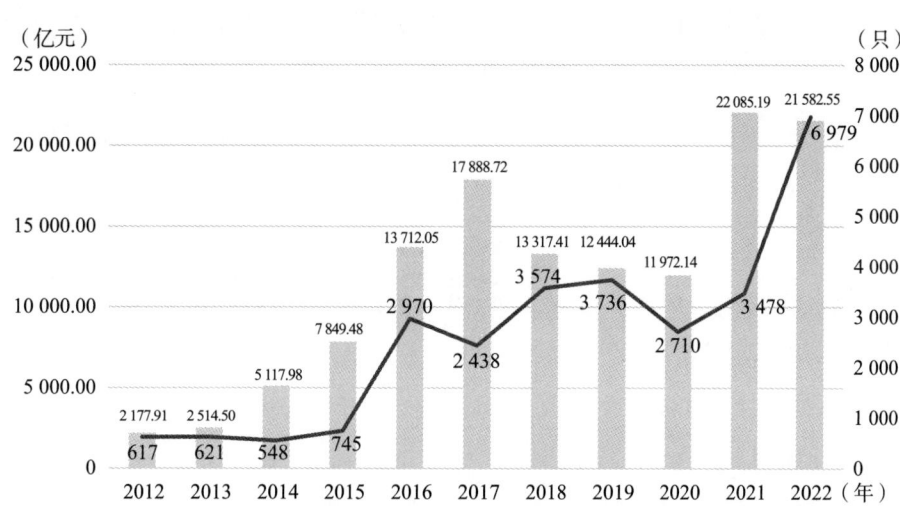

图分 5－1　2012—2022 年中国股权投资市场募资情况分布（含早期投资、VC、PE）

资料来源：清科集团。

根据清科集团统计及分类，细分市场方面，占市场总额 74.57% 的私募股权投资（PE）仍为股权投资市场最主要的组成部分，2022 年募资总额达到人民币 16 094.83 亿元，较 2021 年减少 2.2%；早期投资和风险投资（VC）2022 年募资总额分别达到人民币 251.79 亿元及人民币 5 235.94 亿元，较 2021 年募资额分别减少 8.1% 及 2.1%。其中，风险投资（VC）募集的基金数量不降反升，从 2021 年的 1 669 只提高到 2022 年的 1 835 只，主要是由于科创板及北京证券交易所带来投资阶段的前移以及与之匹配的中小机构对应募集的项目基金或专项基金所致。

从基金类型来看，除并购基金外，各类型基金的募集金额都出现了一定幅度的增长。其中，占比最高的成长基金募集规模和数量双双下降，募资规模达到人民币 10 500.35 亿元，较 2021 年减少 19.4%，募集数量达到 2 300 只，较 2021 年下降 27.5%；占比第二位的创业投资基金共募集人民币 6 716.74 亿元、4 445 只，募资规模和募集数量较 2021 年分别增长 1.7% 和 24.7%。除上述基金外，股权投资共募集并购基金 63 只、基础设施基金 89 只、房地产基金 26 只、早期基金 135 只及夹层基金 3 只，其中募资规模居前的基础设施基金、并购基金及房地产基金的募资规模分别达到人民币 2 274.91 亿元、1 034.65 亿元及 661.62 亿元，较 2021 年分别增长 140.6%、24.7% 及 55.5%。

二、投资情况

根据清科集团统计，就投资总金额来看，2022 年国内共完成股权投资人民币 9 076.79

亿元，较 2021 年减少 36.2%；就投资案例而言，共发生投资案例 10 650 例，较 2021 年全年投资案例数减少 13.6%（见图分 5-2）。从平均投资金额来看，2022 年股权投资的单笔投资金额下降至 0.85 亿元，较上一年同比减少 26.2%。

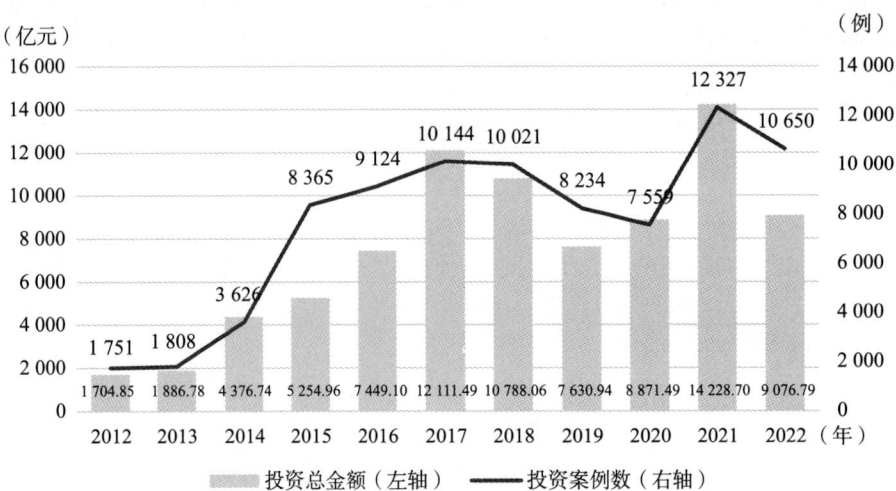

图分 5-2　2012—2022 年中国股权投资市场投资情况分布（含早期投资、VC、PE）

资料来源：清科集团。

细分市场方面，2022 年各类型投资机构投资案例数及投资金额呈现不同程度的缩减。其中，私募股权投资机构于 2022 年完成投资总额 6 441.19 亿元、投资案例数 4 858 例，投资额和投资案例数较 2021 年分别增长 37.4% 及 7.7%，分别占市场总量的 71.0% 及 45.6%。此外，2022 年，早期投资和风险投资额分别为 148.86 亿元及 2 486.73 亿元，较 2021 年减少 35.1% 及 33.0%；早期投资和风险投资案例数分别为 1 277 例及 4 515 例，较 2021 年减少 31.2% 及 13.3%。

从投资行业来看，硬科技领域吸引力居高，半导体、机械制造等行业逆势上扬。案例数方面，2022 年，IT、半导体及电子设备、生物技术/医疗健康行业分别以 2 475 例、2 357 例、2 045 例分别列居前三位，第四位、第五位分别为机械制造、互联网，投资案例数分别为 804 例、529 例。投资金额方面，半导体及电子设备行业以 2 231.67 亿元位列第一。在投资地域上，江苏、北京、上海、深圳、浙江 5 地科创领域表现活跃。投资案例方面，以江苏为首，北京、上海、深圳及浙江次之；投资金额方面，上海以 1 645.08 亿元位列全国第一，北京、江苏、深圳及浙江紧随其后。

总体而言，在经历 2021 年的补足式增长后，2022 年中国股权投资市场回归平稳，投资案例数和投资金额均有所降低，同比分别下降 13.6% 和 36.2%。产业结构升级背景下国有资本赋能硬科技产业发展，半导体、清洁技术、汽车等领域获大量资金注入，带动投资金额前 100 名的投资案例合计吸纳了超 2 900 亿元人民币，占市场总投资金额的 32.6%。

分报告之五
2022 年中国证券公司投资业务发展回顾与展望

三、退出情况

根据清科集团统计，2022 年中国股权投资市场共计实现退出 4 365 例（见图分 5-3），与 2021 年同期小幅下降 3.7%。2022 年，被投企业 IPO 案例数共 2 696 例，同比下降 13.0%；并购性质的案例数量显著提升，并购、借壳、特殊目的收购公司（SPAC）的案例数合计 253 例，同比上升 29.7%；股份转让和回购案例数同比分别上升 10.1% 和 21.8%。退出方式分布方面，2022 年被投企业 IPO 案例数占比 61.8%，相比 2021 年下降了 6.6%；股份转让和回购占比分别上升 2.6%、2.3%；并购退出占比上升 1.2%。整体来看，2022 年起，VC/PE 机构都在积极寻求二级市场以外的退出渠道以获取现金收益。值得关注的是，随着越来越多的行业逐渐进入调整与整合阶段，叠加 IPO 项目溢价降低、上市不确定性持续增强的影响，企业端被并购意愿有所增加，在此环境下，股权投资机构开始更多地关注并考虑通过并购实现收益变现，带动并购退出交易热度提升。

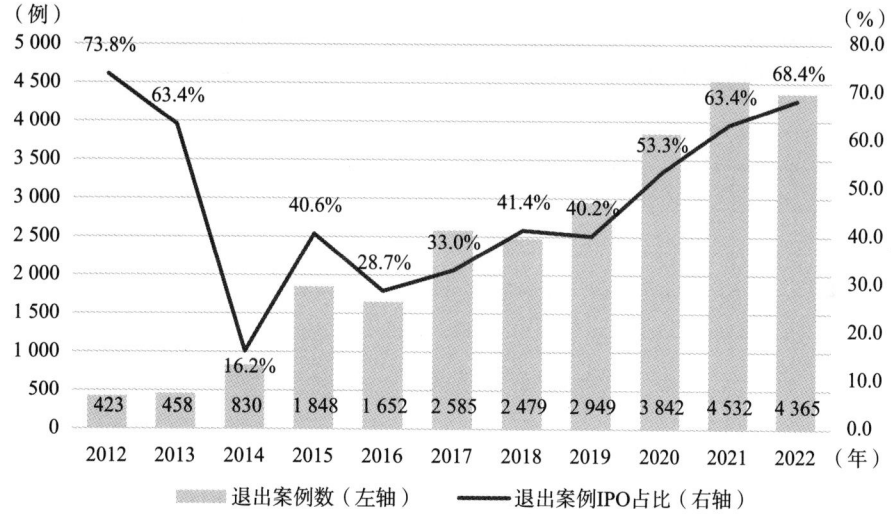

图分 5-3　2012—2022 年中国股权投资市场退出案例情况（含早期投资、VC、PE）

资料来源：清科集团。

第二节　2022 年中国证券公司其他投资业务子公司的投资业务开展情况

根据中国证券投资基金业协会统计，截至 2022 年底，证券公司私募投资基金子公司注册数量为 140 家，注册资本合计 974.69 亿元。

截至 2022 年底，证券公司私募投资基金子公司发起设立各类直接投资基金存量为 1 246 只，较 2021 年底的 1 054 只增加 192 只，增长 18.2%；募集资金（认缴）总额 10 861.94 亿元，实缴资本总额人民币 5 895.72 亿元，募集资金（认缴）总额和实缴资本总额分别较 2021 年底增长 12.6% 和 7.2%。其中，2022 年新设基金 200 只，募集资金（认缴）总额 1 480.25 亿元，实缴资本总额 360.91 亿元（见表分 5－2、表分 5－3）。

表分 5－2　　2022 年证券公司私募投资基金子公司存量基金情况

基金类型	数量（只）	认缴金额（亿元）	实缴金额（亿元）
股权投资基金	971	8 287.86	4 244.25
创业投资基金	210	1 402.41	829.83
并购基金	46	897.32	615.57
证券投资基金	0	0.00	0.00
其他类基金	19	274.35	206.07
合计	1 246	10 861.94	5 895.72

资料来源：中国证券投资基金业协会。

表分 5－3　　2022 年证券公司私募投资基金子公司设立基金情况

基金类型	数量（只）	认缴金额（亿元）	实缴金额（亿元）
股权投资基金	154	1 112.85	293.44
创业投资基金	37	292.23	51.65
并购基金	9	75.17	15.83
证券投资基金	0	0.00	0.00
其他类基金	0	0.00	0.00
合计	200	1 480.25	360.92

资料来源：中国证券投资基金业协会。

根据中国证券投资基金业协会统计，2022 年证券公司私募投资基金子公司下设私募基金新增对外投资 1 073 笔，较 2021 年下降 40.4%；投资金额人民币 402.88 亿元，较 2021 年下降 49.1%；2022 年共计实现退出 1 106 笔，较 2021 年小幅下降 7.3%，退出金额人民币 834.28 亿元，较 2021 年增长 33.8%。

第三节　证券公司私募投资基金业务监管政策变化

2022 年 1 月 30 日，中国证券投资基金业协会发布《关于加强经营异常机构自律管理相关事项的通知》（以下简称"37号通知"），列举了七类经营异常机构情形，除了汇总更早发布的《关于私募基金管理人在异常经营情形下提交专项法律意见书的公告》《关于加强私募基金信息报送自律管理与优化行业服务的通知》中涉及的异常经营情形外，还列举了其他几类经营异常情形，如其他类管理人［不包括合格境内有限合伙人（QDLP）］无在管私募基金、管理人在管基金全部清算后超过12个月无在管基金及被金融监管部门、司法机关等认定为异常并建议中国证券投资基金业协会启动自律处置程序等。37号通知的发布旨在明确对经营异常管理人的监管及整顿措施，体现了私募行业当前"加快出清""扶优限劣"的监管重点。

2022年5月10日，为了加强从业人员自律管理，规范从业人员执业行为，促进基金行业机构合规、稳健运行，中国证券投资基金业协会发布了《基金从业人员管理规则》和《关于实施〈基金从业人员管理规则〉有关事项的规定》，明确了公募基金管理人、从事私募资产管理业务的证券期货经营机构、私募基金管理人、基金托管人、其他基金服务机构中的哪些人员需要获得基金从业资格，并明确了在通过考试方式获取基金从业资格情况下不同类型从业人员需要考取的科目、通过资格认定方式获取从业资格需要满足的条件以及远程培训中职业道德培训的要求等，对基金从业人员资格和行为进行系统性规范。

2022年5月13日，中国证券业协会与中国证券投资基金业协会联合发布了《关于发布〈证券行业支持民营企业发展资产管理计划规范运作指引〉的通知》，明确支持民营企业发展资产管理计划是指证券公司及其私募投资基金子公司作为管理人，依法募集银行、保险和政府平台等资金，专项用于帮助具有发展前景、具备还款能力、确需流动性支持的民营企业所成立的系列资产管理计划，也是证券基金经营机构贯彻落实党中央、国务院关于缓解民营企业融资难问题、支持民营企业改革发展而自发参与设立的行业举措。

2022年6月2日，中国证券投资基金业协会发布了《私募投资基金电子合同业务管理办法（试行）》。该办法是《电子签名法》在私募基金领域的具体应用，在过往纸质合同存在容易被篡改、合同回收周期长等问题的背景下，推动电子合同在私募基金募集、投资、管理等方面的应用，可以提高效率、降低篡改风险，并充分践行私募基金行业的ESG理念。2022年11月16日，中国证券投资基金业协会发布了《私募投资基金电子合同业务服务系统测试规范》与《私募投资基金电子合同业务数据报送接口规范（试行）》，为私募基金电子合同的具体落地提供了相应的指导。

第四节 证券公司私募投资基金业务面临的问题和挑战

一是市场化竞争加剧，投资、募资两极分化更为严重。近年来股权投资市场竞争加剧，内外因素影响下头部机构在"募投管退"各个环节的竞争优势逐渐固化，其中早期投资机构、风险投资（VC）机构在"募投退"三个市场集中度水平可达40%甚至更高，且呈现一定的上升趋势。此背景下，证券公司私募投资基金业务更需要"一技之长"，将所掌握资源乃至研究能力变现，以在市场竞争中占有一席之地。证券公司私募投资基金子公司可依靠母公司资源优势，有效利用母公司强大的研究团队、分支机构"触角"深入开发地方市场机遇等。然而与同规模市场化风险投资（VC）、私募股权投资（PE）机构相比，证券公司私募投资基金子公司在项目资源获取能力和投资判断上偏弱，这一现象尤其在早期项目中更为明显。随着投资对行业专注要求的提升，证券公司私募投资基金子公司将面临更加严酷的竞争环境。

二是优秀人才流失较为严重。相较于其他私募股权投资机构，证券公司私募投资基金子公司面临着更为严格的监管要求，其虽然拥有更为专业规范的投资团队，但在非公平的市场与人才竞争方面难免捉襟见肘。同时，与市场化的私募投资基金相比，证券公司私募投资基金子公司的激励机制仍相对落后，优秀人才的流失仍较为严重，不利于长期发展。

三是部分热门行业估值偏高，个别行业存在一、二级市场倒挂的现象。随着股票发行注册制改革全面落地，股权投资上市退出渠道更加通畅。但部分热门行业估值偏高，个别行业估值倒挂，对于证券公司私募投资基金子公司而言，在投资时更需做好基础研究，衡量投资收益，适当调减对上市企业退出的回报预期，并积极做好退出管理。

四是部分科创企业仍存在退出困难的问题。部分科创企业解决了国家一些"卡脖子"问题，但受限于行业规模、研发投入等原因，仍难以达到沪、深、北证券交易所的上市标准。对于主要从事长期投资、价值投资、重大科技成果转化的创业投资基金，需要在投资退出等方面提供更多便利支持，从而进一步发挥私募基金在助力实体经济高质量发展上的作用。

第五节 2023年证券公司私募投资基金业务发展环境与契机

一是退出方式更加灵活和多元。随着资本市场改革开放的持续深化，资本市场发生了深刻的结构性变化。全面实行股票发行注册制大幅降低了中小企业的上市门槛，从而使处在不同阶段的、具备发展潜力的各类企业，甚至是尚未盈利、特殊股权结构企业和红筹企业均可以在沪、深、北证券交易所实现上市，为私募股权投资市场打开了更为广阔的退出通道。此外，随着各地逐步开启S基金交易试点和探索研究，证券公司私募投资基金投资渠道和退出渠道更加灵活和多元。

二是有限合伙人（LP）结构持续优化，证券公司私募投资基金的募资环境将持续改善。第一，随着近年来保险公司、银行理财子公司等机构长期资金入市限制的逐步放开，"募投管退"良性循环逐步形成，募资市场环境逐步优化。第二，政府机构（政府出资平台）、政府引导基金保持较大的出资规模，产业资金设立的市场化母基金等新兴 LP 出资日益频繁。第三，随着国企、央企以及产业资本参与股权投资的逐步深入，市场化程度不断加深，LP 的结构将更为优化。第四，随着资本市场制度型开放的稳步推进，境内基金募资来源更加丰富，有利于 LP 结构的持续改善，长期资本供给有望增加。

分报告之六：
2022年中国证券市场资信评级业务发展回顾与展望

第一章
2022年中国证券资信评级行业发展基础

2022年我国信用债发行量有所下降，债券市场双向开放进程加快；同时，一系列监管政策的发布，推动评级行业提升评级质量、加快市场化转型、提高合规管理水平和数字化水平，为我国评级行业的高质量发展提供了坚实的基础。

第一节 债市概况

一、信用债发行量有所下降，发行利率整体低位震荡

2022年，我国债券市场共发行各类信用债[①] 18 523期，同比下降10.76%；发行规模

[①] 各类信用债统计范围为非政策性金融债、企业债、公司债（一般公司债和私募债）、中期票据、短期融资券（一般短融和超短融）、定向工具、国际机构债、政府支持机构债、资产支持证券、可转债和可交换债。

18.11万亿元，同比下降9.48%，信用债发行量有所下滑，主要受证券公司等金融机构资本补充压力下降、城投债发行审核趋严、高等级发债主体"信贷替债"以及涉房类资产支持证券产品发行萎缩等因素影响。信用债发行结构出现明显分化：商业银行债发行规模12 062.17亿元，同比上升56.44%；资产支持证券发行规模20 087.92亿元，同比下降36.03%；证券公司债发行规模7 109.74亿元，同比下降35.14%；证券公司短融发行规模3 988.30亿元，同比下降32.82%；可转债发行规模2 200.93亿元，同比下降22.19%；公司债发行规模30 904.84亿元，同比下降10.49%。利率方面，2022年，债券市场流动性整体保持合理充裕，全年1年期、3年期、5年期和10年期国债到期收益率呈低位震荡走势，AAA级主体所发1年期短融、3年期公司债、5年期中期票据和5年期企业债的加权发行利率[1]分别为2.95%、3.13%、3.14%和3.51%，较上年分别下降17个基点（BP）、48BP、59BP和38BP。

二、创新债券产品层出不穷，助力精准调控有效落地

2022年，为实施对实体经济的定向支持和精准调控，我国债券市场不断推出创新债券品种。4月，中国人民银行和中国银保监会联合发布《关于全球系统重要性银行发行总损失吸收能力非资本债券有关事项的通知》，推出总损失吸收能力非资本债券（TLCA非资本债券）。5月，上海证券交易所与深圳证券交易所（以下简称"沪、深证券交易所"）分别推出科技创新公司债券；同日，中国银行间市场交易商协会（以下简称"交易商协会"）发布《关于升级推出科创票据相关事宜的通知》，将科创类融资产品工具箱升级为科创票据。6月，上海证券交易所（以下简称"上交所"）修订《上海证券交易所公司债券发行上市审核规则适用指引第2号——特定品种公司债券》，新增推出低碳转型债券和低碳转型挂钩债券；6月，交易商协会发布《关于开展转型债券相关创新试点的通知》，拟创新推出转型债券。8月，中国人民银行和中国银保监会印发《关于保险公司发行无固定期限资本债券有关事项的通知》，正式推出保险公司无固定期限资本债券（保险公司永续债）。5月，交易商协会发布《关于开展资产担保债务融资工具相关创新试点的通知》，推出资产担保债务融资工具。

三、债券市场双向开放进程进一步加快，国际化水平显著提升

2022年，我国债券市场双向开放进程加快，国际化水平显著提升。5月，中国人民银行、中国证监会、国家外汇管理局发布联合公告〔2022〕第4号《关于进一步便利境外机构投资者投资中国债券市场有关事宜》（以下简称"4号文"），简化境外机构投资者入市程序，将其可投资范围扩大至交易所债券市场，统筹同步推进银行间和交易所债券市场对外开

---

[1] 权重为债券的实际发行金额。

放。6月,国家税务总局发布《稳外贸稳外资税收政策指引》,支持金融市场对外开放,对境外机构投资境内债券利息收入暂免征收增值税和企业所得税。7月,交易商协会发布《关于开展熊猫债注册发行机制优化试点的通知》,优化熊猫债发行机制。12月,深圳证券交易所(以下简称"深交所")在大湾区债券平台开展跨境债券挂牌业务试点,推动大湾区债券市场互联互通,助力我国债券市场高质量对外开放。

四、债券信用风险持续暴露,违约处置机制不断完善

2022年,我国经济持续稳定恢复,但需求收缩、供给冲击、预期转弱三重压力仍然较大,外部环境动荡不安,对我国经济的影响进一步加深,在此背景下,我国债券市场违约常态化发生。2022年,我国债券市场新增8家违约发行人,共涉及45期违约债券,到期违约金额约232.62亿元,违约家数、期数、金额较上年分别减少65.22%、50.00%、77.59%;另有9家此前已经发生违约的发行人未能按时偿付其存续债券利息或本金,涉及违约债券21期,违约金额约173.13亿元。新增违约发行人以民营企业为主,部分大中型房地产企业债券频发展期,对债券市场信用环境造成一定的冲击。

与此同时,监管层继续完善违约处置机制。2022年5月,交易商协会发布《银行间债券市场非金融企业债务融资工具置换业务指引》和《银行间债券市场非金融企业债务融资工具同意征集操作指引》,将债券置换业务、同意征求业务引入银行间市场。同时,修订《银行间债券市场非金融企业债务融资工具违约及风险处置指南》,完善非金融企业债务融资工具的违约处置机制。

第二节 监管环境

一、评级行业监管聚焦发展质量,推动评级行业"走出去"

2022年8月,中国人民银行等五部委发布的《关于促进债券市场信用评级行业健康发展的通知》(以下简称五部委《通知》)正式实施,要求评级机构加强评级方法体系建设,提升评级质量和区分度。

2022年3月29日,中共中央办公厅、国务院办公厅印发《关于推进社会信用体系建设高质量发展促进形成新发展格局的意见》(以下简称《意见》),指出加快征信业市场化改革步伐,培育具有国际竞争力的信用评级机构。2022年7月13日,中国人民银行营业管理部印发《全面推动北京征信体系高质量发展促进形成新发展格局行动方案》,鼓励辖内地方政

府平台、金融机构以及发债企业在境外融资时使用本土评级机构的评级服务，在中资美元债备案环节，鼓励发行人至少选聘一家本土评级机构，逐步提高本土评级机构在国际资本市场的话语权。

二、监管进一步趋严，促进评级行业规范化发展

2022年，监管部门继续强化评级行业监管和自律管理力度，对多家评级机构开展了现场检查和专项检查，交易商协会和中国证券业协会定期联合发布信用评级机构业务运行及合规情况通报，发现部分评级机构存在利益冲突回避审查不全面、公司治理、内控有待完善和评级方法体系建设有待加强等问题。2022年，监管部门和自律组织对评级机构及其从业人员采取了6次行政处罚、行政监管措施或自律管理措施。

三、逐步取消强制评级，加快推动评级行业市场化转型

2022年以来，监管部门继续发布一系列政策降低对外部信用评级的依赖，进一步取消强制评级的制度性安排。发行端，8月，中国人民银行、中国银保监会发布《关于保险公司发行无固定期限资本债券有关事项的通知》，取消保险公司无固定期限资本债券的强制评级要求。投资端，5月，中国银保监会发布《关于保险资金投资有关金融产品的通知》，取消对保险资金投资信贷资产支持证券、资产支持专项计划等产品的外部信用评级要求，自此保险资金投资信用债券的强制外部评级要求全部取消。

四、推动金融科技与信用评级快速融合，促进评级机构数字化转型

金融科技与信用评级加快融合成为境内外信用评级行业新的发展趋势，为评级行业的发展带来了新的机遇和挑战。2022年3月，中办、国办在《意见》中指出，支持评级机构运用大数据等技术加强跟踪监测预警，健全市场化的风险分担、缓释、补偿机制；同时，在确保安全前提下，各级有关部门以及公共信用服务机构依法开放数据，支持评级等市场化信用服务机构发展。11月，中国人民银行等八部委联合发布《上海市、南京市、杭州市、合肥市、嘉兴市建设科创金融改革试验区总体方案》，支持试验区内信用评级机构积极利用大数据、人工智能等技术，建立符合科创企业特征的信用评分、内部信用评级和风险防控模型。

第二章
2022 年中国证券资信评级业务发展情况

2022 年，在监管进一步强化、债券品种不断创新的背景下，我国证券资信评级机构在基础建设、合规管理、创新研发、评级业务发展等方面均取得了较大进步，投资者服务能力稳步提升；受主体评级项目大幅增加的影响，信用评级业务收入有所上升，盈利能力有所增强，同时，非评级业务收入占比有所提升；随着我国债券市场违约风险释放趋缓，公募债券发行主体违约率明显下降，大跨度评级调整现象明显减少，信用等级稳定性有所提升。

第一节 2022 年中国证券资信评级行业现状

2022 年我国证券资信评级机构通过加大数据库系统建设力度、完善公司治理机制、加强科研开发、优化人才队伍等措施，显著增强投资者服务能力，进一步提升合规管理水平。

一、证券评级机构监管备案情况

截至 2022 年末，共有 13 家资信评级机构完成了中国证监会备案，较上年末未有变化。在境外，3 家证券评级机构或其关联分支机构[①]拥有香港证券及期货事务监察委员会提供信贷评级服务执业资质；1 家证券评级机构[②]正在申请新加坡资信评级牌照，另有 2 家证券评级机构为开展境外评级业务，于香港投资成立子公司[③]。

[①] 中诚信国际的全资子公司中国诚信（亚太）信用评级有限公司、联合资信的关联公司联合评级国际有限公司、中证鹏元资信评估股份有限公司的全资子公司鹏元资信评估（香港）有限公司拥有香港证监会发出的第十类受规管活动牌照（提供评级服务）。

[②] 中证鹏元资信评估股份有限公司的全资子公司鹏元资信评估（香港）有限公司在新加坡设置了子公司鹏元资信评估（新加坡）有限公司，正在申请新加坡资信评级牌照。

[③] 安泰评级设立全资子公司安泰国际（香港）有限责任公司，安融评级成立二级子公司安融（香港）信用评级有限公司。

二、证券评级机构基础建设情况

(一) 评级数据库系统建设力度加大

2022年,国内共有10家证券资信评级机构对评级数据库系统进行了功能优化或完善,如更新评级数据库、丰富数据应用及查询功能、加强行业评级数据统计等。部分评级机构根据业务发展需求及监管要求对评级管理系统和数据库进行功能完善和细化。部分评级机构加强外部数据源的采集、分析和加工,升级数据集成平台和统计报表有关功能,同时加强合规管理、合同管理,实现线上评级工作底稿管理,保证评级作业数据的标准性、规范性、一致性。部分评级机构借助大数据和商务智能技术,构建公司的决策管理支持系统、报告核查系统、项目文档管理系统、研究分析系统,在提高评级报告的质量和无纸化办公效率的同时,提升研究成果管理和外宣质量。部分评级机构编制国际数据标准,统一公司业务口径和规则,并完成数据中台主体数据库、债券数据库、信用评级产品数据库的建设;同时子公司或下属公司积极打造绿色金融管理系统、环境信息披露报告系统、ESG Ratings、CreditInsight 投资者服务平台及智象风控平台等多种投资人服务产品。另一部分评级机构进一步完善全市场城投平台主题数据库,地方经济财政数据实现已发债地区全覆盖。部分评级机构建立模型开发框架,框架使用 MVC 分层设计模式,提升系统的灵活性与复用性,同时框架实现模型指标的可维护、可配置、可扩展,为后期系统模型敏捷化、标准化、规范化开发打下基础。

2022年,证券资信评级机构新增采购了企业预警通、见智风险预警数据库、上海大智慧财汇数据库为评级业务提供数据支持。不断优化的数据库系统为评级机构开展评级业务提供了坚实的基础。

(二) 人才队伍进一步优化

截至2022年末,证券资信评级机构参加证券行业专业人员水平评价测试并达到基本要求的评级人员有2 334人,较上年(2 320人)增长0.60%[①]。其中,具有3年以上评级从业经验的人员数量为924人,较上年(878人)增长5.24%;拥有注册会计师、律师、特许金融分析师(CFA)、注册国际投资分析师(CIIA)等专业执业资格人员人数为201人,较上年(185人)增长8.65%。在评级机构所有员工学历构成中,具有硕士以上学历的人员数量为2 229人,占比为67.61%,占比较上年(67.54%)上升了0.07个百分点。35周岁以下的人员数量为2 270人,占比为68.85%,占比较上年(72.64%)下降了3.79个百分点。整体来看,评级机构员工队伍继续优化,具有较长从业经验的员工数量有所增加,拥有专业执业资格的员工数量进一步增加,员工队伍的专业素质有所提高。

---

① 资料来源:2022年中国证券业协会专项调查统计数据。数据包含13家完成备案的评级机构。以下研发人员统计同。

三、证券评级机构投资者服务情况

(一) 研究水平稳步提升

截至 2022 年末,资信评级机构的研发人员总数为 186 人,较上年(257 人)减少 27.63%,研发人员在整体评级从业人员中的占比为 5.64%,较上年(7.78%)减少 2.14 个百分点。其中,具有 3 年以上研发经验的研发人员数量为 139 人,较上年(177 人)减少 21.47%[①]。2022 年,各家评级机构共完成各类研究课题 206 个,公开出版书籍 6 部,公开发表研究报告 3 688 篇,其中受到奖励的研究课题(省部级以上)6 个,取得了丰硕的研究成果。

多家评级机构深入分析地方隐性债务化解、债券市场虚假陈述中介机构法律责任、债券市场信用风险及违约处置等热点问题,积极研究债市新产品的风险特点和评级方法,并定期推出重点行业信用风险展望,研究内容紧扣时代脉搏,信用分析更加贴合投资者需求,研究水平稳步提高。

(二) 投资者交流渠道进一步拓宽

2022 年,各家评级机构积极拓展投资者交流渠道,除了公司网站、微信公众号、第三方媒体合作之外,部分评级机构通过深交所网上业务平台、北京金融资产交易所信息披露平台发布信息,加强与投资者的沟通。

投资人会议方面,2022 年在新冠疫情影响下,各家评级机构积极采用网络平台和线下论坛相结合的方式开展投资者交流活动,围绕宏观经济、债券市场发展、重点行业风险展望、区域城投研究以及企业信用分层等热点话题举办各类专题论坛,加强与投资者的深入交流。2022 年,各家资信评级机构共主办或承办投资人会议 414 次,参加论坛并发表演讲 112 次,接受媒体采访或举办新闻发布会共 1 444 次,进一步提高了投资者服务水平。

四、证券评级机构合规管理情况

2022 年以来,监管部门不断强化对评级机构的事中、事后监管,同时加大对评级机构的处罚力度,旨在推动信用评级充分发挥在风险揭示和风险定价等方面的作用,促进债券市场健康稳定发展。在此背景下,针对部分评级机构合规管理的薄弱环节,监管部门进行了相应的监管处罚。各家评级机构积极配合监管部门和自律组织,对自身合规风险管理建设高度重视,按照要求对自身公司治理机制和合规管理规范进行整改,进一步提升合规管理水平。

---

① 主要受部分评级机构统计口径发生变化的影响。

其中，有 7 家评级机构新增了多项合规制度，如《合规管理制度》《评级质量检验报告及反馈机制》《重要事项备案制度》以及《评级质量控制制度》等，强化了评级质量控制、重要事项处置管理等合规制度，同时按照监管要求高频率定期自查并按时报送合规报告。

多数评级机构依据评级业务承揽规范、信用评级程序、内部审计等相关内控合规制度进行全方位合规风险检查、排查和整改，同时多次对全体员工进行合规培训，确保各项工作合法合规，行业合规管理水平有所提升。

第二节 2022 年中国证券资信评级业务发展概况

2022 年我国证券资信评级业务总规模有所下滑，行业集中度下降，资信评级机构之间的竞争加剧；评级机构加强创新债券品种评级方法的研发和修订，准确揭示各类创新债券品种的信用风险，有力支持了创新与可持续发展；受主体评级项目大幅增加的影响，信用评级行业整体业务收入有所上升，盈利能力增强，同时，非评级业务收入明显增长，非评级业务收入占评级机构总收入的比重有所提升。

一、2022 年证券资信评级业务规模与竞争格局

2022 年，我国 13 家证券资信评级机构的总体业务规模有所下滑，全年协议承做评级项目 14 968 个，较上年（16 800 个）减少 10.90%，主要是受取消强制评级政策及信用债发行减少的影响。其中，除协议承做的可转债、企业债、商业银行债及其他主体评级项目数较上年有所增加外，其余类型项目数均较上年明显下滑。具体来看，2022 年承做的其他主体评级项目[①]最多，合计 5 005 个，较上年（3 768 个）增加了 32.83%；其次为资产证券化产品，共计 2 625 个，较上年（3 659 个）减少 28.26%；承做的公司债（含一般公司债和私募债）和中期票据项目分别为 1 533 个和 1 091 个，较上年（2 446 个、1 374 个）分别减少 37.33% 和 20.60%（见图分 6–1）。

从评级项目数量份额情况看，2022 年其他主体评级业务份额是占比最大的产品，份额占比为 33.44%，较上年（22.43%）上升 11.01 个百分点；资产证券化产品份额排名第 2 位，占比为 17.54%，较上年（21.78%）下降 4.24 个百分点；公司债（含一般公司债和私募公司债）产品份额排名第 3 位，占比为 10.24%，较上年（14.56%）下降 4.32 个百分点；信托、理财、资管等非标产品份额处于第 4 位，占比为 9.03%，较上年（9.96%）变化不大；中期票据、企业债及其他产品份额占比均介于 5.00%—7.50%，较上年均变化不

---

① 其他主体评级项目主要包括资本市场上发债企业主体评级项目（不含债项评级）、信贷市场上借款企业主体评级项目、担保公司主体评级项目、网络小贷公司主体评级项目等。

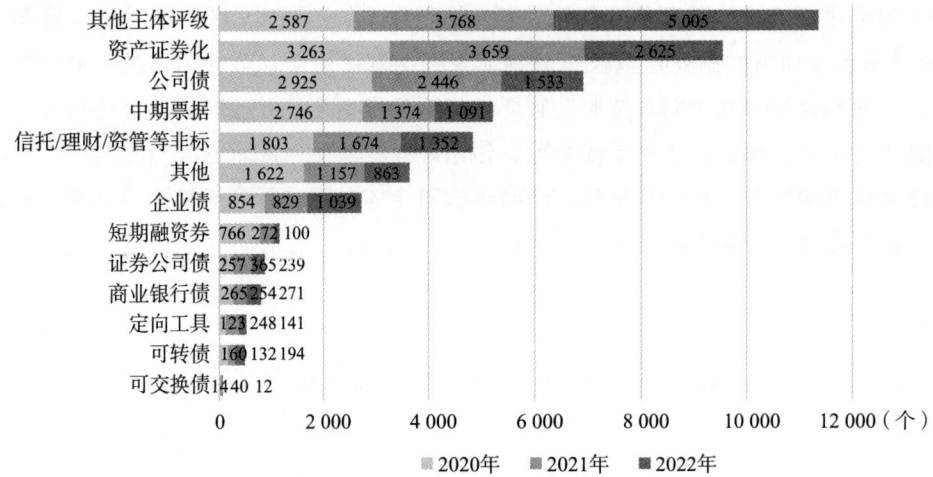

图分 6-1　2020—2022 年 13 家证券资信评级机构协议承做评级项目情况

资料来源：2022 年中国证券业协会专项调查统计数据。

大；商业银行债、证券公司债、可交换债、可转换债、定向工具、短期融资券等产品份额占比较小，均不足 2.00%。

2022 年，13 家证券资信评级机构合计正式出具首次评级报告 13 521 份，较上年（15 279 份）下降 11.51%。其中，出具其他主体首次评级报告 4 578 份，报告数量占比为 33.86%，占比较上年（22.04%）上升 11.82 个百分点，报告数量占比排名第 1 位；出具资产证券化产品首次评级报告 2 182 份，报告数量占比为 16.14%，较上年（19.58%）下降 3.44 个百分点，报告数量占比排名第 2 位；出具公司债产品首次评级报告 1 391 份，报告数量占比为 10.29%，占比较上年（13.52%）下降 3.23 个百分点，报告数量占比排名第 3 位（见图分 6-2）。

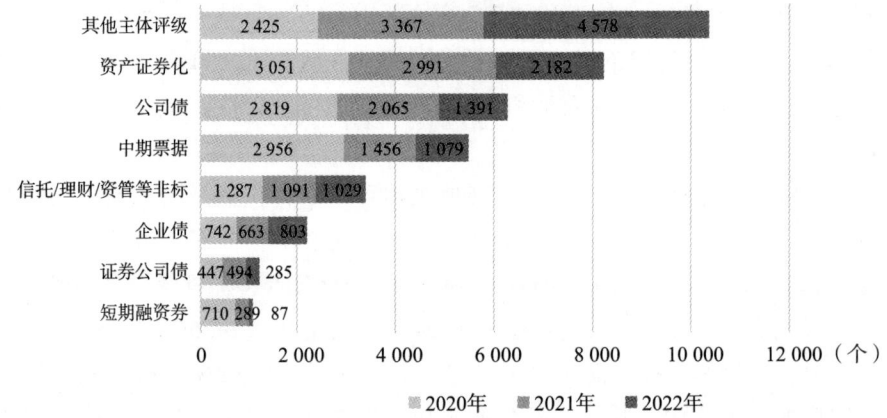

图分 6-2　2020—2022 年 13 家证券资信评级机构出具评级报告情况

注：图中仅列示了出具报告数量较多的券种。

资料来源：2022 年中国证券业协会专项调查统计数据。

随着前期市场规模的不断扩容，2022年各家评级机构跟踪评级工作量进一步增加，全年13家评级机构合计完成定期跟踪评级项目为15 521个，较上年（14 167个）增加9.56%；不定期跟踪评级项目为3 441个，较上年（2 888个）增加19.15%；终止、撤销评级项目达到2 561个，较上年（2 554个）变化不大。

从竞争格局看，2022年，承做项目数量最多的评级机构承做4 378个评级项目，占全部评级项目的29.25%，占比较上年（31.40%）下降2.16个百分点；承做项目数量排前3位的评级机构共承做10 073个评级项目，占全部评级项目的67.30%，占比较上年（69.79%）下降2.49个百分点。这表明，我国资信评级行业集中度有所下降，各家资信评级机构之间的竞争加剧。

二、创新券种评级业务

2022年，随着我国债券市场推出创新债券品种，各家评级机构加强创新债券品种评级方法的研发和修订，充分揭示创新债券品种的信用风险，为各类创新债券品种的发行提供评级服务，有力支持了创新与可持续发展。2022年，针对绿色公司债、创新创业公司债、永续债、"一带一路"债券、纾困专项债、可持续发展挂钩债券、碳中和债、乡村振兴主题债券等原有创新品种，各家评级机构协议承做个数分别为126个、15个、271个、1个、1个、10个、74个和36个，其中评级机构协议承做可持续发展挂钩债券、碳中和债、乡村振兴主题债券项目个数明显提升，分别较上年（8个、50个、19个）增加25.00%、48.00%和89.47%。此外，2022年，各家证券资信评级机构承做了24个熊猫债评级项目，为境外主体发行熊猫债提供了有力支持。

2022年，资产证券化产品的基础资产类型继续扩大，交易结构更加丰富，部分评级机构加大资产证券化创新品种评级方法的研发力度，积极支持资产证券化产品的创新发展。针对首单绿色新能源电池资产支持证券、首单蓝色资产支持证券、首单低碳转型挂钩资产支持证券等创新品种，部分评级机构研发了评级方法与评级模型，揭示了基础资产与交易结构中的信用风险，助力资产证券化创新产品成功落地，满足实体经济的融资需求。

三、证券资信评级机构财务状况

2022年，信用评级行业整体业务收入有所上升，盈利能力增强。2022年，13家证券资信评级机构的资产规模合计和净资产合计分别为50.81亿元和26.32亿元，分别较上年（46.36亿元、25.05亿元）增加9.60%和5.07%；营业收入合计为30.87亿元，较上年（28.70亿元）增加7.56%；利润总额合计为10.79亿元，较上年（7.97亿元）增加35.38%；经营性现金流量净额合计为10.93亿元，较上年（9.98亿元）增加9.52%（见图分6-3）。从债券市场评级业务贡献度看，2022年13家证券资信评级机构来自交易所和银行间债券市场的证券评级业务收入规模分别为 7.44 亿元和 8.39 亿元，分别较上年（8.41 亿元、9.25 亿元）下降 11.53% 和 9.30%；其他评级业务收入为 13.64 亿元，较 2021 年（9.78 亿元）增长 39.47%，主要是由于主体评级业务收入快速增长所致。此外，2022 年 13 家证券资信评级机构实现非评级业务收入 1.40 亿元，较 2021 年（1.26 亿元）增长 11.11%，非评级业务收入占评级机构总收入的比重为 4.54%，较 2021 年（4.39%）上升了 0.15 个百分点。

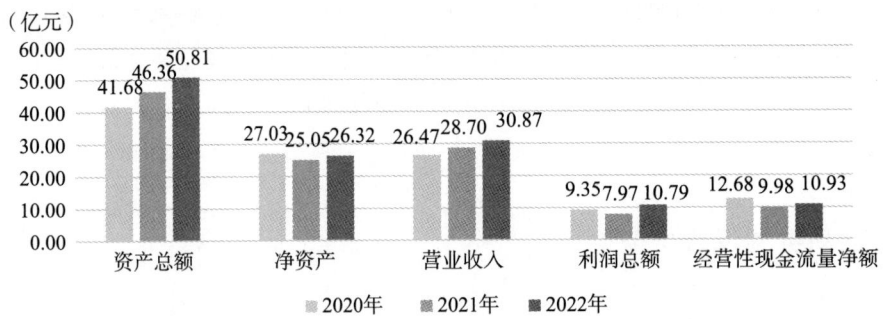

图分 6-3　2020—2022 年 13 家证券资信评级机构财务情况

资料来源：2022 年中国证券业协会专项调查统计数据。

第三节　2022 年中国证券资信评级业务评级表现分析

2022 年不同债券品种的信用等级分布呈现不同的特点，各类债券的发行利率和利差呈下降趋势；公募债券发行人主体信用等级延续调降趋势，大跨度评级调整现象明显减少，信用等级稳定性有所提升；随着我国债券市场违约风险释放趋缓，我国公募债券发行主体违约率明显下降。

一、信用等级分布

（一）一般公司债

2022 年一般公司债发行人共有 614 家，在发行时均有主体评级信息；披露债项评级信息的一般公司债有 978 期，占一般公司债发行期数的比重为 70.32%。从主体级别分布情况来看，2022 年一般公司债发行主体级别集中分布于 AA—AAA 级，集中度为 99.84%。其中，AAA 级发行人占比最高，为 63.31%，同比上升 4.70 个百分点；AA+级和 AA 级发行人占比分别为 30.03% 和 6.49%，同比分别下降 1.99 个和 2.87 个百分点。一般公司债主体信用等级呈现进一步向 AAA 级集中态势。

从债项级别分布情况看，有披露评级信息的一般公司债债项级别主要分布于 AA—AAA

级,其中,AAA 级债券占比最高,为 86.40%,同比上升 8.61 个百分点;AA+级和 AA 级债券占比分别为 12.78% 和 0.82%,同比分别下降 7.49 和 0.98 个百分点(见图分 6-4);此外,有 3 期一般公司债(短期公司债券)债项评级为 A-1,占比为 0.22%;414 期一般公司债(包括 12 期短期公司债券和 402 期期限超过 1 年的一般公司债)无债项评级,占比为 29.68%,较 2021 年(5.13%)提升 24.55 个百分点,主要受监管部门取消强制外部评级影响。

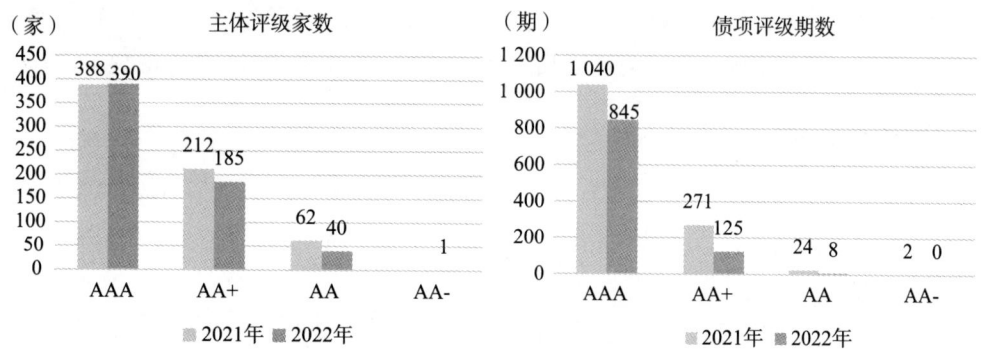

图分 6-4　2021—2022 年一般公司债级别分布

资料来源:Wind。

(二)私募公司债

2022 年私募公司债中,发行时有主体评级信息的发行人有 1 206 家,在私募公司债发行人中的占比为 98.53%;发行时有债项评级信息的私募公司债有 412 期,占私募公司债发行期数的比重为 18.25%。从级别分布来看,2022 年有评级信息披露的私募公司债发行主体级别集中分布于 AA—AAA 级,集中度为 99.27%。其中,AA 级发行人占比最高,为 50.28%,同比下降 7.64 个百分点;AA+级和 AAA 级发行人分别占比为 40.11% 和 8.87%,同比分别上升 6.00 个和 3.03 个百分点。此外,2022 年 AA-及以下级别私募公司债发行人共 9 家,较 2021 年减少 21 家(见图分 6-5)。

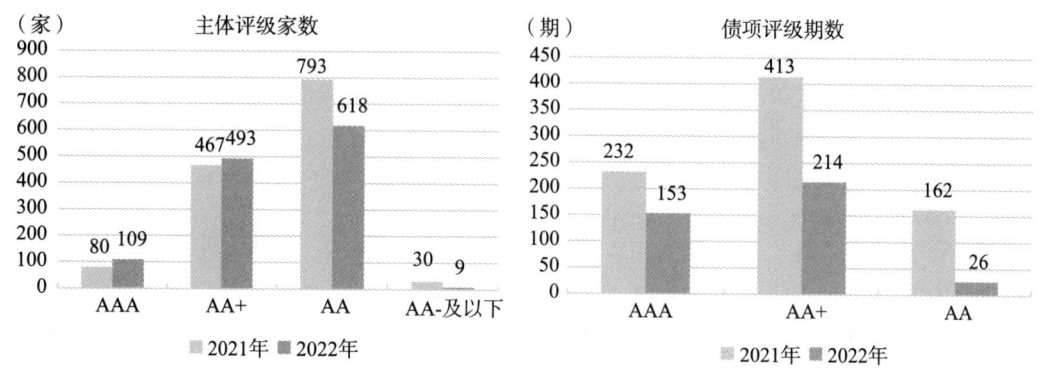

图分 6-5　2021—2022 年私募公司债级别分布

注:(1)未披露评级信息未在图中列示,以下同;(2)2021 年和 2022 年分别有 19 期和 21 期债项评级为 A-1 级的私募债未在图中列示。

资料来源:Wind。

从有债项评级信息的债项级别分布情况看，债项级别主要分布于 AA—AAA 级①，集中度为 95.39%。其中，AAA 级和 AA+级债券占比分别为 37.14% 和 51.94%，同比分别上升 9.78 个百分点和 3.24 个百分点；AA 级债券占比为 6.31%，同比下降 15.15 个百分点，私募公司债债项信用等级进一步向高级别集中。此外，2022 年私募公司债发行人仍主要是中央及地方国有企业，两者共计 1 215 家。其中，中央国有企业 17 家，占比为 1.39%；地方国有企业 1 198 家，占比为 98.04%，两者占比均较 2021 年（0.93% 和 97.79%）略有上升。此外，2022 年带有担保措施的私募公司债共计 598 期，较 2021 年（852 期）减少 42.47%。

（三）资产支持证券

2022 年资产证券化产品的基础资产类型更为多样，高级别产品占比小幅下降。具体来看，披露债项评级信息的资产支持证券共计 2 678 期，以 AAA 级、AA+级产品为主，占比 95.29%，较 2021 年下降 0.95 个百分点。分产品类别来看，披露债项评级信息交易商协会 ABN、银保监会主管 ABS 及证监会主管 ABS 分别有 292 期、229 期和 2 157 期，且均以 AAA 级、AA+级产品为主，占比分别为 95.55%、93.45% 和 95.46%，较 2021 年分别降低 3.33 个、3.39 个和 0.34 个百分点。高级别产品占比的小幅下降表明合格机构投资者的风险偏好有所修复（见表分 6-1）。

表分 6-1　　　　　　2021—2022 年资产支持证券级别分布　　　　　　（单位：期）

级别	2021 年发行期数				2022 年发行期数			
	交易商协会 ABN	银保监会主管 ABS	证监会主管 ABS	合计	交易商协会 ABN	银保监会主管 ABS	证监会主管 ABS	合计
AAA	320	346	2 082	2 748	254	183	1 611	2 048
AA+	33	22	401	456	25	31	448	504
AA	1	5	45	51	1	1	20	22
AA- 及以下	3	7	64	74	12	14	78	104
合计	357	380	2 592	3 329	292	229	2 157	2 678

注：未披露评级信息未在表中列示，以下同。
资料来源：Wind。

（四）短期融资券②

2022 年短期融资券发行人披露主体级别的共计 1 232 家，主体级别主要分布于 AA—AAA 级。其中，AAA 级占比最高，为 42.21%，较 2021 年变化不大；其次是 AA+级，占比为 39.53%，较 2021 年上升 1.83 个百分点；AA 级占比居于第 3 位，为 19.48%，较 2021 年下降 1.10 个百分点（见表分 6-2）。

---

① 另有 19 期 A-1 级债券，占比 4.61%。
② 含一般短期融资券和超短期融资券。

表分 6-2　　　　　　　　2021—2022 年短期融资券主体级别分布

级别	2021 年		2022 年		变化	
	主体家数（家）	占比（%）	主体家数（家）	占比（%）	家数变化（家）	占比变化（%）
AAA	528	42.44	520	42.21	-8	-0.24
AA+	469	37.70	487	39.53	18	1.83
AA	256	20.58	240	19.48	-16	-1.10
AA-及以下	0	0.00	2	0.16	2	0.16
合计	1 244	100	1 232	100	-12	—

注：发行人具有不同信用等级的双评级或多评级，则按不同主体信用等级分别纳入统计，即同一主体可被计数多次。
资料来源：Wind。

2022 年短期融资券中无债项评级债券占比快速上升，占比超 98.44%。2022 年短期融资券发行人所发行的债券披露债项级别的共计 78 期，级别均为 A-1，披露债项级别的债券期数占比仅为 1.56%，较 2021 年下降 4.38 个百分点。

（五）中期票据

2022 年中期票据发行人披露主体级别的共计 1 251 家，主体级别主要分布于 AA—AAA 级。其中，AAA 级发行人占比仍然最高，为 38.95%，较 2021 年上升 1.24%；其次为 AA+ 级，占比为 37.12%，较 2021 年下降 0.59 个百分点；AA 级占比为 23.77%，较 2021 年下降 0.65 个百分点。此外，有一家发行主体无主体评级［见图分 6-6（a）］。

2022 年中期票据发行人所发行的债券披露债项级别的共计 1 083 期，信用等级介于 AAA—AA 级，受取消强制评级的政策影响，有债项评级信息的各级别中期票据发行期数同比均有所收缩，占比进一步向 AAA 级集中。具体来看，2022 年有债项评级信息的 AAA 级中期票据发行期数占比仍然最高，为 72.58%，较 2021 年上升 14.98 个百分点；AA+ 级和 AA 级中期票据发行期数占比分别为 22.16% 和 5.26%，较 2021 年分别下降 9.95 个和 5.02 个百分点。此外，有 1 576 期中期票据无债项信用等级，占所有中期票据期数的 59.27%，较上年大幅上升 27.76 个百分点［见图分 6-6（b）］。

（六）一般企业债

2022 年一般企业债发行人披露主体级别的共计 385 家，主体级别主要分布于 AA—AAA 级。其中，AA 级占比最高，为 51.43%，较 2021 年上升 3.28 个百分点；其次为 AA+ 级，占比为 29.09%，较 2021 年上升 3.43 个百分点；AAA 级占比居于第 3 位，为 14.81%，较 2021 年下降 7.95 个百分点。此外，有 3 家发行人无主体评级。

2022 年一般企业债债项级别集中于 AA—AAA 级，AAA、AA+ 和 AA 级债券期数占比分别为 55.85%、35.93% 和 8.21%，AAA 级占比较 2021 年下降 2.23 个百分点，AA+ 和 AA 级分别较 2021 年上升 1.99 个和 0.24 个百分点。

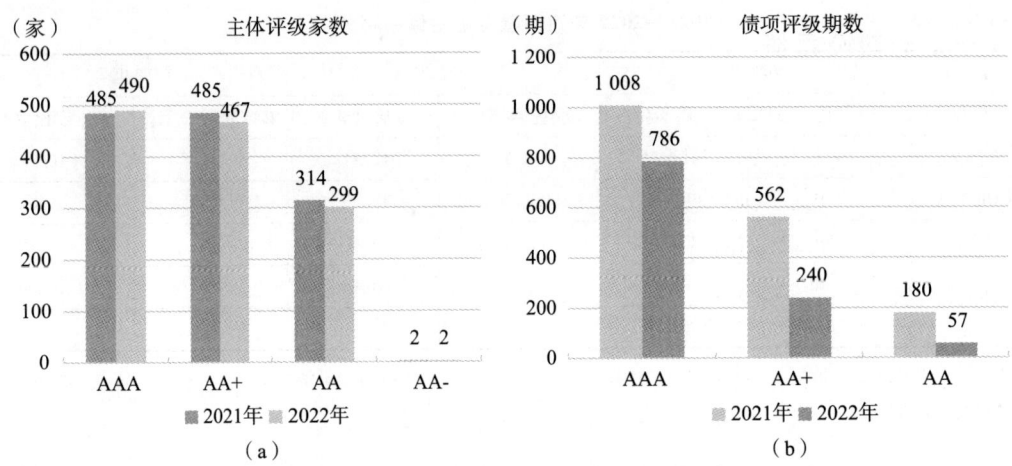

图分 6-6　2021—2022 年中期票据级别分布

注：发行人具有不同信用等级的双评级或多评级，则按不同主体信用等级分别纳入对应主体等级，即同一主体可被纳入多个主体等级。

资料来源：Wind。

二、利率与利差

从国债收益率走势看，2022 年国债收益率总体呈现波动下行态势，主要分为两个阶段。第一阶段：年初至 10 月底，国债收益率整体波动下行。年初在实体融资需求持续偏弱的背景下，中国人民银行加大逆周期调节力度，利率债收益率整体下行；年中在俄乌局势激化、疫情全国反复、市场对宽信用的担忧情绪加重、7 月美联储再次加息、8 月中国人民银行缩量续作中期借贷便利（MLF）等因素的影响下，利率债收益率陷入震荡下行行情。第二阶段：11 月初至年底，国债收益率整体震荡上行。11 月受疫情防控政策调整、地产融资好转等因素影响，市场对未来经济预期提振，风险偏好有所提升，利率债收益率波动上升（见图分 6-7）。

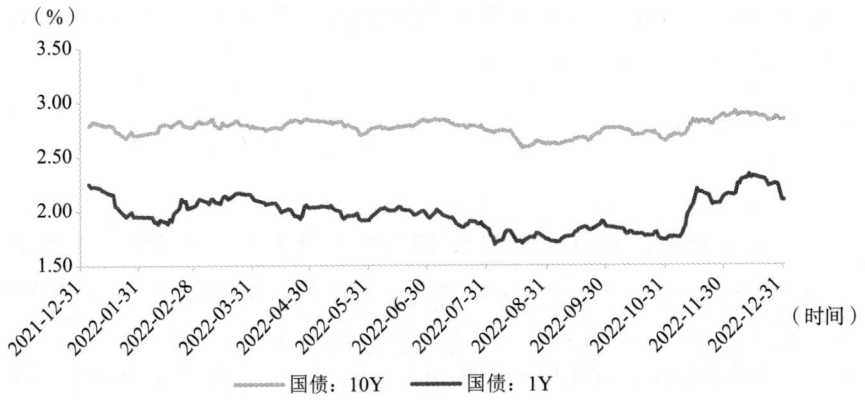

图分 6-7　2022 年 1 年期及 10 年期国债利率走势

资料来源：Wind，联合资信整理。

(一) 一般公司债

从发行利率来看，2022年各信用等级主体所发3年期和5年期一般公司债的发行利率均值较2021年均有不同程度下降；3年期AAA、AA+和AA级一般公司债平均发行利率同比分别下降了49.70BP、60.24BP和13.98BP，5年期AAA和AA+级一般公司债平均发行利率同比分别下降了44.40BP和77.29BP。各期限各级别平均发行利率的下行，表明前期促进实体经济融资政策成效逐渐显现。从发行利差来看，2022年除3年期AA级一般公司债发行利差同比有所上升外，其余各期限、各级别的一般公司债发行利差同比均有所下降，其中5年期AA+级一般公司债发行利差同比降幅最大，3年期AA+级一般公司债发行利差同比降幅次之（见表分6-3）。

表分6-3　　　　　　2021—2022年一般公司债发行利率及利差情况

期限	债项级别	平均发行利率			平均发行利差		
		2021年（%）	2022年（%）	同比变化（BP）	2021年（BP）	2022年（BP）	同比变化（BP）
3年期	AAA	3.63	3.13	-49.70	105.83	78.04	-27.78
	AA+	4.31	3.71	-60.24	171.66	136.44	-35.22
	AA	5.22	5.08	-13.98	268.36	280.37	12.01
5年期	AAA	3.86	3.41	-44.40	106.72	87.07	-19.65
	AA+	4.44	3.67	-77.29	161.52	113.32	-48.20
	AA	6.96	—	—	394.23	—	—

注：①如果债券存在选择权，期限为选择权之前的期限，例如债券的原始期限设计为"3+2"，则期限为3年，样本中剔除可续期债券；②发行利差为债券发行时的票面利率与其起息日相同期限的国债收益率之差，以下同；③无债项评级公司债按照主体评级统计，以下同。

资料来源：Wind。

从3年期和5年期一般公司债发行利差情况看，整体呈现如下特征：一是3年期和5年期一般公司债发行利差均值均呈现随债项级别的降低而逐步扩大的趋势；二是3年期AA+级一般公司债的发行利差变异系数相对较高，反映出市场对3年期AA+级一般公司债信用风险的看法分歧较大（见表分6-4）。

表分6-4　　　　　　2022年一般公司债券发行利差统计情况

期限	债项信用等级	样本数（个）	发行利率		发行利差		
			区间（%）	均值（%）	均值（BP）	级差（BP）	变异系数（%）
3年期	AAA	318	2.25—7.00	3.13	78.04	—	63.02
	AA+	62	2.65—6.40	3.71	136.44	58.39	66.60
	AA	6	3.60—0.50	5.08	280.37	143.94	54.90
5年期	AAA	105	2.70—4.32	3.41	87.07	—	30.38
	AA+	13	3.30—4.00	3.67	113.32	26.25	21.02

注：①级差指某信用等级的利差均值减去比该信用等级高一个子级的利差均值，AAA级无级差；②变异系数为利差的标准差与利差均值的比；③如果债券或发行人具有双评级或多评级，当级别相同，则按一次统计，当级别不同，则按不同级别分别统计；④无债项评级公司债按照主体评级统计。

资料来源：Wind。

(二) 私募公司债

从有评级信息披露且发行量最大的 2022 年 3 年期私募债发行利率情况来看，2022 年各信用等级主体所发 3 年期一般私募债的发行利率均值较 2021 年均有不同程度下降；AAA、AA+和 AA 级一般私募债平均发行利率同比分别下降了 38.62BP、77.23BP 和 98.78BP。从 3 年期私募公司债发行利率和发行利差情况看，整体呈现如下特征：一是 3 年期私募公司债发行利率均值呈现随债项级别的降低而逐步升高的趋势；二是各级别 3 年期私募公司债平均发行利差同比均有不同程度的下降（见表分 6-5）。

表分 6-5　　　　2021—2022 年 3 年期私募公司债发行利率及利差情况

期限	债项级别	平均发行利率			平均发行利差		
		2021年（%）	2022年（%）	同比变化（BP）	2021年（BP）	2022年（BP）	同比变化（BP）
3年期	AAA	4.03	3.64	-38.62	134.05	131.64	-2.42
	AA+	4.63	3.86	-77.23	191.74	151.19	-40.55
	AA	5.84	4.85	-98.78	311.44	250.89	-60.55

资料来源：Wind。

(三) 短期融资券

从有评级信息披露的 2022 年 1 年期短期融资券发行情况来看，2022 年各信用等级主体所发 1 年期短期融资券的发行利率均值较 2021 年均有不同程度下降；AAA 级主体所发短期融资券的发行利差均值较 2021 年有所上升；AA+级和 AA 级主体所发短期融资券的发行利差均值较 2021 年均有所下降（见表分 6-6）。

表分 6-6　　　　2021—2022 年一般短期融资券发行利率及利差情况

期限	债项级别	平均发行利率			平均发行利差		
		2021年（%）	2022年（%）	同比变化（BP）	2021年（BP）	2022年（BP）	同比变化（BP）
1年期	AAA	3.39	3.33	-5.95	103.30	136.17	32.87
	AA+	4.17	3.77	-39.83	182.81	177.88	-4.94
	AA	4.67	3.88	-78.93	235.03	188.85	-46.18

资料来源：Wind。

2022 年发行人主体信用等级与短期融资券利差呈现以下关系：一是新发行短期融资券的发行主体信用等级对发行利率均值、利差均值呈现出明显的区分度，即主体信用等级越低，发行利率均值、利差均值越大；二是 AA+级主体所发短期融资券的发行利差变异系数相对较高，反映出市场对 AA+级短期融资券信用风险的看法分歧较大（见表分 6-7）。

表分6–7　　　　　　　　2022年短期融资券发行利差统计情况

期限	主体级别	样本数量	发行利率（%）		发行利差（BP,%）		
			区间	均值	均值	级差	变异系数
1年	AAA	128	1.73—6.10	3.33	136.17	—	74.39
	AA+	146	2.10—7.80	3.77	177.88	41.71	80.37
	AA	54	2.40—6.80	3.88	188.85	10.97	55.17

资料来源：Wind。

（四）中期票据

从有评级信息披露且发行量较大的2022年3年期、5年期中期票据的发行情况来看，各级别3年期、5年期中期票据的发行利率均值和发行利差均值较2021年均有所下降。2022年中期票据的信用等级、发行期限和发行利率、发行利差关系主要呈现以下特征：一是信用等级与发行利率均值、利差均值均呈反向关系，即债券信用等级越高，发行利率均值、利差均值越小；二是AA+级和AA级3年期中期票据的发行利率均值高于5年期中期票据，相同级别的3年期、5年期中期票据的利差均值也存在"倒挂"现象，可能是由于5年期中期票据发行人的信用状况整体较好，均为大中型国有企业或优质民营企业，发行成本相对较低（见表分6–8）。

表分6–8　　　　　　2021—2022年中期票据发行利率及利差情况

期限	债项级别	平均发行利率			平均发行利差		
		2021年（%）	2022年（%）	同比变化（BP）	2021年（BP）	2022年（BP）	同比变化（BP）
3年期	AAA	3.71	3.17	-54.08	106.72	81.55	-25.17
	AA+	4.42	3.71	-70.71	177.44	135.36	-42.08
	AA	5.44	4.27	-117.33	279.89	190.00	-89.89
5年期	AAA	3.89	3.35	-53.66	111.69	81.08	-30.61
	AA+	4.44	3.65	-79.38	163.92	113.82	-50.10
	AA	5.49	3.90	-158.62	281.86	134.16	-147.70

资料来源：Wind。

从3年期和5年期中期票据发行利差情况看，整体呈现如下特征：一是3年期和5年期一般公司债发行利差均值均呈现随债项级别的降低而逐步扩大的趋势；二是3年期AAA级中期票据的发行利差变异系数相对较高，反映出市场对3年期AAA+级中期票据信用风险的看法分歧较大（见表分6–9）。

表分 6－9 2022 年中期票据发行利差统计情况

期限	债项信用等级	样本数（个）	发行利率 区间（%）	发行利率 均值（%）	发行利差 均值（BP）	发行利差 级差（BP）	发行利差 变异系数（%）
3 年期	AAA	585	2.19—7.50	3.17	81.55	—	67.45
	AA+	385	2.70—7.70	3.71	135.36	53.81	62.80
	AA	122	2.89—7.70	4.27	190.00	54.64	57.90
5 年期	AAA	199	2.59—4.60	3.35	81.08	—	44.89
	AA+	37	3.14—4.26	3.65	113.82	32.74	25.62
	AA	4	3.20—4.20	3.90	134.16	20.33	30.76

资料来源：Wind。

（五）一般企业债

从有评级信息披露且发行量较大的 2022 年 5 年期、7 年期企业债的发行情况来看，除 5 年期 AA 级企业债发行利差同比有所上升外，其余各级别企业债发行利率和发行利差同比均有所下降。从 5 年期、7 年期企业债发行利率和发行利差情况看，整体呈现如下特征：一是 5 年期、7 年期企业债发行利率均值呈现随债项级别的降低而逐步升高的趋势；二是 5 年期、7 年期企业债发行利差均值呈现随债项级别的降低而逐步扩大的趋势（见表分 6－10）。

表分 6－10 2021—2022 年企业债发行利率及利差情况

期限	债项级别	平均发行利率 2021 年（%）	平均发行利率 2022 年（%）	平均发行利率 同比变化（BP）	平均发行利差 2021 年（BP）	平均发行利差 2022 年（BP）	平均发行利差 同比变化（BP）
5 年期	AAA	3.96	3.50	－46.03	115.21	95.50	－19.71
	AA+	4.79	3.91	－88.15	199.57	135.39	－64.18
	AA	6.29	6.28	－1.06	337.22	377.29	40.07
7 年期	AAA	4.19	3.70	－49.79	131.18	94.65	－36.53
	AA+	4.97	4.43	－54.11	196.08	165.73	－30.34
	AA	7.35	6.79	－56.71	426.08	400.28	－25.79

资料来源：Wind。

三、信用等级迁移分析

（一）主体等级迁移矩阵

为反映公募债券市场发行人的信用等级调整变化，本部分采用 Cohort 法对发行人主体信用等级变化进行分析。在信用等级迁移方面，2022 年债券市场发行人主体信用等级一年期迁移矩阵显示：从年初至年末，在样本数量较多的 AA－级及以上级别中，AA－级别的稳定性最低，有5.35%的发行人发生调整，主要来自向下调整，其中有4.35%的发行人向下调整，1.00%的发行人向上调整；AA+级别的迁徙率为1.86%，为迁徙率第二高的级别，主要来自向上调整，有1.16%的发行人向上调整，0.70%的发行人向下调整；AA级别的迁徙率居于第3位，有1.70%的发行人发生调整，其中1.44%的发行人向下调整，0.26%的发行人向上调整；AAA级别的稳定性最好，其迁徙率仅有0.07%，且均下调至AA+级。此外，AA—AA+级均有部分发行人的级别迁移范围超过5个子级，级别迁移幅度较大（见表分6-11）。

表分6-11　2022年公募债券市场发行人主体信用等级迁移矩阵

年初＼年末	样本数量（个）	AAA（%）	AA+（%）	AA（%）	AA-（%）	A+（%）	A（%）	A-（%）	BBB+（%）	BBB（%）	BBB-（%）	BB+及以下（%）
AAA	1 362	99.93	0.07	—	—	—	—	—	—	—	—	—
AA+	1 288	1.16	98.14	0.47	0.08	—	—	—	—	—	—	0.16
AA	1 533	—	0.26	98.30	1.04	0.20	0.07	—	0.07	0.07	—	—
AA-	299	—	0.33	0.67	94.65	3.01	0.33	0.67	—	—	—	0.33
A+	93	—	—	—	—	97.85	2.15	—	—	—	—	—
A	14	—	—	—	—	—	85.71	—	7.14	—	—	7.14
A-	2	—	—	—	—	—	—	50.00	—	—	—	50.00
BBB+	4	—	—	—	—	—	—	—	50.00	—	25.00	25.00
BBB	1	—	—	—	—	—	—	—	—	—	100.00	—
BBB-	3	—	—	—	—	—	—	—	—	33.33	33.33	33.33
BB+及以下	16	—	—	—	—	—	—	—	—	—	—	100.00

注：①发行人样本数量为2022年初至年底各家评级机构所评定的具有主体评级且仍具有存续状态的债券的公募债券发行人数量；②如果发行人在2022年度仅发生评级展望的调整，则不列入本表的调整统计；③若发行人具有不同或相同信用等级的双评级或多评级，则按不同或相同主体信用等级分别纳入统计，即同一主体可被计数多次。

资料来源：Wind。

（二）主体评级调整情况

信用等级调整以调降为主，评级稳定性有所提高。2022年，公募债券市场上共有111家发行主体信用等级发生调整，调整率为1.90%，较2021年下降0.67个百分点，较2020年下降3.78个百分点。其中信用等级被调升的发行人有25家，调升率为0.43%，较2021年上升0.15个百分点，较2020年下降3.64个百分点；信用等级被调降的发行人有86家，调降率为1.47%，较2021年下降0.82个百分点，较2020年下降0.14个百分点。整体来看，2022年公募债券市场评级稳定性较2021年和2020年有所提升，信用等级延续调降趋势。

2022年，公募债券市场上信用评级展望被调升的发行人有6家（由负面调整为稳定的有4家，由稳定调整为正面的有2家），信用评级展望被调降的发行人有25家（均由稳定调整为负面），评级展望调升率和调降率分别为0.10%和0.43%，调升率较前两年略有上升，调降率较2021年有所下降，较2020年略有上升。整体来看，2022年发行人主体信用评级展望仍延续调降趋势（见表分6-12）。

表分6-12　　　　2020—2022年债券市场发行人信用评级调整统计

发行主体	信用等级			评级展望			合计		
	2020年	2021年	2022年	2020年	2021年	2022年	2020年	2021年	2022年
样本数量（家）	5 768	6 030	5 836	5 768	6 030	5 836	5 768	6 030	5 836
调升数量（家）	235	17	25	5	3	6	240	20	31
调降数量（家）	93	138	86	24	50	25	117	188	111
调升率（%）	4.07	0.28	0.43	0.09	0.05	0.10	4.16	0.33	0.53
调降率（%）	1.61	2.29	1.47	0.42	0.83	0.43	2.03	3.12	1.90

注：发行人具有双评级或多评级，按不同主体信用等级分别纳入统计，即同一主体可被计数多次；数据统计范围为公募债券市场。

资料来源：Wind。

从区域来看，评级负面调整的发行人①主要分布在广东（23家）、贵州（14家）、北京（14家）、江苏（12家）等地，呈现出一定的区域特征。

从行业来看，评级负面调整的发行人行业分布整体较为广泛，但建筑与工程行业（37家）、房地产管理和开发行业（12家）等行业的调降主体家数较多。评级正面调整的发行人数量整体较少，其中综合类行业（6家）、资本市场行业（4家）的调升率较高（见表分6-13）。

表分6-13　　　　2022年公募债券市场主要行业评级调整情况

Wind三级行业	调降数量（家）	调升数量（家）	调降率（%）	调升率（%）
房地产管理和开发	12	1	4.82	0.40
金属、非金属与采矿	3	0	2.27	0.00
建筑与工程	37	3	1.99	0.16
商业服务与用品	4	2	1.75	0.87
化工	2	1	1.59	0.79
多元金融服务	3	3	1.42	1.42
综合类	7	6	0.91	0.78
资本市场	1	4	0.76	3.03
交通基础设施	1	1	0.58	0.58
商业银行	1	2	0.26	0.51
电力	0	2	0.00	1.52

注：发行人具有双评级或多评级，按不同主体信用等级分别纳入统计，即同一主体可被计数多次；数据统计范围为公募债券市场。

资料来源：Wind。

---

① 包括调降主体评级、调降评级展望。

从大跨度调整情况来看，2022 年，我国公募债券市场共有 27 家发行人[1]发生大跨度评级调整[2]现象，均为调降，较 2021 年（47 家）和 2020 年（41 家）明显减少。具体来看，27 家发生大跨度评级调整的发行人信用等级被调降 66 次，均值约为 2.4 次，较 2021 年的均值（约 2.6 次）有所下降，较 2020 年的均值（约 1.9 次）有所增加。同时，所有大跨度评级调整样本中，期间单次调降行动的平均下调子级数量约为 3.0，低于 2021 年（约为 3.9）和 2020 年（约为 5.4），体现出调降行动更为充分、全面、灵活，更加注重等级调整的连续性。

四、违约分析[3]

2022 年，我国债券市场新增 8 家违约发行人，共涉及 45 期违约债券，违约金额[4]约 232.62 亿元，违约家数、期数、金额较上年（23 家、90 期、1 037.95 亿元）分别减少 65.22%、50.00%、77.59%；另有 9 家此前已经发生违约的发行人继续未能按时偿付其存续债券利息或本金，涉及违约债券 21 期，违约金额约 173.13 亿元。总体来看，我国债券市场违约风险释放趋缓。与此同时，我国债券展期数量增多，2022 年，新增展期发行人 28 家，涉及 95 期展期债券，展期金额 843.77 亿元，较上年（19 家、37 期、197.99 亿元）分别增加 47.37%、156.76%、326.16%。债券展期为发行人提供了缓冲时间，有助于发行人平稳化解信用风险。

2022 年，我国债券市场新增违约发行人主要为民营企业，新增违约民营企业有 4 家[5]，占全部新增违约发行人数量的 50.00%。新增违约发行人涉及房地产管理和开发、制药、多元金融服务、媒体、金属及非金属与采矿 5 个行业，违约主体涉及行业较上年（16 个）减少。新增违约发行人分布在福建、湖北、北京、山东、广西、新疆 6 个省市，违约主体涉及地区较上年（11 个）收敛。从新增违约企业地区分布来看，发行人主要集中在东南沿海、

---

[1] 该部分内容发行人数量均对双评级去重处理。

[2] 大跨度评级调整是等级调整的一种特殊情况，指发行人期初、期末主体信用等级调整超过 3 个子级以上（含 3 个子级）。例如，期初等级为 AA，期末等级调整为 A，等级调整跨越 AA－和 A＋，则为发生大跨度调整；不同评级机构对同一发行主体的大跨度评级调整各计为 1 次。

[3] 当出现下述一个或多个事件时，即可判定债券（主体）发生违约：一是债务人未能按照合同约定（包括在既定的宽限期内）及时支付债券本金和（或）利息；二是债务人不能清偿到期债务，并且资产不足以清偿全部债务或者明显缺乏清偿能力，债务人被人民法院裁定受理破产申请的，或被接管、被停业、关闭；三是债务人进行债务重组且其中债权人作出让步或债务重组具有明显的帮助债务人避免债券违约的意图，债权人作出让步的情形包括债权人减免部分债务本金或利息、降低债务利率、延长债务期限、债转股（根据协议将可转换债券转为资本的情况除外）等情况；但在以下两种情况发生时，不视作债券（主体）违约：一是如果债券具有担保，担保人履行担保协议对债务进行如期偿还，则债券视为未违约；二是合同中未设置宽限期的，单纯由技术原因或管理失误而导致债务未能及时兑付的情况，只要不影响债务人偿还债务的能力和意愿，并能在 1—2 个工作日得以解决，不包含在违约定义中。交易所债券市场新增违约发行人的统计口径是在交易所债券市场有存续债券的全部债券市场新增违约发行人。

[4] 违约金额为债券未偿付本金和利息之和，下文同。

[5] 不含武汉当代明诚文化体育集团股份有限公司。武汉当代明诚文化体育集团股份有限公司原属湖北民营企业"当代系"，2021 年 6 月其实际控制人变更为武汉市国资委，2022 年 4 月违约时，属于地方国有企业。

环渤海、长江中游等经济较发达地区。

2022年我国债券市场新增违约主体涉及的违约债券品种包含一般公司债、私募债、超短期融资券、一般中期票据、定向工具和资产支持证券，其中，一般公司债发行人主体违约家数最多，共计4家，占比50.00%；其次为超短期融资债券、一般中期票据和定向工具发行人，违约家数均为3家，占比37.50%；私募债发行人违约家数为2家，占比25.00%（见表分6-14）。此外，2022年我国公募债券市场发行主体违约率为0.16%，较2021年（0.45%）和2020年（0.64%）明显下降（见表分6-14、表分6-15）。

表分6-14　　　2022年我国债券市场新增违约主体涉及债券品种情况

债券品种	违约主体数量（家）	家数占比（%）	违约债券数量（期）	期数占比（%）
一般公司债	4	50.00	14	31.11
私募债	2	25.00	7	15.56
超短期融资债券	3	37.50	6	13.33
一般中期票据	3	37.50	10	22.22
定向工具	3	37.50	6	13.33
资产支持证券	—	—	2	4.44
合计	8	100	45	100

注：因部分违约主体存在发行多品种债券的情况，同一主体可被计数多债券品种发行人。
资料来源：Wind。

表分6-15　　　2020—2022年我国公募债券市场发行主体违约率

发行人主体级别	2022年			2021年			2020年		
	年初样本数（家）	违约数量（家）	违约率（%）	年初样本数（家）	违约数量（家）	违约率（%）	年初样本数（家）	违约数量（家）	违约率（%）
AAA	1 169	1	0.09	1 122	5	0.45	951	3	0.32
AA+	1 203	2	0.17	1 168	5	0.43	1 036	6	0.58
AA	1 548	2	0.13	1 624	3	0.18	1 765	7	0.40
AA-	336	1	0.30	363	3	0.83	334	5	1.50
A+	119	1	0.84	107	0	0.00	95	0	0.00
A	19	0	0.00	15	1	6.67	14	1	7.14
A-	5	1	20.00	4	0	0.00	4	0	0.00
BBB+	4	0	0.00	0	0	—	3	0	0.00
BBB	2	0	0.00	2	0	0.00	4	2	50.00
BBB-	2	0	0.00	1	1	100.00	0	0	—
BB+	0	0	—	1	1	100.00	1	1	100.00
BB	4	0	0.00	2	0	0.00	1	1	100.00

续表

发行人主体级别	2022年			2021年			2020年		
	年初样本数（家）	违约数量（家）	违约率（%）	年初样本数（家）	违约数量（家）	违约率（%）	年初样本数（家）	违约数量（家）	违约率（%）
BB-	0	0	—	1	0	0.00	0	0	—
B+	0	0	—	0	0	—	0	0	—
B	3	0	0.00	0	0	—	0	0	—
B-	0	0	—	0	0	—	0	0	—
CCC	0	0	—	1	1	100.00	0	0	—
CC	0	0	—	0	0	—	0	0	—
C	0	0	—	0	0	—	0	0	—
合计	4 290	7	0.16	4 266	19	0.45	4 091	26	0.64

注：①发行人样本为当年年初存续且具有主体信用级别的公募债券发行主体，不包括所发债券年初存续但主体被终止信用评级的发行人；发行人主体信用等级的有效期限视为等同于其所发债券的有效期限，对于所有债券均到期的发行人认为其主体信用等级失效；表中发行人主体级别为当年年初级别；发行人具有不同信用等级的双评级或多评级，则按不同主体信用等级分别纳入统计，即同一主体可被计数多次。②发行人主体违约率＝当年发生违约的发行人家数/发行人样本家数。③当年违约数量不包括之前已发生违约并在当年再度发生违约的发行人。

资料来源：Wind。

第三章
2022年证券资信评级行业面临的问题与 2023年前景展望

2022年我国证券资信评级行业面对多重冲击，经受住严峻考验，服务实体经济和防范金融风险的能力明显提高，为证券市场的高质量发展作出了积极贡献。但我国证券资信评级行业面临着评级质量不高、事前预警功能不足、合规管理不完善等问题，同时，随着取消强制评级政策的深入推进，评级业务量明显下滑，评级行业的短期经营受到影响。展望2023年，我国经济运行恢复向好，评级行业将加快推进行业高质量发展，加速优化评级方法体系，着力提升评级的前瞻性，推动评级质量逐步提升；随着取消强制评级政策的进一步落实，评级行业将加快回归服务投资者本源，评级机构将加快市场化转型、数字化转型和国际化转型。

第一节 2022年中国证券资信评级行业面临的问题

一、评级区分度有所改善，评级准确性和前瞻性仍有待提高

2022年，各评级机构落实五部委《通知》的要求，陆续更新了200余项评级方法，均采用了"BCA（个体信用状况评估）+外部支持分析"的逻辑框架，同时，各评级机构完善了以违约率为核心的评级质量验证机制，加强了信用风险监测和预警，我国评级机构的评级区分度有所改善，高评级主体占比显著下降。截至2022年末，存续公司债发行主体3 322家，其中，AA+级及以上发行人占比49.52%，较2021年同期（81.10%）下降了31.49个百分点。

2022年，我国债券市场违约风险持续释放，全年新增8家违约发行人，共涉及45期违约债券，到期违约金额约232.62亿元。我国评级机构对违约主体的风险预警能力仍显

不足，部分评级机构在企业违约前一个工作日才采取负面评级行动（下调信用等级或下调评级展望），受到投资者和市场舆论的质疑。从违约率来看，2022年我国部分级别违约率仍存在"倒挂"现象，我国公募债券市场AA+级发行主体违约率（0.17%）高于AA级发行主体违约率（0.13%），这表明我国债券市场信用评级结果的准确性仍不理想。

总体来看，虽然我国信用评级机构的评级区分度有所改善，但我国信用评级机构的评级准确性不高、风险预警功能仍然薄弱，评级质量的提高任重道远。

二、取消强制评级政策进一步落实，评级行业短期经营受到影响

2022年，监管部门发布一系列政策降低对外部信用评级的依赖，进一步取消强制评级的制度性安排。随着取消强制评级政策的进一步落实，我国债券市场中无评级债券的占比快速上升。2022年我国债券市场中无评级债券的占比为52.19%，较2021年的38.32%明显提升了13.87个百分点。随着无评级债券的快速增多，我国评级机构的评级业务量明显下滑。2022年，我国证券资信评级机构的业务规模明显收缩，全年协议承做评级项目14 968个，较上年（16 800个）减少10.90%。

随着评级业务量的下滑，评级行业短期经营受到影响。2022年，我国部分评级机构的业务收入和经营性现金流量净额下降，经营受到影响。评级机构业务量的下滑导致评级行业的市场竞争进一步加剧，部分评级机构面临更加严峻的生存危机。

三、监管处罚与司法诉讼增多，法律合规风险上升

2022年，监管机构和自律组织加大对信用评级机构的处罚力度，对评级机构及其从业人员进行了6次行政处罚、行政监管措施或自律管理措施，涉及5家评级机构，处罚的评级机构数量较上年（3家）增多[1]。

2022年，虽然"16大机床SCP002"虚假陈述侵权案件的一审判决结果免除了评级机构的连带赔偿责任，但越来越多的投资者纷纷起诉评级机构，要求获得民事赔偿。2022年，评级机构因执业行为发生了36次诉讼或仲裁，较上年（26次）显著增加了38.46%[2]。

总体来看，在监管部门进一步强化评级机构事中事后监管、压实评级机构责任的背景下，评级机构的法律合规风险显著上升。合规经营已成为评级机构的生存底线，评级机构亟须进一步提升合规意识，高度重视业务风险，严格遵守各项法律法规和监管要求，强化履职尽责，切实提高合规管理水平。

---

[1] 资料来源：中国证监会网站，http://www.csrc.gov.cn/csrc/c105944/c1601059/content.shtml。

[2] 资料来源：中国证监会网站，http://www.csrc.gov.cn/csrc/c105944/c1601059/content.shtml。

第二节 2023年证券资信评级行业发展前景展望

一、评级行业迈上高质量发展道路，评级质量有望逐步提升

2023年是全面贯彻落实党的二十大精神的开局之年，评级行业将加快推进行业高质量发展，进一步提高服务国家战略和实体经济、防范金融风险的能力。2023年6月，中国证监会发布《关于注册制下提高中介机构债券业务执业质量的指导意见》，在加强评级方法体系建设、发挥评级的事前预警功能、提升评级业务质量等方面对评级行业提出了更高的要求；同时，随着债券注册制改革的推进和债券违约风险的释放，投资者对高质量评级服务的需求也日益迫切。在监管政策及市场需求的双重推动下，信用评级机构的竞争重心将加快从级别竞争和价格竞争转向评级质量竞争。信用评级机构将加速优化评级方法体系，着力提升评级的前瞻性，更好地发挥评级的风险揭示和预警功能，推动评级质量逐步提升，实现评级行业的高质量发展。

二、取消强制评级深入推进，评级机构加快市场化转型

2023年，取消强制评级将继续推进，我国债券的交易、抵质押等环节的强制外部评级可能将逐步取消，短期内评级业务规模或将继续收缩。评级需求将加快从监管需求迁移至市场需求；评级行业将加快由"监管驱动"向"市场驱动"转变，将加快回归服务投资者本源；评级机构将加快市场化转型，竞争重心将加快从发行人转向投资人，一方面提高评级质量更好地为投资人揭示信用风险，另一方面推出数据、模型、指数、研究等多元化产品，为投资人提供全方位服务。

三、评级行业金融科技应用增多，数字化转型不断升级

金融科技与信用评级的深度融合已经成为信用评级行业新的发展趋势，评级数字化提高了评级服务效率，提升了投资人的体验水平。2023年，在数字化浪潮下，评级行业将不断推进数字化转型，建立行业数字标准，以数字化为基础推进运营的平台化，不断提升评级服务的数字化水平。评级机构将继续运用大数据、人工智能、云计算等技术，建立数据治理制度，增强历史数据与信用风险的关联性，更好地解决评级行业信用体系建设、企业风险事件传导、企业信用风险实时预警等关键问题，提升信用风险揭示能力，实现提质增效、控制风

险和业务创新。

四、评级行业双向开放步伐加快，评级机构加快国际化转型

随着人民币国际化及债券市场双向开放进程的加快，评级行业国际化程度日益提高。2023 年，中资评级机构将加快国际化步伐。一方面，中资评级机构将提高评级技术体系的国际化水平，建立与国际接轨的评级技术体系；另一方面，中资评级机构将加快国际化布局，积极申请境外资信评级牌照，争取获得境外监管部门的认可，努力开拓境外评级业务，提升在国际债券市场的话语权；此外，中资评级机构将推出更丰富的投资人服务产品，满足境外投资人多元化的信用风险揭示需求，提高境外投资人对中资评级机构的认可度。

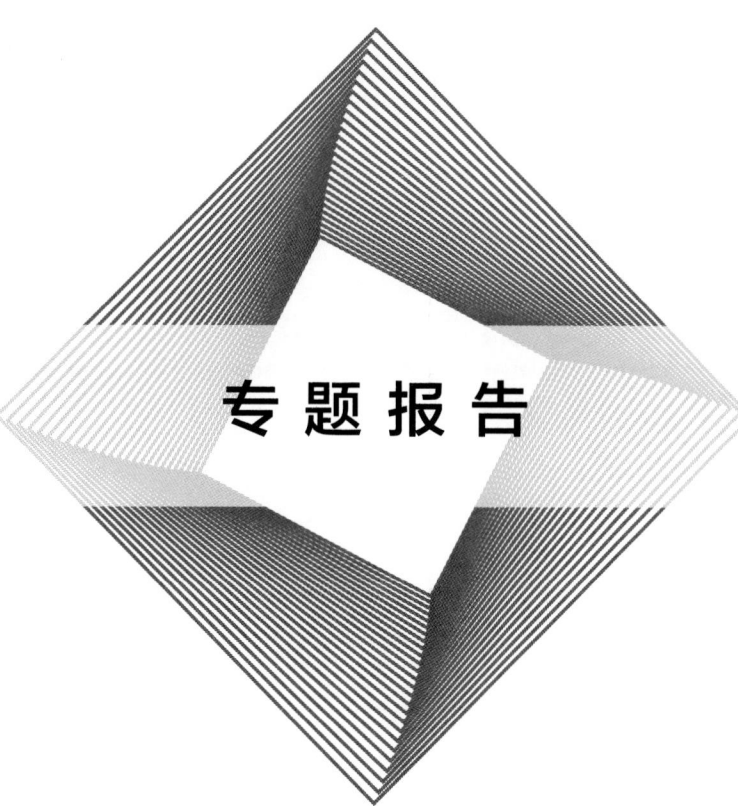

专题报告

专题报告之一：
2022 年中国证券公司合规管理发展综述

第一章
2022 年中国证券公司合规管理概况

第一节　2022 年证券公司合规管理基本情况

2022 年，证券公司全面完善合规管理体系，进一步落实新《证券法》的要求，明确"三道内控防线"的内容，持续加强投资者保护措施，积极落实中介机构勤勉尽责的义务，为资本市场高质量发展营造有利环境。

一、证券公司分类监管情况

为促进证券公司的业务活动与其治理机构、内部控制、合规管理及风险管理等情况相适应，有效实施证券公司审慎监管，实现证券行业持续规范发展，中国证监会建立了证券公司分类监管制度。2022 年，中国证监会不再公布证券公司分类评价结果，改为由地方证监局对辖区证券公司进行"一对一"通知。同时，按照"分类监管、放管结合"的思路，中国证监会对公司治理、合规风控有效的证券公司实行"白名单"制度。2021 年 5 月 28 日，中国证监会公布首批证券公司"白名单",后续根据证券公司合规风控情况对"白名单"持续动态调整。根据2022年6月更新的证券公司"白名单",共有30家证券公司入选。

二、证券公司合规管理组织体系

2023年初,中国证券业协会组织证券公司合规管理问卷调查,调查显示证券公司合规部门设置情况如下:2022年,96.46%的证券公司设立了专门的合规部门,较上一年度上升了0.96%;同时,35.40%的证券公司合规部门与法律部门分开设立。

在证券公司合规管理人员配备方面,截至2022年底,证券公司专职合规管理人员(含总部合规部门、业务部门、分支机构和子公司)总人数为14 306人,比上一年增加了933人,平均每家公司约127人;兼职合规管理人员(含业务部门、分支机构、子公司)总人数为4 289人,平均每家公司约38人。从专职合规管理人员数量每家公司平均分布看,专职管理人员总部合规部门平均为20人,业务部门平均为13人,分支机构平均为80人,子公司平均为14人。从兼职合规管理人员数量每家公司平均分布看,兼职合规管理人员业务部门平均为6人,分支机构平均为23人,子公司平均为8人。截至2022年底,证券公司总部合规部门中具备3年以上证券、金融、法律、会计、信息技术等有关领域工作经历的专职合规管理人员数量平均为19人;具有IT背景从事合规工作的专职人员数量平均为2人,兼职人员数量平均为1人。2022年,平均87.63%的证券公司分公司配备了专职合规管理人员;平均71.57%的证券公司营业部配备了专职合规管理人员;30.97%的证券公司在中国大陆以外的国家和地区设立了境外子公司,平均13.30%的证券公司境外子公司由母公司选派了合规负责人。2022年,证券公司专职合规管理人员的平均年龄为38岁。

从证券公司合规部门人员数量变动情况来看,2022年,56.64%的证券公司合规部门人数有所增加,18.58%的证券公司合规部门人数减少,24.78%的证券公司合规部门人数保持不变。

第二节　2022年证券行业监管与自律规则体系的发展情况

一、证券行业监管规则体系发展情况

2022年,中国证监会系统认真贯彻党中央、国务院决策部署,在国务院金融委统一指挥协调下,坚持稳字当头、稳中求进,促发展、保稳定、防风险、强监管,把全面从严治党向纵深推进,资本市场高质量发展和系统党的建设实现了融合共进。中国证监会证券基金机构监管条线在支持注册制改革、强化监管执法、防范化解风险、推进开放合作、优化自律管理、促进行业文化建设等方面取得新进展,有力保障市场平稳运行和行业稳健发展。

(一) 进一步完善注册制下的基础性制度

2022年,中国证监会坚定不移地统筹推进交易、持续监管、退市等各项基础制度改革,促进资本市场生态不断优化,营造良好的市场生态。2022年1月,中国证监会发布《上市公司股东大会规则(2022年修订)》[①],增加了股东违规买入股份对应表决权的行使限制等规则,推进完善上市公司基础性制度;发布《上市公司独立董事规则》[②],促进形成体例科学、层次分明、规范合理且协调一致的上市公司监管法规体系;发布《上市公司现场检查规则》[③],进一步规范上市公司现场检查行为,加强对上市公司及相关各方的监督管理;发布《关于注册制下提高招股说明书信息披露质量的指导意见》[④],进一步提高招股说明书信息披露质量。4月,中国证监会发布《上市公司投资者关系管理工作指引》[⑤],进一步规范上市公司投资者关系管理,加强上市公司与投资者之间的有效沟通,促进上市公司完善治理;发布《关于完善上市公司退市后监管工作的指导意见》[⑥],适应注册制改革和常态化退市的要求,进一步完善上市公司退市后监管工作。

(二) 规范和完善多层次资本市场体系,促进科创板、创业板和区域性股权市场的发展

2022年,更具包容性、适应性的多层次资本市场体系进一步完善。2022年1月,中国证监会发布《中国证监会关于北京证券交易所上市公司转板的指导意见》[⑦],进一步明确转板上市基本制度安排、规范转板上市行为。4月,中国证监会发布《关于修改〈首次公开发行股票并上市管理办法〉的决定》[⑧],统一主板、科创板、创业板关于发行人成立满3年的规则适用,保障规则执行的严肃性。5月,为完善科创板交易制度,中国证监会发布《证券公司科创板股票做市交易业务试点规定》[⑨],明确符合条件的证券公司可以按照要求向中国证监会申请科创板股票做市交易业务试点资格。11月,中国证监会办公厅、工业和信息化部办公厅联合印发了《关于高质量建设区域性股权市场"专精特新"专板的指导意见》,推动区域性股权市场建立完善适合专精特新中小企业特点的服务和产品体系,促进区域性股权市场功能作用发挥,提升多层次资本市场服务专精特新中小企业的能力。

---

① 《上市公司股东大会规则(2022年修订)》(中国证监会公告〔2022〕13号)。
② 《上市公司独立董事规则》(中国证监会公告〔2022〕14号)。
③ 《上市公司现场检查规则》(中国证监会公告〔2022〕21号)。
④ 《关于注册制下提高招股说明书信息披露质量的指导意见》(中国证监会公告〔2022〕27号)。
⑤ 《上市公司投资者关系管理工作指引》(中国证监会公告〔2022〕29号)。
⑥ 《关于完善上市公司退市后监管工作的指导意见》(中国证监会公告〔2022〕31号)。
⑦ 《中国证监会关于北京证券交易所上市公司转板的指导意见》(中国证监会公告〔2022〕25号)。
⑧ 《关于修改〈首次公开发行股票并上市管理办法〉的决定》(中国证监会令第196号)。
⑨ 《证券公司科创板股票做市交易业务试点规定》(中国证监会公告〔2022〕32号)。

(三) 进一步促进双向开放

2022年，中国证监会稳步扩大资本市场双向开放，优化境内外市场互联互通机制，进一步推进证券期货业高水平双向开放。2022年2月，为进一步便利跨境投融资、促进要素资源的全球化配置，推进资本市场制度型开放，中国证监会对《关于上海证券交易所与伦敦证券交易所互联互通存托凭证业务的监管规定（试行）》①进行修订，修订后名称定为《境内外证券交易所互联互通存托凭证业务监管规定》②，重点围绕拓展适用范围、增加中国预托凭证（CDR）融资安排、优化持续监管等方面进行修改完善。6月，中国证监会发布《关于修改〈内地与香港股票市场交易互联互通机制若干规定〉的决定》③，进一步完善沪深港通机制，规范内地投资者返程交易行为；发布《关于交易型开放式基金纳入互联互通相关安排的公告》④，明确内地与香港股票市场交易互联互通机制拓展至交易型开放式基金。9月，中国证监会发布修订后的《关于合格境外机构投资者和人民币合格境外机构投资者境内证券交易登记结算业务的规定》⑤，推进货银对付改革，进一步完善合格境外机构投资者的证券交易、登记结算业务。

(四) 规范证券基金经营机构执业行为，促进中介机构归位尽责

2022年，中国证监会进一步压实中介机构责任，促进证券公司主动归位尽责，强化证券基金行业人员管理，规范任职和执业行为。2022年1月，中国证监会发布《关于注册制下提高招股说明书信息披露质量的指导意见》⑥，督促发行人及中介机构归位尽责，高质量撰写与编制招股说明书。2月，为了规范证券基金经营机构董事、监事、高级管理人员及从业人员的任职和执业行为，强化经营机构主体责任，中国证监会发布《证券基金经营机构董事、监事、高级管理人员及从业人员监督管理办法》⑦。5月，为进一步提高保荐机构尽职调查工作质量、完善保荐业务工作底稿制度，中国证监会发布《保荐人尽职调查工作准则》⑧和《证券发行上市保荐业务工作底稿指引》⑨。同月，中国证监会联合司法部、财政部共同发布《关于加强注册制下中介机构廉洁从业监管的意见》⑩，切实加强对注册制下证券公司、会计师事务所、律师事务所等中介机构及其从业人员的廉洁从业监管，持续净化资

---

① 《关于上海证券交易所与伦敦证券交易所互联互通存托凭证业务的监管规定（试行）》（中国证监会公告〔2018〕30号）。
② 《境内外证券交易所互联互通存托凭证业务监管规定》（中国证监会公告〔2022〕28号）。
③ 《关于修改〈内地与香港股票市场交易互联互通机制若干规定〉的决定》（中国证监会令第200号）。
④ 《关于交易型开放式基金纳入互联互通相关安排的公告》（中国证监会公告〔2022〕39号）。
⑤ 《关于合格境外机构投资者和人民币合格境外机构投资者境内证券交易登记结算业务的规定》（中国证监会公告〔2022〕44号）。
⑥ 《关于注册制下提高招股说明书信息披露质量的指导意见》（中国证监会公告〔2022〕27号）。
⑦ 《证券基金经营机构董事、监事、高级管理人员及从业人员监督管理办法》（中国证监会令第195号）。
⑧ 《保荐人尽职调查工作准则》（中国证监会公告〔2022〕36号）。
⑨ 《证券发行上市保荐业务工作底稿指引》（中国证监会公告〔2022〕35号）。
⑩ 《关于加强注册制下中介机构廉洁从业监管的意见》（中国证监会公告〔2022〕37号）。

本市场生态，一体推进惩治金融腐败和防控金融风险。

（五）积极促进基金、债券、期货及衍生品市场的发展

2022年，中国证监会积极为基金、债券、期货和衍生品市场的健康发展提供法治保障，发挥相关市场发现价格、管理风险、配置资源的功能，更好地发挥基金、债券、期货和衍生品市场服务实体经济的作用。2022年7月，中国证监会、国家发展改革委、全国工商联联合发布《关于推动债券市场更好支持民营企业改革发展的通知》①，适当放宽受信用保护的民营企业债券回购质押库准入门槛，优先重点支持高新技术和战略性新兴产业领域民营企业债券融资。8月，中国证监会发布《关于修改、废止部分证券期货规章的决定》②，进一步健全完善期货和衍生品市场的基础性制度。11月，中国证监会、国务院国资委联合发布《关于支持中央企业发行科技创新公司债券的通知》③，进一步健全资本市场服务科技创新的支持机制，增强促进实体经济创新发展合力。11月，中国证监会发布《个人养老金投资公开募集证券投资基金业务管理暂行规定》④，推进多层次、多支柱养老保险体系建设，规范个人养老金投资公开募集证券投资基金业务的相关活动，保护投资人合法权益。

（六）加大打击证券违法犯罪力度

2022年7月，中国证监会、财政部联合发布《关于证券违法行为人财产优先用于承担民事赔偿责任有关事项的规定》⑤，明确了违法行为人所缴纳的行政罚没款用于承担民事赔偿责任的具体工作机制，率先将民事赔偿责任优先原则在证券领域落地。9月，最高人民检察院联合最高人民法院、公安部、中国证监会发布五宗证券犯罪典型案例，向市场明确传递零容忍信号，揭示证券违法犯罪手段，普及证券法律法规知识，加强投资者教育与保护。发布打击犯罪典型案例，亮明监管机构"零容忍"惩治证券犯罪的决心态度，依法严厉打击"关键少数"，综合运用行政处罚、市场禁入、刑事制裁、民事赔偿法律手段，以执法司法实际行动加大资本市场违法成本。典型案例辐射证券违法犯罪高发领域与重点环节，覆盖上市公司实控人、重大资产重组交易对手方、公私募基金从业人员、内幕信息知情人等多元化主体，发挥正向聚焦、强化警示作用，将为市场主体的行为后果提供稳定的预期管理，有助于增强法治保护意识。

二、证券行业自律规则体系发展情况

2022年，证券交易所配合中国证监会的监管法规，发布多项债券、基金交易规则，进一步规范债券和基金市场发展。1月，沪、深证券交易所为便利公开募集基础设施证券投资

---

① 《关于推动债券市场更好支持民营企业改革发展的通知》（证监发〔2022〕54号）。
② 《关于修改、废止部分证券期货规章的决定》（中国证监会令第202号）。
③ 《关于支持中央企业发行科技创新公司债券的通知》（证监发〔2022〕80号）。
④ 《个人养老金投资公开募集证券投资基金业务管理暂行规定》（中国证监会公告〔2022〕46号）。
⑤ 《关于证券违法行为人财产优先用于承担民事赔偿责任有关事项的规定》（中国证监会公告〔2022〕40号）。

基金等基金场外份额转让，发布业务指引①。4月，沪、深证券交易所发布一系列债券发行上市审核规则及指引，贯彻落实《证券法》关于公开发行公司债券注册制的安排，进一步促进交易所公司债券市场健康发展②；发布非公开发行公司债券挂牌规则③，规范非公开发行公司债券挂牌行为，强化投资者合法权益保护。5月，沪、深证券交易所规范了基础设施REITs新购入基础设施项目及扩募发售等行为④。7月，沪、深证券交易所发布规则，进一步规范上市公司可转换公司债券交易行为⑤。

2022年，证券交易所积极配合中国证监会，进一步规范主板、科创板、创业板交易规则，规范健全多层次资本市场。1月，沪、深证券交易所发布自律规则，规范科创板、创业板规范运作⑥。3月，沪、深证券交易所发布了北京证券交易所上市公司向沪、深证券交易所科创板、创业板转板的规则⑦。7月，上海证券交易所在科创板引入做市商机制的相关要求，规范科创板股票做市交易业务开展⑧。12月，沪、深证券交易所发布规则，规范科创板、创业板发行人申报和保荐人推荐工作⑨。

2022年，沪、深证券交易所配合中国证监会，进一步促进证券、期货业高水平双向开放。3月，沪、深证券交易所发布规则，提升交易所与境外证券交易所互联互通中国存托凭证市场流动性与定价效率，规范中国存托凭证做市业务⑩；规范了交易所与境外证券交易所互联互通存托凭证跨境转换业务，明确备案要求和业务流程⑪；规范交易所与境外证券交易所互联互通存托凭证上市、交易、跨境转换和信息披露等行为⑫。6月，为配合交易型开放

---

① 《上海证券交易所基金自律监管规则适用指引第3号——基金通平台份额转让》（上证发〔2022〕28号）；《深圳证券交易所证券投资基金业务指引第3号——基金通平台份额转让》（深证上〔2022〕117号）。

② 《上海证券交易所公司债券发行上市审核规则》（上证发〔2022〕57号）；《深圳证券交易所公司债券发行上市审核规则》（深证上〔2022〕390号）。

③ 《上海证券交易所非公开发行公司债券挂牌规则》（上证发〔2022〕59号）；《深圳证券交易所非公开发行公司债券挂牌规则（2022年修订）》（深证上〔2022〕392号）。

④ 《上海证券交易所公开募集基础设施证券投资基金（REITs）规则适用指引第3号——新购入基础设施项目（试行）》上证发〔2022〕83号；《深圳证券交易所公开募集基础设施证券投资基金业务指引第3号——新购入基础设施项目（试行）》（深证上〔2022〕530号）。

⑤ 《上海证券交易所可转换公司债券交易实施细则》（上证发〔2022〕117号）；《深圳证券交易所可转换公司债券交易实施细则》（深证上〔2022〕719号）。

⑥ 《上海证券交易所科创板上市公司自律监管指引第1号——规范运作》（上证发〔2022〕14号）；《深圳证券交易所上市公司自律监管指引第2号——创业板上市公司规范运作》（深证上〔2022〕14号）。

⑦ 《北京证券交易所上市公司向上海证券交易所科创板转板办法（试行）》（上证发〔2022〕34号）；《深圳证券交易所关于北京证券交易所上市公司向创业板转板办法（试行）》（深证上〔2022〕219号）。

⑧ 《上海证券交易所科创板股票做市交易业务实施细则》（上证发〔2022〕112号）。

⑨ 《上海证券交易所科创板企业发行上市申报及推荐暂行规定（2022年12月修订）》（上证发〔2022〕171号）；《深圳证券交易所创业板企业发行上市申报及推荐暂行规定（2022年修订）》（深证上〔2022〕1219号）。

⑩ 《上海证券交易所互联互通存托凭证业务指引第2号——中国存托凭证做市》（上证发〔2022〕39号）；《深圳证券交易所互联互通存托凭证业务指引第2号——中国存托凭证做市》（深证上〔2022〕301号）。

⑪ 《上海证券交易所互联互通存托凭证业务指引第1号——存托凭证跨境转换》（上证发〔2022〕38号）；《深圳证券交易所互联互通存托凭证业务指引第1号——存托凭证跨境转换》（深证上〔2022〕300号）。

⑫ 《上海证券交易所与境外证券交易所互联互通存托凭证上市交易暂行办法》（上证发〔2022〕37号）；《深圳证券交易所与境外证券交易所互联互通存托凭证上市交易暂行办法》（深证上〔2022〕299号）。

式指数基金（ETF）纳入港股通标的范围，沪、深证券交易所发布多项规则，进一步规范港股通业务①。

2022年，中国证券业协会发布多项自律规则，促进债券市场健康发展。1月，为促进公司债券受托管理人提升执业质量，压实中介机构责任，防范债券市场风险，中国证券业协会发布修订后的《公司债券受托管理人执业行为准则》《公开发行公司债券受托管理协议必备条款》和《公司债券受托管理人处置公司债券违约风险指引》②。4月，中国证券业协会进一步细化承销业务规则，发布修订后的《公司债券承销业务规范》③。5月，中国证券业协会进一步规范了非公开发行公司债券报备管理④。12月，中国证券业协会发布修订后的《非公开发行公司债券项目承接负面清单指引》⑤，进一步规范非公开发行公司债券的承销业务。

2022年，中国证券业协会持续推动证券行业文化建设工作，推动形成"合规、诚信、专业、稳健"的证券行业文化。4月，中国证券业协会发布《证券公司文化建设实践评估办法（试行）》及《证券公司文化建设实践年度报告编制指引》，规范证券公司文化建设实践评估与年度报告编制工作⑥。5月，中国证券业协会发布《证券行业诚信准则》，提升证券行业的诚信水平，倡导诚信文化，建立健全诚信建设长效机制⑦；发布《证券行业执业声誉信息管理办法》⑧，规范证券行业执业声誉信息管理，完善市场化约束机制。

---

① 《上海证券交易所港股通委托协议必备条款（2022年修订）》和《上海证券交易所港股通交易风险揭示书必备条款（2022年修订）》（上证发〔2022〕97号）；《深圳证券交易所港股通委托协议必备条款（2022年修订）》和《深圳证券交易所港股通交易风险揭示书必备条款（2022年修订）》（深证会〔2022〕195号）。
② 《公司债券受托管理人执业行为准则》《公开发行公司债券受托管理协议必备条款》《公司债券受托管理人处置公司债券违约风险指引》（中证协发〔2022〕5号）。
③ 《公司债券承销业务规范（2022年修订）》（中证协发〔2022〕104号）。
④ 《非公开发行公司债券报备管理办法》（中证协发〔2022〕120号）。
⑤ 《非公开发行公司债券项目承接负面清单指引（2022年修订）》（中证协发〔2022〕294号）。
⑥ 《证券公司文化建设实践评估办法（试行）》《证券公司文化建设实践年度报告编制指引》（中证协发〔2022〕100号）。
⑦ 《证券行业诚信准则》（中证协发〔2022〕136号）。
⑧ 《证券行业执业声誉信息管理办法》（中证协发〔2022〕137号）。

第二章
2022 年中国证券公司合规管理职能的履行情况

2022 年，证券公司积极落实新《证券法》的要求，在《证券公司和证券投资基金管理公司合规管理办法》《证券公司合规管理实施指引》的指导下，在合规文化建设、廉洁从业、投行内控管理、子公司合规管理等多个方面履行了合规管理职能。

一、合规文化建设

2022 年，证券公司积极开展合规文化建设工作。在文化理念方面，证券公司积极建立合规文化理念，将文化建设纳入公司日常经营管理，在公司治理架构中搭建文化建设管理体系，建设具有特色的企业文化。在制度建设方面，证券公司建立完善公司治理体系，建立健全制度建设，增强合规意识，打造合规文化生态，强化风险意识，筑牢风险防控防线。

证券公司开展合规文化建设的方式呈多样化：开展多种形式的合规宣导与培训，制定并制作行为守则、合规手册等文件，帮助工作人员及时知晓、正确理解和严格遵循法律法规和准则要求；综合运用合规提示、监管动态、案例汇编、禁止性条款汇编、专题培训等方式，持续倡导和推进合规文化建设；采取全面培训与专题培训相结合、线下培训与线上培训相结合的方式，分别面向公司全员、新员工、反洗钱岗位人员、审计人员、业务人员等开展针对性培训；积极参加监管部门组织的客户尽职调查、反洗钱检查等专题培训班，进一步引导全员牢固树立合规意识和风险意识。

二、廉洁从业

2022 年，证券公司高度重视廉洁从业相关规定，对照要求积极落实各项要求，包括制度建设、利益冲突审查、敏感信息流动管控、规范第三方聘用、实施合规检查、廉洁从业和执业行为监测、培训宣导和考核问责等。证券公司通过专项或例行检查、完善业务协议、合规培训等方式确保廉洁从业要求得以落实；制订并落实廉洁从业管理方案，廉洁从业管理水平显著提升；开展证券公司廉洁从业专项自查，督导各相关部门切实履行职责，落实廉洁从业要求。证券公司还将廉洁从业制度的执行情况纳入公司合规问责及合规风控考核。根据中国证券业协会组织的行业专项调查，2022 年有 108 家证券公司将廉洁从业检查纳入日常合规检查工作中，占比 95.6%。

2022 年证券公司积极培育廉洁从业文化，促进公司业务健康发展。证券公司组织开展了覆盖全员的廉洁从业培训与考试。结合经纪业务、投资顾问业务廉洁从业监管案例和监管态势，面向分支机构合规管理人员开展零售业务条线廉洁从业专题培训；及时掌握监管导向，宣贯传达监管机构关于加强廉洁文化建设、落实廉政从业规定相关要求；持续完善廉洁从业管理体系，建立健全廉洁从业管理制度，确保廉洁从业管理工作有章可循；持续完善廉洁从业管理相关内部制度，积极配合监管机构开展廉洁从业管理工作。

三、中介机构勤勉尽责义务

2022 年，证券公司进一步落实了新《证券法》关于中介机构勤勉尽责义务和对投资者保护的要求。证券公司普遍通过制度规定、培训宣导，不断强化员工勤勉尽责意识；持续加强信息披露工作，重视信息披露的质量；及时修订和完善内部业务制度，进一步规范和细化尽职调查工作，提高项目组执业标准和信息披露质量；加强对项目尽调过程中的动态审核，在项目质控现场核查、项目审核及底稿验收阶段强化审核标准和要求。严格落实工作底稿的管理要求，强化项目组随时收集、分阶段整理工作底稿的意识，督促项目组完成工作底稿的归档及报送工作。

在投资者保护方面，证券公司通过多种形式不断加强投资者教育，面向投资者开展法规政策宣导，切实履行投资者合法权益保护的法定义务。同时，证券公司严格落实投资者适当性管理要求，对分支机构员工开展投资者权益保护培训，开展形式多样的投资者教育工作，积极开展打击非法证券活动相关工作，妥善处理投资者投诉工作。

四、投行业务内控管理

2022 年，证券公司普遍加强了投行业务执业质量内控管理，明确了"三道内控防线"的内容、设置其各自的职责。部分证券公司在制度中明确投行项目组和业务部门、质量控制和内核、合规、风控的职责要求，建立相互制衡、有效监督的机制；通过细化业务制度和操作流程、明确尽职调查规程、保证人员配备、加强项目管理等方式对投行类业务活动进行管理控制，提高投行执业质量。部分证券公司建立了定期评估制度要求，对投行业务内部有效性进行全面评估。部分证券公司设立了投行项目执业质量考核指标，从外部监管处罚、项目撤否率、项目执业质量评价、项目内核表决未通过率及书面内核退回情况五个维度进行考核，将项目执业质量与员工工作表现、部门项目管理评价相挂钩。部分证券公司还对投行执业人员的合规履职情况和职业操守践行情况等开展合规考核，将考核结果纳入员工个人绩效评价，督促员工合规执业。

五、子公司合规管理

2022 年，证券公司普遍加强了对子公司的合规管理，将子公司合规管理工作纳入统一合规管理体系，要求子公司应当每年向公司合规管理总部提交合规报告，报告重大合规风险事项；子公司发生重大合规风险事项的，按照有关制度对其主要负责人进行合规问责。证券公司子公司人员业绩考核普遍与子公司合规专项考核结果挂钩，子公司单位合规性考核占子公司绩效考核结果的比例普遍不低于 15%。

2022 年，在境外合规监管要求高、处罚力度大的背景下，证券公司积极落实对境外子公司的合规垂直管控方案，加强对境外子公司合规审查、合规检查、合规报告等合规管理基础性工作。证券公司普遍加强了境外子公司的合规报告机制，要求境外子公司每月或每季度向公司总部合规部门定期报告，如发生重大违规事件，进行专项报告。进一步加强境外子公司反洗钱、信息隔离墙、操作风险等专项合规管理工作的垂直管控。证券公司根据监管要求及管理需要，对境外子公司开展合规检查，通过制订检查计划、下发检查通知与检查清单，要求子公司及时提供相关资料进行核查。

六、反洗钱

2022 年，证券公司按照监管机构对反洗钱的法律法规要求，积极开展了反洗钱制度建设、客户身份识别、洗钱风险评估、反洗钱培训宣传、大额和可疑交易报告等反洗钱工作。根据中国证券业协会组织的行业专项调查，2022 年证券公司反洗钱职能部门从事反洗钱合规工作的人员平均为 12 人，其中，专职从事反洗钱工作的人员平均为 5 人，兼职从事反洗钱工作的人员平均为 7 人；分支机构或业务部门反洗钱岗位人数平均为 165 人。证券公司主要从制度建设、系统建设、业务审核、风险评估、监测分析、合规制裁、案件管理等方面对反洗钱岗位人员进行了职责分工。2022 年，11 家证券公司总部法人机构受到了中国人民银行的反洗钱检查，4 家证券公司分支机构受到了中国人民银行的反洗钱检查。

2022 年，证券公司按照《金融机构反洗钱和反恐怖融资监督管理办法》的要求，积极开展洗钱和恐怖融资风险自评估工作。同时，证券公司还进一步加强了对子公司和分支机构的反洗钱管理，要求子公司和分支结构定期向总部提交反洗钱工作报告和年度洗钱风险评估报告，要求境外子公司根据属地化监管的要求严格开展反洗钱工作，督促子公司和分支机构做好反洗钱工作。

七、合规考核与合规检查

2022 年，证券公司普遍落实了合规总监对高级管理人员及下属单位合规性考核占绩效考核结果的比例不低于15%的指标要求。根据中国证券业协会组织的行业专项调查问卷，2022年，85.84%的证券公司合规性专项考核占比15%—20%，13.27%的证券公司合规性专项考核占比大于20%，仅有0.88%的证券公司的合规性专项考核占绩效考核比例不足15%。2022年，除了明确合规考核权重及合规考核覆盖面以外，94.69%的证券公司将重大合规风险作为一票否决事项。

在合规检查方面，2022年证券公司根据监管部门的要求，组织并实施了对证券经纪业务、投资银行业务、资产管理业务、信息技术等方面的合规检查。合规检查开展的方式包括合规部将合规检查的方案和底稿下发至各部门及子公司，检查组根据检查底稿的反馈情况，通过制度查阅、资料抽样、现场检查、人员访谈等方式完成检查工作，并对发现的问题进行后续督导和整改落实。根据中国证券业协会组织的行业专项调查问卷，2022年有46.90%的证券公司建立了合规检查系统，合规检查系统的主要功能包括发布检查通知、填写检查底稿、发布检查报告、跟进整改及持续整改以及维护检查底稿模板等。

八、信息隔离

2022年，证券公司普遍实行了信息隔离观察名单管理、限制名单管理和跨墙管理等隔离措施，对部门、场地、人员、账户、资金等设施进行隔离。证券公司对融资融券、资产管理、投资银行、证券自营等业务之间敏感信息的流动和使用进行管控，进一步规范公司内部隔离墙制度；针对投行部门发行承销、发布研究报告等方面，防范利益冲突，防止利用内幕信息谋取不正当利益。

证券公司对境外子公司也建立了信息隔离墙制度：划分母公司与境外子公司之间的业务范围，避免利益冲突和利益输送；母公司与境外子公司之间在人员、机构、财务、资产、经营管理、业务运作、办公场所等方面相互独立和隔离，防止内幕信息及其他未公开信息等敏感信息的不当流动；不违规干预境外子公司的投资决策；将境外子公司的隔离墙限制名单纳入母公司的隔离墙限制名单管理体系，并按照境内、境外两地不同的监管规则，分别对自营、发布研究报告等业务采取限制措施；境外子公司与母公司之间的跨业务协作适用跨墙管理机制等。

第三章
2022年中国证券公司合规管理面临的问题与 2023年展望

第一节 2022年证券公司合规管理面临的问题

2022年,随着资本市场改革开放持续深化,资本市场法治建设取得突破性进展,证券行业发展取得重要成果,证券公司在实践中不断提高合规管理水平,完善合规管理机制,积极防范、发现证券从业违法违规行为。但随着资本市场和行业的发展变化,证券公司的合规管理工作也面临一些困难和挑战。

一、从业人员的主动合规意识有待进一步强化

随着监管部门对证券公司合规管理的重视以及新政策的出台,证券公司从业人员的合规意识较过去有所加强。但在业务操作中,仍容易出现"重业务、轻合规"的观念,"全员合规、主动合规"的意识有待进一步加强。有的从业人员的合规意识薄弱,职业操守缺失,对合规存在"事不关己"的观念;有的证券公司尚未形成有效的合规文化理念,员工缺乏一个合规展业的环境氛围,难以形成潜移默化的合规意识。

二、合规管理的执行和覆盖程度有待加强加深

部分一线合规管理人员的合规履职能力欠缺,各部门间的合规分工协作原则有待加强。在实际执行中容易出现合规管理职责边界不清晰的问题,一些事项可能需要多个后台管理部门利用各自专业优势分工协作完成,如果仅将这些事项的风险简单归结为合规风险,会使合规部门承担与自身职责不匹配的工作,部门间的协同作用难以有效发挥。

同时，随着证券公司发展的国际化、多样化，证券公司的分支机构、子公司需要进一步有效地纳入统一的合规管理体系。而由于子公司的种类、设立地点、管理要求等不同，将子公司纳入统一的合规管理体系面临诸多困难。子公司作为独立的法人主体，需要遵守属地化监管的要求，也需要平衡和母公司管控的关系。证券公司集团层面的合规管理体系有待进一步优化，合规管理全覆盖有待进一步深入落实。

三、合规管理人员人才储备不足，履职保障有待提高

2022年，证券公司进一步落实监管政策对合规管理人员的要求，合规管理人员的数量有所增加。但随着行业的发展及业务复杂程度的加深，合规管控难度不断加大，证券公司合规管理人员的队伍建设有待进一步壮大。随着创新性业务的发展，行业越来越需要复合型合规人才，最好能同时具备法律、金融、信息技术等多方面的专业知识。但因薪资待遇等问题，具备3年以上金融、法律、会计、信息技术等相关专业领域工作经历的人员往往更倾向于到业务部门履职。在市场上找到成熟、专业的合规管理人员较难，而证券公司的合规部门又往往缺乏人才培养的机制。当新人在内部培养到一定阶段，积累一定的经验后，又可能被业务部门或其他工作机会吸引而离开合规部门。部分证券公司合规部门人员储备不够，合规人员培养机制有待完善，合规部门人员流动率较高，分支机构合规人员不足，难以保证合规管理的有效性。

以上问题反映了2022年证券公司合规管理遇到的一些问题和困难，全行业还需要不断提升对合规管理重要性的认识，提高证券公司合规管理水平，落实合规管理全覆盖的要求，从"要我合规"转变为"我要合规、主动合规、全员合规"。

第二节 2023年证券公司合规管理展望

2023年，证券公司应当进一步落实合规管理全覆盖的要求，提高合规管理的有效性，优化合规管理制度体系，夯实行业高质量发展基础。

一、加强合规文化建设，倡导诚信自律管理

证券公司应高度重视合规文化建设，以"合规、诚信、专业、稳健"的行业文化为指引，深入贯彻合规文化理念，完善证券公司诚信管理和声誉自律机制。根据《关于加强注册制下中介机构廉洁从业监管的意见》和《证券行业诚信准则》，不断建立健全廉洁从业管理机制，明确诚信从业要求。证券公司应积极对员工进行廉洁从业的合规培训，不断强化员

工廉洁从业意识及能力，引导、鼓励、培育合规文化和全员廉洁从业文化；完善廉洁从业管理制度，建立事前防范、事中管控和事后追责措施，加强廉洁从业内部检查和问责工作；加强内部诚信管理的责任和机制，将诚信建设嵌入日常经营管理活动和制度建设中。

二、注重合规管理人员的人才建设，优化考核、问责机制

证券公司应当重视合规人才队伍的建设，进一步加强"合规从管理层做起、合规创造价值、合规是公司生存基础"的理念，提升合规管理人员的职业荣誉感和专业化水平。加大对合规管理人员的履职保障，积极避免合规管理专业人才的流失。同时，应进一步落实合规专项考核占绩效考核结果的比例不得低于15%的要求，明确合规考核的内容、程序和方式，优化合规问责的机制。

三、深入落实合规管理全覆盖，提高合规管理的有效性

证券公司应当不断优化合规管理体系，进一步落实合规管理全覆盖的要求。明确合规内控管理职责，完善公司业务部门和分支机构专职合规管理人员的配置；进一步优化对子公司的合规管理机制，将子公司和分支机构的合规管理统一纳入公司合规管理有效性评估。子公司和分支机构如发生重大合规风险的，应按照有关制度对主要负责人进行合规问责。证券公司还应紧密关注行业监管的新动态，主动向监管部门反映行业存在的共性问题，有效推动法制环境进一步适应行业发展的需要。

专题报告之二：
2022年中国证券公司风险管理发展综述

2022年是具有里程碑意义的一年，党的二十大擘画了全面建成社会主义现代化强国、以中国式现代化全面推进中华民族伟大复兴的宏伟蓝图，明确了新时代新征程党和国家事业发展的目标任务。2022年也是证券行业发展历程中极不平凡的一年。证券行业坚持稳字当头、稳中求进，促发展、保稳定、防风险、强监管，资本市场高质量发展和系统党的建设实现了融合共进，迈出坚实步伐。

第一章
2022年中国证券公司风险管理概况

第一节 2022年中国证券公司风险管理基本情况[①]

一、风险管理治理架构

证券公司建立了多层级的风险管理组织架构,并明确了董事会、监事会、经理层、各部门、分支机构及子公司的风险管理职责分工。

(一)风险管理的职能设置

证券公司设立专门部门履行风险管理职责,牵头负责全面风险管理工作。整体来看,证券公司以专业风险类型为基础,结合重点业务条线,对风险管理内部职能进行划分,同时还设置了风险计量、模型管理、数据治理、IT支持、子公司管理、政策研究等专业岗位或团队,总体呈现出风险管理专业化、矩阵化的特征。

(二)业务一线的风险管理

为不断强化业务部门、分支机构的风险管理工作,截至2022年末,92.8%的证券公司在业务部门、分支机构配置了风险管理人员,具体负责业务第一道防线风险管理职责。证券公司持续推动风险管理关口前移、责任夯实到岗位,将风险管理向前方业务端、客户端延伸,并不断优化业务条线第一、第二道风险防线的分部门管理机制,风险管理的制衡性持续有效提升。

[①] 本节数据源自2022年中国证券业协会专项调研问卷,有效问卷合计112份。

（三）子公司风险管理

截至 2022 年末，设有子公司的证券公司中，有 91.2% 在母公司风险管理部门中设置了专职的子公司风险管理岗位或团队，负责子公司风险管理工作；42.8% 向子公司派驻风险管理人员，派驻人员多为子公司风险管理负责人。综合来看，证券公司将子公司的风险管理纳入统一体系，对其风险管理工作实行垂直管理，主要措施包括：子公司风险管理负责人任免、风险限额管理、风险监测、风险报告、重大事项审核审批、风险考核等，证券公司集团化风险管理进一步加强。

二、风险管理政策和机制

2022 年，证券公司风险管理制度建设持续完善。证券公司坚持以制度建设为核心，不断健全风险识别、评估、计量、监测、应对等制度，分层级制定制度办法，为开展各项风险管理工作提供制度依据和保障。同时，证券公司建立了制度执行及效果的反馈机制，持续提升制度执行力。

2022 年，证券公司风险管理机制不断改进。证券公司有效建立风险偏好、计量、审核、限额、报告、应对、考核等管理机制，全面发挥对业务的指导约束作用。其中，市场风险管理以风险价值为核心，定量定性相结合，采用限额管理、压力测试等手段；信用风险以内部评级为重要手段，评级结果应用在授信管理、风险计量等领域，同时结合风险限额、压力测试等手段；流动性风险管理从业务和时间两个维度开展管理工作，同时兼顾收益性；操作风险管理主要运用操作风险三大工具，即风险与控制自我评估（RCSA）、损失数据收集（LDC）、关键风险指标（KRI）。

2022 年，证券公司风险文化理念不断强化。证券公司坚持底线思维，厚植"稳健"风险文化理念，通过主要领导的言传身教、宣导培训和风险考核，切实融入各级员工的工作中，对全面风险管理的重视和参与程度进一步提高。同时，风险文化建设与考核机制密不可分，引导风险与收益的平衡。2022 年，36.6% 的证券公司已开展经济增加值（EVA）、风险调整后资本收益率（RAROC）风险调整绩效指标的计量，其中，53.6% 将计量结果应用于绩效考核，36.5% 应用于业务资本配置和限额分配，29.2% 体现于风险偏好及容忍度体系中。

2022 年，证券公司在 ESG（环境、社会、公司治理）风险管理方面逐渐发力。越来越多的证券公司在实际经营中将 ESG 风险管理切实付诸实践，通过设立 ESG 委员会或可持续发展专业委员会，建立 ESG 风险管理制度，系统性推进 ESG 风险管理体系建设，把 ESG 因素深度融入投资银行类业务、融资类业务、投资类业务开展的实务中，并持续开展 ESG 信息披露。2022 年，56.2% 的证券公司表示会在业务中考虑 ESG 风险，28.5% 的证券公司建立了 ESG 风险相关管理制度或体系。

三、风险管理数字化转型

2022 年,证券行业风险管理数字化转型和网络信息安全建设取得扎实成效。一方面,证券公司持续推动技术和风险管理的融合,尽管具体发力方向各有侧重点,但完善风险数据治理、建设专业风险管理系统、实现统一监控和可视化展示、综合识别分析与智能预警以及实现日常操作运维的降本增效等成为行业关注的高频发力点;另一方面,证券公司持续加大 IT 投入、实现自主可控、建设数字化人才梯队、夯实数字化基础设施,保障系统安全平稳运行。

与此同时,证券公司多管齐下提高网络信息安全"免疫力"。网络信息安全是数字化转型的第一生命线,尤其在当前日益严峻的内外部网络安全形势下,网络信息安全不容忽视。为持续推动安全防御体系升级,证券公司主要从管理制度、基础设施、运营团队、应急管理、技术保障、宣传教育等方面多管齐下为系统安全运行保驾护航,提升网络信息安全风险防控能力。

四、并表试点证券公司风险管理实践

2016 年 6 月,中国证监会修订了《证券公司风险控制指标管理办法》(以下简称《风控办法》),要求证券公司建立全面风险管理体系,并提出推动并表监管的中期安排。2017 年 4 月,根据部分证券公司申请,中国证监会启动证券行业并表监管试点前期工作,2018 年 5 月修订的《风控办法》强调将子公司、比照子公司管理的孙公司纳入全面风险管理。2018 年 9 月、2019 年 11 月,经行业互评和外部专家评审,中金公司、招商证券、中信证券、华泰证券、中信建投、国泰君安(以下简称"试点证券公司")已基本建立能够有效覆盖各类风险、各业务条线、各子孙公司的全面风险管理体系,初步具备实施并表监管条件,被纳入首批并表监管试点范围。总体来看,结合并表监管经验和境内证券公司发展特点,目前行业内已初步搭建了风控指标并表监管框架。

(一)同一业务、同一客户风险管理

试点证券公司对于同一层级业务实施基本一致的风险管理标准和措施。试点证券公司明确同一业务的认定标准和识别方法,从风险特征、金融工具类型、资产范畴等基本维度对业务层级进行划分,及时做好新业务新产品的归集,并在风险政策、风险限额、风险评估、内部控制、指标计量、管理应对、数据治理及系统功能等方面进行集中化统一管理。

试点证券公司对同一客户风险进行统一识别、评估、计量、监测和汇总管理。试点证券公司制定了同一客户定义及认定标准,实现同一客户在公司内部的唯一识别和关联关系认定,配以健全的风险信息收集机制和完善的风险管理系统,从而实现同一客户的信息收集和集中监测,以及统一授信、统一计量等管理措施。

2022 年,个别试点证券公司全面推进集团集中度风险管理,建立覆盖同一客户、同一

标的等维度的集中度指标体系,在集团范围内开展积极宣导,并持续推进系统部署与落地,纵深落实集中度管控要求,提高集中度管理有效性。

(二) 风险分析与预警

风险分析与预警是证券公司风险管理核心能力的体现。试点证券公司以风险限额指标为抓手,以风险量化为核心支持,通过数据驱动,多维度打造境内外一体化风险动态监测能力,并持续提升自定义的情景分析和压力测试功能,实现风险信息的精准呈现、分析研判、实时预警。

2022 年,在外部市场震荡多变、风险事件频发的大背景下,部分证券公司积极开展集团权益、债券、衍生品、期货境外子公司的风险摸排,对重大政策和市场变化及时进行风险提示,加强对集团各项风险的整体把控和判断;同时优化预判预警模型,建立健全预警规则体系,推进风险画像与预警系统建设,开展风险压力测试研究,多措并举地提高主动风险预警能力。

(三) 风险数据治理及信息系统

风险数据治理是证券公司实现风险管理数字化转型的重要组成部分。试点证券公司扎实推进风险数据治理,健全风险管理数据标准、数据质量优化和共享机制,搭建了集团"T+1"风险数据集市;坚持"管控+赋能"的理念,以及"以用促建、问题驱动"的原则,通过风险数据的应用场景需求牵引来管理数据资产并挖掘数据价值,从而推动数据中台、数据集市、数据资产管理等平台能力持续提升。

风险管理信息系统是风险管理数字化转型的重要载体。试点证券公司持续建设完善与业务复杂程度和自身发展战略相适应的风险管理信息技术系统,基本形成了全面风险管理平台、专业风险管理系统、风险数据集市和数据集市数据源四层级系统架构。试点证券公司风控系统自主开发程度相对较高,有助于实现定制化的风险识别、计量、监控、评估和汇报等功能,有效地支撑公司管控业务发展中的风险点。

第二节 2022 年中国证券公司风险管理特点

一、注册制改革稳步推进,风险管理要求同步提升

2022 年,根据中央经济工作会议精神以及政府工作报告中关于推进资本市场重点改革的部署,全面实行股票发行注册制有序推进,相关前期监管办法逐步落地,风险管理要求进

一步提升。5月，中国证监会发布《关于加强注册制下中介机构廉洁从业监管的意见》，将廉洁从业风险纳入全面风险管理体系，明确廉洁从业和风险防控的具体要求，压实证券公司、会计师事务所、律师事务所等中介机构的"看门人"责任，完善防范廉洁从业风险的全链条环节。9月，中国证券业协会修订发布《证券公司保荐业务规则》，明确保荐业务的重大异常情形与禁止性行为，强调廉洁从业的风险防控主体责任，约束投行业务执业质量声誉风险，对证券公司的归位尽责、勤勉尽职提出具体规范，为全面注册制的实施营造良好的市场生态环境。此外，在全面注册制改革推进以及跟投制度完善背景下，近年来，新股跟投亦成为证券公司资金配置的方向，跟投收入与投行条线的项目筛选和定价能力密切相关，资金实力雄厚且拥有更加完备的投行内控体系的证券公司在跟投业务上更具备优势。

二、市场业务产品逐渐丰富，风险管理需求持续深化

2022年，我国资本市场产品持续增加，多项新业务举措稳步推出，随着风险管理工具的不断丰富，多层次资本市场体系进一步完善，市场多元化风险管理需求得到进一步满足。7月，中金所正式挂牌中证1000股指期货和期权交易，进一步满足市场的风险对冲需求，助力市场的稳定机制持续完善。9月，中国证监会宣布启动3只ETF期权品种上市工作，将按程序批准上交所上市中证500ETF期权、深交所上市创业板ETF期权、中证500ETF期权，推动金融期货期权品种持续扩容，继续健全资本市场风险管理体系。10月，沪、深证券交易所分别扩大融资融券标的股票范围，进一步提升市场流动性与交易活跃度，进而满足市场上不同类型投资者的交易需求与风险偏好。同月，科创板股票做市交易业务正式启动，为市场提供稳定流动性的同时，也有利于防范市场过度波动的风险，不但有效发挥了科创板改革"试验田"作用，而且为未来其他市场做市业务的开展提供了宝贵经验。

三、深化债券违约信用风险、权益投资市场风险管控

2022年内外部环境的不确定性增加，信用债板块分化加剧，部分重点行业、重点区域和大体量发行主体的债务风险仍较集中，市场主体间的博弈日趋复杂，证券公司亦面临一定的信用风险管控压力。与此同时，权益及衍生品的市场风险值得关注。2022年受股市行情波动影响，证券公司权益类资产增速放缓，权益类自营业务收益中公允价值变动收益占比较大，在市场外部环境未有明显改变的情况下，权益类自营业务仍较难取得超额收益。而衍生品业务有助于降低自营风险敞口，衍生品业务发展较好的证券公司自营业务表现更具韧性。

四、高水平制度型开放稳步扩大，风险管理视野不断拓展

2022年，资本市场高水平制度型开放取得多项实质进展，境内外市场加速融合，风险

管理的国际化视野进一步开阔，客观上也提升了风险管理"看得清、管得住"的本职要求。2月，中国证监会发布的《境内外证券交易所互联互通存托凭证业务监管规定》进一步拓展了境内外适用范围，畅通了跨境投融资渠道，在促进资本要素资源全球化配置的同时，急需证券行业的风险管理能力提供有效的支持与保障。6月，交易型开放式基金（ETF）纳入沪深港通标的获批实施，内地、香港市场持续加深融合，风险管理监控范围进一步延伸。7月，中国、瑞士证券市场互联互通存托凭证业务正式开通，多家A股上市公司在瑞士证券交易所成功发行并上市全球存托凭证（GDR），有效拓宽了境内外市场双向融资渠道。8月，中国证监会、财政部与美国公众公司会计监督委员会（PCAOB）签署审计监管合作协议，约定形成符合双方法规和监管要求的合作框架，有利于提高跨境业务质量，加强投资者合法权益保护，也为企业依法依规开展跨境上市提供了良好的监管环境。10月，香港交易所宣布推出以MSCI中国A50互联互通指数为标的的期货合约，进一步丰富跨境风险管理的可用工具，为境内外投资者提供跨境风险的防控手段。

第二章
2022 年证券公司关键风险及重点领域风险和管理

第一节　市场风险管理

2022 年,证券公司进一步加强对投资交易类业务,尤其是场外衍生品业务、债券投资交易类业务等的市场风险管控,重点管控措施包括以下几个方面。

一、不断完善市场风险压力情景设置方法,提高压力测试质量

2022 年,在全球经济增长疲软和地缘冲突加剧的背景下,股票、债券、外汇、大宗商品等市场产生一定的波动。部分证券公司对中美博弈、全球通胀压力、房地产行业、地方政府债务、新毒株疫情等特定风险也较为关注。同时,随着近年来场外衍生品业务的蓬勃发展,各种具有创新性的金融产品不断丰富,对证券公司压力测试工作提出了更高的要求。

在加强市场研判的基础上,证券公司不断完善市场风险压力情景的设置方法,提高压力测试的前瞻性与合理性。在风险因子方面,证券公司在压力测试中所涵盖的风险因子种类更加丰富,对风险的刻画更加完善。例如,证券公司在设置压力情景时,除了评估外部市场环境的变动之外,还会综合考虑宏观经济运行周期、行业变化趋势、公司战略规划、业务发展要求等因素,合理预测未来可能出现的极端不利情况。部分证券公司还自主开发了前瞻性压力测试系统功能,通过设置不同情景下的特定风险事件,来测试各类投资组合的风险承受能力。又如在开展场外期权业务专项压力测试时,证券公司除了考虑标的资产价格,还会考虑场外期权重要估值参数(如波动率、分红率)的变化。

一般来说,证券公司在设置压力情景时通常使用单一因子情景法,通过单一风险因子等距步长的变动,测算不同情景下的组合损益变化。但是对于具有复杂结构且损益变动与风险因子的变化呈现非线性关系的金融产品,需要根据产品的风险特点有针对性地设置压力情

景，确保压力测试结果的准确性。以场外期权业务为例，证券公司会选择维度更加丰富的矩阵化压力情景法，其优点在于能够考虑对冲仓位的动态平衡，尤其是实际展业过程中使用的对冲工具因素，如股指期货流动性、期现基差率等。对于矩阵中的每个情景，证券公司通过期权组合的重新估值，分析出损益变动情况，最终在整个矩阵中寻找到风险较大的情景，来分析判断其分布规律。

二、加强对自动赎回型场外期权的限额管理

截至 2022 年末，行业内约 46% 的证券公司开展了自动赎回型场外期权业务。2022 年，证券公司持续加强对自动赎回型场外期权的限额管理，对场外衍生品和场外期权业务设置了专门的市场风险限额，制定了专项止损细则，并明确了指标超限后的管控措施和流程。

对于限额指标的设置，证券公司主要考虑五类指标：一是规模指标，包括场外期权整体名义本金规模限额、单一合约或单一标的规模限额；二是止损指标，包括场外期权止损限额等；三是敏感度指标，包括场外期权对冲后希腊字母金额绝对值限额（如 Delta、Gamma、Vega）；四是压力测试指标，包括场外期权各风险因子的压力测试限额（如波动率、标的价格、分红率、利率）；五是集中度指标，包括雪球期权敲入点位、敲出点位、到期期限等集中度限额。

当限额指标超限时，证券公司会及时评估风险，制订预警应对预案，通过采取降低风险敞口、限制新增交易、调整对冲仓位等控制措施，将指标尽快恢复至限额范围内。

三、提升债券投资交易业务市场风险管理水平

近年来，随着我国债券市场的快速发展，证券公司出于流动性管理以及获取稳定现金流的需要，会交易和持有大量利率债，并投资于包括产业债、城投债在内的各品种信用债，在获取票息收益的同时，也承担了活跃市场流动性、帮助价格发现等职能。随着证券行业的债券持仓和交易量市场占比的提高，证券公司在债券市场的地位也得到了显著提升。

从风险因子的角度看，证券公司债券投资交易业务面临的市场风险主要是市场收益率曲线或信用价差变动导致的利率风险。

证券公司当前主要通过制定并动态跟踪规模限额、止损限额、风险价值限额等方法管理债券投资交易业务市场风险。针对利率曲线变动的影响，证券公司主要通过测算久期、凸性、DV01 等敏感性指标衡量债券投资组合的利率风险。

随着金融市场化程度的加深，证券公司债券投资业务风险管理精细化和专业化的要求也在不断提高。传统的投资组合久期指标因无法描述债券价格对收益率曲线期限结构非平行变化的敏感性，在衡量利率风险方面的不足逐步有所体现。部分证券公司借鉴银行业和国外先进同业的管理经验，探索引入关键期限利率久期、关键期限 DV01 等指标，更精细地刻画债

券投资组合对利率变化的敏感度，全面提升债券投资交易业务的市场风险管理水平。

四、探索场内期权在场外衍生品对冲管理中的应用

近年来，证券公司的场外衍生品业务高速发展，新的业务模式层出不穷，涉及的风险类型复杂多样，包括但不限于市场风险（如标的、利率、波动率、基差）、信用风险（如评级、授信、保证金管理）、操作风险（如内控管理、系统实施、交易簿记）等。为了更好地管理衍生品业务特有的复杂风险暴露，证券公司积极探索使用各种工具对冲风险敞口，根据场外合约标的及风险因子市场变化，灵活选择期货、现货ETF、场内期权等场内对冲工具进行风险对冲，场内期权相关风险指标（Delta、Gamma、Vega等）同场外期权风险指标合并后统一进行风险敞口监控和限额管理。证券公司场外衍生品业务规模不断增加，而场内期权合约具有交易限额及持仓限额，对于满足场外衍生品的大量对冲需求有一定的限制。证券公司在场外衍生品的对冲管理中需要做好对冲工具的分散及对冲交易持仓的限额管理。

五、加强对风险计量和产品估值的模型管理

截至2022年末，证券公司普遍制定了模型管理办法，主要涵盖金融工具估值模型（如期权定价模型）和风险计量模型（如VaR模型）。通过建立规范的模型开发、验证、上线、评估机制和流程，实现对模型生命周期各环节风险的有效识别、评估和管控，确保金融工具估值模型和风险计量模型的科学性，从而防范模型本身或模型使用中存在的不确定性导致对公司经营运作造成不良影响的风险。证券公司的模型管理主要包括：维护和管理模型库，在模型使用前或发生重大调整时对模型进行验证和复核，确保相关假设、参数、数据来源和计量程序的合理性与可靠性，定期或不定期对模型开展有效性评估，对发现的模型缺陷进行详细记录与分析，并及时调整和改进。

第二节 信用风险管理

2022年，证券公司信用风险管理的关键点包括：一是加强以房企债和城投债为代表的重点行业、区域信用债违约风险的管理；二是借助信用风险预警体系提升风险识别能力、前置信用风险的防控；三是完善场外衍生品业务信用风险管理流程，满足业务高速发展的需要。

一、加强重点行业信用债投资业务的风险管控

2022年新增违约发行人及新增违约债规模均较2021年有所减少，但这与发行人通过展期方式缓释阶段性信用风险有关，房企债和城投债发行人的信用风险仍需重点关注。针对房企债、城投债投资面临的信用风险，证券公司采取的风险应对措施包括：一是加强重点行业及区域信用风险研究，提升信用风险管控的前瞻性和针对性。房地产行业方面，证券公司主要关注信用分化及尾部主体持续出清的风险；城投债方面，证券公司则主要聚焦于弱区域、弱资质城投风险暴露以及房地产等行业风险释放从业务端向城投传导的风险。二是基于信用风险研究成果构建发行人、行业及区域集中度管控体系，分散投资并进一步提升管理精细化水平。三是针对违约迹象显著或风险已暴露的发行人、行业及区域制定禁入及关注清单，防止风险进一步蔓延。四是加强存续期管理，根据动态监测结果及时调整持仓策略和资产分级分类，并持续推进承压项目的风险防控处置预案，积极实现项目退出。

二、全面整合各类风险信号，构建信用风险预警体系

随着资本市场信用类业务日趋复杂及竞争日趋激烈，业务风险不断积聚，呈现维度多元、隐蔽度高、预警难度大等特点，证券公司的信用风险管控理念也已经由事后应对向事前预警转变。因此，证券公司开始着力进行信用风险预警体系的构建，更加前瞻性地进行信用风险管控，其特色体现在以下几方面：一是传统的内部评级体系主要基于经营及财务数据进行违约预测，数据更新频率偏低，无法及时体现风险变化，风险预警体系则系统性地引入舆情、公告及司法等高频数据以提高预警的全面性和及时性。二是传统的舆情监测更多基于"一事一议"思路进行专家判断，无法形成统一、稳定的风险管理标准，风险预警体系则结合业务实际场景开发量化预警模型，更加客观地衡量风险且做到标尺一致，确保管理政策执行层面的一致性。三是传统的风险评估框架主要侧重于单一客户、单一标的的风险探查，风险预警体系则在此基础上进一步拓展，基于股权关系、担保关系、区域及产业链等路径进行风险传导分析，更加全面地整合预警信息。

三、完善场外衍生品业务交易对手信用风险管理流程

场外衍生品业务因标的多样、结构复杂，风险管理难度较大，是证券公司加强信用风险管理的一大着力点。2022年，证券公司持续完善场外衍生品业务信用风险管理流程，建立了包括尽职调查、内部评级、授信管理、逐日盯市、风险敞口计量在内的信用风险管理流程。部分证券公司实施了场外衍生品业务风险计量与监控的系统化落地。

四、加强集团一体化信用风险压力测试机制

压力测试是证券公司评估极端情形下自身风险承受能力的重要手段，目前压力测试结果已较为普遍地应用于制定风险限额、调整业务规模、识别重点关注主体等信用风险管理措施中。2022年，证券公司积极开展定期综合压力测试和不定期专项压力测试，信用风险压力测试主要覆盖融资类业务和债券投资类业务，少数证券公司实现了场外衍生品业务的压力测试，但仍有一定的改进空间。截至2022年末，超过半数证券公司完成了压力测试系统建设，应用于日常测算与报告中。同时，证券公司进一步推进集团一体化压力测试管控机制，将境内外子公司纳入压力测试范围。

第三节 流动性风险管理

2022年，证券公司关注的流动性风险关键领域包括：一是宏观政策环境及突发事件的传导；二是集团流动性风险管理体系有待进一步完善。具体措施包括以下几个方面。

一、提升流动性风险的监控和计量水平

2022年，证券公司从指标限额拆解、现金流缺口和压力测试等多维度持续加强流动性风险计量体系。指标限额拆解方面，证券公司建立了一套包含监管指标、公司内部流动性指标等在内的指标限额及预警体系，并结合当前资产负债配置对业务部门进行指标限额拆解。现金流缺口方面，证券公司建立了静态和动态现金流缺口分析模型，用以分析现金流的期限错配程度，全局把控公司整体流动性情况。压力测试方面，证券公司结合当前负债结构、业务投放节奏、市场近期情况，针对流动性储备和流动性指标定期开展敏感性分析及压力测试，并针对重大业务变动或外部政策变化，不定期开展专项压力测试，用以评估公司承受该变动带来流动性压力的能力。

二、重视并防范宏观政策环境及突发事件对流动性风险的传导

2022年，全球市场环境充满高度不确定性，流动性风险作为最后一道防线，证券公司充分发挥守得牢守得住的作用，重视并防范各类风险和市场环境等的冲击，并采取如下措施：一是密切跟踪宏观经济和市场环境，提高市场敏锐度，未雨绸缪动态调整证券公司流动性储备规模。二是强化压力测试管理，在市场剧烈波动时加大测试频率，将其他风险对流动

性风险的传导纳入风险因子。例如，对于市场风险传导，主要通过设定股票市场和债券市场跌幅因子；对于信用风险传导，主要通过违约率等因子评估等。三是将应急管理能力贯彻到日常融资管理、投资交易和流动性风险管理工作中，适时提高应急演练频率和应急场景的紧迫度。

三、持续加强集团流动性风险管控和防范措施

随着市场化进程的演变，证券公司子公司发展日益深化，不论是子公司数量还是子公司资产规模均得到了较大的提升，亦对集团化风险管控提出了更高的要求：一方面，需要证券公司从全集团出发统筹管理，因"司"制宜推进各子公司持续完善自身流动性风险管理体系，保障安全稳健运营；另一方面，要求证券公司做好风险隔离，防范流动性风险在集团内传导。自开展风控指标并表监管试点以来，证券公司遵循全面性、审慎性和合规性的总体原则，从组织架构、制度流程、流动性风险指标限额体系和应急措施等多方面管控和防范风险，实现流动性风险全覆盖。

机制流程方面，在全面风险管理的框架下，证券公司明确落实各方责任并确立流动性风险管理人员，制定并厘清管理规程。指标限额方面，证券公司根据各子公司的行业特征、监管现状和流动性风险实质设置内部指标限额并开展风险监测和计量；应急措施方面，证券公司初步搭建了流动性支持体系，对于境内子公司，在监管许可和内部审批完备的情况下，可考虑采用内部借款的方式给予子公司必要的流动性支持。但是，整体而言，目前证券公司对于境外子公司的跨境流动性支持渠道和手段均较为缺失。一方面，由于跨境资本管制等相关原因，境内外资本进出面临较多审核，证券公司较难在短期流动性方面对境外机构进行支持；另一方面，由于境外子公司所在各国政治、经济、法律环境的特殊性和区域的分散性，加之可能面临的信息披露和业务经营牌照申请等问题，各境外附属机构间流动性管理工具的使用局限性也非常大，因此跨境流动性支持仍需不断探索和研究。

第四节 操作风险管理

证券公司将风险与控制自我评估（RCSA）、关键风险指标（KRI）、损失数据收集（LDC）作为操作风险管理的主要工具，同时，注重内部控制与操作风险管理二者协同作用。2022年，为提升操作风险管理有效性、前瞻性，证券公司更加关注管理工具的实际运用效果，通过健全系统建设，完善数据积累，提升数据质量，整合管理手段，不断夯实管理工具的运用基础。

在操作风险计量模型方面，证券公司主要围绕操作风险资本准备，结合公司的业务与风

险管理需求，在制定操作风险限额指标时将操作风险资本准备纳入考虑。个别证券公司正在尝试建立操作风险的经济资本计量模型。但总体而言，目前证券公司操作风险计量模型较为单一，运用计量模型提升对操作风险的量化管理能力尚处于初步探索阶段。

在保障业务连续运行方面，证券公司主要着眼于人员、系统、数据等要素，在制度流程、管理架构、基础设施等方面予以保障支持，通过开展业务影响分析确定重要业务及其恢复目标，通过制订应急预案、开展应急演练等方式检验业务连续运行保障机制的可行性。截至2022年末，证券公司建立的A、B岗的人员互备机制、"两地三中心"的系统与数据备份机制是目前较为普遍的保障业务连续运行的方式。

在操作风险压力测试方面，较多的证券公司以发生操作风险损失作为测试场景，根据测算的操作风险损失金额并通过影响利润表传导至公司净资本等风险控制指标。针对操作风险损失参数的设定，较为普遍的方式是根据不同严重程度将损失设定为公司营业收入的一系列比例，部分证券公司考虑不同业务条线的损失参数并进行归集。另外，多数证券公司尚未将声誉风险、法律合规风险纳入压力测试风险因子，部分证券公司则通过将声誉风险、法律合规风险映射至对公司分类评价、财务损失、经营成本等方面的影响，再转化为操作风险损失作为压力测试的输入项。

第五节　信息技术风险管理

2022年，证券公司对网络信息安全、业务连续性保障等方面的关注持续增加。

为加强网络信息安全管理，证券公司通过构建外网、内网以及终端等各类安全管理基线、提高安全分析检测能力和建立态势感知平台等举措，不断完善网络信息安全综合防控体系，并通过常态化安全监测防护、安全漏洞风险挖掘与管控、安全意识宣贯等举措提升网络信息安全的风险防控水平。同时，证券公司通过建立并监测网络安全中断风险的相关指标，及时处置网络安全风险事项。此外，证券公司借助网络安全应急演练，促进提升应急流程的执行可行性以及相关人员的协作熟悉度。

为切实保障业务的连续运行，证券公司一方面通过提升系统自动化运维水平以持续加强运行保障能力，在监控巡检、例行作业、变更实施、应急处置等方面利用技术手段实现运维自动化、智能化，提高运维效率；另一方面，在系统上线前证券公司进行充分的测试验证，根据信息系统架构特性，做好性能容量评估、安全评估、应急预案等各项准备工作，确保信息系统运行的可靠性。

第六节　声誉风险管理

2022 年，证券公司声誉风险管理深入推进。中国证券业协会发布的《证券公司声誉风险管理指引》在行业内发挥了积极的指导作用，为推动证券公司完善声誉风险管理、巩固内控体系、防范化解风险提供了坚实保障。根据该指引，证券公司从健全制度机制、加强风险文化等多方面出发，持续强化声誉风险识别、评估、控制、监测、应对和报告等管理环节，完善全面风险管理框架体系。2022 年，部分证券公司组织实施了年度声誉风险排查，通过宣导培训、声誉风险分析排查、声誉风险访谈等工作形式，提升"全程全员"的声誉风险防范意识，深化"人人有责"的声誉管理理念。证券行业声誉风险管理工作的持续推进，有利于促进声誉风险管理与业务经营发展的协调统一，加强证券公司从业人员的风险意识，维护证券行业的整体良好形象。

2022 年 5 月中国证券业协会发布《证券行业诚信准则》及《证券行业执业声誉信息管理办法》，有助于证券行业加强职业声誉信息管理，防范从业人员道德风险，进一步加强证券公司声誉风险管理和声誉资本建设。

第七节　投资银行业务风险管理

注册制改革实施以来，随着监管层对证券公司保荐承销、财务顾问等投资银行业务实施强有力的监管，强化证券公司归位尽责，充分发挥中介机构的资本市场"看门人"作用，证券公司投行类业务的风险管理工作、风控体系和运作日益完善和健全。

一、拓展投行类业务风险管理的范围和深度

证券公司在投行项目作业各个环节、投行人员配备、专业能力、内控流程和声誉风险管理等方面加强风险管理。一是建立与注册制相匹配的审核理念和风险管理模式，三道防线各司其职、归位尽责，加强项目遴选，严格核查把关。二是调整投行作业模式，在项目立项、内核、现场检查等各环节加强风险管控，增加人力及资源。三是更加关注项目组尽职调查，关注项目实质性风险，在形式要件与实质性核查方面拓展核查深度和广度。四是重视投行类业务定价发行环节的风险把控，提高对投行类业务估值定价的能力以及对项目的发行和承销能力，在发行环节中持续完善定价配售、包销、跟投等机制。

二、运用信息系统提升投行类业务的风险监控和预警能力

证券公司持续强化投行类业务风险管理，借助各类工具加强动态监控力度，不断提升事前预警能力。证券公司投行系统主要覆盖投行业务项目管理系统、电子底稿系统、舆情监测系统，拓展投行类业务数据与信息技术应用的深度和广度。此外，证券公司将投行项目的数据和风险系统对接，进一步完善同一客户风险管理。

三、优化包销风险的管控机制及流程

注册制改革对投行类业务的风险管理带来的影响主要包括：对投行类业务估值定价的能力要求提高；对项目的发行和承销能力要求提高；一级市场和二级市场联系更加紧密，包销项目、IPO 跟投项目承担市场波动的风险；对债券类客户信用风险分析要求提高，需要进一步细分债券客户信用风险等级。在此背景下，证券公司从包销管理制度、风险限额管理、委员会审议机制、事前风险评估及审核等方面加强了对包销风险的管控。

四、持续提升投行类业务执业质量

2022 年 12 月，中国证券业协会发布了《证券公司投行业务质量评价办法（试行）》。证券公司通过提升项目人员执业水平、强化内部宣导和培训、加强内控人员队伍建设、提高持续督导及存续期管理重视度、建立执业质量跟踪评价机制、完善内部考核和问责措施、深化金融科技赋能等方式进行落实。

第三章
2023年中国证券公司风险管理展望

一、市场改革稳步向前，风险管理任重道远

全面实行股票发行注册制是我国深入推进资本市场改革的重大举措，将有效满足更多企业进行资本市场直接融资的需求。对于证券公司而言，注册制在有效带动投行业务规模扩张的同时，也对风险管理提出了更高的要求。证券公司未来需要充分发挥风险监测与质量把控等功能，全流程发挥好资本市场的"看门人"角色，全面把握企业各个阶段的督导管控工作，持续提高研究水平与估值能力，积极防范估值定价偏离等风险，进而对注册制的稳步推进形成有效支撑，为我国经济的转型升级提供助力。在坚定不移实施对外开放的背景下，资本市场高质量"引进来"与高水平"走出去"将是证券行业重要的发展方向，客观上也要求证券公司风险管理必须做好接轨工作，进一步扩大风险管理的国际视野，充分发挥风险管理对业务保驾护航的作用，加强风险管理的预见、应对和处置能力，努力在服务实体经济高质量发展和促进国内国际双循环方面发挥更积极的作用。同时，证券公司作为金融支持创新体系中的重要一环，未来需要关注金融创新过程中可能面临的风险合规等方面的影响，始终秉承审慎的风险管理态度，严格恪守风险底线要求。

二、业务推动转型加速，跨境风险仍面临挑战

结合国外成熟资本市场的发展经验可知，衍生品、做市业务的业绩贡献较强，衍生品业务有助于降低自营风险敞口，因而衍生品业务发展较好的头部证券公司自营业务表现更具韧性，一定程度上有利于证券公司平滑业绩波动，有效管控经营风险。随着我国市场业务与产品的不断丰富，证券公司重资产业务由方向性转向中性，即由最初的以轻资本中介业务为主转变为以重资本投资业务为主，再逐步朝着以自身资产负债表服务客户赚取稳定价差或利差的资本中介业务转型。而能否优化资产配置方式，实现重资本业务的经营模式转换，在不增加风险敞口的基础上大幅增加资产配置规模，成为证券公司未来业务发展的关键点之一。与

此同时，面对艰巨繁重的国内改革发展稳定任务和复杂多变的外部环境，未来一段时间内，资本市场的风险波动仍然不容小觑，这也将促使证券公司稳步向多元化投资管理模式转变。对于涉及跨境经营的证券机构来说，在不同监管环境下的风险管控水平、资本工具的运用水平、新兴行业的风险认知水平等都仍将是一项长期且艰巨的挑战，对业务风控的系统化、智能化，以及风险管理人才的储备与培养提出了更高水平的要求。

三、持续关注重点领域风险，加强风险前瞻性管理及防范化解

根据中央经济工作会议精神，防范房地产业引发系统性风险、防范化解金融风险、防范化解地方政府债务风险是 2023 年重大经济金融风险防范化解的重点领域。随着政策化解手段的持续加力，房地产业的风险正在得到有序化解，房地产业风险管控仍然不可掉以轻心。地方政府债务风险的区域分化趋势加剧，债券技术性违约时有发生，后续对于部分区域融资平台企业的风险需要持续保持谨慎。证券公司需要继续紧盯私募基金、地方交易场所、债券违约等行业重点领域风险，在加强风险前瞻性管理的同时，进一步推进相关风险的处置化解。此外，随着环境污染、社会利益受损、公司治理低效等方面的非财务风险持续增加，ESG 风险防范的重要性逐步抬升，证券公司同样须保持关注。

专题报告之三：
2022年证券行业履行社会责任情况综述

2022年，党的二十大胜利召开，擘画了以中国式现代化全面推进中华民族伟大复兴的宏伟蓝图。中国证券业协会（以下简称"协会"）严格落实党中央、国务院和中国证监会党委关于资本市场的重大决策与战略部署，积极引导证券公司围绕建设中国特色现代资本市场这一主题，坚定不移推动行业高质量发展。证券行业深刻认识到必须完整、准确、全面贯彻新发展理念，加快构建以国内大循环为主体、国内国际双循环相互促进的新发展格局。证券公司不断发挥专业优势和特长，在推进乡村振兴、构建现代化产业体系、促进区域协调发展等方面下足功夫，切实履行社会责任。

第一章
巩固拓展脱贫攻坚成果，接续推进乡村振兴

习近平总书记强调，"全面建设社会主义现代化国家，最艰巨最繁重的任务依然在农村"。按照"产业兴旺、生态宜居、乡风文明、治理有效、生活富裕"的总要求，协会在监管部门指导下，引导证券公司立足"一司一县"，在巩固拓展地区帮扶成果的基础上，加大帮扶力度，力争在"产业振兴、人才振兴、文化振兴、生态振兴、组织振兴"五大方面扎实巩固脱贫攻坚成果，提升乡村振兴工作质效。

一、证券行业凝聚力量，积极履行社会责任

自 2016 年起，协会先后发起"一司一县""一县一企"行动倡议，倡导行业机构发挥专业优势，服务地方融资、支持产业发展。证券公司在金融帮扶、产业帮扶、教育帮扶、公益帮扶等各项领域发挥作用，推动结对帮扶从"扶贫"向"扶智"、从"输血"向"造血"、从"被动"向"主动"转变，逐步形成全业务链参与帮扶、全方位发挥优势、全领域整合资源的普惠金融新实践。截至 2023 年 1 月，共有 103 家证券公司结对帮扶 357 个脱贫县，占全国脱贫县总数的 43%；60 家证券公司结对帮扶 83 个国家乡村振兴重点帮扶县，占全国乡村振兴重点帮扶县总数的 52%。2022 年，证券公司服务脱贫县企业公开发行股票并上市项目 9 个，推荐脱贫县企业在全国中小企业股份转让系统挂牌项目 5 个，通过乡村振兴公司债券、新三板股权融资、股票增发等方式服务脱贫县企业直接融资 674 亿元，承销发行绿色债券（含绿色资产证券化产品）1 716 亿元，承销发行科技创新公司债券 1 028 亿元，地方政府债券中标金额 227 亿元。

二、证券行业全面深化调查研究，汇集形成县域经济调研报告

2022 年，证券公司积极响应协会号召，以巩固拓展结对帮扶成果为导向，开展促进县域经济可持续发展调研活动。多数证券公司党委书记、董事长等主要负责人带队，深入结对帮扶县实地调研，深刻思考新时代证券行业服务乡村振兴的新作为，探索证券行业践行普惠

金融的新路径。证券公司通过实地调研，发掘脱贫县域资源禀赋，帮助剖析发展瓶颈、制定产业规划，从完善产业链、打造特色产业、增强产品竞争力、扶持龙头企业等方面提出发展建议，为县域经济转型升级和居民稳定增收建言献策。协会从中选择优秀调研报告53篇，汇编成《证券行业普惠金融探索与实践——促进县域经济可持续发展调研报告》。该报告总篇幅超过50万字，调研踪迹遍布19个省（区、市）52个帮扶县域，会员机构向357个结对帮扶县人民政府赠送该报告，为促进县域经济发展贡献专业力量。

三、行业机构聚焦乡村建设全面发展，探索结对帮扶新路径

各证券公司发挥金融业独特优势资源，将帮扶工作与公司业务部门紧密融合，把行业智力资源、业务资源、资金资源全方位嵌入乡村发展格局中。通过研究条线大举推出县域产业发展规划、经济研究报告；通过融合数字科技推进农业生产数字化、乡村治理数字化；通过投行条线选择发展趋势良好、带贫效应明显的企业进行重点扶持；通过挖掘地方特色文化资源激活传统乡土文化、丰富乡村文化业态等。证券公司坚持外部帮扶"帮眼前"、内生动力"扶长远"的工作原则，精耕细作各项帮扶内容，锚定地区区位发展优势加大产业发展、夯实人才队伍着力提升脱贫地区"三农"人才建设、探索生态发展以绿色资源引领乡村振兴发展。证券行业在牢牢守住不发生规模性返贫底线的同时，构建全方位帮扶体系，助力乡村振兴实现新的突破。

四、创新金融帮扶模式，探索助力脱贫县域可持续发展新实践

为充分发挥资本市场作用，创新金融帮扶新模式，协会联合中国乡村发展基金会（原中国扶贫基金会）和山西省隰县政府成立特困帮扶基金，由协会负责资金的筹措和监督，中国乡村发展基金会负责资金管理，隰县政府负责相关工作的协调实施。特困帮扶基金首批资金规模2 100万元（目前额度提升为3 000万元），通过专业公司进行基金运作，因户施策确定帮扶标准，保障特困群众生活需求。帮扶基金设立以来，已累计产生收益418万元，帮助特困群众1 524户、5 222人次，不仅解决了部分特困群众的实际困难，还为兜底保障资金提供了补充，并为防止脱贫群众返贫作出了贡献。特困帮扶基金是立足证券行业专业优势，将资本市场功能同防止脱贫群众返贫有机结合的实践成果，为建立防返贫长效机制提供了证券行业的解决方案。2022年，协会"设立特困群众帮扶公益基金助力巩固脱贫攻坚成果"入选国家乡村振兴局社会帮扶助力巩固拓展脱贫攻坚成果同乡村振兴有效衔接首批典型案例，成为证券行业发挥公益杠杆功能，探索服务脱贫地区可持续发展的有效实践。

第二章
涵养行业公益服务生态，发挥公益服务示范效应

2022 年，证券行业自觉践行"国之大者"，勇于发扬慈善公益精神。从精准扶贫到乡村振兴，从抗洪救灾到应对公共卫生事件，从投资者保护到生态环境治理，处处涌现着证券人的身影。在监管部门的持续引领和推动下，各证券公司勇担政治责任，发挥公益服务示范效应，积极开展扶贫济困、生态保护、助医助学等专业服务和公益活动，行业社会责任意识、社会责任形象不断提升，为接续助力乡村振兴、促进共同富裕积累了丰富的实践经验。

一、打造行业公益品牌，深化行业公益行动成效

2022 年，行业机构继续积极响应协会组织发起的"证券行业促进乡村振兴公益行动"，以"一司一县"为主阵地，以"一县一企"为主战场，持续深化行业"引智"和"造血"功能，公益投入涵盖环境、教育、医疗、抢险救灾、抗击疫情及普惠金融教育等领域，充分体现了证券行业的政治站位和责任担当。截至目前，已有 65 家证券公司加入促进乡村振兴公益行动，承诺投入资金 3.5 亿元；25 家证券公司成立公益基金会，注册资金达 2.06 亿元；44 家证券公司组建以员工为主要构成的专业志愿者团队，总规模超过 1 万人。2022 年 4 月，49 家证券公司推荐 80 名志愿者参与协会组织的"中证－爱心成就梦想"支教活动，30 余名经验丰富的证券公司志愿者，通过线上直播形式面向山西隰县 2 300 余名中学生开展支教活动，获得了当地师生的良好反响。

二、规范运营公益基金会，持续加大公益投入力度

证券公司设立公益基金会，严格遵照《慈善法》《基金会管理条例》等规范运作，严格依据基金会章程规范运行，提升基金会透明指数。公益基金会在合法合规的基础上健康运营，资金投入从"点"到"面"，以"点"带"面"，加大在教育、医疗、生态、信托、碳减排等方向的探索力度，从较为单一的区域公益投入逐步扩展到多个帮扶县域，努力打造金融赋能公益新模式，真正把公益投入转换为人民群众能实实在在感受到的生活提质上去，积

极助力第三次分配，促进共同富裕。证券公司通过公益基金会、公益行动平台等广泛汇聚社会力量，特别在县域经济调研、志愿者支教服务、探索普惠金融新路径、参与扶危济困公益活动等方面加大公益投入。通过厚植行业文化，培育责任意识，拓展帮扶对象，证券行业逐渐形成了独具特色的公益帮扶模式，贡献了资本市场生动实践。2022年全行业公益性支出7.65亿元，公益性支出金额500万元以上的证券公司达42家。

三、拓展"志智双扶"公益平台，服务区域协调发展

2022年，在拓展"志智双扶"工作中，证券行业已建立统一的服务乡村振兴志愿者平台、促进县域经济发展课题研究平台、乡村建设人才培训交流平台和行业机构公益行动项目展示平台，各平台高效整合行业力量，提供了资源充沛、人才丰富、专业保障的志愿服务；通过逐步健全志愿服务平台组织架构，运用"互联网+"技术，围绕乡村振兴等国家战略，组织开展内容更丰富、形式更多样、覆盖更广泛、参与更便捷的帮扶活动。各证券公司通过平台参与相关各项活动，不断打造行业公益文化、培养社会责任，2022年已有50家证券公司公益行动领域覆盖至服务乡村振兴、慈善公益活动、践行新发展理念等各领域。

第三章
发挥资本市场功能，积极服务国家发展战略

2022年，证券公司勇于担当服务国家战略的政治责任，主动融入国家发展大局，充分发挥资本市场在促进资本形成、价值发现、资源配置、风险管理等方面的重要作用，业务开展和创新紧紧围绕实体经济发展需求，促进资本市场平稳健康运行，助力更多优质企业融资发展，加快建设现代化经济体系。

一、服务实体经济做优做强，助力中小微企业发展

作为资本市场支持实体经济的重要力量，证券公司以支持实体经济发展为己任，坚持在服务区域经济建设、深化国企改革、支持民营企业改革创新与转型升级方面持续发力，服务实体经济快速发展。行业机构聚焦中小微企业"融资难、融资贵"等问题，用足用好用活股权、债券、资产支持证券、并购重组等金融工具，引导金融资源流向重点领域和薄弱环节，切实助力民营企业纾困。2022年，证券行业全年服务实体经济实现直接融资5.92万亿元，其中通过IPO、增发、配股等股权工具实现融资1.37万亿元，通过公司债、资产支持证券等债权工具实现融资4.55万亿元，引导金融资源流向经济社会发展的关键领域。

二、发挥行业特有功能，服务科技创新企业

高效健全的资本市场是连接科技、资本与产业的枢纽，也是支持我国实体企业加速发展的坚实保障与动力源泉。随着我国经济进入高质量发展阶段，证券行业积极融入"创新驱动发展"战略，促进资本市场发挥风险共担、利益共享的机制，引导更多金融资源向战略性新兴产业集聚，同步促进传统产业转型升级，形成更高效率、更高质量的投入产出关系，实现经济在高水平上的动态平衡。证券公司围绕企业发展全周期，提供从天使投资、股权融资、债券融资、并购重组、财务顾问到风险管理等全链条综合型金融服务，精准服务新一代信息技术、高端装备制造等"卡脖子"领域、新技术企业，推动科技、产业和金融高水平循环。2022年，证券公司助力357家科技创新企业登陆科创板、创业板和北交所，实现IPO

融资 4 481.57 亿元。

三、积极践行新发展理念，创新绿色金融服务

证券公司全面践行新发展理念，共同倡导绿色行业发展模式，特别是围绕"双碳"目标加强顶层设计，建立健全绿色低碳经济可持续发展的指导体系，将"双碳"目标融入证券公司长期发展规划，主动设立减碳目标、推行碳管理工具。证券公司组建成立碳中和专项业务团队，完善包括环境风险管理在内的绿色金融结构治理，开展环境信息披露；在投行、投资等业务部门设立碳中和行业团队，为新能源、环保、清洁能源、清洁交通等领域的绿色企业和绿色项目提供多元融资支持。2022 年度作为绿色公司债券主承销商或绿色资产证券化产品管理人的证券公司共 55 家，承销（或管理）152 只债券（或产品），合计金额 1 716.58 亿元；其中，资产证券化产品 55 只，合计金额 771.13 亿元。各证券公司同时积极响应"建设资源节约型社会"的号召，鼓励办公场景下使用清洁能源替代传统能源，优先利用环保低碳发电和绿色出行模式，提倡按需用车和集体乘车，减少汽油使用，降低行业对碳排放的负面影响。

2023 年是全面贯彻落实党的二十大精神的开局之年，是实施"十四五"规划承上启下的关键之年，协会将全面贯彻落实党的二十大精神，引导证券公司强化中介机构功能发挥，聚焦全面推进乡村振兴、促进区域协调发展、服务现代化产业体系等重点领域，投身国家重大发展战略，积极履行社会责任，为县域经济可持续发展提供新动力，为行业高质量发展注入新动能，为走好中国特色现代资本市场发展之路贡献力量。

专题报告之四：
2022年证券公司投资者保护工作发展综述

2023年第一季度，中国证券业协会开展了2022年证券公司投资者保护工作专项调查，具有证券经纪业务的109家证券公司参与了本次专项调查。调查显示，2022年，证券公司重视投资者教育服务工作，根据重点工作部署，聚焦注册制等资本市场重大改革开展各项主题投教宣传，从投资者需求出发，提供优质、丰富的投教内容与服务，积极探索金融科技在投资者教育中的应用，增强投资者服务效能，持续做好防非宣传、走进上市公司等各项投资者教育与保护活动，全方位、多角度推动投资者教育与保护工作持续、深入开展。

第一章
证券公司投资者教育服务工作情况

2022年,证券公司继续加大投资者教育工作经费投入,注重公司内部投资者教育服务体系建设,结合市场热点,开展全方位、多角度的投资者教育宣传,持续推进投资者教育纳入国民教育体系,并积极探索金融科技在投资者教育与服务中的应用,努力提升投资者的体验感与获得感。

一、投资者教育经费投入占比进一步提升

2022年,证券公司继续加大投教工作经费投入,投入总额及经费占比双提升。109家证券公司投资者教育经费投入总计约7.4亿元,比上年增加1.33亿元,同比上升17.97%;平均每家公司投入约为678.9万元,比上年增加116.86万元,同比上升17.21%;投资者教育经费占同期代理买卖证券业务净收入的0.59%,较上年增加0.12%。

从投教经费投入结构来看,一半以上的经费支出集中在公司投教基地的建设和运营上。2022年,证券公司建设运行投教基地的投入费用约为3.8亿元,占总投入金额的51.33%;制作投教产品投入费用(除投教基地建设外)约为1.02亿元,占总投入金额的13.75%;举办投教活动(除投教基地建设外)投入费用约为0.81亿元,占总投入金额的10.89%。具体经费投入结构见图专4-1。

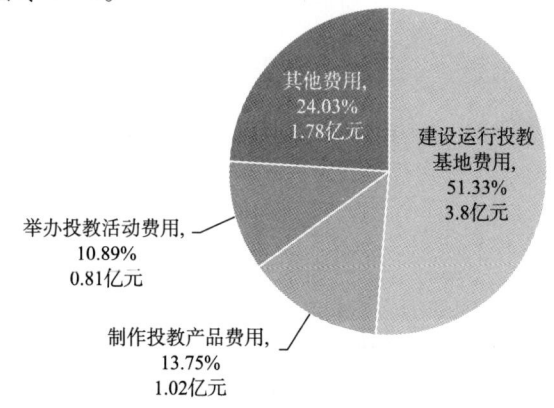

图专4-1 2022年证券公司投资者教育经费投入结构占比

近 10 年，证券行业年均投资者教育经费投入约为 5.74 亿元，平均占年度代理买卖证券业务净收入的 0.5%。具体经费投入情况见图专 4-2。

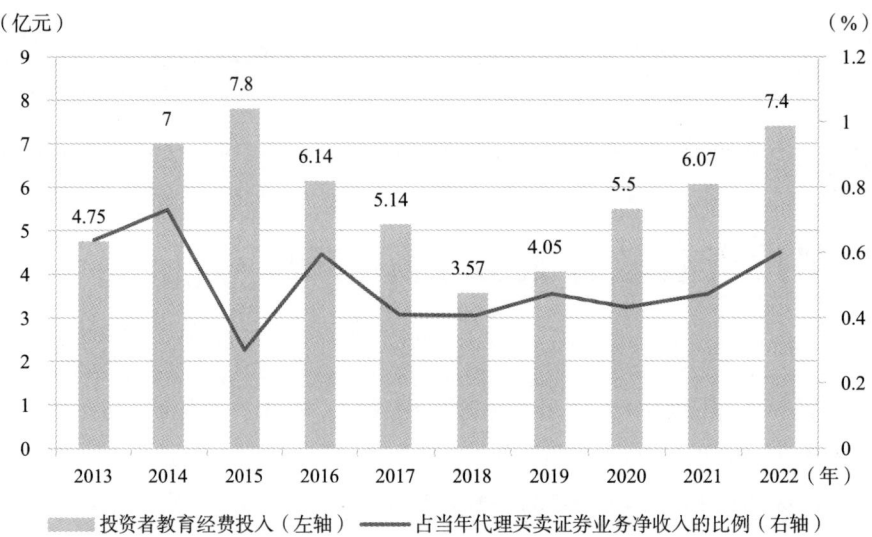

图专 4-2 2013—2022 年证券行业投资者教育经费变化情况

2022 年，经费投入在 1 000 万元及以上的有 26 家证券公司，较上年度增加 6 家，共投入经费 5.39 亿元，占全部证券公司投入经费比例的 72.84%；经费投入在 500 万元以下的证券公司数量为 71 家，与上年持平，共投入经费 1.02 亿元，占全部证券公司投入经费比例的 13.78%。不同投教经费投入规模的证券公司数量情况见图专 4-3。

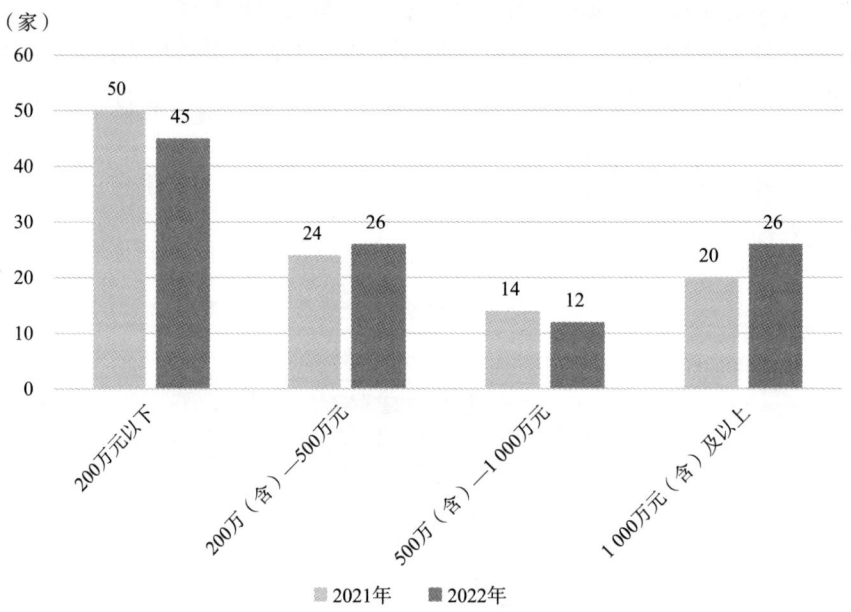

图专 4-3 2021 年、2022 年不同投资者教育经费投入规模的证券公司数量比较

二、投资者教育服务岗位工作人员数量稳中有升

稳定、专业的投资者教育队伍是开展投教工作的重要保障,随着行业投资者教育工作的持续深入推进,证券公司投资者教育队伍日益充实和壮大。调查显示,2022 年共 95 家证券公司建立了公司层面的投资者教育服务工作小组,在总部层面设有投资者教育专职人员,并在分支机构设有联络人。2022 年,109 家证券公司投教服务岗位工作人员共有 14 680 人,比上年增加了 1 009 人,公司总部及分支机构、营业部的投教岗位人员数量均有不同幅度增加。2022 年,公司总部投教岗位人员共有 835 人,比上年提升了 16.29%,平均每家公司总部配备 7 名以上投教工作人员,与上年持平;公司分支机构及营业部投教岗位人员配备 13 845 人,比上年增加 873 人,平均每家证券营业部配备 1 名以上投教岗位工作人员,与上年持平。

三、根据业务需要持续完善投资者教育工作制度体系

证券经营机构应当将投资者教育纳入各项业务环节,在业务开展过程中持续履行投资者教育责任。近两年,随着北京证券交易所开市、个人养老金业务上线、公司可转债细则发布以及《证券公司投资者权益保护工作规范》等规则和业务的落地实施,证券公司持续加强制度建设,将投教与业务紧密结合。调查显示,2022 年,证券公司制定发布与投资者教育和保护相关的公司制度共 89 部,修订完善相关制度 232 部,制度内容涉及经纪业务、北交所股票、投资者个人信息保护、投资者适当性管理、客户投诉处理、投教基地等诸多方面。

四、贴近热点,全方位、多角度开展投资者教育宣传

2022 年,证券公司继续扎实做好投资者教育工作,以投资者需求为基础,结合市场热点,全方位、多角度开展投教宣传,向投资者普及证券知识,引导投资者树立理性投资理念,培育成熟理性的投资文化。

(一)投资者教育产品覆盖面进一步提升

2022 年,证券公司围绕注册制改革、基础设施公募 REITs、北交所市场、读懂上市公司报告以及防范非法金融等市场热点以及资本市场重大改革,充分发挥自身资源优势,推出丰富多样的投教产品。2022 年,证券公司制作电子、纸质等原创类投教产品超 15 万种,其中,电子类原创投教产品点击量(播放量)达 41.86 亿次,是上年的 1.8 倍,受众规模进一步提升,向投资者发放实物类投教产品超 2 000 万件(个)。从投教产品形式来看,海报、折页、手册、微信图文、短视频、PPT 等形式被广泛采用,微信小程序、微信视频号、抖音

号等线上渠道使用率攀升；在实物投教产品制作方面，公司还将投教知识与文创、娱乐等内容相结合，制作了包括团扇、春联、桌游、扑克牌等多种形式在内的实物类投教产品，以大众喜闻乐见的形式让投资知识走进投资者的日常生活。使用不同投教产品形式的公司数量见图专4-4。

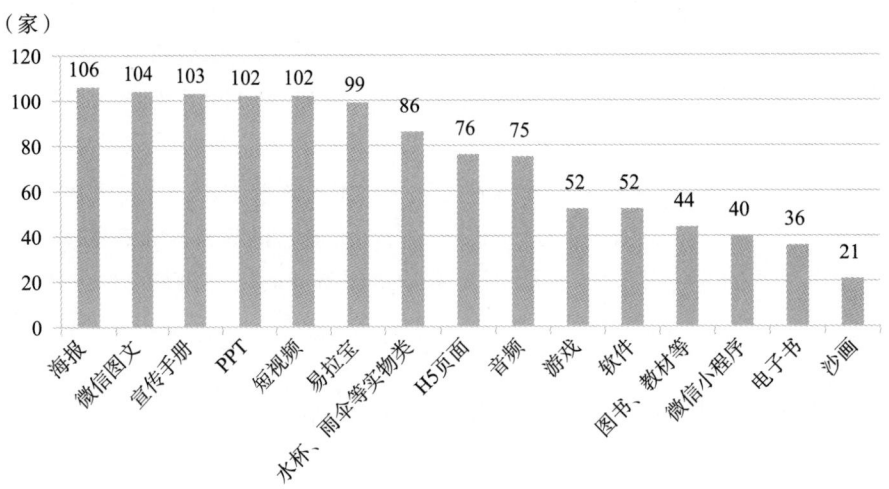

图专4-4 2022年使用不同投资者教育产品形式的公司数量

（二）持续开展丰富多彩的投资者教育活动

2022年，证券公司积极响应监管部门或自律组织的号召，在开展"3·15""5·15""世界投资者周""金融知识普及月"等常规性投教活动的基础上，结合全面注册制改革和市场热点等开展了"读懂上市公司报告""退市中的投资者保护""北交所走近投资者""网下投资者投资者教育"等多项专项投教宣传活动，向投资者提示市场风险，引导投资者敬畏市场、识别风险，选择与自身承受能力相匹配的产品，树立理性投资、价值投资、长期投资理念。2022年，证券公司开展线上投教活动约8.1万场，参与投资者达8.3亿人次，较上年增加0.5亿人次；其中，开展培训讲座、公开课、云走进等直播形式的投教活动4.2万场，比上年增加2万场，参与投资者近3.8亿人次，比上年增加1.5亿人次，线上投教活动覆盖面进一步提升。使用不同线上投教活动形式的公司数量见图专4-5。

在线下活动方面，证券公司借助沙龙研讨、走进社区、走进企业、走进商圈、专题讲座等形式，向公众宣传普及金融知识，引导树立理性投资理念。2022年，证券公司开展线下投教活动8.5万场，参与人次达2 609万人，较上年减少91万人次。同时，在投教宣传工作中，证券公司积极发挥各类媒体优势，综合运用新媒体、网站、报刊、电视、广播等多种渠道开展投教服务宣传，进一步拓宽投教覆盖面，提高宣传影响力。2022年，证券公司联合包括新华网、全景网、网易、财联社、知乎、抖音、今日头条、地方电视台、地方财经广播等在内的1 000余家媒体，联合举办投教活动超1万场，发布投教宣传信息（文章、音视频

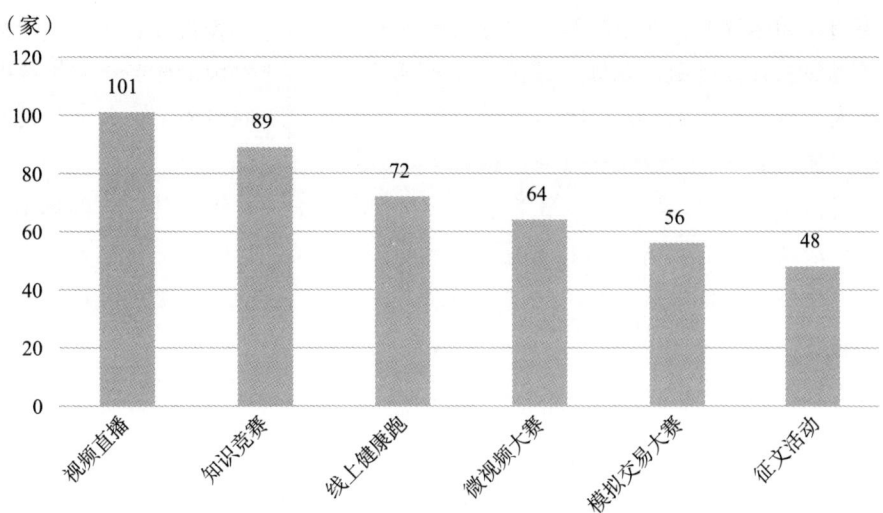

图专 4-5　2022 年使用不同线上投资者教育活动形式的证券公司数量

等）近 6 万篇（部）。使用不同线下投教活动形式的公司数量见图专 4-6。

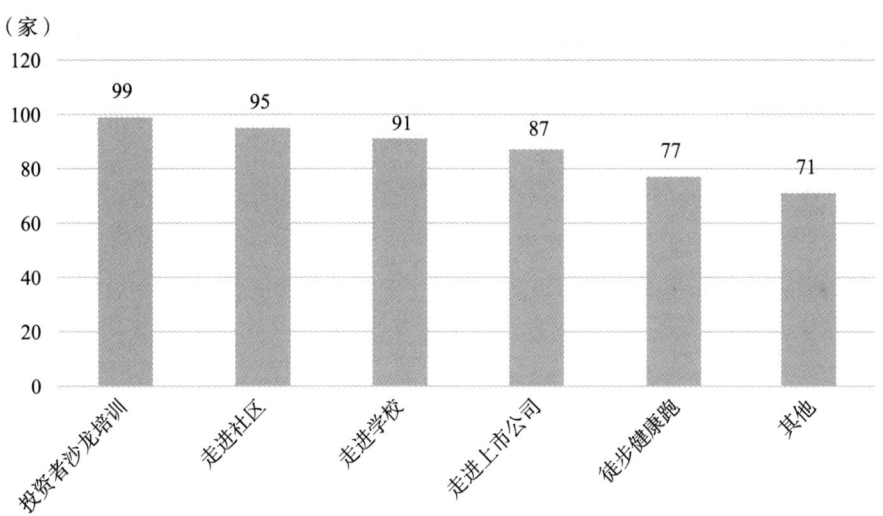

图专 4-6　2022 年使用不同线下投资者教育活动形式的证券公司数量

五、投资者教育基地受众规模持续提升

近年来，投资者教育基地建设运行取得了较快发展，在普及证券期货基础知识、助力投资者教育纳入国民教育体系、提高投资者风险意识、提供多样化信息服务等方面发挥着越来越重要的作用，成为为投资者提供一站式教育服务的重要平台。截至 2022 年底，全国范围内共有 199 家投教基地，其中国家级投教基地 71 家，省级投教基地 128 家；实体投教基地 126 家，互联网投教基地 73 家。

2022 年，证券公司投教基地充分发挥市场主体的投教"主力军"作用，针对不同年龄阶段的群体制作趣味性强、通俗易懂、形式丰富的投教产品，广泛与监管机构、行业协会、媒体、院校等建立合作机制，开展形式多样的投教活动。2022年，证券公司建设的实体投教基地访问人次达1 824万人次，比上年增加81万人次，举办投资者教育活动约3.7万余场，比上年增加1.2万场，活动覆盖受众达3.94亿人次，较上年提升58.12%；互联网投教基地网站及其衍生的微博、微信、App等平台访问人次达10.24亿，是上年的近1.9倍，举办投资者教育活动约3.3万场，比上年增加1万场，活动覆盖受众达1.5亿人次，约是上年的2.3倍。证券公司投教基地包括访问量、活动人数等在内的受众规模较上年相比均有较大幅度提升。

在开展投教基地满意度调查方面，2022年，约92万人次参与了证券公司实体投教基地满意度调查。在参与调查的投资者中，对投教基地表示满意或较为满意的人次占比为97.94%，较上年降低了0.02%；106万人次参与了证券公司互联网投教基地满意度调查，在参与调查的投资者中，对投教基地表示满意或较为满意的人次占比为96.85%，较上年提升了0.51%。总体来看，投教基地满意度情况与2021年相比基本保持平稳。

六、多维度践行投资者教育纳入国民教育体系

加强投资者教育，将投资者教育纳入国民教育体系，是党中央国务院作出的战略部署。近年来，中国证监会高度重视推动投资者教育纳入国民教育体系工作，努力实现投资者教育"抓早抓小"。2021年初，中国证券业协会在充分总结实践经验基础上，研究推出了"一会、一局、一司、一校"合作机制，充分发挥协会"纽带"功能，通过汇聚监管、行业、高校等各方社会力量，努力形成投资者教育进校园合力。2022年，各方合作走入校园授课累计超过800课时，为超过290名在校生提供实习就业支持，举办全国性、区域性等不同规模的投教赛事活动10余场，超过33万名学生参加。同时，2022年，中国证券业协会鼓励证券公司以线上方式继续开展"2022年度投资者教育进百校"活动，共有67家证券公司前往957所学校开展活动。

2022年，证券公司响应监管机构及自律组织号召，持续开展投教进校园工作，充分利用自身资源与优势，与大、中、小学等各类院校在教材、课程与活动开发、行业人才培养、专业合作共建等多个领域开展合作，积极践行投资者教育纳入国民教育体系。证券公司走进校园，通过实务讲座、学分课程等方式向在校学生普及证券金融知识，传播理性投资理念。通过向在校生提供实习实训平台、与高校共建人才培养基地、合作开展证券知识竞赛等形式，进一步深化校企合作，助力高校丰富人才培养内容与形式；还通过训练营、游戏互动、绘画比赛等方式，助力青少年财商培养，提升中小学生的理财意识和金融素养。2022年，证券公司通过线上线下等形式开展相关投教活动8 000余场，覆盖学生超百万人次；65家证券公司围绕课程设置、师资培训、教材编写等方面与高校签署合作备忘录；66家证券公司与高校合作开展证券知识、模拟交易等竞赛活动，制作并投放适用在校学生的原创投教产品

万余种，65 家证券公司与在校老师开展了交流座谈等活动。

七、积极探索金融科技在投资者教育与服务中的应用

在数字化转型背景下，随着资本市场改革发展日新月异，证券公司积极探索金融科技在投资者教育服务中的应用，借助人工智能与大数据等科技手段，有针对性地为投资者提供教育服务，增强投教服务体验。调查显示，截至 2022 年底，已有 67 家证券公司创新技术手段，通过线上线下等多种形式将数字化服务融入投资者教育当中，证券公司通过利用智能机器人参与投教、建设投教模拟体验中心、开发 VR 互动投教体感游戏、3D 建模制作 VR 投教基地以及对客户进行画像，提供千人千面个性化投教服务等方式，将科技赋能投资者教育。

第二章
证券公司投资者适当性管理工作情况

投资者适当性管理是落实投资者保护的重要环节。2022 年，证券公司通过健全公司层面各业务链的适当性细则及操作流程、配备专职工作人员、改造完善信息技术系统、履行客户回访义务、开展适当性自查及专项培训等，落实适当性管理的各项要求。

一、持续完善投资者适当性制度

2022 年，证券公司积极履行投资者适当性管理职责，及时制定和完善内部投资者适当性管理工作制度，以全面落实各项业务的投资者适当性管理工作要求，同时完善与注册制相匹配的投资者适当性管理制度体系。调查显示，截至 2022 年底，证券公司制定发布与投资者适当性相关的制度、规范等共计 2 607 部；新增公司层面与投资者适当性相关制度 146 部；修订公司层面与投资者适当性相关制度 892 部，具体业务涉及可转债、网下投资者、场外衍生品、港股通、质押式回购等。

2022 年，在参与调查的 109 家证券公司中，除 1 家公司因未开展传统经纪业务未设置投资者适当性管理专岗外，其余 108 家证券公司均设置了投资者适当性专岗，履行投资者评估、适当性复核、自查等适当性相关工作，专岗人员共有 18 801 人，比上年增加 387 人。

二、根据业务需要升级完善投资者适当性系统

2022 年，随着市场产品业务的发展与完善，证券公司根据业务需要及时更新维护投资者适当性管理系统，以确保符合各项业务要求。调查显示，93 家证券公司对其投资者适当性管理系统或相关功能模块进行了改造或完善，在业务内容方面，涉及科创板、北交所、债券业务、基础设施公募 REITs、港股通等；在系统功能方面，主要包括针对新规上线的相关系统完善、细化管理模块、优化客户全景管理图、增设适当性客户自动追踪回访机制以及完善投资者风险承受能力告知提醒与签署协议内容查看等功能。

三、普通投资者与专业投资者相互转化情况

2022 年，普通投资者申请转化成为专业投资者的账户数为 36 766 户，比上年减少 10 380 户；同时，专业投资者转化为普通投资者的账户数为 8 139 户，比上年减少 3 432 户。

截至 2022 年底，70 家证券公司具有风险承受能力最低类别客户①，与上年持平，风险承受能力最低类别客户总数约为 204 万户，占总体客户数量的 0.86%，较上年增加 0.06%。

四、对购买金融产品客户履行回访义务

2022 年，证券公司针对购买金融产品客户或接受服务客户的平均回访率达 28.27%，较上年降低了 3.42%，高于《证券经营机构投资者适当性管理实施指引（试行）》规定的对购买产品或接受服务的投资者每年回访总数不低于 10% 的标准。其中，10 家证券公司对购买金融产品的客户回访率达到了 100%，5 家公司在 60%—100%（不含）之间，87 家公司在 60% 以下。具体数据见图专 4-7。

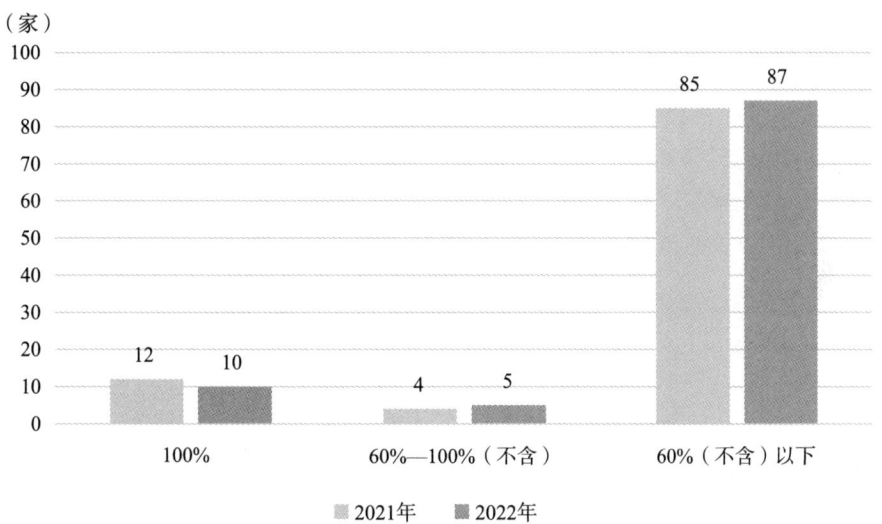

图专 4-7 2021 年、2022 年证券公司销售金融产品回访率比较情况

五、开展投资者适当性管理自查与培训情况

在开展投资者适当性自查方面，截至 2022 年底，全部参与调查的 109 家公司均已完成

---

① 根据《证券经营机构投资者适当性管理实施指引（试行）》规定，将 C1 级投资者中不具有完全民事行为能力、没有风险容忍度或者不愿承受任何投资损失以及法律法规规定的其他情形的自然人作为风险承受能力最低类别的投资者。

第一次投资者适当性管理自查工作,已完成第二次自查工作的有 83 家公司。证券公司投资者适当性管理自查内容包括但不限于公司制度建设及落实、人员配备、适当性管理系统运行情况、适当性匹配管理、各业务条线投资者适当性管理、人员培训及考核、开展投资者教育情况、投资者投诉纠纷处理以及发现问题整改等。

2022 年,证券公司开展与投资者适当性管理相关的岗位人员培训约 1.3 万余场,累计参与员工 84 万人次,培训内容涉适当性监管处罚案例分析、适当性管理常见风险点及规范要求、产品销售合规培训等。2022 年,证券公司共受理与适当性管理相关的客户投诉 123 起,较上年增加 24 起,已处理完成 119 起,处理率为 96.75%。

六、开展投资者适当性及金融产品销售培训与检查

2022 年,证券公司全年组织金融产品销售方面的员工培训约 4.24 万场,累计参与员工达 589 万人次,员工覆盖率达 82.8%,较上年略有提高。2022 年,证券公司组织金融产品销售检查 1 845 项(次),较上年减少 136 项(次),对分支机构的检查覆盖率平均为 74.66%,较上年增加 0.7%,其中,71 家公司的分支机构检查覆盖率达 100%。具体情况见图专 4-8。

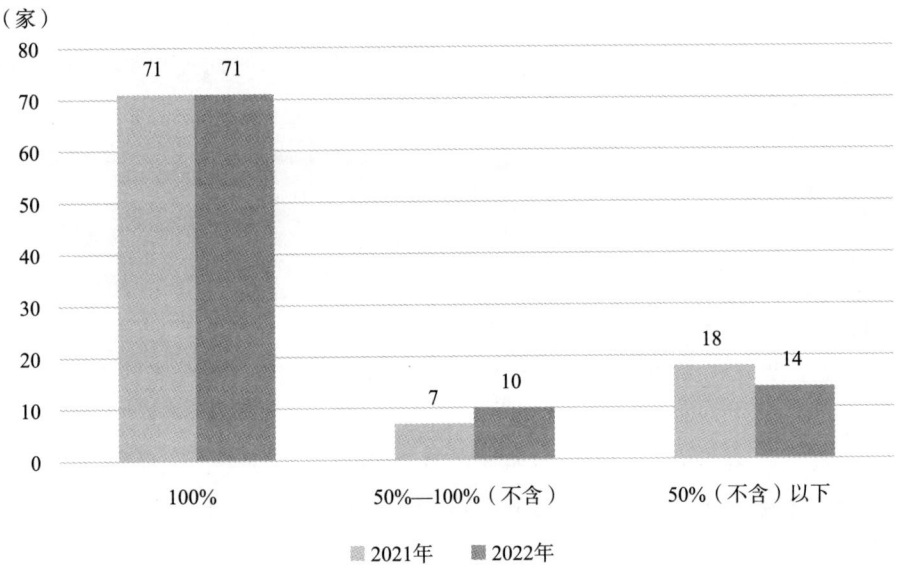

图专 4-8　2021 年、2022 年证券公司开展金融产品销售检查分支机构覆盖情况

第三章

维护投资者合法权益情况

2022年,证券公司持续做好客户投诉处理工作,必要时针对投资者投诉反映出的问题开展专项投资者教育活动,努力维护投资者知情权、投票权。通过举办走进上市公司等活动搭建公司与投资者间的沟通桥梁,维护投资者合法权益,积极开展防范非法证券宣传活动,加强投资者风险提示,多角度践行投资者保护理念。

一、做好客户投诉处理工作

投诉处理工作是投资者权益保护的重要内容。2022年,证券公司积极履行投诉处理首要责任,做好客户投诉处理工作。调查显示,参与调查的109家证券公司均已建立了公司内部的投诉处理机制,明确责任分工、投诉受理和处理流程,以及人员培训、应急处理等配套机制。

证券公司通过在线客服、信函、电话、电子邮件或面谈等多种方式接收投资者投诉,畅通投资者投诉渠道。2022年,109家公司共收到客户投诉11 612起,比上年增加1 186起,平均投诉处理完成率达99.24%,较上年提高0.37%。其中,75家证券公司客户投诉处理率为100%,较上年减少12家,23家公司投诉处理率为90%—100%(不含)。不同客户投诉处理率的公司数量见图专4-9。

同时,根据《证券经营机构投资者教育工作指引》中的规定,证券公司必要时应针对投资者投诉反映出的问题开展专项投资者教育活动。调查显示,2022年,53家证券公司根据客户投诉有针对性地开展了专项投资者教育活动,其中涉及打新、基金、退市、可转债等相关内容。

在投诉处理档案管理方面,按照《证券基金期货经营机构投资者投诉处理工作指引(试行)》的规定,经营机构应当建立投诉处理工作档案管理制度,建设投诉处理数据库;投诉登记记录、处理意见等资料应当存档备查。调查显示,证券公司多采用书面、电子文档、录音、邮件、办公系统等方式对投诉处理材料进行留痕和存档。具体方式使用情况见图专4-10。

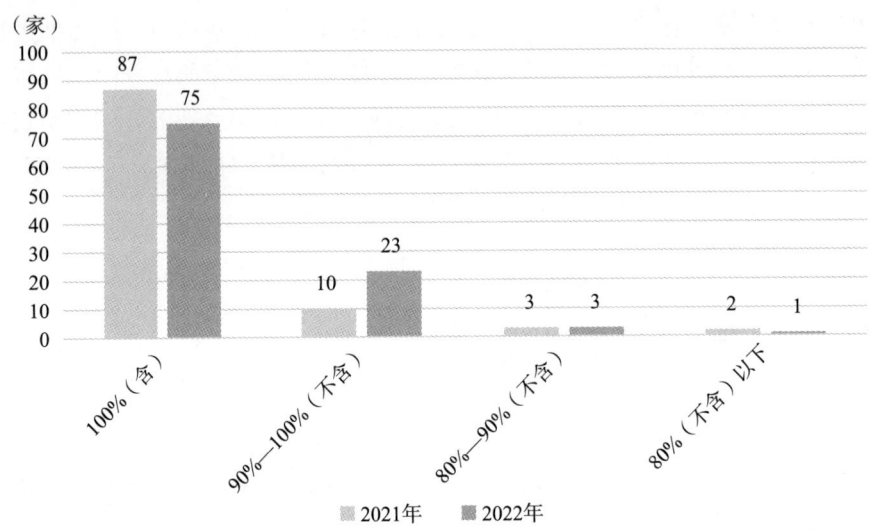

图专4-9　2021年、2022年不同客户投诉处理率的证券公司数量比较

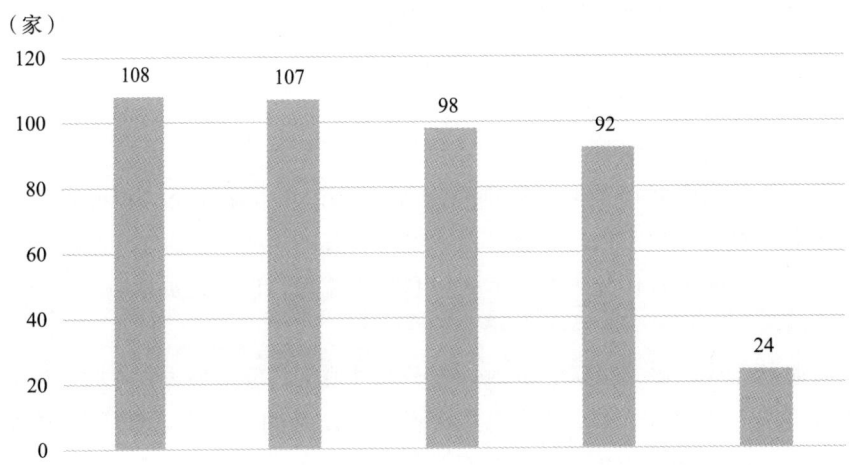

图专4-10　2022年证券公司投诉处理材料留痕方式使用数量

二、证券纠纷多元化解

2016年以来，最高人民法院和中国证监会陆续联合发布了《关于在全国部分地区开展证券期货纠纷多元化解机制试点工作的通知》等文件，矛盾纠纷多元化解日益受到关注。纠纷多元化解机制具有灵活、高效便捷等特点，有利于拓宽纠纷化解途径，提高纠纷解决效率。调查显示，2022年，64家证券公司通过调解方式解决证券业务纠纷343起，调解渠道包括中证资本市场法律服务中心、地方证监局、人民调解委员会、法院、仲裁、中国证券业协会等。

中国证券业协会作为国内率先规范开展行业调解的自律组织，为完善证券纠纷多元化解决机制做出了有益尝试，在构建"三位一体"纠纷化解机制的基础上，持续推进证券公司投诉处理与行业调解的对接。调查显示，2022年，95家证券公司的官方网站链接了中国证券业协会证券纠纷调解在线申请平台；100家证券公司在公司相关业务合同或协议中加入通过证券纠纷行业调解方式解决证券纠纷的争议解决条款，较上年增加2家。2022年中国证券业协会通过书面、在线申请平台等方式受理证券纠纷调解申请591件，办结524件，达成和解397件，和解金额达769.66万元。

三、努力维护投资者知情权、投票权

维护投资者的知情权、投票权是投资者保护的重要内容。为了让投资者零距离接触上市公司，了解公司经营情况，有效行使股东权利，2022年，证券公司通过线上线下等多种形式组织投资者走进上市公司，保障投资者知情权。2022年，证券公司组织投资者线上走进上市公司2 130次，参与人数约4 655万人次，约为上年参与总人数的10倍；组织投资者线下走进上市公司908次，参与人数约2.5万人次。此外，为支持投资者行使投票权，证券公司组织72万余名投资者参与上市公司表决事项投票。

四、持续开展防范非法证券活动

2022年，证券公司继续配合各监管机构坚决打击非法证券活动，72家证券公司发现并举报假冒公司网站4 592起，举报数量大幅提升，约是上年的4.5倍。

2022年5月，中国证券业协会组织证券经营机构开展了主题为"选择合法机构，远离非法主体，坚持理性投资，谨防上当受骗"的防非宣传月活动。证券公司积极响应号召，开展多层次、有特色的线上线下防非宣传活动，宣传月期间，证券公司制作并发放原创文章、漫画、音视频及实物类防非宣传产品3万余个，组织进社区、进学校、讲座、沙龙、广场商圈宣讲等宣传专场活动9 000余次，通过官微、小程序、公众号等宣传6.1万次，短视频和直播平台宣传3.2万次，累计发送防非短信735万条，防非宣传覆盖面和实效性进一步提升。

此外，2022年，中国证券业协会连续第7年组织行业开展"防非宣传健康跑"公益活动。各地方协会、证券公司接力式线上开展33场活动宣传，覆盖总人数65.7万，宣传传播总量1 573条，话题参与人数2 132.7万。活动吸引了广大跑者、投资者、从业人员的热情参与，同时有效提高了大众防范非法证券活动的意识。

第四章
投资者保护工作建议

证券行业高质量发展与投资者保护密不可分,全面注册制的落地实施,也为我国多层次资本市场带来了制度、理念、产品等多方面的变化与创新,对证券行业投资者权益保护工作提出了更高的要求。为此,在证券行业继续加强投资者权益保护工作方面提出以下建议。

一、合力构建互促共进、齐抓共管的"大投保"格局

投资者保护是一项系统工程,在全面实行股票注册制的背景下,做好投资者保护工作,更需要汇聚各方合力,树牢"大投保"理念。监管部门、自律组织、行业机构等都是投保工作的主体,所以需要相关各方各尽其责合力协作,协同配合开展好投资者保护工作:一是不断健全投资者保护制度机制,进一步提升投资者权益保护的有效性;二是加强资本市场基础制度建设,不断健全信息披露、交易、退市等关键制度;三是畅通维权追偿渠道,提高投资者维权效率;四是优化证券公司组织架构,以制度建设为依托,将投资者保护同步、全面地融入业务工作,筑牢合规风控底线;五是加强投资者教育工作,注重调查研究,主动贴近投资者,不断提升投教服务的针对性、实效性。

二、提升投资者教育服务质效

全面实行注册制更加考验投资者的专业能力和风险意识,投资者教育工作作为投资者保护的重要内容,也须适应新形势变化,更加匹配注册制的要求。一是注重提升投资者教育的体系性、连贯性。实行全面注册制对投资者的素质要求进一步提高,在加大金融知识宣讲力度的同时,要进一步从内容、逻辑、展现形式等方面加强对投资者长期、持续接受金融教育的引导,吸引投资者持续学习专业知识,不断提升金融素养,培育长期投资、价值投资理念。二是善用金融科技提升投资者教育效能。充分利用金融科技手段,优化投资者教育服务的方式方法,满足投资者个性化、多元化的投教需求,增强投资者教育服务的精准性和有效性。三是持续创新投教方式方法。切实关注投资者体验,以投资者需求为导向,不断创新投

教方式方法，通过寓教于乐形式持续深化投教宣导，增强投资者教育的吸引力，积极发挥各类媒体优势，不断拓展投教工作的深度和广度。

三、持续加强投资者适当性管理

投资者适当性管理是投资者保护的一项基础性制度，是资本市场健康运行的重要前提。随着注册制改革的深入推进，以信息披露为核心的注册制，对健全投资者适当性管理制度提出了更高的要求和标准，为此，建议进一步加强对市场经营机构在适当性管理方面的培训和督导，压实经营机构及相关人员责任，深化有效落实适当性管理要求；市场主体应充分发挥好"看门人"作用，切实把法规要求转化成归位尽责的内在动力和行动自觉，加强全面实行注册投资者适当性管理的投资者教育工作，引导投资者理性参与投资，营造良好投资生态。

专题报告之五：
2022 年证券行业人力资源管理发展综述

人才是证券行业发展的核心资本，打造高素质专业人才队伍，既是行业行稳致远的内在要求，也是实现行业高质量发展的根本保障。本部分基于 2022 年证券行业人力资源管理调研信息（以下简称"调研信息"）与中国证券业协会从业人员管理系统信息（以下简称"中证协信息"），对 2022 年证券行业人力资源状况进行总结，为行业人力资源发展提供参考。

第一章
2022 年证券行业人力资源发展概况

第一节 证券行业人才数量与结构

一、从业人员数量

截至 2022 年底,证券行业登记从业人员数量为 37.81 万人,较 2021 年末增加 5.06%。从证券公司调研数据来看,2022 年与 2021 年趋势基本一致,证券公司总部及分支机构人员增长呈现出结构差异、头部集中的特征,即人员增长主要集中在大型公司及总部(见表专 5-1)。

表专 5-1　　　　　　　　　2020—2022 年证券行业人员总体情况

类别	2020 年末		2021 年末		2022 年末	
	人数(人)	增长率(%)	人数(人)	增长率(%)	人数(人)	增长率(%)
登记人数	346 848	2.40	359 841	3.75	378 061	5.06

资料来源:中证协信息,统计范围包括证券公司(含证券经纪人)、证券投资咨询公司、证券市场资信评级公司。

二、证券从业人员结构

(一)成熟人才占比不断提升

2020—2022 年,证券行业 36 岁(含)以上从业经验丰富、专业能力强的成熟人才占比不断提升,从 39.47% 上升至 42.19%。其中,总部 36 岁(含)以上员工占比从 35.31% 上升至 35.81%,分支机构 36 岁(含)以上员工占比从 41.81% 上升至 46.20%。

2020—2022年，证券行业青年员工①占比有所下降，从60.52%下降至57.81%，但仍是证券行业主力军，占比超过半数以上。其中，总部青年员工人数占比较为稳定，维持在64%左右，分支机构青年员工人数占比下降较多，从58.2%下降至53.8%。行业人员平均年龄从35.41岁上升至35.96岁，总部平均年龄结构优于分支机构（见表专5-2）。

表专5-2　　　　　2020—2022年证券公司从业人员各年龄段占比情况

年份	统计范围	25岁以下（%）	26—35岁（%）	36—45岁（%）	46—55岁（%）	55岁以上（%）	平均年龄（岁）
2020	总部	5.69	59.00	24.67	9.45	1.19	35.01
2021		6.24	58.09	25.25	9.20	1.22	35.29
2022		7.03	57.17	25.97	8.69	1.15	35.34
2020	分支机构	9.19	49.01	26.42	14.13	1.26	36.01
2021		9.15	47.49	27.82	14.21	1.33	36.25
2022		8.60	45.20	30.82	14.15	1.23	36.67
2020	公司整体	7.93	52.59	25.79	12.45	1.23	35.41
2021		8.07	51.43	26.87	12.35	1.29	35.69
2022		7.99	49.82	28.95	12.04	1.20	35.96

资料来源：调研信息，不少于109家证券公司就员工年龄占比情况进行了有效反馈。

（二）司龄10年以上员工趋于稳定

随着资本市场深化改革的持续推进，证券行业不断加强人才队伍建设，人才队伍结构持续优化。2020—2022年，司龄10年以上的员工趋于稳定，占比小幅上升。其中，分支机构司龄分布在11—19年的员工占比从17.69%上升至21.32%，变化较为显著。司龄分布在1—5年、6—10年的员工整体呈现下降态势，分别从2020年的41.99%、19.07%下降至2022年的40.15%、18.15%。其中，总部和分支机构司龄分布在6—10年的员工占比变化趋势有所差异，总部占比从16.37%上升至19.27%，分支机构占比从20.58%下降至17.45%（见表专5-3）。

表专5-3　　　　　2020—2022年证券公司从业人员司龄占比情况　　　　（单位:%）

年份	统计范围	1年以下	1—5年	6—10年	11—19年	20年及以上
2020	总部	17.77	49.13	16.37	11.48	5.26
2021		20.77	43.93	18.31	11.27	5.72
2022		18.21	45.49	19.27	11.51	5.52

---

① 本文所指青年员工，依据中共中央、国务院印发《中长期青年发展规划（2016—2025年）》的年龄范围为35周岁以下（含）。

续表

年份	统计范围	1年以下	1—5年	6—10年	11—19年	20年及以上
2020	分支机构	15.37	38.00	20.58	17.69	8.36
2021		17.52	35.05	18.51	20.08	8.84
2022		15.78	36.78	17.45	21.32	8.68
2020	公司整体	16.23	41.99	19.07	15.46	7.25
2021		18.73	38.35	18.43	16.81	7.68
2022		16.72	40.15	18.15	17.53	7.46

资料来源：调研信息，不少于108家证券公司就员工司龄占比情况进行了有效反馈。

（三）学历结构持续优化

证券行业历来对从业人员的学历背景有较高要求。2020—2022年，证券公司从业人员硕士及以上学历占比从30.73%上升至35.34%，大专及以下学历占比从9.24%下降至6.31%。总部从业人员硕士学历占比不断提升，2020—2022年均超过60%，且每年增幅维持在2%左右水平。分支机构从业人员学历水平显著提升，本科学历占比从74.19%上升至75.49%，硕士及以上学历占比从12.89%上升至15.42%（见表专5-4）。

表专5-4　　　　　2020—2022年证券公司从业人员学历占比情况　　　　　（单位:%）

年份	统计范围	大专及以下	本科	硕士	博士
2020	总部	2.63	34.62	60.38	2.38
2021		2.26	32.97	62.54	2.23
2022		1.87	31.03	64.93	2.17
2020	分支机构	12.92	74.19	12.77	0.12
2021		10.75	74.89	14.23	0.13
2022		9.09	75.49	15.28	0.14
2020	公司整体	9.24	60.04	29.80	0.93
2021		7.60	59.36	32.12	0.91
2022		6.31	58.35	34.42	0.92

资料来源：调研信息，不少于109家证券公司就员工学历占比情况进行了有效反馈。

（四）专业化水平不断提升

证券行业是提供智力服务、专业服务的金融中介，对证券从业人员专业化水平有较高要求。2020—2022年，随着投行业务中介责任进一步压严压实，具备注册会计师（CPA）资格人员占比从6.82%提升至7.02%；具备法律职业资格人员占比维持在4.2%水平。具备境外专业资格人员占比也逐年递增，具备特许金融分析师（CFA三级）资质人员占比从1.49%上升至1.76%，具备金融风险管理师（FRM二级）资质人员占比从0.82%上升至

1.04%（见表专 5-5）。

表专 5-5　　2020—2022 年证券公司从业人员专业资质占比情况　　（单位:%）

年份	统计范围	注册会计师	法律职业资格	CFA（三级）	FRM（通过第二阶段）
2020	公司总部	6.82	4.25	1.49	0.82
2021		6.87	4.21	1.63	0.97
2022		7.02	4.26	1.76	1.04

资料来源：调研信息，101 家证券公司就员工专业资质占比情况进行了有效反馈。

（五）国际化人才持续引入

伴随我国资本市场对外开放不断深化，证券行业的国际化转型逐渐成为战略性机遇，证券公司国际化人才储备持续增加。2020—2022 年，证券行业对具有境外工作经验或留学背景人员引进力度不断加大。在证券公司总部，具有两年及以上境外工作经验人员占比稳定在 2% 左右，具有境外留学背景的人员占比由 21.66% 提升至 25.01%（见表专 5-6）。

表专 5-6　　2020—2022 年证券公司国际化人员储备情况[①]　　（单位:%）

年份	统计范围	具有境外工作经验人员（2 年及以上）	具有境外留学背景人员
2020	公司总部	2.07	21.66
2021		2.18	23.62
2022		2.08	25.01

注：①近三年证券行业具有境外工作经验人员分别为 1 958 人、2 255 人、2 397 人。

资料来源：调研信息，不少于 107 家证券公司就国际化人员储备情况进行了有效反馈。

第二节　证券行业人才引进情况

2020—2022 年，证券行业人才引进具有三个特征：一是新聘人员占比相对较大；二是招聘需求主要集中于投资银行、研究、自营投资、资产管理、信息技术等处于业务转型期或快速发展期的领域；三是社会招聘来源主要集中于证券公司、银行、会计师事务所、信息技术公司、基金公司等。

一、新聘人员占比相对较大

随着资本市场发展壮大，证券公司作为资本市场重要的金融机构，在服务实体经济方面发挥了更加积极的作用。2020—2022 年，为满足各类业务转型发展需要，证券公司持续吸纳新进人员，2022年新聘员工数量达58 000余人。证券公司新聘员工数量占总人数的比例从2020年的17.5%大幅提升至2021年的21.4%，2022年小幅回落至19.4%，占比仍处较高水平（见表专5-7）。

表专5-7　　2020—2022年证券公司新招聘员工数量及占比情况

年份	统计范围	新聘员工平均数（人）	新进率①（%）
2020	公司总部	180	16.0
2021		225	23.4
2022		219	20.7
2020	分支机构	314	18.4
2021		341	20.2
2022		325	18.6
2020	公司整体	494	17.5
2021		566	21.4
2022		544	19.4

注：①新进率=招聘人数/[（年初人数+年末人数）/2]。

资料来源：调研信息，2020年78家①、2021年107家、2022年108家证券公司就新聘员工数量及占比情况进行了有效反馈。

二、应届毕业生占比增幅较大

从招聘渠道方面来看，证券公司新招聘员工以社会招聘为主、校园招聘为辅。2022年，证券行业积极落实国家"稳就业"政策，多措并举支持高校毕业生就业，成效显著。证券公司应届毕业生招聘数量占比从2020年的21.83%上升至28.37%，增长幅度较大。其中，总部应届毕业生招聘数量占比从23.47%上升至31.66%，分支机构应届毕业生招聘数量占比从20.89%上升至26.15%。从2020—2022年应届毕业生招聘数量占比来看，总部均高于分支机构，且比例差距逐年扩大，分别为2.58%、3.87%、5.51%（见表专5-8）。

表专5-8　　2020—2022年证券公司应届生招聘数量及占总招聘人数比例情况

年份	统计范围	应届生招聘平均人数（人）	占总招聘人数百分比（%）
2020	公司总部	41	23.47
2021		55	24.30
2022		69	31.66

---

① 因计算行业2020年新进率时，问卷中没有2020年初总人数，根据问卷倒推计算所得2020年总人数后有效反馈家数为78家。

续表

年份	统计范围	应届生招聘平均人数（人）	占总招聘人数百分比（%）
2020	分支机构	63	20.89
2021		70	20.43
2022		85	26.15
2020	公司整体	104	21.83
2021		124	21.97
2022		154	28.37

资料来源：调研信息，106 家证券公司就新聘员工数量及占比情况进行了有效反馈。

三、社会招聘需求分布及主要来源

随着股票发行注册制的全面推进，证券公司对于投行业务人才的需求最为迫切。此外，在提升证券研究专业化水平、推进主动管理转型、促进数字化转型等背景下，研究、自营投资、资产管理、信息技术等业务部门人才需求也较大。

从社会招聘来源看，证券公司和银行一直是行业社会招聘人才的主要来源，会计师事务所、信息技术公司、基金公司仍是重要来源。近年来，金融科技的快速发展，全方位推动了证券行业数字化转型，信息技术人才逐渐成为行业重点招聘对象（见表专 5-9）。

表专 5-9　2020—2022 年证券公司新增社会招聘来源最多的 5 个行业[①]　（单位：家）

年份	证券公司	银行	会计师事务所	信息技术	基金
2020	107	74	43	33	29
2021	107	67	46	36	31
2022	110	67	34	39	33

注：① 表中数据为汇总的选择该招聘来源行业的证券公司家数。

资料来源：调研信息，2020 年 109 家、2021 年 110 家、2022 年 111 家证券公司就新增社会招聘来源最多的 5 个行业进行了有效反馈。

第三节　证券行业人力资源成本投入情况

2020—2022 年，证券行业人力资源成本投入占营业收入的比重有所上涨，行业人力资源系统投入持续增加，人力资源管理信息化建设逐步增强。

一、证券公司总人力成本投入情况

2022 年，证券行业人力成本占营业收入的比重有所上涨，行业平均值约为 53%（见表专 5-10）。

表专 5-10　2020—2022 年证券公司人力成本投入占比　（单位：%）

人力成本投入占比	年份	P25	P50	P75	平均
总人力成本占营业收入的比重	2020	31.0	37.0	47.6	42.9
	2021	33.8	41.4	52.8	47.5
	2022	37.7	46.7	58.7	53.0

资料来源：调研信息，不少于 98 家证券公司就人力成本投入占比及结构进行了有效反馈。

二、证券公司培训投入情况

2020—2022 年，证券行业参加培训人数稳步上升，从 27.22 万人增长至 32.43 万人。受疫情影响，2022 年培训以线上培训为主，培训总费用和人均费用较 2021 年均有下降（见表专 5-11）。

表专 5-11　2020—2022 年证券公司人才培训费用情况

年份	年度培训总费用（万元）	年度培训总人数（万人）	年度人均费用（元）
2020	26 766	27.22	983
2021	32 315	31.03	1 041
2022	29 832	32.43	920

资料来源：调研信息，103 家证券公司就培训费用投入进行了有效反馈。

三、证券公司人力资源系统投入情况

从人力资源系统投入来看，2022 年，系统投入在 100 万元以内的证券公司占比 81%，2020—2022 年占比均在 80% 以上；系统投入在 100 万—500 万元的证券公司占比 19%，较 2020 年增加了 5%，说明加强人力资源管理信息化建设的证券公司逐步增多（见表专 5-12）。

表专 5-12　2022 年证券公司人力资源系统的投入分布

人力资源系统投入（元）	2020 年证券公司家数占比（%）	2021 年证券公司家数占比（%）	2022 年证券公司家数占比（%）
100 万元（不含）以内	84	81	81
100 万—500 万元（不含）	14	17	19
500 万—1 000 万元（不含）	2	2	1
1 000 万元以上	0	0	0

资料来源：调研信息，106 家证券公司就人力资源系统投入进行了有效反馈。

第二章
2022年证券行业组织变革与设置情况

第一节 2022年证券公司组织变革概况

一、证券公司组织架构调整较为频繁

在有效反馈数据的证券公司中①，2022年有83家进行了组织架构调整（仅指一级部门，下同），占比74.77%，较2021年有所下降。其中，18.07%的证券公司调整了4次及以上，15.66%的证券公司调整了3次，16.87%的证券公司调整了2次，49.4%的证券公司调整了1次。

在83家进行组织架构调整的证券公司中，54.22%对现有部门进行整合，42.17%针对新业务或职能新设一级部门，26.51%对现有部门进行拆分，6.02%将部分业务设立为分公司或子公司等。

二、证券公司组织架构调整以证券经纪、投行、自营投资业务条线为主

2022年，证券经纪、投行和自营投资业务条线依然是证券公司组织架构调整较为频繁的板块，与2021年保持一致。在进行组织架构调整的83家证券公司中，50.6%对经纪业务条线进行了调整，主要包括部门合并、撤销，优化职责，进一步提升业务执行力；40.96%对投行业务条线进行了调整，主要包括组建投行委、投行总部等机构，加强业务协同；25.30%对自营投资业务条线进行了调整，主要包括部门调整，进一步发展衍生品、做市等

---

① 共有111家证券公司对该部分进行了有效反馈。

业务；此外，20.48%对机构销售业务条线进行了调整，16.87%对党群、工会、团委、纪检等职能板块进行了调整，13.25%对资产管理业务条线进行了调整，12.05%对互联网金融领域进行了调整。

第二节　2022年证券公司总部组织设置情况

一、投资银行业务组织设置

投资银行业务组织设置按业务种类设置为主，但细分程度存在差异。104家证券公司开展投行业务，针对组织架构，"股、新三板在一个部门，债分设部门"的占比为35.58%，"股、债、新三板均分设部门"的占比为25.96%，"股、债、新三板均在一个部门"的占比为20.19%；此外，"股、债在一个部门，新三板分设部门"和"设立投行子公司"占比均为3.85%；其他证券公司采用总部部门和投行子公司相结合的方式，或者未开展新三板业务。

针对部分投行相关业务的组织设置，103家证券公司涉及并购融资业务，其中80.58%将其隶属大投行业务部门，13.59%设立了相应的公司一级部门，其他将其归入投行子公司；59家证券公司组建部门开展资产证券化业务，其中42.37%隶属大投行业务部门，28.81%作为公司一级部门存在，其他隶属资管等业务条线；104家证券公司涉及资本市场业务（股债的发行销售等），其中44.23%将其整体隶属大投行业务部门，25.96%设立了相应的公司一级部门，21.15%将其分别隶属股权、债券团队。

针对投行内核部门的组织设置，102家证券公司进行了有效反馈，其中50%将其设立为公司一级部门，37.25%将其隶属合规风控部门，12.75%通过建立内核委员会等非常设机构或者在相应部门设置二级部门等方式履行相应职能。

针对投行质量控制职能的组织设置，104家证券公司进行了有效反馈，其中48.08%设立了相应的公司一级部门，37.5%将其整体隶属大投行业务部门，7.69%将其隶属投行子公司，6.73%将其分别隶属股、债、新三板团队。

二、自营业务组织设置

87家证券公司开展新三板做市业务，其中49.43%将其隶属自营部门，27.59%设立了相应的公司一级部门，各有11.49%将其隶属场外业务部门和投行业务条线。

92家证券公司开展衍生品业务，其中48.91%将其隶属自营部门，41.31%设立了相应的公司一级部门，9.78%将其划分在经纪、信用等业务条线。

三、资产管理业务组织设置

99家证券公司开展资管业务，设立公司一级部门、全资子公司、分公司的占比分别为65.66%、20.2%、11.11%，其他3.03%设立控股子公司、事业部等方式开展此业务。

四、机构业务组织设置

101家证券公司开展研究服务，其中94.23%采用公司一级部门的形式。对于研究所的定位，41.58%的证券公司将其定位为卖方研究机构，40.59%的证券公司将其定位为综合研究机构，12.87%的证券公司将其定位为买方研究机构，其他证券公司表示将研究所定位为内部服务机构。

93家证券公司开展机构销售业务，其中45.16%设立了相应的公司一级部门，36.56%将其隶属研究部门，18.28%未单独设置团队，或将其隶属经纪业务等条线。

在资产托管业务方面，41家证券公司设立了公司一级部门，其中定位为业务部门、业务管理部门、职能部门的占比分别为43.9%、39.03%、17.07%。

五、互联网金融业务组织设置、定位与管理模式

88家证券公司开展互联网金融业务。在组织设置方面，47.73%的证券公司设立单独的公司一级部门，36.36%的证券公司设为经纪业务内设部门或团队，10.23%的证券公司设为信息技术内设部门或团队，个别证券公司设为分公司或通过多部门共同开展此业务。在定位方面，48.87%的证券公司定位为业务管理部门，36.36%的证券公司定位为业务部门，14.77%的证券公司定位为职能部门。在管理模式方面，96.59%的证券公司与公司现有部门管理模式相同，仅有3.41%的证券公司参照互联网公司的管理模式。

六、信息技术部门组织设置与系统产品开发方式

数字技术不断发展深刻改变着证券公司展业和运营模式，数字化转型逐渐成为行业共识，证券公司不断加大信息技术投入。设置信息技术部门的108家证券公司中，77.78%设立了单独一级部门，17.59%按研发、运维分设两个一级部门，4.63%成立更多的一级部门或者以不同的依据进行部门划分。总部信息技术部涉及系统和产品开发的105家证券公司中，55.24%以外包开发为主，36.19%以自主开发为主，8.57%采用外包开发与自主开发相结合的方式。

七、公司战略协同组织设置

证券公司逐步加强公司战略客户管理，并重视集团业务协同、绿色证券金融业务。在战略客户管理方面，109 家证券公司进行有效反馈，其中 39.45% 设立了战略客户部门。在集团业务协同方面，108 家证券公司进行有效反馈，其中 51.85% 确立了牵头一级部门，牵头部门主要为战略规划、办公室、投行业务或机构业务等部门。在绿色证券金融业务方面，106 家证券公司进行有效反馈，其中 33.96% 的证券公司确立了牵头一级部门，牵头部门主要为投行业务、办公室等部门。

八、党建、纪检工作组织设置

证券行业进一步加强党建、纪检工作。100 家证券公司设立了党建相关部门，其中 68% 设立党委办公室，58% 设立纪检办公室，43% 设立党委组织部，27% 设立党委宣传部，另有部分证券公司设立了党群工作部、党委巡察办等党建相关部门。公司发展党员的职责主要由党群工作部、党委办公室等承担。

第三节 2022 年证券公司分支机构组织设置情况

一、证券公司分公司数量情况

在有效反馈数据的证券公司中[①]，93.64% 的证券公司成立了分公司，情况较为普遍，分公司数量在 1—10 家、11—20 家、21—30 家、31—40 家、41 家及以上的证券公司占比分别为 27.28%、29.09%、20%、8.18%、9.09%；分公司总数量为 2 040 家，其中 2022 年新设 78 家，撤销 46 家。

在证券公司分公司类型方面，区域分公司（经纪业务为主）占比为 94.63%，专业分公司（如承销保荐、资管、自营、互联网证券分公司等）占比为 5.37%。

---

① 共有 110 家证券公司对该部分进行了有效反馈。

二、证券公司营业部数量

在有效反馈数据的证券公司中[①],94.59%成立了营业部,情况较为普遍,营业部数量在1—50家、51—100家、101—200家、201家及以上的证券公司占比分别为36.03%、27.93%、17.12%、13.51%;证券公司营业部总数量为10 137家,其中2022年新设145家,撤销203家。

在证券公司营业部类型方面,A类营业部占比为6.76%,B类营业部占比为21.28%,C类营业部占比为71.96%,营业部轻型化趋势较为明显。

三、证券公司分公司与营业部管理情况

在区域分公司分类管理方面,94家证券公司进行有效反馈,其中67.02%的证券公司进行分类管理。对于分类标准,41.27%的证券公司采用地区作为分类标准,22.22%的证券公司采用规模作为分类标准,11.11%的证券公司采用业务类型作为分类标准,其他则综合考虑地区、规模、业务类型等因素。在区域分公司与营业部的业务范围方面,93家证券公司进行有效反馈,15.05%的证券公司有所区分,分公司聚焦机构类业务,营业部则开展零售类业务。

为提升管理效率、节约成本,已有107家证券公司推进分支机构后台职能集中化。在职能类型方面,财务、IT、运营、合规风控、人力资源等领域,已实现集中化的比例由高到低,分别为88.79%、71.96%、64.49%、51.40%、46.73%。在集中模式方面,总部集中、分公司集中、区域集中的占比分别为60.75%、11.21%、9.35%,其他18.69%的证券公司综合采用多种集中模式。

伴随分公司数量增加,证券公司在尝试优化总部、分公司、营业部三者之间的管理关系。在总部与分公司的管理关系方面,103家证券公司进行有效反馈,分公司由总部经纪业务部门管理和由公司直接管理的占比分别为61.17%和25.24%,其他13.59%的证券公司由公司和总部经纪业务部门共同管理分公司。在分公司与辖区营业部的管理关系方面,97家证券公司进行有效反馈,45.36%的证券公司授权分公司直接管理辖区营业部,34.02%的证券公司其分公司对辖区营业部的管理权限较小,辖区营业部主要接受公司总部经纪业务部门的指导与管理,20.62%的证券公司由公司直接管理营业部或对营业部实施较大的影响。

[①] 共有111家证券公司对该部分进行了有效反馈。

第四节 2022 年证券公司子公司组织设置情况

一、证券公司子公司数量情况

在有效反馈数据的证券公司中[①]，85.85% 的证券公司成立了子公司，情况较为普遍，子公司数量在 1—2 家、3—4 家、5—8 家、9 家以上的证券公司占比分别为 24.53%、29.25%、26.41%、5.66%。子公司种类前 8 位分别是另类投资子公司（80 家）、私募投资子公司（70 家）、期货子公司（63 家）、基金子公司（43 家）、国际子公司（34 家）、资管子公司（22 家）、投行子公司（9 家）、区域股交中心（10 家）。

二、证券公司子公司业务收入

85 家证券公司的境内子公司存在业务收入，占集团公司业务收入的比重方面，38.82% 在 10% 以下，38.82% 在 10%—30%，15.3% 在 30%—50%，7.06% 在 50% 以上。31 家证券公司的境外子公司存在业务收入，占集团公司业务收入的比重方面，仅有 1 家达到 20%—30%，2 家为 10%—20%，其他均在 10% 以下。

三、证券公司子公司管理情况

在子公司管理方面，48 家证券公司设置了总部牵头部门，牵头职责主要由董事会办公室、战略规划部门、公司办公室等承担。

---

① 共有 106 家证券公司对该部分进行了有效反馈。

第三章
2022 年证券公司人员构成情况

第一节 2022 年证券公司总部人员情况

2022 年是进入全面建设社会主义现代化国家、向第二个百年奋斗目标进军新征程的重要一年。一年来，证券行业充分发挥资本市场在促进资本形成、价格发现、资源配置、风险管理等方面的重要功能，证券公司总部各项业务持续发展，人员规模持续增长，但由于受多重因素冲击，证券行业经营业绩短期承压，人员涨幅较上年略有下降，业务人员数量与职能人员数量比例维持在 2∶1 左右（见表专 5 - 13）。

表专 5 - 13 2022 年证券公司总部业务人员与职能人员构成与变动情况 （单位:%）

年份	业务整体		职能整体	
	人员占比	增幅	人员占比	增幅
2020	66.35	—	33.65	—
2021	66.65	12.56	33.35	11.07
2022	66.44	10.09	33.56	11.10

资料来源：调研信息，共有 110 家证券公司有效反馈了总部业务人员和职能人员构成情况，业务人员含经纪、投行、自营、研究、机构销售、财富管理、资管、托管、互联网金融、柜台、国际业务等，职能人员含内控、人力、计财、IT、运营、存管、清算、战略、董监办、行政等。

从人员占比来看，证券公司总部投行业务依然是人力投入的主要方向，占比超过 30%，信息技术、研究及机构销售、经纪业务人员占比也较多，均超过 8%；国际业务、董监事会办公室、柜台业务、战略发展、党建群团等人员占比相对较少，不足 1%。

从人员增长来看，除柜台及国际业务负增长外，各条线 2022 年人员均有所增长，平均增幅近 9%，财富管理、信息技术、研究及机构销售、自营投资业务增长较快，均超过 15%；资产托管、互联网金融、党建群团、内控、行政管理、投资银行人员增幅超过 10%

（见表专 5-14）。

表专 5-14　2022 年证券公司总部各业务线人员构成与变动情况

业务线	2022 年平均人数（人）	2022 年人员构成占比（%）	2022 年人员增长率（%）	2021 年人员增长率（%）
总部经纪业务	97	8.33	0.82	5.76
财富管理业务	55	3.09	19.75	28.61
互联网金融	42	2.37	13.11	16.12
投资银行业务	354	30.19	10.36	12.77
自营投资业务	77	6.52	16.84	21.58
研究及机构销售业务	102	8.52	18.34	16.06
资产管理业务	83	6.35	8.31	6.88
资产托管业务	45	1.54	14.82	10.62
柜台业务	25	0.46	-5.80	-0.17
国际业务	10	0.18	-7.20	3.06
信息技术	151	13.15	18.60	20.27
内控	66	5.82	11.17	8.89
运营、存管、清算	39	3.25	3.14	5.98
战略发展	10	0.46	9.62	13.79
人力资源	18	1.56	7.15	13.11
财务、资金管理	44	3.86	5.83	5.54
办公室	18	1.47	1.05	4.07
董监事会办公室	6	0.44	6.08	5.71
党群、工会、团委、纪检	12	0.85	12.28	13.93
行政管理	27	1.59	10.70	8.84

资料来源：调研信息，各业务条线有效反馈问卷数根据公司实际业务开展情况略有差异。

第二节　2022 年证券公司各业务线人员构成情况

一、证券经纪及财富管理业务线人员情况

作为证券公司的传统业务，2022 年，证券公司总部经纪业务人员占比达 8%，占比依旧较高，但增长速度放缓，增幅不足 1%。2022 年平均人数 97 人，5 家证券公司总部经纪业务管理人员配置超过 300 人，8 家证券公司在 200—300 人（含）之间，25 家证券公司在

100—200 人（含）之间，31 家证券公司在 50—100 人（含）之间，38 家证券公司在 50 人以下。从人员构成来看，2022 年经纪业务管理人员规模略有下降，信用业务人员规模正增长，但经纪业务管理人员仍占较大比重，超过 80%（见表专 5-15）。

表专 5-15　　　　2022 年证券公司总部经纪业务人员构成与增长率　　　　（单位:%）

统计项目	经纪业务管理	信用业务
人员构成占比	82.05	17.95
人员增长率	-0.40	3.94

资料来源：调研信息，共有 103 家证券公司有效反馈了相关人员构成情况。

随着证券公司财富管理转型的深入及互联网金融发展，相较于总部经纪业务人员，证券公司对财富管理及互联网金融人员投入不断提升，近三年人员规模持续增长，2022 年涨幅分别为 19.75% 和 13.11%，远超总部经纪业务人员增长。财富管理业务条线人员增长更是位居各业务条线首位。财富管理业务平均人数 55 人，7 家证券公司超过 150 人；互联网金融平均人数 42 人，5 家证券公司超过 100 人。

二、投资银行业务线人员情况

2022 年，作为连接资本市场与实体经济的桥梁纽带，证券行业坚持服务实体经济，用好用足用活股票、债券、资产支持证券等金融工具，服务实体经济融资，为稳定宏观经济大盘积极贡献力量。在此背景下，2022 年投行业务人员规模持续增长，增幅约 10%，平均人数 354 人。10 家证券公司投行业务人员配置超过 1 000 人，11 家证券公司在 500—1 000 人（含）之间，15 家证券公司在 300—500 人（含）之间，36 家证券公司在 100—300 人（含）之间，34 家证券公司少于 100 人。

从人员构成来看，2022 年股权融资和债券融资两项业务人员合计占比超过投资银行人员总数的 70%，且人员规模增长显著，其中股权融资人数最多，占比近 50%；客户及项目管理、资产证券化人数占比相对较少，不足 2%，但客户及项目管理人员增幅较大，达 18%。投行业务质控、内核、存续期管理等内控人员均有一定增幅，其中质控人员增幅超过 10%（见表专 5-16）。

表专 5-16　　　　2022 年证券公司投资银行业务人员构成与增长率　　　　（单位:%）

业务模块	人员构成占比	人员增长率
股权融资	48.95	13.74
债券融资	23.16	8.25
新三板融资	4.85	4.09
并购重组财务顾问	2.56	3.86

续表

业务模块	人员构成占比	人员增长率
资产证券化	1.79	3.76
资本市场	4.77	5.02
质量控制	5.44	11.62
内核	2.01	4.80
存续期管理、合规风控	2.10	8.52
客户及项目管理	1.11	18.15
综合管理（运营、人事、财务、行政等）	3.26	2.35

资料来源：调研信息，共有99家证券公司有效反馈了相关人员构成情况。

三、自营业务线人员情况

证券投资能力仍是衡量证券公司竞争力的重要指标，对证券公司业绩有重要影响。2020—2022年，证券公司自营投资业务人员规模保持增长，2022年增幅约17%，在各条线人员增幅中保持前列。自营投资业务平均为77人，17家证券公司自营投资业务人员配置超过100人，31家证券公司在50—100人（含）之间，32家证券公司在20—50人（含）之间，25家证券公司在20人以下。

从人员构成来看，债券投资人员占比最高，接近50%，权益投资及衍生品投资人员占比接近20%，其中债券投资及衍生品投资人员增幅均超过20%；量化投资及新三板做市人员占比相对较少，不足10%，其中新三板做市人员规模收缩（见表专5-17）。

表专5-17　　　　　2022年证券公司自营业务人员构成与增长率　　　　（单位:%）

统计项目	权益投资	债券投资	量化投资	衍生品投资	新三板做市
人员构成占比	19.36	49.99	7.97	18.24	4.45
人员增长率	3.56	21.60	12.30	22.21	-12.64

资料来源：调研信息，共有91家证券公司有效反馈了相关人员构成情况。

四、研究及机构销售业务线人员情况

研究服务能力是证券公司核心竞争力之一，近年来证券公司始终重视研究服务能力的提升，不断加强相关人员配置。2022年，研究及机构销售人员同比增长18%，平均人数102人，19家证券公司研究及机构销售业务人员配置超过200人，15家证券公司在100—200人（含）之间，17家证券公司在50—100人（含）之间，27家证券公司在20—50人（含）之间，26家证券公司在20人以下。从人员构成来看，研究员与机构销售人员占比约7:3，人员规模均快速增长，增幅均超过10%（见表专5-18）。

表专 5–18　　　2022 年研究及机构销售业务人员构成与增长率　　　（单位：%）

统计项目	研究	机构销售
人员构成占比	73.16	26.84
人员增长率	19.30	12.11

资料来源：调研信息，共有 101 家证券公司有效反馈了相关人员构成情况。

五、资产管理业务线人员情况

2022 年，《关于规范金融机构资产管理业务的指导意见》（以下简称"资管新规"）正式实施，证券公司进一步加强资管业务专业人才队伍建设，资管业务人员规模持续增长，增幅约 8%。证券公司资管业务人员平均为 83 人，7 家证券公司配置超过 200 人，20 家证券公司在 100—200 人（含）之间，27 家证券公司在 50—100 人（含）之间，26 家证券公司在 20—50 人（含）之间，15 家证券公司在 10 人以下。

六、资产托管业务线人员情况

近年来，机构投资者规模及占比持续提升，资本市场机构化趋势明显。2022 年，证券公司代理客户证券交易额 733.25 万亿元，其中代理机构客户证券交易额占比为 31.81%，近年来持续提升[1]。机构客户多样化、个性化的需求，对证券公司综合服务能力提出了更高的要求。资产托管业务作为服务机构客户、打造机构客户综合服务生态圈的重要环节，越来越多的证券公司加大相关资源投入，托管业务人员规模持续快速增长。2022 年，证券公司资产托管业务人员增幅近 15%，较 2021 年增加 4 个百分点，平均人数 45 人。6 家证券公司资产托管业务人员配置超过 100 人，6 家证券公司在 50—100 人（含）之间，11 家证券公司在 20—50 人（含）之间，19 家证券公司在 20 人以下。

七、内控条线人员情况

为进一步聚焦高质量发展，近年来，证券公司不断提升合规风控水平，行业合规及风险管控能力持续增强，内控人员规模持续增长。2022 年，证券公司内控人员同比增长 11%，平均人数 66 人，12 家证券公司内控条线人员配置超过 150 人，5 家证券公司在 100—150 人（含）之间，32 家证券公司在 50—100 人（含）之间，44 家证券公司在 20—50 人（含）之间，16 家证券公司在 20 人以下。

从人员构成来看，内控条线中合规与风控人员占比最高，均超过 30%，风控人员增幅

---

[1] 中国证券业协会发布证券公司 2022 年度经营数据。

最高,达 13%,法务人员占比相对较少。合规部门中具备 3 年以上证券、金融、法律、会计、信息技术等相关领域工作经历的合规管理人员数量占公司总部工作人员比例为 2.37%;风险管理部门具备 3 年以上证券、金融、会计、信息技术等相关领域工作经历的人员占公司总部员工比例为 2.34%(见表专 5-19、表专 5-20)。

表专 5-19　　　　　2022 年证券公司内控人员构成与增长率　　　　　(单位:%)

统计项目	合规	风控	法务	审计	其他内控人员
人员构成占比	33.78	37.71	5.96	20.96	1.59
人员增长率	8.27	13.30	4.44	6.52	6.60

资料来源:调研信息,共有 108 家证券公司有效反馈了相关人员构成情况。

表专 5-20　　　2020—2022 年证券公司 3 年以上合规风控人员配置情况　　　(单位:%)

年份	合规人员占比	风控人员占比
2020	2.37	2.40
2021	2.36	2.41
2022	2.37	2.34

资料来源:调研信息,共有 81 家证券公司有效反馈了满足一定条件的合规人员占比,共有 80 家证券公司有效反馈了满足一定条件的风控人员占比。

八、信息技术人员情况

近年来,证券行业持续提升信息技术投入,推进数字化转型,为投资者提供更便捷、高效、安全的交易服务。证券公司不断加强信息技术人才队伍建设,信息技术人员队伍不断壮大,近两年人员增幅均在 20% 左右,平均人数 151 人,11 家证券公司信息技术人员配置超过 400 人,11 家证券公司在 200—400 人(含)之间,19 家证券公司在 100—200 人(含)之间,28 家证券公司在 50—100 人(含)之间,39 家证券公司在 50 人以下。从人员构成来看,研发人员和运维人员接近 6∶4,研发人员增长速度远高于运维人员(见表专 5-21)。

表专 5-21　　　　2022 年证券公司信息技术人员构成与增长率　　　　(单位:%)

统计项目	研发	运维
人员构成占比	61.48	38.52
人员增长率	23.89	7.07

资料来源:调研信息,共有 95 家证券公司有效反馈了相关人员构成情况。

九、人力资源管理人员情况

证券公司人才队伍建设对于提升服务质量、健康可持续发展有重要影响,随着证券行业快速发展，证券公司在招揽人才、培养人才、留住人才等方面的重视程度不断加强，对人力资源管理工作提出了更高要求。2020—2022 年，行业人力资源管理人员规模不断扩大。2022 年，人力资源管理人员同比增长 7%，平均人数 18 人，14 家证券公司人力资源管理人员配置超过 30 人，10 家证券公司在 20—30 人（含）之间，44 家证券公司在 10—20 人（含）之间，40 家证券公司在 10 人（含）以下。

从人员构成来看，人力资源管理各主要模块人员配置相对较为均衡，基本在 10% 左右，其中薪酬福利模块人员占比最高，达 15%；招聘、培训、人事及员工关系、干部管理、HRBP[①]、绩效考核人员占比均超过 10%；共享服务中心人员[②]占比相对较少，不足 3%。人员增长方面，干部管理人员保持快速增长，增幅最高，达 27%；HRBP、共享中心人员增幅均超过 15%；培训人数略有下降（见表专 5-22）。

表专 5-22　　　　2022 年证券公司人力资源管理人员构成与增长率　　　　（单位:%）

职能模块	人员构成占比	人员增长率
组织发展	9.08	7.02
招聘	13.66	1.53
干部管理	11.87	26.54
薪酬福利	15.21	0.60
绩效考核	10.21	3.25
培训	13.41	-2.08
人事及员工关系	12.90	8.81
HRBP	10.84	15.91
共享服务中心	2.82	20.78

资料来源：调研信息，共有 93 家证券公司有效反馈了相关人员构成情况。

十、党务、工会、团委、纪检人员情况

近年来，证券行业深入贯彻新时代党的建设总要求，以党的政治建设为统领，全面加强党建工作，抓党建促发展，推动党建与业务发展深度融合，党建群团及纪检人员配置逐步加强。2022 年，相关人员增幅约 12%，平均配置人数 12 人，15 家证券公司相关人员配置超过 20 人。

---

① HRBP：人力资源业务伙伴，是企业派驻到各个业务或事业部的人力资源管理者，主要协助各业务单元的员工发展、人才发掘、能力培养等方面工作。

② 共享服务中心：是企业将各业务单元所有与人力资源管理有关的行政事务性工作集中起来，通过对人员、技术和流程的有效整合，为企业所有的业务单元提供标准化和精简化的人力资源管理服务。

第三节 2022年证券公司分支机构人员情况

2020—2022年，证券公司分支机构人员规模稳定增长，2022年增幅约4%，平均人数1 775人，7家证券公司分支机构人数超过6 000人，8家证券公司在4 000—6 000人（含）之间，13家证券公司在2 000—4 000人（含）之间，50家证券公司在500—2 000人（含）之间，29家证券公司在500人以下。

从人员构成来看，零售业务人员占比最高，超过50%，人数较上年基本持平。机构业务及财富管理业务人员占比较少，在5%左右，但增幅较大，均超过10%，其中财富管理业务人员涨幅最快，近20%（见表专5-23）。

表专5-23　　　　2022年证券公司分支机构人员构成与增长率　　　　（单位：%）

统计项目	零售业务	机构业务	财富管理业务	中后台
人员构成占比	53.40	5.29	4.30	37.01
人员增长率	-0.08	11.42	19.75	1.10

资料来源：调研信息，共有68家证券公司有效反馈了分支机构相关人员构成情况。

随着财富管理转型不断深入，2020—2022年行业证券经纪人数量持续下降，经纪人数量与分支机构正式人员比例约1∶5。

第四章
2022年证券行业人才发展和管理存在的问题与建议

第一节　2022年证券行业人才发展和管理存在的问题

总体来看，证券行业人才队伍初步形成了人才高地的示范效应，人才引进机制逐步市场化，人才培养机制逐步体系化，人才管理机制逐步精细化。"十四五"是证券行业高质量发展的重要时期，当前证券行业人才队伍发展水平与经济社会发展实际需求、资本市场持续全面深化改革的要求相比，还有一定的提升空间。

一、行业重点领域人才规模有待进一步扩大

从行业发展需求看，证券公司业务转型涉及的重点领域所需人员供给不足：一是金融科技、财富管理等重点发展领域的核心人才及领军型人才相对短缺，金融安全专家稀缺；二是部分业务领域特别是投资交易、热点行业研究、量化策略开发、衍生品业务等专业领域人员紧缺状况较为突出；三是国际化人才供不应求，高端创新业务人才竞争加剧，既熟悉中国特色估值体系又具有国际业务经验的关键人才有待积蓄；四是既懂业务又善管理的合规风控等复合型人才有待增加。

二、行业人才结构有待进一步优化

在业务条线方面，从业人员头部聚集和虹吸效应明显，投行业务条线人员呈现向头部证券公司集中趋势，研究条线核心人才同业竞争激烈。在区域分布方面，从业人员区域分布相对不均衡，中西部公司人员发展受限，较难吸引和留住高端人才。在梯队结构方面，从业人员梯队结构亟待优化，部分业务线存在代际断层、后备干部不足和员工老龄化等现象。

三、行业人才专业水平有待进一步提升

聚焦业务转型，客户需求越来越综合化，要求各业务条线员工能够提供跨牌照服务，从产品中心到客户中心构建综合素质能力。行业人才队伍专业水平距离高质量发展还有一定差距：部分从业人员习惯于碎片化学习，系统性学习新制度和新业务的意识有待提高；从业人员风险合规意识、国家安全意识、社会责任意识等仍有待提升；营业部负责人团队管理能力有待强化；一线营销人员商务礼仪素养仍需进一步加强。

四、行业人才培养培训体系有待进一步完善

一是对社招新员工的培训、通用技能类培训、监管政策解读、后备人才培训、管理类培训、核心人才重点培训等相对不足，一线营销人员需主要提升应对极端市场行情的客户沟通培训技能；二是员工保持必要的抗压能力和良好心理健康的疏导培训有待增加；三是中小型证券公司培训投入相对较少；四是业务发展更多寄希望于从外部直接引入成熟人员，对人才的逐步培养和成长重视不够；五是培训未能与公司各部门及员工的绩效考核有效挂钩，培训管理部门缺乏有效抓手；六是员工培养培训在"育选管用"体系中源头性、基础性作用发挥不足；七是以科学的岗位胜任力模型为指导、引导制度学习、团队学习的培训长效机制有待建立。

五、行业人力资源管理有待进一步精细化

一是从产品中心到客户中心的业务转型过程中，证券公司面临如何打造跨业务、跨职能的综合性敏捷性组织难题；二是部分公司面临不同业务线差异化人才管理的问题；三是区域公司在一线城市布局带来跨区域人员管理、市场化员工归属感等问题；四是行业人力资源管理整体数字化水平有待提高，对业务发展和公司战略的支撑力度尚待提升，精细化管理水平与国际一流投行存在一定差距。

第二节 2023年证券行业人才发展和管理发展建议

证券行业是以专业创造价值、以服务积累信誉的领域，人才是证券行业高质量发展的第一资源。培养德才兼备的高素质专业人才队伍，既是证券行业行稳致远的内在要求，也是建设中国特色现代资本市场的基本保障。证券行业要进一步优化行业人才"选育用留"制度，

改善行业人才发展环境，使行业人才总量与整体发展相适应；突出人才专业能力、服务质量提升，注重执业声誉建设，推动行业实现更高质量的发展。

一、探索建立行业人才公共服务体系

一是建议研究制定新时代证券行业人才队伍建设总体规划，从顶层设计角度明确新时代证券行业人才队伍建设的指导思想、主要目标、政策措施和保障机制，为行业人才发展提供方向指引。二是探索建立行业人才信息交流平台，宣传行业人才政策，及时发布行业各类人才的供求信息，研发行业人才交流机制和评价技术，为人才有序流动提供信息服务，发挥市场配置人才决定性作用，形成统一、开放、竞争、有序的行业人才交流市场。三是建立证券从业人员执业信息库，定期对从业人员状况进行统计分析，形成多维度、全执业周期信息记录。

二、优化行业人才管理制度机制

执业质量是证券公司的核心竞争力，人才是质量制胜的根本。随着全市场注册制的推行和资本市场功能的健全，证券行业发展生态将从"数量竞争"转向"质量竞争"，证券中介服务方向将从"可批性"向"可投性"转变，人员素质与执业质量将成为决定经营成败的关键因素。证券公司在新发展阶段担当着新使命，要建立以执业质量为导向的绩效考评制度。在以执业质量为导向的治理体系中，专业水平与执业行为并重的要求更加突出，执业信息与执业声誉持续积累的特点更加突出。要从公司治理和行业治理两个层面，进一步优化人员管理制度机制，建设人员执业全过程信息记录数据库，建立初始执业登记与持续执业记录全链条、多维度、全周期的信息记录制度，实现人员执业信息管理的集中性、完整性、准确性、及时性，为行业人才高质量发展提供保障。

三、健全行业人才执业声誉机制

审慎履行专业责任是从业人员执业的基本原则，行业人才要积极承担社会责任，珍视执业声誉、厚积声誉资本。中介机构归位尽责是全面实行注册制的关键环节，也是健全资本市场功能的基础设施，从业人员作为资本市场"看门人机制"的执行者，在投行业务中要履行核查把关的专业责任，在财富管理业务中要认真落实为客户负责的信义义务。新《证券法》《刑法修正案》等进一步健全证券违法违规行为的罚责体系，强化全方位立体追责机制，形成过责相当的问责体系，执业责任履行状况将成为从业人员重要的声誉资本。行业及从业人员要积极服务国家发展战略，推动履行社会责任与业务良性发展相融合，践行新发展理念，积极服务乡村振兴，参与社会公益，促进协调发展共享发展，健全完善从业人员执业责任的行业治理体系,形成执业责任的声誉激励与约束机制。

四、提升行业人才专业能力,培养专业精神

行业人才首先应具备从事证券业务所需的专业能力,熟练掌握证券法律法规和证券基础知识,具有从事证券业务的基本技能;其次要通过实践锻炼和培养,久久为功养成专业主义精神和合规风险意识,以工匠精神、长期目标为客户创造价值,扭转急功近利、投机取巧的心态;同时,要提升行业人才在专业服务中增长客户价值的水平、练就为客户提供"个性化服务"的专业本领。

五、增强行业人才服务实体经济能力

服务是证券行业基业长青的"生命线"。证券公司作为连通投资与融资两端的核心中介,服务面向实体经济和千家万户,要把服务着力点放在践行新发展理念、促进高质量发展上,不断优化服务质量和服务水平,全面提升综合金融服务能力,聚焦服务"硬科技"、创业创新、"专精特新"企业的融资需求,推动国有资本和国有企业做强做优做大,促进民营经济发展壮大;聚力增加居民财产性收入、扩大中等收入人群,推动财富管理和买方投顾业务发展,以客户为中心精细刻画不同客群特征,借助数字化赋能,发挥证券行业不同业务线的产品创设优势,更好地服务客户财富管理差异化需求,探索建设为客户提供个性化、定制化服务的人才团队,打造具有买方服务理念和标准服务体系的高水平投资顾问队伍。

专题报告之六：
2022年中国证券业信息技术与服务发展综述

第一章
2022年中国证券业信息技术与服务发展情况

第一节 2022年中国证券业信息技术与服务发展特点[①]

一、数字化转型成为国家和证券行业重要战略，证券行业持续推进数字化转型

数字化转型已经成为国家和证券行业的重要战略。习近平总书记和党中央、国务院都对建设数字中国进行了重点部署。在证券行业，78%的公司将数字化转型列为公司战略任务。数字化转型不仅提高了服务效率，还催化出更多数字化、智能化的新业态。证券行业广泛应用大数据、人工智能、区块链和云计算等技术来高效赋能实体经济。

---

① 本节中的统计数据如无特殊说明，均来自2022年中国证券业协会专项调查，数据未经审计。

全面推动行业机构数字化转型是助力证券行业高质量发展的内在引擎，领先的证券公司已经大力实施数字化转型，在传统优势下获得了新的竞争优势。为了实现数字化转型，证券公司 IT 投入与总部 IT 员工均保持持续增长，并且多家证券公司设立专门组织负责数字化战略决策和推进。

在人才体系建设上，证券公司在各业务板块配置产品经理等科技人员，并举办科技文化节和科技竞赛等活动，让数字化的基因进一步融入企业文化。部分证券公司还通过创立金融科技子公司、专项数字化创新基金、科技创新实验室和建立联合创新生态等方式，建立内部数字化创新孵化机制，从而更有力地推进数字化转型的业技融合和科技创新。

与此同时，数字化转型正面临着各种挑战和风险，涉及人才、资金、技术、安全等方面。因此，证券公司应持续加强对数字化转型的规划与管理，加快数字化转型步伐，提高数字化转型的质量和效率，不断提升服务客户和市场的能力，助力实现行业高质量发展。

二、资本市场改革开放持续深化，金融科技助力证券行业高质量发展

2022 年，资本市场改革开放持续深化，全面实行股票发行注册制启动实施，科创板启动做市交易制度，公募 REITs 登陆资本市场并快速扩容，个人养老金制度落地，多层次资本市场体系日益完善，促进了创新资本的形成，在推动科技、资本和实体经济循环方面发挥着积极作用。

证券行业现有业务模式、流程、运营、核心交易、风险管控等内容持续优化与完善，服务客户和内部协同的要求进一步提高，证券行业更加依赖信息技术来支持高效运作。金融科技成为助力行业高质量发展的工具，通过有效降低金融机构的运营成本、提升管理效能、增强风险评估和信息披露等，在更好地控制风险、保护投资者权益及为市场提供多样化的金融产品和服务以满足不同投资者的需求等方面发挥作用。

金融科技在证券行业各个业务领域与场景中得到深度拓展：进一步提升财富客户个性化数字化服务，推动智慧网点转型，打造线上线下贯通的"O2O"（线上对线下进行交易）服务，应用智能投顾以满足不同类型的个性化需求；进一步完善机构客户综合金融服务，推动机构业务全面线上化，提高服务机构客户能力；通过数字化平台的建设和大数据与 AI 工具的辅助，进一步提高投行业务员工效能和客户服务效能；进一步加强信用风险、操作风险、流动性风险等基础设施建设，提升智能风控、智能决策等全面风险管理能力，助力证券公司全面风控与合规管理水平提升；借助数字化工具与数据的打通，加大内部业务协同，进一步提升内部协作与办公能力。

三、证券行业基础设施进一步云化，数据智能应用水平进一步加强

证券公司持续完善两地三中心基础设施建设，并推进基础设施能效提升。为了提高自主

可控能力，证券公司积极优化数据中心的建设布局，在网络设备存储、负载均衡、虚拟化和云计算技术等方面进行优化改造；同时，也在积极协助行业云平台、数据中心、灾备中心和区块链等公共基础设施建设。

证券公司加快云化新型基础设施的建设，以达到资源灵活高效管理的目的。证券公司致力于打造高质量数字化研发技术底座和强化核心能力中台，并加大力度推动云基础设施建设与应用；同时，正在建立一体化大运维体系，以提升业务运营保障能力。

在数据方面，数据价值成为行业高度关注的要点。多家证券公司正持续优化其数据平台，不断提升数据质量、保障数据安全，同时更加注重用户的用数体验。通过聚合大数据平台、数据治理和人工智能等技术，以发挥数据价值为目的，在各种场景中运用数据和智能技术，并深化数据洞察分析能力，持续挖掘数据价值，在客户服务、业务展业、内部管理和经营决策等领域提供强大的数据支撑及驱动能力，全方位提升数据端到端的服务能力。

四、自主研发能力持续增强，多措并举推进数字化转型

在数字化转型过程中，证券公司通过差异化选择信息技术建设模式和技术创新方向，不断提升自主研发能力。证券公司IT专职研发人员和自主研发系统比例持续增加，2022年，证券公司总部IT专职研发人员的增长比例达到23%。此外，为了在扩充科技人才队伍的同时更好地控制成本，多家证券公司也建立了异地研发中心。

在底层技术方面，证券公司积极采用分布式技术升级技术架构，并持续建设和完善数据中台、技术中台，推动基础设施底层架构向云原生升级，以容器、微服务、DevOps等技术为基础建立云原生技术底座。同时，证券公司对研究成果的知识产权保护重视度进一步提升，软件著作权与发明专利的申请数量保持快速增长趋势。

证券公司积极打造自身发展生态，提升技术能力。为了探索更多的商业机会，证券公司与垂直、非垂直领域的商业伙伴进行跨界合作，如参股金融科技公司以及与互联网公司、银行及传统企业进行合作等。通过思想的碰撞和科技企业"资本参与+业务合作+战略协同"的生态合作模式，证券公司借助金融科技的技术手段，降低金融服务的边际成本、提升金融服务的运营效率，并实现产品创新、技术创新、服务创新、商业模式创新。最终，共同构建开放融合的金融科技发展生态圈，推动证券业进入更高质量的发展。

五、行业多方协作，科技创新促进金融科技产业蓬勃发展

随着证券期货业科技发展"十四五"规划的持续落实，行业科技监管与数字化发展取得了显著成果。一方面，做好行业基础设施建设与运营，并科学规划、稳步支持核心交易结算等系统的更新换代，有力保障资本市场重大业务改革发展；另一方面，持续依托公共平台基础设施，积极向市场输出技术能力与服务，助力市场机构数字化发展。同时，监管机构全

面推进资本市场金融科技创新试点,完善资本市场金融科技创新配套制度框架,建立长效工作机制。

金融科技自主创新进入深化阶段,推动产业蓬勃发展。在证券行业相关领域政策、技术、市场主体的驱动下,金融科技产业基础不断夯实,行业标准、人才储备、合作机制、产品能力、技术实力等领域持续完善。一方面,行业核心机构不断完善数字化配套基础设施,为证券行业提供公共服务能力,在云资源平台、数据交换平台、区块链联盟、开源软件治理等领域持续发力,并开展联合预研、开发、应用与推广,激发行业数字化生态活力,为行业提供较完善的金融科技支撑服务能力;另一方面,技术供应商、金融科技公司、互联网企业、金融同业与证券公司一道,建立前沿科技和应用场景共研机制,以更加开放的心态和架构形成与合作伙伴之间科技、产品、服务、场景等优势互补,快速提升自身的金融科技创新能力,借助新科技实现对传统客户服务、经营管理、商业模式的突破,营造新的行业生态,构筑新的发展格局。此外,除了传统深耕行业的金融科技企业外,大批专业领域的新兴企业的涌现也更加完善了金融科技生态。

六、安全可控体系建设持续深入,推动证券行业信息技术健康发展

证券公司不断强化系统运行保障和数据安全管理,加强对外发布信息的安全管理,加大人力投入。中国证券业协会调研数据显示,2022年证券公司信息安全相关人员出现了大幅增长,增幅高达44.89%。具体来说,证券公司持续完善数据全生命周期的安全闭环管理机制,加强第三方数据合作安全评估,并注意外部数据源合规风险,明确数据权属关系,加强数据安全技术保护。为解决数据共享问题,部分证券公司积极探索基于联邦学习、差分隐私、多方安全计算、区块链构建的隐私计算方案。行业上下游机构全面重视金融科技与数字化转型过程中的风险防控能力建设,证券行业安全可控体系建设持续加强。

第二节 2022年中国证券业信息技术投入情况[①]

2023年初,中国证券业协会对证券公司2022年度信息技术(IT)投入及人员情况进行了专项调查,收到有效调研反馈共计111份。调查结果显示,2022年证券公司IT人员总数同比增长8.08%,IT投入总额同比增长24.41%,与2021年相比,人员总数增幅减缓,IT投入出现了较大增长。IT人力投入方面,总部IT人员数量同比增长20.3%,常驻外包人员数量同比减少0.72%,分支机构IT人员数量同比减少9.24%;IT资金投入方面,资本性支

---

① 本节中的统计数据如无特殊说明,均来自2022年中国证券业协会专项调查,数据未经审计。

出同比增长 16.23%，费用性支出同比增长 28.42%，薪酬福利支出同比增长 30.15%。

一、IT 人力投入情况

2022 年证券公司 IT 人员总数为 33 454 人，同比增长 8.08%，其中总部 IT 人员相较于 2021 年增长 20.3%，证券公司总部平台化建设能力、IT 资源整合能力进一步增强。具体来看，证券公司总部 IT 员工数量为 17 879 人，占比 53.44%，数量和占比均有所增加；常驻外包 IT 人员数量为 11 322 人，相比 2021 年下降了 0.72%，或由于证券公司为进一步提升自研水平，正逐步降低对外包人员的依赖，继而选择通过招聘和培养正式员工的方式增强对信息技术的自主可控能力；分支机构 IT 员工数量为 4 253 人，占比 12.71%，数量和占比均有所下降。随着证券行业数字化转型的不断深入，各家证券公司仍在不断加大对金融科技领域的投入和布局，在信息技术人才投入方面，持续加强总部 IT 人员的投入，降低分支机构的 IT 人员规模，促使分支机构更加聚焦前台业务，向轻量化转型。具体情况见表专 6-1。

表专 6-1　　　　　　　2020—2022 年证券行业 IT 人员情况

类别	2020 年		2021 年			2022 年		
	人数（人）	占比（%）	人数（人）	占比（%）	增长（%）	人数（人）	占比（%）	增长（%）
总部 IT 员工	12 244	47.36	14 862	48.02	21.38	17 879	53.44	20.30
常驻外包 IT 人员	8 423	32.58	11 404	36.84	35.39	11 322	33.84	-0.72
分支机构 IT 员工	5 190	20.07	4 686	15.14	-9.71	4 253	12.71	-9.24
合计	25 857	100.00	30 952	100.00	19.70	33 454	100.00	8.08

从证券行业 IT 人员各分项占比来看，总部 IT 人员主要分布在开发和运维岗位，分别为 27.88% 和 13.45%，总部专职开发人员 2022 年仍有较大的增幅，增长了 23.00%，但相比 2021 年的增长率已经有所下降，总部专职运维人员增长率则有所提高；外包人员主要分布在开发岗位和测试岗位，分别为 17.30% 和 9.54%，占比小幅降低；分支机构专职 IT 人员主要为运维岗位，占比较高，但人员数量在逐步减少。具体情况见表专 6-2。

表专 6-2　2020—2022 年证券行业总部员工、常驻外包、分支机构专职 IT 人员各分项情况

类别		2020 年		2021 年			2022 年		
		人数（人）	占比（%）	人数（人）	占比（%）	增长（%）	人数（人）	占比（%）	增长（%）
总部	专职开发	5 972	23.11	7 619	24.62	27.58	9 371	27.88	23.00
	专职测试	596	2.31	762	2.46	27.85	956	2.84	25.46
	专职运维	3 759	14.54	4 056	13.10	7.90	4 521	13.45	11.46
	其他员工	1 917	7.42	2 425	7.83	26.50	3 193	9.50	31.67

续表

类别		2020年		2021年			2022年		
		人数（人）	占比（%）	人数（人）	占比（%）	增长（%）	人数（人）	占比（%）	增长（%）
外包	专职开发	4 720	18.26	6 076	19.63	28.73	5 817	17.30	-4.26
	专职测试	2 166	8.38	2 992	9.67	38.13	3 208	9.54	7.22
	专职运维	963	3.73	1 267	4.09	31.57	1 319	3.92	4.10
	其他员工	553	2.14	1 069	3.45	93.31	978	2.91	-8.51
分支机构	专职开发	67	0.26	98	0.32	46.27	99	0.29	1.02
	专职测试	4	0.02	8	0.03	100.00	12	0.04	50.00
	专职运维	3 256	12.60	3 068	9.91	-5.77	2 813	8.37	-8.31
	其他员工	1 874	7.25	1 512	4.88	-19.32	1 329	3.95	-12.10

2022年，证券公司总部IT员工人数分化明显，111家反馈数据的证券公司中，总部IT员工人数超过100人的共51家，100人以下的有60家，同比2021年减少4家。其中7家证券公司总部IT员工人数超过500人，比2021年增加2家，13家总部IT员工人数超过400人，比2021年增加5家。总部IT员工人数排名前10位的证券公司总部IT员工共6 400人，占行业总人数的35.87%；总部IT员工人数排名前20位的证券公司总部IT员工共10 286人，占行业总人数的57.53%；总部IT员工人数排名前30位的证券公司总部IT员工共12 505人，占行业总人数的69.94%。证券公司总部IT人员集中度进一步提高。具体情况见图专6-1。

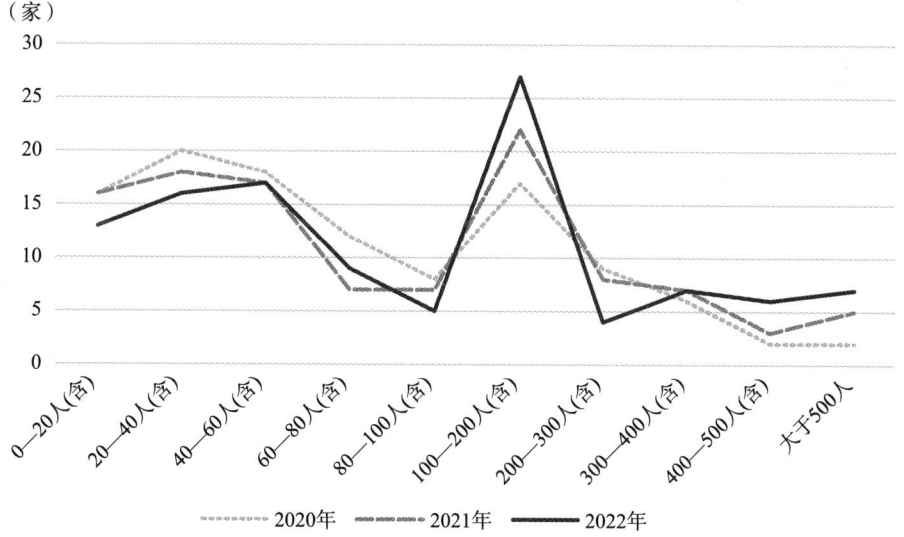

图专6-1　2020—2022年证券公司总部IT人员分布

从业务种类来看，2022年支持各业务条线的IT人员人数①分布如下：证券经纪业务8 276人，占比为39.70%；投行业务684人，占比为3.28%；资管业务732人，占比为3.51%；信用业务861人，占比为4.13%；自营业务1 345人，占比为6.45%；中后台业务5 385人，占比为25.83%；信息安全468人，占比为2.25%；其他人员2 207人，占比为10.59%。其中，信息安全投入人员出现了大幅增长，增幅达44.89%。具体情况见表专6-3。

表专6-3　　2020—2022年证券行业总部员工、常驻外包专职IT人员各业务线占比情况

年份	类别	经纪	投行	资管	信用	自营	中后台	信息安全	其他
2020	投入人员（人）	7 166	420	757	575	1 115	4 099	296	1 217
	人员占比（%）	45.80	2.68	4.84	3.68	7.13	26.20	1.89	7.78
2021	投入人员（人）	8 402	636	786	875	1 189	5 573	323	1 727
	人员占比（%）	43.06	3.26	4.03	4.48	6.09	28.56	1.66	8.85
	增长（%）	17.25	51.43	3.83	52.17	6.64	35.96	9.12	41.91
2022	投入人员（人）	8 276	684	732	861	1 345	5 385	468	2 207
	人员占比（%）	39.70	3.28	3.51	4.13	6.45	25.83	2.25	10.59
	增长（%）	-1.50	7.55	-6.87	-1.60	13.12	-3.37	44.89	27.79

因异地研发中心有成本较低、员工招聘较一线城市更为容易等优势，2022年总计有25家证券公司设立了异地研发中心。在人员方面，2022年异地研发中心人员规模出现了大幅增长，与2021年相比增长51.53%，占总部IT人员比例为13.29%。从人员分布占比来看，异地研发中心人员主要为专职开发人员，且人数增长较多，专职开发人员规模相较于2021年增长60.33%。具体情况见表专6-4和表专6-5。

表专6-4　　　　2020—2022年证券行业异地研发中心IT人员情况

年份	异地研发中心总人数（人）	占总部IT人数比例（%）	增长（%）
2020	1 203	9.83	—
2021	1 630	10.97	35.49
2022	2 470	13.29	51.53

表专6-5　　　2020—2022年证券行业异地研发中心专职IT人员各分项情况

年份	类别	专职开发人员	专职测试人数	专职运维人数	其他IT员工人数
2020	投入人员（人）	797	155	126	125
	人员占比（%）	66.25	12.88	10.47	10.39
2021	投入人员（人）	1 137	201	114	178
	人员占比（%）	69.75	12.33	6.99	10.92
	增长（%）	42.66	29.68	-9.52	42.40

---

① 部分问卷的总部员工、常驻外包未全部计入分项，故此处总人数低于表专6-1的统计人数。

续表

年份	类别	专职开发人员	专职测试人数	专职运维人数	其他IT员工人数
2022	投入人员（人）	1 823	268	180	199
	人员占比（%）	73.81	10.85	7.29	8.06
	增长（%）	60.33	33.33	57.89	11.80

二、IT 资金投入情况

2022 年证券行业 IT 总投入为 377.65 亿元，同比增长 24.41%。资本性支出同比增长 16.23%，占 2022 年 IT 总投入的 34.32%；费用性支出同比增长 28.42%，占 2022 年 IT 总投入的 37.44%，占比略有提升；薪酬福利支出同比增长 30.15%，占 2022 年 IT 总投入的 28.24%，占比呈增长趋势。从数据来看，资本性支出和费用性支出的占比在 2020 年和 2021 年较为接近，但是在 2022 年资本性支出的占比有所下降，而费用性支出的占比则有所增加。随着行业 IT 人员的增长，证券公司支出的薪酬福利在 2020—2022 年逐年增加，增长幅度也较大。整体来看，证券行业 IT 总投入在 2020—2022 年均有不小增长，2021 年、2022 年的增长幅度超过了 20%。具体情况见表专 6-6。

表专 6-6　　　　　　　　2020—2022 年证券行业 IT 投入情况

类别	2020 年		2021 年			2022 年		
	投入金额（万元）	占比（%）	投入金额（万元）	占比（%）	增长（%）	投入金额（万元）	占比（%）	增长（%）
资本性支出	887 478	36.99	1 115 118	36.74	25.65	1 296 071	34.32	16.23
费用性支出	906 585	37.78	1 101 133	36.27	21.46	1 414 100	37.44	28.42
薪酬福利支出	605 276	25.23	819 272	26.99	35.36	1 066 309	28.24	30.15
合计	2 399 339	100.00	3 035 523	100.00	26.51	3 776 480	100.00	24.41

从 2022 年证券行业 IT 投入各分项占比来看，软件投入和薪酬福利支出占比均超过 20%，硬件投入和运维费用占比超过 10%。资本性支出方面，硬件投入增长 7.5%，相比 2021 年占比略有下降，软件投入增长 26.58%，相比 2021 年增速加快。费用性支出方面，运维费用增长超过 20%，常驻外包费用出现大幅增长，增长达 63.33%。整体来看，证券公司在 2020—2022 年 IT 投入有不小的增长。其中，资本性支出虽然占比有所下降，但仍然是证券公司 IT 投入最主要的支出类型；费用性支出占比略有提升；薪酬福利支出呈现逐年增长的趋势。随着证券行业数字化转型逐步进入深水区，证券公司进一步加大 IT 建设性投资及自主研发投入。同时，随着全面深化资本市场改革向纵深推进，行业监管规范不断完善，证券公司在全面数字化转型、运维保障工作、信息安全工作、信息技术应用创新工作等方面也在不断加大投入。具体情况见表专 6-7。

表专 6–7   2020—2022 年证券行业 IT 投入各分项情况

年份	类别	资本性支出		费用性支出				薪酬福利支出
		硬件投入	软件投入	运维费用	通信费用	常驻外包费用	其他费用	
2020	投入金额（万元）	389 221	498 257	403 879	290 419	134 319	77 968	605 276
	投入占比（%）	16.22	20.77	16.83	12.10	5.60	3.25	25.23
2021	投入金额（万元）	478 428	598 002	533 362	326 101	165 478	76 192	819 272
	投入占比（%）	15.96	19.95	17.80	10.88	5.52	2.54	27.34
	增长（%）	22.92	20.02	32.06	12.29	23.20	-2.28	35.36
2022	投入金额（万元）	514 298	756 972	669 435	364 737	270 281	109 647	1 066 309
	投入占比（%）	13.71	20.18	17.84	9.72	7.20	2.92	28.42
	增长（%）	7.50	26.58	25.51	11.85	63.33	43.91	30.15

2022 年，各家证券公司的 IT 总投入持续增加，IT 总投入达到亿元的有 77 家，较上年增加 5 家。其中，IT 总投入超过 8 亿元的证券公司共 15 家，较上年增加 4 家；IT 总投入超过 10 亿元的证券公司共 13 家，较 2020 年增加 9 家，较 2021 年增加 6 家。IT 总投入排名前 10 位的证券公司共投入 135.59 亿元，占行业总投入的 37.11%；IT 总投入排名前 20 位的证券公司共投入 218.90 亿元，占行业总投入的 59.91%；IT 总投入排名前 30 位的证券公司总投入 259.90 亿元，占行业总投入的 71.13%。各证券公司进一步加大 IT 资金投入，IT 总投入排名居前的证券公司投入集中度进一步提高。具体情况见图专 6–2。

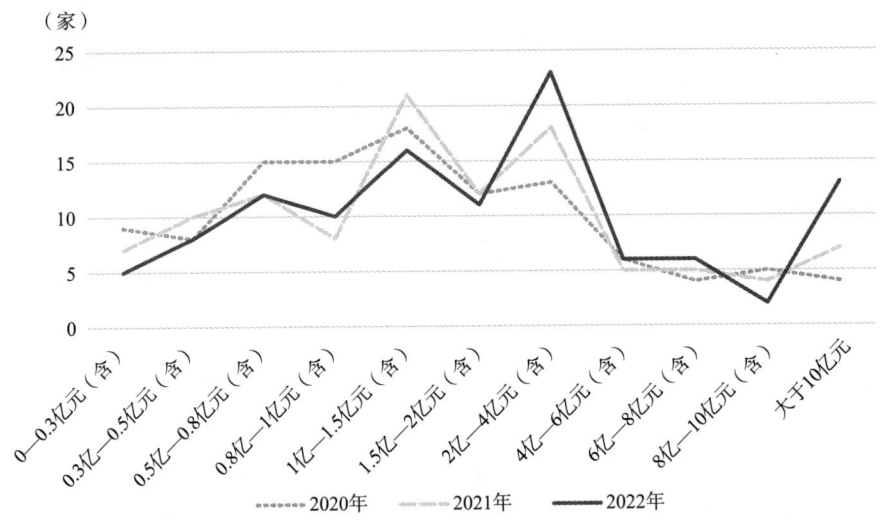

图专 6–2   2020—2022 年证券公司 IT 投入分布

从业务种类来看，2022 年 111 家证券公司的资本性支出（包括硬件投入和软件投入）为 1 224 101 万元①，证券经纪业务和中后台占比 77.45%，较 2021 年占比略有下降，投行

---

① 部分问卷的资本性支出未全部计入分项，故此处资本性支出低于表专 6–7 的资本性支出。

业务增长较快，相较于 2021 年投入增长 32.41%。具体来看，经纪业务投入 420 565 万元，占比为 34.36%；投行业务投入 24 320 万元，占比为 1.99%；资管业务投入 50 315 万元，占比为 4.11%；融资业务投入 16 020 万元，占比为 1.31%；投资业务投入为 63 965 万元，占比为 5.23%；中后台投入为 527 527 万元，占比为 43.1%；其他业务投入为 121 389 万元，占比为 9.92%。2022 年，经纪业务、资管业务、融资业务和投资业务的投入金额都有所增长，但融资业务的增幅较小，而投行业务的增长幅度最大，中后台 IT 投入占比最大且投入增长较快。总体来说，在 2022 年，证券公司的投资重心逐渐向投行、中后台 IT 和其他业务转移（如衍生品等），中后台 IT 投入占比最大，投入增长较快，与证券公司在中后台建设上持续保持较高投入是一致的，主要集中在数据中台、业务中台和技术中台等领域。具体情况见表专 6–8。

表专 6–8　　　　　2020—2022 年证券行业资本性支出各业务占比情况

年份	类别	经纪业务	投行业务	资管业务	融资业务	投资业务	中后台	其他业务
2020	投入金额（万元）	314 192	17 114	35 225	17 770	37 702	303 491	72 883
	投入占比（%）	39.35	2.14	4.41	2.23	4.72	38.01	9.14
2021	投入金额（万元）	382 125	18 367	48 565	19 013	50 007	407 064	74 088
	投入占比（%）	38.24	1.84	4.86	1.90	5.00	40.74	7.41
	增长（%）	21.62	7.32	37.87	7.00	32.64	34.13	1.65
2022	投入金额（万元）	420 565	24 320	50 315	16 020	63 965	527 527	121 389
	投入占比（%）	34.36	1.99	4.11	1.31	5.23	43.10	9.92
	增长（%）	10.06	32.41	3.60	−15.74	27.91	29.59	63.84

从信息安全领域看，2022 年证券公司在信息安全相关的投入为 109 226 万元，占当年总投入的 4.04%，同比增长 14.39%。因国家信息安全以及证券 IT 稳定性和可用性要求极高，各证券公司高度重视，加大网络安全投入，通过加强网络安全手段和平台建设、创新网络安全人才培养机制、开展网络安全知识技能普及工作等方式，全方位铸造网络安全的"金钟罩"。随着信息安全相关投入金额越来越高，增长率相较于前一年有所下降，增长速度逐渐减缓。具体情况见表专 6–9。

表专 6–9　　　　　2020—2022 年证券行业信息安全相关投入情况

年份	投入金额（万元）	占总投入比例（%）	增长（%）
2020	77 791	4.34	—
2021	95 484	4.31	22.75
2022	109 226	4.04	14.39

第二章
2022年金融科技在证券业信息技术中的应用发展情况

第一节 2022年证券公司数字化转型、数据治理与基础设施建设情况[①]

根据2022年中国证券业协会专项调查结果,证券行业持续推进数字化转型,数据治理及前沿数字化技术的创新应用推进加快,并在配套敏捷研发体系建设等方面不断加大投入。

一、数字化转型开展情况

根据本次调查反馈,共86家证券公司将数字化转型列为公司发展战略,占本次调查样本数量的78%,其中,数字化转型在2022年启动的有10家。"全面数字化转型"成为数字化转型的关键词,数字化应用"主战场"覆盖零售业务、机构业务、资产管理、投资银行、自营投资、中后台等多个领域。在将数字化转型列为公司发展战略的证券公司中,数字化转型覆盖多业务领域的证券公司有80家,占比高达93%。证券行业数字化转型广度和深度不断拓展。

从调查数据来看,共计66家证券公司设立专门组织负责数字化转型的决策和推进,但做法各有不同。从决策层组织上典型做法有如下三种:一是设置专门的数字化转型工作领导组织,如安信证券、中泰证券等;二是将数字化转型工作领导决策职能赋予现有的领导组织,如中信证券、国泰君安证券等;三是对现有领导组织进行变革,加强其对数字化转型工作的领导,如国信证券等。从执行层组织上典型做法有如下三种:一是设置专门的数字化转型工作部门,专职推进数字化转型工作;二是将数字化转型工作的推进职能赋予现有部门,

---

[①] 本节中的统计数据如无特殊说明,均来自2022年中国证券业协会专项调查,数据未经审计。

扩大现有部门的工作范围；三是采用跨职能、扁平化的敏捷组织，即部落制组织，加强业务与技术的融合，加速数字化转型。在数字化转型的治理机制方面，行业正在探索和摸索之中，具体采用何种方式以及效果如何，还需结合公司自身情况，在实践中去检验并不断改进。

在公司数字化转型规划的制订方式上，59%的证券公司通过公司统一组织，IT部门和业务部门联合制订规划方案和行动计划，规划涵盖数字化转型的业务目标与价值、业务场景蓝图（新的商业模式、业务模式和管理模式）、战略举措、实施路径等方面，整体数量较上年进一步增加，由此可以看出公司战略方向与业务发展方向是数字化转型的必要前提。同时，有部分证券公司采用IT部门起草并征求业务部门意见后修订的方式制订规划。在考评机制上，有47家证券公司建立了数字化转型推进的考核评价机制，较上年增加12家；有41家证券公司建立了内部数字化创新孵化机制，较上年增加4家。

总体而言，数字化转型涉及商业模式、业务价值、数字化产品、IT建设以及企业战略、组织保障、文化建设、专业人才、高效协同、流程再造等方面，需要企业具有强大的数字化变革力和战略执行力，这对于众多传统金融企业来说是巨大挑战。证券公司如何选择数字化转型的治理模式和推进策略，应结合公司自身的数字化能力现状，在充分平衡投入与产出、短期与长期的基础上，做出最适合自己的选择。

二、数据治理开展情况

数据是企业的重要资产，数据驱动和数智化是数字化转型的重要基础，随着行业数字化转型持续深入，证券公司实施数据驱动、开展数据治理的内在驱动力逐渐增强。根据本次调查反馈，111家证券公司均不同程度地开展了数据治理工作，总体来看，整体资金与人员投入较上年均有大幅度的提升，但行业整体数据治理水平仍有不足，除极少数证券公司有较为成熟的经验外，各家证券公司均在持续的摸索与实践过程中。

在数据治理组织保障上，证券公司普遍采用"决策、推进、执行"三层自上而下的数据治理组织架构。决策层负责集团数据治理工作规划和决策，多数公司由信息技术治理委员会负责。信息技术治理委员会下设的数据治理工作办公室或专门的数据治理小组负责推动、执行、落实公司数据治理相关工作，协同各业务部门及信息技术团队落实数据治理工作具体要求，以推进提升数据生产、加工过程的效率与质量。2022年，有93家证券公司在数据治理方面进行投入（包括数据治理相关的咨询或培训、专项项目、平台建设），投入总金额约33 151万元，较上年增长41.77%，约占2022年证券公司IT总投入扣除薪酬福利投入后（3 776 481万元）的0.88%，较上年占比有所降低。93家证券公司中，投入金额在200万元以下的有55家，约占59.14%，向上依次递减。具体情况见表专6-10。

表专 6-10　　　　　　　2022 年证券公司数据治理资金投入情况

数据治理投入金额	200 万元以下	200 万（含）—600 万元	600 万（含）—1 500 万元	1 500 万元（含）以上
证券公司家数（家）	55	24	8	6
占比（%）	59.14	25.81	8.60	6.45

109 家证券公司反馈已设立专职 IT 数据团队，总体人数比上年有显著提升，IT 数据团队人员数量（含自有人员、常驻外包）在 10 人以下的证券公司有 23 家，在 10（含）—30 人之间的证券公司有 58 家，占比达 53.21%。具体情况见表专 6-11。

表专 6-11　　　　　　2022 年证券公司 IT 数据团队人员数量情况

IT 数据团队人员数量	1（含）—10 人	10（含）—30 人	30（含）—60 人	60 人（含）以上
证券公司家数（家）	23	58	24	4
占比（%）	21.10	53.21	22.02	3.67

共 100 家证券公司反馈在数据治理实施中存在困难：一是数据治理范围广、投入大、见效慢，公司投入不足；二是需要明确数据管理部门、科技部门和业务部门在数据治理过程中数据管理及技术平台、数据归属的角色和权责，完善和设立相关岗位；三是业务方对数据治理认知不足，重视度和参与度参差不齐，数据认责难；四是缺乏专业的数据治理人才、数据治理方法和工具。同时，部分证券公司针对行业数据治理工作提出建议：一是建议制定兼顾不同规模行业机构在数据治理方面的需求和能力存在差异的指导性行业规范；二是建议组织行业内的培训交流活动；三是建议建立健全数据要素市场秩序，促进公共数据安全合规使用；四是完善行业数据标准，夯实数据开放共享的基础。

综上来看，行业数据治理资金及人员投入尚有所欠缺，证券公司在数据治理具体推进中仍然普遍存在困难，需行业出台配套指引，统筹制定行业数据标准，组织行业培训交流，改善行业数据生态等；同时，需要进一步提高证券公司重视程度、投入程度以及业务关联方配合程度。

三、配套研发体系建设情况

随着证券公司的信息化战略、数字化战略以及金融科技战略持续深化和落地，信息系统建设范围和规模也进一步扩大。在证券公司业务技术融合的趋势下，业务与技术的协同能力愈发重要，证券公司研发管理体系的建设范围也进一步向业务协同和业务交付管理延伸。在研发数字化方面，除了继续夯实研发基础平台外，还需进一步加强业务交付、需求管理、研发、测试、运维的线上化协同能力、应用运营能力和数据管理能力。通过业务技术协作流程的融合和再改造，升级研发管理基础平台能力，优化内部信息系统的自主研发、合作开发、外购的研发结构，重点提升核心业务、技术平台领域的自主可控水平和流程化管理水平，持续开展以研发运营一体化、服务治理、容器化等以云原生为基础的技术平台和基础设施建设，加强建设组织级的平台工程能力，为业务的敏捷交付和数字化转型升级提供动力。

从调查数据来看，证券公司在研发管理体系建设中持续深耕和投入，总体聚焦在研发模式、技术实践、工具平台和持续改进管理机制四个方面。

在研发模式方面，敏捷研发模式已经成为行业的主流研发模式，共 74 家证券公司已经采用敏捷研发模式，约占 66.1%，较上年同比提升 10.4%，其中有 30 家证券公司采用规模化的敏捷框架进行全局的敏捷研发组织和协同，约占 26.8%，与上年基本持平，主要集中在 IT 规模较大的证券公司。行业内从传统的瀑布研发模式持续向敏捷研发模式、规模化敏捷研发模式转变。共 84 家证券公司采用产品管理机制，并设置产品经理岗位，约占 75%。产品经理逐渐成为软件研发项目中的关键角色，广泛分布在业务和 IT 团队当中，其中证券公司总部产品经理人员规模排名前 10 位的公司产品经理总数占行业产品经理人员的 52.6%，总部产品经理人员规模排名前 10 位的证券公司产品经理平均数达到 86 人，而证券公司总部产品经理的平均数为 14 人，头部证券公司的产品管理能力和人才梯队优势明显。

在技术实践方面，证券公司采取的主流技术实践包括微服务、DevOps 持续交付、容器、自动化测试、RPA 等，其中共 75 家证券公司采用微服务技术实践并开展相应的系统改造，约占 67%，较上年同比提升 19%；共 59 家证券公司采用 DevOps 技术实践并开展相应的系统改造，约占 52.7%，与上年基本持平；共 59 家证券公司采用容器技术实践并开展相应的系统改造，约占 52.7%，较上年同比提升 11.3%。

在工具平台方面，证券公司的工具应用和平台建设主要集中在项目管理、需求管理、代码管理、开发集成、质量管理、部署管理、运行管理和知识共享等方面。其中以科技管理平台、研发管理平台、PaaS 平台等综合性门户为代表的信息系统建设与集成已经成为研发管理和技术能力平台化建设的重点方向。整体上，工具平台的发展从工具标准化、统一化逐渐走向一体化和业技融合，IT 服务的专业能力和协作能力不断提升。

在研发持续改进管理机制方面，共 33 家证券公司设立专门的过程改进团队或效能团队，约占 29.5%，较上年同比提升 32%。通过专门的研发效能管理组织持续制定和完善研发过程相关标准、流程及效能平台，并开展研发过程度量和审计等工作，持续落地研发最佳实践，逐渐成为行业较主流的研发效能管理方式。结合研发人员规模、研发管理体系总体建设情况来看，总部专职研发人员排名前 10 位的证券公司总部专职研发人员人数占行业专职研发人员的 47.14%，总部专职研发人员排名前 10 位的证券公司平均数达到 484 人，较上年同比增加 26.37%。证券公司总部专职研发人员的平均数为 87 人，较上年同比增加 24.28%。另外，证券公司也加强与高校、科研机构、互联网企业、科技公司等外部合作伙伴的交流和合作，促进信息技术在研发管理体系建设共创过程中的创新和应用，建立良好的合作关系，共享资源、信息和经验，不断提升行业和市场研发标准能力和实践水平。

整体上，不同证券公司的研发人员规模差距较大，研发管理流程和组织机制完善程度不同，差距日趋明显。优势证券公司进一步利用研发人员、系统规模和管理模式的多重优势，不断完善研发管理体系，降低 IT 规模带来的管理的复杂性，更好地为业务在数字化转型过程中提供技术支撑和信息化管理支撑。相对弱势的证券公司则需要利用自身研发模式和机制的灵活性，不断提升组织效率，加强市场、业务与研发的快速响应与一体化协同，利用证券生态的内外部竞合资源，打造适合组织自身发展的研发能力和优势资源，更好地抓住市场机遇。

第二节　2022 年金融科技在证券业信息技术中的应用概况[①]

根据中国证券业协会专项调查结果，2022 年人工智能、大数据、区块链、云计算、分布式低延时及其他前沿技术等金融科技在证券行业的发展和应用进一步深化，其中人工智能、大数据和分布式低延时及其他前沿技术得到较快发展。

一、人工智能

调查结果显示，证券公司人工智能应用共涉及案例 351 个，其中 2022 年投产或在建的案例有 339 个，与 2021 年相比基本持平。人工智能应用范围覆盖七大业务领域，主要集中在证券经纪业务（约占 45.58%）和中后台（约占 25.64%）。从建设模式来看，合作研发占 35.04%，全部外购占 37.61%，自主研发占 27.35%，其中自主研发占比相较于 2021 年有小幅提高。为打造差异化竞争能力，证券公司持续强化 AI 团队和自主研发能力建设。具体情况见表专 6-12。

表专 6-12　　　2022 年人工智能在证券公司各业务领域的应用案例分布

业务领域	全部外购（个）	合作研发（个）	自主研发（个）	总计（个）	占比（%）
经纪业务	69	53	38	160	45.58
资产管理	1	7	1	9	2.56
自营投资	2	4	14	20	5.70
投资银行	16	11	3	30	8.55
信用业务	1	6	4	11	3.13
中后台	29	30	31	90	25.64
IT 运营	14	12	5	31	8.83
总计	132	123	96	351	100.00
占比（%）	37.61	35.04	27.35	100.00	

[①] 本节中的统计数据如无特殊说明，均来自 2022 年中国证券业协会专项调查，数据未经审计。

人工智能应用呈现多种 AI 技术组合运用特点，使用 2 个及以上 AI 技术的应用案例 229 个，约占案例总数的 65.24%，人工智能应用场景复杂程度进一步增大，应用场景也从原来的单一场景向复杂多元化场景发展。有 171 个案例使用到机器学习（深度学习）技术，主要集中在证券经纪业务（约占 50.29%）、中后台（约占 22.81%）、投资银行（约占 11.11%）；有 155 个案例使用到自然语言处理技术，主要集中在证券经纪业务（约占 45.16%）、中后台（约占 20%）、投资银行（约占 16.13%）；有 110 个案例使用到图像（视频）智能技术，主要集中在证券经纪业务（约占 49.09%）、中后台（约占 25.45%）、投资银行（约占 11.82%）；有 91 个案例使用到语音智能技术，基本集中在证券经纪业务（约占 73.63%）。具体情况见表专 6 – 13。

表专 6 – 13   2022 年几种主要 AI 技术在证券公司各业务领域的应用案例分布   （单位：%）

业务领域	机器学习/深度学习	自然语言处理	语音智能	图像/视频智能	RPA	生物特征识别	推荐引擎	知识图谱
经纪业务	50.29	45.16	73.63	49.09	14.10	73.81	85.11	36.96
资产管理	1.17	3.23	—	0.91	5.13	—	—	6.52
自营投资	5.26	5.16	—	2.73	5.13	—	—	2.17
投资银行	11.11	16.13	2.20	11.82	2.56	—	—	17.39
信用业务	4.68	3.23	—	0.91	5.13	—	2.13	6.52
中后台	22.81	20.00	16.48	25.45	48.72	16.67	2.13	26.09
IT 运营	4.68	7.10	—	9.09	19.23	9.52	10.64	4.35
总计	100.00	100.00	100.00	100.00	100.00	100.00	100.00	100.00

二、大数据

调查结果显示，证券公司大数据应用涉及案例 340 个，其中 2022 年投产或在建的案例有 330 个。大数据应用范围覆盖七大业务领域，主要集中在证券经纪业务（约占 44.71%）、中后台（34.41%）。从建设模式来看，自主研发占 44.41%，合作研发占 37.65%，全部外购仅占 17.4%，其中全部外购占比进一步下降。在数据应用开发领域，证券公司进一步加强自主研发和合作研发力度。考虑到数据安全及业务领域数据复杂度较高等情况，大部分数据仓库模型建设、数据应用加工整合、数据服务开发均以自研或合作开发为主。随着数字化转型持续推进，数据价值得到越来越多证券公司的重视，因此相应的资源投入，特别是自有开发资源投入逐渐增多。具体情况见表专 6 – 14。

表专 6-14　　　2022 年大数据在证券公司各业务领域的应用案例分布

业务领域	全部外购（个）	合作研发（个）	自主研发（个）	总计（个）	占比（%）
经纪业务	20	55	77	152	44.71
资产管理	1	2	3	6	1.76
自营投资	—	2	4	6	1.76
投资银行	—	4	3	7	2.06
信用业务	1	6	6	13	3.82
中后台	30	44	43	117	34.41
IT 运营	9	15	15	39	11.47
总计	61	128	151	340	100.00
占比（%）	17.94	37.65	44.41	100.00	

三、区块链

随着区块链应用的不断深入，特别是中国证券业协会推动建设的基于"证联链"的投行业务电子底稿监管系统和投行业务质量评价系统的上线，行业区块链应用发展速度进一步加快。调查结果显示，证券公司区块链应用涉及案例 114 个，案例数量同比增长 44.3%，其中 2022 年投产或在建的案例有 110 个。应用领域主要集中在投资银行（约占 50%）、经纪业务（约占 26.32%）、中后台（约占 10.53%）。从建设模式来看，全部外购占 57.89%，合作研发占 31.58%，自主研发占 10.53%。具体情况见表专 6-15。

表专 6-15　　　2022 年区块链在证券公司各业务领域的应用案例分布

业务领域	全部外购（个）	合作研发（个）	自主研发（个）	总计（个）	占比（%）
经纪业务	9	13	8	30	26.32
资产管理	1	0	0	1	0.88
自营投资	1	2	0	3	2.63
投资银行	42	11	4	57	50.00
信用业务	4	3	0	7	6.14
中后台	7	5	0	12	10.53
IT 运营	2	2	0	4	3.51
总计	66	36	12	114	100.00
占比（%）	57.89	31.58	10.53	100.00	

四、云计算

调查结果显示，证券公司云计算应用涉及案例 195 个，其中 2022 年投产或在建的案例有189个。云计算应用范围覆盖七大业务领域,主要集中在IT运营(约占40%)、证券经纪业务(约占29.23%)、中后台(20.51%)。从建设模式来看,全部外购占69.74%,合作研发占21.54%,自主研发占8.72%,在云计算应用领域,证券公司首选外购方式。具体情况见表专6-16。

表专6-16　　　　2022年云计算在证券公司各业务领域的应用案例分布

业务领域	全部外购(个)	合作研发(个)	自主研发(个)	总计(个)	占比(%)
经纪业务	35	15	7	57	29.23
资产管理	6	0	1	7	3.59
自营投资	4	1	2	7	3.59
投资银行	4	1	0	5	2.56
信用业务	1	0	0	1	0.51
中后台	31	9	0	40	20.51
IT运营	55	16	7	78	40.00
总计	136	42	17	195	100.00
占比(%)	69.74	21.54	8.72	100.00	

从调查结果来看,证券公司正在加快私有云的建设,并持续推进应用上云工作。云计算技术在以IT运营、中后台和经纪业务为代表的业务领域中进行了广泛的应用,一方面反映了证券公司希望通过云平台的建设来优化IT架构和IT运营体系,另一方面反映了数字化转型对证券公司敏捷交付能力的迫切需要。

五、分布式与前沿技术

在行业发展、技术升级、核心换代等大背景下,部分证券公司着手推进新一代核心交易系统的建设,探索分布式数据库的应用,以实现核心交易系统的升级和架构转型。分布式、高性能、低延时等前沿技术应用进一步深化,调查结果显示,证券公司涉及相关应用案例230个,其中2022年投产或在建的案例有220个。分布式与前沿技术应用范围覆盖七大业务领域,主要集中在证券经纪业务(约占56.52%)、自营投资(约占14.35%)、中后台(约占13.48%)、IT运营(约占11.3%)。从建设模式来看,全部外购占46.96%,自主研发占33.04%,合作研发占20%,相较2021年,自研占比有所提高。在自营投资业务领域,自主研发占比48.48%,自主研发和合作研发占比72.72%。除自营投资业务外,中后台和IT运营的自主研发占比均超过45%。在上述业务领域中,部分证券公司正逐步加大在前沿技术上的探索及应用的投入力度,着重提高自研水平,进一步提升自主创新能力,打造差异化竞争力。具体情况见表专6-17。

表专 6-17　　2022 年分布式与前沿技术在证券公司各业务领域的应用案例分布

业务领域	全部外购（个）	合作研发（个）	自主研发（个）	总计（个）	占比（%）
经纪业务	76	24	30	130	56.52
资产管理	1	1	1	3	1.30
自营投资	9	8	16	33	14.35
投资银行	1	1	2	4	1.74
信用业务	2	0	1	3	1.30
中后台	8	9	14	31	13.48
IT 运营	11	3	12	26	11.30
总计	108	46	76	230	100.00
占比（%）	46.96	20.00	33.04	100.00	

第三节　2022 年金融科技在证券业的典型应用场景[①]

一、金融科技在证券公司经纪业务的典型应用场景

（一）智能精准服务

近年来，随着智能技术与业务的融合逐步深入，众多证券公司加大投入，利用数字化技术持续优化服务，为客户提供高效的个性化和智能化服务。证券公司以用户全生命周期为基础，基于用户基本信息、客户价值、投资能力、行为偏好、营销需求等多维数据，运用机器学习、知识图谱和标签体系，建设自动化营销平台实现运营策略的可视化编排及自动触发，通过多个触客渠道，建立数字化用户运营全流程体系，通过科技手段提升客户服务质量，提高客户服务满意度。

（二）智能投顾

随着投顾业务量的不断扩大，证券公司进一步加强和完善智能投顾工具的建设。在这方面，证券公司致力利用智能化工具、投资策略和客户数据，形成个性化的投资组合。智能投顾通过多层推荐架构，利用客户数据和产品数据，将智能算法与专家经验相结合，实现产品的精准化匹配与服务的精细化触达。

[①] 本节中的统计数据如无特殊说明，均来自 2022 年中国证券业协会专项调查，数据未经审计。本节主要从业务的角度展示金融科技在各个业务板块以及中后台的应用场景情况，摘录了调查结果中的高频应用场景。

（三）电子存证

搭建基于区块链的电子存证平台，将业务办理过程中产生的签署协议、适当性匹配意见书等通过该平台在区块链上进行存证，以区块链作为 CA 的补充为目标，覆盖特定业务流程的数据存证环节，串联业务流程中的单点可信数据，形成有效的证据链条，并通过与司法链对接，实现非现场类业务办理全过程的可信、可靠留痕和第三方存证，获得司法公信力，为后续的诉讼、争议、客户抵赖等场景提供有效的司法效力。利用区块链可溯源、不可篡改、公开透明、可验证等特性，将需要存证服务的电子合同数据、原创版权作品等数据，以存证的形式固化在区块链系统中，并将数据实时同步到鉴定中心、公证处、仲裁、法院等联盟链节点中，以获得及时、高效的法律支持。

二、金融科技在证券公司机构服务领域的典型应用场景

（一）FPGA 柜台

随着我国机构投资者队伍不断壮大，机构客户对交易速度与成功率提出了更高的要求，因此证券公司纷纷加大在机构业务上的投入。部分证券公司利用 FPGA 技术搭建的柜台系统相比传统软件系统有着更低延迟、高吞吐量、性能稳定、可重设性强的优势，在微秒级延迟情况下可每秒处理高达上百万条数据信息，且基本不存在系统性能抖动。作为纯通道系统，FPGA 极速柜台以公开接口的方式为投资者的量化交易系统、订单生成系统提供快速的订单通道和订单执行服务，并通过 API 接口将相关数据传输给风控、监控、主柜台系统等，从而实现实时事前风控、盘中（合规、运维）监控、旁路风控、订单处理、执行数据推送等，并可通过 API 对接量化投资者的策略系统，为投资者提供高效稳定的低时延订单通道服务。

（二）算法交易

算法交易在机构服务领域适用面较广，如部分证券公司搭建算法交易总线，有效解决了算法厂商对接多柜台、多行情系统的难点，同时也有证券公司通过搭建算法的绩效评估平台，对各类算法进行客观科学的算法执行绩效评估，辅助客户进行算法执行的选择及算法执行分析。

（三）机构客户服务端

当前机构服务分散在各业务条线，难以形成以客户为中心的综合服务并实现增值业务收入，机构客户服务渠道也分散在多个终端，不利于对客户进行精细化经营并利用服务引入新流量，难以触达更多的用户以提升存量客户服务质量。部分证券公司通过构建统一的机构客户服务端，赋能机构业务，为机构客户提供场内交易、场外交易、算法交易、融资融券、研

究服务、管理服务等一站式的综合金融解决方案，提升机构客户的综合服务能力，提高内部协同与运营能力。

三、金融科技在证券公司资产管理业务的典型应用场景

（一）实时舆情风控

在资产管理领域，实时舆情风控得到了多家证券公司的关注。智能化的实时舆情风控利用自然语言处理和大数据分析技术，对实时获取的新闻、公告、研报等舆情数据进行系统化分析，通过风险舆情数据传导到公司资管产品的投资标的，对风险影响进行量化计算，实现实时的预警推送，帮助用户更及时有效地获取高价值信息，挖掘资产潜在风险和未来价值。

（二）资管数据集市

资管数据集市是证券公司资管投研一体化建设中的重要组成部分。资管数据集市可有效解决公司资产管理业务领域的数据孤岛、数据使用困难、手工作业等诸多问题，有效支撑包括绩效分析投资监督所需要的底层数据，确保数据来源的规范性和准确性。同时资管数据集市可与业务中台打通，结合销售侧和运营侧实现资管投研一体化流程的无缝衔接。将资管业务领域的多源异构数据进行统一采集、统一定义加工、统一出口服务，构建一系列 BI 报表、API 接口、公共服务表等资源，可满足资管业务在日常运营、市场营销、风险监控、对外披露等方面的数据查询及使用需求，从而充分发挥数据价值，提高数据使用效率，提高业务人效，助力业务快速发展。

四、金融科技在证券公司自营投资业务的典型应用场景

（一）智能投研一体化平台

在大数据、云计算、人工智能等技术的驱动下，智能化工具正深刻影响着自营投资领域。证券公司纷纷加强智能投研一体化平台建设，该平台将传统投研中的专家经验与人工智能相结合，借助专家经验与 AI 的优势进行互补，打造平台化、系统化、智能化的创新投研体系。通过数字平台将投研生产流程标准化，提高数据处理、内容生成和组织协作效率。以"专家经验+数据智能"为逻辑，实现业务流程的系统化，涵盖线索挖掘、策略制定、资产配置、资产选择和组合风险控制等全业务周期。同时，依托平台，持续积累特色投研数据、指标、模型和策略，系统化地保留投研能力。

（二）衍生品一体化平台

衍生品一体化平台覆盖了场外期权和场外收益互换业务，并支持客户的个性化业务需

求。该平台提供了丰富的期权交易结构和灵活有效的期权合约管理模式，以及极速对冲交易和多空互换 DMA 模式来支持收益互换业务。此外，该平台实现了互换合约全流程的电子化交易，涵盖了各类收益互换客群的交易场景。该平台项目基于"分布式"解决方案，将不同业务场景和各类合约管理事件进行解耦，每个业务都选取最优的技术解决方案，并通过自主研发能力将不同方案有机结合。这种一体化平台的建设有助于提高衍生品交易效率和服务水平，同时也为客户提供了更加个性化的服务。

（三）固收做市系统

固收做市领域存在债券品种繁多、人工做市难以实现高效和精准的目标等问题。为了解决上述问题，多家证券公司通过构建债券定价模型，并结合第三方行情、成交和估值等数据，研发了相应的定价策略，通过 API 等方式与交易所系统打通，实现程序化固收做市的目标。交易员可以通过系统制定做市策略，快速自动做市超过百只的债券品种，大大提升了做市效率。这种做市模型的建立有助于提高固收市场的流动性和交易效率，同时也为交易员提供了更加智能化的工具和技术支持。

五、金融科技在证券公司投资银行业务的典型应用场景

（一）智能文档审核

为提高申报文件质量，减轻工作文档校对压力，提升投行工作效率，证券公司纷纷加大投行智能化工具建设。智能文档审核通过运用 AI 技术对投行业务相关规范标准进行分析与建模，构建基于申报文档的问题检测体系，自动检验文档中的各类错误，并将复核结果以可视化形式反馈给文档撰写者，实现财务勾稽关系检查、笔误和错别字识别、格式校对、一致性复核、结果分类与标注等功能，提高审核效率，减少错误发生，从而推动投行各项业务的顺利开展。

（二）银行流水核查

投资银行业务实际操作中面临大量文档处理任务，如项目尽调阶段的各类底稿。这些文档数据量巨大、格式复杂且质量参差不齐，仅依靠人工进行资料录入、文档审核和项目质控会消耗大量人力成本，且工作效率低并难以确保准确度。为解决这一问题，金融科技领域结合 OCR、NLP 和机器学习技术，开发出高效的解决方案。银行流水核查基于大量标注训练的多银行多流水模板实现自动匹配，将扫描件和电子银行流水解析为结构化数据，输出为标准化流水数据，并支持数据校验修正，确保数据准确性，实现了银行流水数据的全面核查，包括检查完整性与真实性、审核交易对手与交易金额的合理性、挖掘潜在关联交易，以及分析企业经营状况。这种全面的、自动化的方法有助于有效地探测尽调风险，大幅提升投资银

行业务项目组的工作效率。

（三）投行质量评价系统

为了督促证券公司归位尽责，推动提升投行业务质量，为注册制改革提供坚实保障，中国证券业协会制定发布了《证券公司投行业务质量评价办法（试行）》，明确证券公司投行业务质量评价是指按照可实施、可回溯、可检验原则，从业务管理端、公司治理端和审核注册端三个维度，全面采集证券公司投行业务项目执业和管理、内部控制各环节信息并定期汇总，形成对证券公司投行业务质量的综合评价。区块链技术集合了多种传统信息化技术的创新设计和应用，具有信息不可篡改、保密性、真实可验证等技术优势。证券公司投行业务质量评价系统使用自建区块链节点接入中国证券业协会搭建的"证联链"，按照评价指标对项目底稿文件进行自评，将项目信息、自评信息、项目负面事项、公司负面事项等信息上链，按照可实施、可回溯、可检验原则，全面采集证券公司保荐承销业务各环节信息并定期汇总。

六、金融科技在证券公司信用业务的典型应用场景

（一）违约预警

违约预警及舆情智能分析实现了对境内发债企业及舆情主体信用风险的准实时评估监控。基于海量信用风险数据，涵盖舆情、财务、司法、公告等多类企业风险数据，利用人工智能平台及大数据平台，结合风险管理专家经验及机器学习建模技术，构建风险评价模型，综合评价企业的违约风险及舆情风险。系统通过舆情分排行榜、预警分排行榜、舆情预警展台、违约预警展台等风险信息模块，为公司相关业务条线提供准确、及时、有效的风险信息揭示。

（二）融券平台

融券平台旨在连接券源供给方和券源需求方，以监管框架为基础，打造一体化的平台，实现场内外、境内外的互联互通。该平台提供全方位的一站式服务，整合市场上各类终端，通过智能撮合、券池管理、AI 定价、算法拟合、因子预测和风险监控六大核心模块，确保信息流、数据流和证券流在融券通平台与各个终端之间的稳定传输和实时交互。

七、金融科技在证券公司合规风控领域的典型应用场景

（一）风险数据集市

多家证券公司在企业级大数据平台基础上，构建了风险数据集市，覆盖各类业务、各类

风险以及各个部门的风险业务数据。风险数据集市通过对接各个业务源系统实现数据的集中存储、加工汇总，业务数据实现分部门、业务、资产等维度的建模，同时汇集提炼了各个风险子系统的市场、信用、操作、风险控制指标等监控指标，有效解决了各不同系统之间的数据孤岛问题。同时，在未来搭建新系统或进行风险数据分析时，可直接从风险数据集市提取所需数据，可以极大地提高数据分析效率和系统建设进度。

（二）上市公司财务异常分析

运用大数据处理技术，结合机器学习算法，形成上市公司运营情况模块化分析模型，对上市公司运行状况进行分析。具体内容包括：基于公司的文本采集与解析引擎对上市公司原始数据，如财务报表、公告、舆情数据进行统一搜集与处理，对数据预处理以完成数据积累与构建；对公司关系数据集形成企业知识图谱，提供关联关系、上下游关系、股权穿透发现功能；针对不同公司业务特点，基于采集到的不同公司与其所在行业的数据，利用大数据处理方法将不同业务数据和传统分析经验与机器学习算法结合形成公司运营模块化分析模型，根据公司与行业特点采用不同模块组合分析，生成专有运营指标数据与对应公司标签数据；对模块化模型生成数据结果进行封装提供服务，输出公司异常指标分析结果与违约概率。

八、金融科技在企业协同领域的典型应用场景

（一）智能费控

智能费控是集预算、申请、审批、消费、管控、报销、对账结算、票据签收、凭证入账、进项税抵扣、电子档案、数据分析等完整业务链条于一体，利用 OCR 工具，并同步调动员工、行政、采购、财务、税务、企业管理者、供应商、服务商等内外多方跨界协同，共同覆盖费用支出管控中最复杂的场景和管理难点，将企业消费涉及的所有流程、交易数据和费用管理功能全程置于同一平台。

（二）数字员工

随着证券公司业务飞速发展，系统架构的复杂度不断增加，业务流程复杂、知识分散和专业化分工高导致运营人员手工执行耗时长而且增加了人工错误的概率，用人成本高且员工幸福度较低。为了推进公司运营数字化转型，多家证券公司引入 RPA 技术，构建了企业级数字员工平台，利用数字员工平台代替人工完成高频、烦琐、重复、低附加值的标准化工作，同时在自动化场景实施过程中增加了业务流转逻辑校验，减少人工的介入，降低了人员交替的业务操作风险，给业务部门提供了一种全新的"人机协作"的业务创新模式。数字员工不仅可以完成业务操作，还可以执行流程的全过程记录和追踪，通过每个步骤的异常监控，有效降低人工操作风险；同时全流程实现线上化操作、数字化留痕，方便各岗位更清晰

地了解运营情况，为公司提供流程分析和持续优化的切实依据，提升业务洞察力。

九、金融科技在 IT 运维及基础平台领域的典型应用场景

（一）混沌工程

为了解决系统应急演练中实施过程复杂、投入工作量大、故障演练过程不可视、系统对故障的处理能力无法量化等问题，部分证券公司采用混沌工程科学实验，识别系统稳定性潜在风险，建设系统对应急演练进行统一管理，灵活制定演练策略和场景，针对指定服务器，自动触发演练执行，验证系统的健壮性、监控、自动化、协同及人员意识。

（二）用户感知平台

目前 IT 运维监控侧重于 IT 基础设施、数据源、网络、云和边缘端的应用状况等应用系统后端，对用户端监控不足，难以第一时间从用户端感知系统的异常。部分证券公司着手于用户端监控工具的建设，模拟人工对应用系统的操作，感知用户的操作，完善用户端视角的监控，弥补现有监控的不足，打造可观测平台，实现从全局的角度洞察混合 IT 基础设施、数据源、网络、云和边缘端的应用状况，更加主动化、自动化和智能化地提升运维效率。

（三）私有云

私有云平台通过数字原生引擎 EOS 以"软件定义数据中心"的方式，聚合整个数据中心的硬件资源，并抽象为灵活的虚拟资源，结合云开放平台 ECP 以最优的方式使用这些资源，为企业提供丰富多样的云产品能力。云基础设施解决方案助力证券公司构建安全稳定、敏捷高效、能力丰富、持续演进的云化数据中心：基于计算资源池提供云主机计算服务，计算资源全生命周期管理；基于软件定义的分布式存储系统，实现全分布式冗余架构，高可靠、高安全；基于 SDN 网络提供云网络服务，快速规划云端网络环境。同时，助力证券公司实现降本增效、科技赋能的目标：在降本方面，计算长期持有成本按需分配，在硬件资源、机柜资源、网络资源、电力资源等方面均有节约；在增效方面，提高了硬件资源交付效率，副本、快照、快速扩容等优势也提高了资源交付后的系统安全。

（四）智能运维（AIOps）

智能运维将人工智能、机器学习等技术应用于运维领域，通过数据驱动、自动化、预测性分析、实时监控和响应等，实现高效、自动化和持续优化的运维管理。智能运维旨在解决传统运维方式难以应对的复杂性、规模和速度问题，以提高系统的稳定性、可用性和性能。AIOps 在自动化运维基础上增加了一个基于机器学习的智能模块，负责指导监测系统收集所需数据，进行分析和决策，并通过自动化脚本执行相应决策，从而实现整体运维目标。

第三章
2023 年中国证券业信息技术与服务展望

一、资本市场高质量发展迈上新台阶，行业数字化平台转型升级

全面注册制开启证券公司升级发展新时代，资本市场改革将加强对新经济、新兴产业的支持，鼓励创新型企业上市融资，推动科技创新和产业升级。随着资本市场改革开放的持续深化，证券公司数字化平台如何更好地支持资本市场改革将受到更多关注。一是数字化平台的升级需要专业的数字化人才，需要证券公司内部加强数字化人才的培养和建设，同时在招聘过程中优先考虑具备数字化技能的人才；二是数字化平台升级需要投入支持，因此需要制订全面的数字化平台建设计划，将平台升级纳入公司战略中，并投入足够的资金和资源；三是需要加强数字化技术与数据分析能力，数字化平台升级需要先进的数字化技术和数据分析能力，因此需要加强对数字化技术和数据分析的研究和应用，不断提升数字化平台的技术和分析能力；四是证券公司数字化平台需要建立完善的风控体系，以保证平台的安全性和稳定性，提升证券公司的定价与风控能力。

二、数字化转型持续深化，业务升级加速推进

证券行业数字化转型已成为实现高质量发展的内在引擎，同时也是更好地服务实体经济、满足人民群众需求的重要举措。随着数字化技术的深入应用和底层基础设施的完善，证券公司数字化应用场景得到进一步加强，通过数字化转型实现业务价值也逐渐显现。

证券公司数字化转型的目标之一是优化客户体验，通过数字化手段提高客户满意度，数字化平台升级需要以用户为中心，不断提升用户体验，提供便捷、高效、个性化的服务，以满足用户的需求和期望；另一个目标是探索新的数字化业务模式，如线上服务、销售交易、新型金融服务等。2023 年，证券公司将进一步加大资源投入，在 FICC、衍生品、机构业务、国际化业务、生态化场景上加强应用，构建金融生态体系，延伸金融服务触点，优化客户旅程，重塑产品模式，不断提升客户体验。

与此同时，证券公司也需要持续加强数字化平台的运营与管理，建立完善的管理体系和运营机制，保证平台的稳定运行和持续发展。证券公司数字化转型需要积极探索科技赋能，覆盖多种金融产品和金融服务，驱动财富管理业务、机构业务、大投行业务、资管业务、合规风控、公司经营管理及运营转型升级，提升金融服务质效。

三、人工智能助推，证券行业加速智能化进程

人工智能（AI）是数字化时代的重要组成部分。2022 年底 OpenAI 推出的 ChatGPT 等生成式大模型的智能产品服务，短时间席卷全球，并在各行业中逐渐为企业提供对外的客户服务、业务触达，对内的智能自动化、工作助手等的支持，推动产业变革和模式创新。证券行业天然积累了海量金融数据，各项技术与数据标准初步完成制定，为人工智能技术的发展提供了良好的条件，证券智能化进程将进一步加速。

越来越多的证券公司开始利用人工智能技术优化智能审核、客户服务、投资策略，以及提高交易效率、降低风险等。人工智能技术在证券行业的应用，不仅能够提高行业整体的智能水平，也能够为投资者带来更好的投资体验。随着人工智能技术的不断发展和应用，证券行业的智能化转型或将越来越深入，通过智能化的工具更好地助力行业高质量发展。

然而，随着 AI 技术的不断发展，证券行业未来面临的挑战也越来越多。例如，AI 技术的应用需要大量的数据支持，如何保护客户隐私和信息安全将成为一个重要问题；员工要主动思考如何与机器分工，确保 AI 决策的透明性和公正性。

四、数字化监管助力资本市场高质量发展

资本市场高质量发展对监管制度和监管科技建设提出了更高的要求。监管部门紧紧围绕数据让监管更加智慧的愿景，强化事中事后监管，提升监管数字化智能化水平，防范和管理非法展业行为，引领金融科技助力资本市场高质量发展。

未来数字化监管水平将进一步加强，证券公司需要快速满足和适应监管要求，提升科技风险的管理能力，完善科技风险识别、评估、控制和应急处置机制，加强对网络安全、数据安全、业务连续性等方面的监控和防范，加强与监管部门的沟通与合作，适应市场和竞争环境的变化，平衡创新发展和金融科技风险防范的关系，把握新格局之下资本市场的发展机遇，提升市场竞争力，助力资本市场稳定发展。

五、科技投入聚焦公司战略，数字化投资更加精细化

在行业整体降本增效的大趋势下，证券公司需要加强公司层面对数字化投资的关键价值点、关键痛点分析和研讨，上下对齐信息达成共识，以便提高投资精准度，并有效执行。数

字化转型需要结合证券公司自身特色与业务特征，以价值成效为导向，建立 IT 投资价值评价的关键指标，并将其运用于 IT 投资项目中，以帮助公司持续改善 IT 投资价值，并有效监控 IT 成本。

同时，证券公司也需要持续关注基础设施资源使用情况，以提高投资精准度。如借助 FinOps（云财务管理），通过帮助工程、财务、技术和业务团队在数据驱动的支出决策上进行协作，使组织能够获得最大的业务价值，并有效监控云平台成本以及使用情况等。

六、安全管控能力持续提升，网络信息安全进一步加强

随着行业数字化智能化加速发展、网络和信息安全上升为国家战略、资本市场持续深化改革等内外部条件的变化，证券公司需持续加强信息安全能力建设。《证券期货业网络和信息安全管理办法》对证券期货业网络安全监督管理体系、数据安全统筹管理等内容作出了规定，要求证券公司不断优化安全管控流程和机制，夯实安全基础设施和技术能力，构建立体化的安全防护体系。证券公司应结合自身特点，从各方面提升安全保障能力，通过应用安全管理工具平台、安全流水日志等大数据分析、自动化和智能化的方式，有效提升重点系统的信息安全防护能力，并提升业务和客户信息安全保障能力。同时，证券公司还需不断优化研发流程，精细化研发管理，实现快速迭代，提高研发效能。

专题报告之七：
2022 年中国证券公司国际业务发展综述与展望

第一章
2022 年中国证券公司国际业务发展环境

一、全球经济增长放缓，主要发达经济体和部分新兴经济体货币政策持续收紧

2022 年，发达经济体货币政策收紧、地缘政治冲突、能源短缺、通胀高企等多重因素导致全球经济运行承压。根据国际货币基金组织（IMF）估算，2022 年全球经济增速为 3.4%，较 2021 年下降 2.6 个百分点，其中，发达经济体下降 2.5 个百分点，新兴经济体下降 2.7 个百分点。受货币超发和能源价格上涨等因素影响，2022 年以美欧为代表的发达经济体出现了近 40 年罕见的高通胀。为应对高通胀，主要发达经济体货币政策快速收紧，美联储连续 7 次上调联邦基金利率目标区间，累计加息 425 个基点；欧央行、英格兰银行连续多次上调政策利率，日本银行也上调 10 年期国债收益率。此外，部分新兴经济体，如墨西哥、南非、巴西、印度、印尼央行也多次加息应对通胀。2022 年全球股债市场均出现剧烈震荡。从全球股市看，美国标普 500 指数和欧元区 STOXX50 指数分别下跌 19% 和 12%，新兴市场股指跌幅超过美欧。从全球债市看，紧缩货币政策带动发达经济体国债收益率走高，并持续高位震荡，彭博巴克莱新兴市场和发达国家主权债券指数均深度下挫。疫情扰动叠加海外市场剧烈波动,中国证券公司国际业务面临挑战。

二、中国经济稳健恢复,进出口保持增长

2022年,我国经济稳健恢复,全年国内生产总值达121.02万亿元,同比增长5.31%,两年平均增长6.71%,稳居全球第二大经济体地位。根据海关总署发布的数据,2022年我国外贸进出口顶住多重超预期因素的冲击,进出口规模、质量、效益同步提升。全年进出口总值首次突破40万亿元关口,连续6年保持世界第一货物贸易国地位。海关统计显示,2022年我国货物贸易进出口总值42.07万亿元,比2021年增长7.7%。其中,出口23.97万亿元,增长10.5%;进口18.1万亿元,增长4.3%。根据世界贸易组织(WTO)统计,2022年中国货物出口国际市场份额达14.0%,同比下降0.82个百分点;货物进口国际市场份额为10.9%,同比下降1.12个百分点。

2022年末中央经济工作会议进一步明确"稳增长",宏观政策要稳健有效,继续实施积极的财政政策和稳健的货币政策,保持流动性合理充裕,引导金融机构加大对实体经济的支持。

三、对外直接投资有所下降,对外证券投资资产规模持续增长

根据国家外汇管理局统计数据,2022年我国国际收支口径的直接投资净流入304.7亿美元,净流入规模低于2021年;对外直接投资1 497亿美元,同比下降16.3%,其中金融部门对外直接投资363.6亿美元,同比降低5.0%,对境外子公司的注资和利润再投资均有增长。2022年,来华直接投资1 801.7亿美元,同比下降47.6%;其中金融部门吸收来华直接投资125.2亿美元,同比下降49.5%,主要为吸收资本金投资降低。

2022年我国对外证券投资净流出1 731.9亿美元,同比增长38.3%。其中,股权投资477.0亿美元,同比下降43.7%;债券投资1 255.0亿美元,同比增长209.6%。对外投资主要渠道包括:第一,截至2022年末,境内银行等金融机构投资境外股票和债券454亿美元;第二,截至2022年末,合格境内机构投资者(QDII及RQDII)投资非居民发行的股票和债券215亿美元。2022年境外对我国证券投资净流出为1 079.2亿美元,同比下降161.1%,其中,境外股权投资净流入343.9亿美元,债券投资净流出1 423.1亿美元。

中国香港持续为中国对外投资的第一大区域。根据国家外汇管理局披露的数据,截至2022年末,中国对外证券投资资产规模10 335亿美元,同比增长5.50%,近两年平均年复合增速约为7%,占年化GDP比重基本保持在5.71%。截至2022年末,投向中国香港的金额为4 223.4亿美元,较年初下降2.74%,占比约41%。自有数据记录以来,投向中国香港市场的金额从2015年的585亿美元持续提升,至2022年平均年复合增长率约为32.6%。截至2022年末,投向美国的金额为2 176.8亿美元,较年初上升6.47%,占比约21%,与投

向中国香港的金额占比差距持续扩大（见表专 7-1）。

表专 7-1 中国对外证券投资资产

项目	2015 年	2016 年	2017 年	2018 年	2019 年	2020 年	2021 年	2022 年
总额（亿美元）	2 808.3	3 596.5	4 977.4	4 979.6	6 459.8	8 998.5	9 796.8	10 335.3
中国香港地区（亿美元）	585.0	922.1	1 543.9	1 542.1	2 264.3	4 091.0	4 342.5	4 223.4
占比（%）	21	26	31	31	35	45	44	41
排名（位）	2	2	1	1	1	1	1	1
美国（亿美元）	1 111.4	1 259.6	1 452.5	1 320.2	1 628.3	1 784.4	2 044.6	2 176.8
占比（%）	40	35	29	27	25	20	21	21

资料来源：国家外汇管理局。

沪深港通及债券通开通以来，功能作用日益彰显。根据香港交易所披露，2022 年沪股通日均成交金额达 461 亿元，同比下降 16.27%；深股通日均净流出 14.75 亿元，同比下降 101.66%；港股通（沪港通下的港股通与深港通下的港股通合计）日均成交净额达 14.73 亿元，同比下降 12.95%。根据债券通公司披露数据，2022 年债券通交投活跃，月均成交量 6 679.33 万亿元人民币，较 2021 年增长 24.06%，其中在 2022 年 11 月，债券通单月交易量创历史新高，达 8 239 亿元人民币。

四、互联互通深化推进为证券公司跨境业务带来发展机遇

2022 年，互联互通机制持续优化，年内推进的重要优化措施包括以下几个方面：

一是扩大沪深港通股票范围。2022 年 12 月 19 日，中国证监会、香港证监会发布联合公告，原则同意两地交易所进一步扩大股票互联互通标的范围，深化内地与香港股票市场买卖互联互通机制，促进两地资本市场共同发展。此次沪深股通的标的规模调整为：市值 50 亿元人民币及以上且符合一定流动性标准等条件的上证 A 股指数/深证综合指数成分股，以及上海证券交易所/深圳证券交易所上市的 A+H 股公司的 A 股。港股通的标的规模调整为：在现行港股通股票标的基础上，纳入恒生综合指数内符合有关条件的在港主要上市外国公司股票，即属于恒生综合大型股指数、恒生综合中型股指数、市值 50 亿元港币及以上的恒生综合小型股指数成分股的在港主要上市外国公司，根据现行规定纳入港股通；将沪港通下港股通标的的范围扩大至与深港通下港股通一致，即沪港通下港股通纳入市值 50 亿元港币及以上的恒生综合小型股指数成分股。

二是粤港澳大湾区"跨境理财通"业务发展稳中向好。"跨境理财通"业务落地已逾一年时间，运行平稳，业务规模、参与人数、试点银行数量均稳步提升。截至 2022 年 10 月 19 日，粤港澳大湾区内地试点银行累计开立"跨境理财通"业务相关账户 50 167 个，办理资金跨境汇划 15.61 亿元。

三是优化沪深港通结算平台。2022 年 11 月 24 日，港交所宣布开发沪深港通交易结算

加速平台 HKEX Synapse（Synapse），进一步提高沪深港通交易结算效率。Synapse 将利用 DAML（数字资产建模语言）智能合约简化沪深港通北向交易的交易后工作流程，以透明、安全和可靠的方式提高市场参与者的结算效率和结算能力。Synapse 旨在帮助资产管理机构、证券经纪、全球及本地托管机构和结算参与者，更加高效地处理不断增长的沪深港通交易量带来的结算工作。

四是债券通实施多项优化措施。为降低境外投资者的投资成本，债券通公司于 2022 年 7 月 11 日起面向境外电子交易平台下调服务费，此次降费幅度达到 25%，显著降低境外投资者的投资成本。这也是债券通运行 5 年间，债券通公司第三次降低服务费用。在为境外机构提供债券市场服务方面，通过债券通公司境外综合性债券一级发行电子平台新债易（ePrime）系统与交易中心 iDeal 系统的互联互通，境外投资者可便捷地参与到交易中心一级承分销服务中，将一级市场订单直接传递至境内承销商订单池中，同时免去交易双方针对每笔发行重复签署分销协议的工作，简化分销步骤。此项业务于 2022 年 7 月 4 日正式向市场推出，进一步促进跨境债券投资的多元化发展。

五是沪伦两地持续推进资本市场合作，沪伦通机制进一步优化。2022 年 2 月，沪伦通机制拓展优化，境内纳入深圳证券交易所符合条件的上市公司，境外则拓展到瑞士、德国。2022 年 7 月 28 日，首批 4 家中国企业发行全球存托凭证（GDR）成功登陆瑞交所。

五、香港交易所保持改革与创新活力，有助于证券公司国际业务发展

2022 年，香港交易所持续推进机制完善与改革，市场改革带来市场扩容与交易参与热情，对于证券公司的国际业务所处的环境有改善作用，主要改革措施包括以下方面：

一是推出 SPAC 上市制度。2022 年 1 月 1 日，香港特殊目的收购公司（SPAC）上市机制正式推出。3 月 18 日，香港首家 SPAC Aquila Acquisition Corporation 在香港交易所主板上市。截至目前，已有 14 家公司递交了申请，其中 4 家已完成上市。

二是扩大现有上市制度范围。2022 年 10 月 19 日，香港联交所刊发《特专科技公司上市制度咨询文件》，建议扩大香港现有上市制度范围，允许特专科技公司赴港上市（18C），并就此征询公众意见。此次进一步改革能够吸引全球优秀的前沿科技公司赴港上市，一方面，能够有效支持科技企业获得融资，加快金融与科技的良性循环；另一方面，新增的上市公司种类能为投资者带来更多选择，扩大投资范围。此举对于提升港交所的竞争力与市场吸引力有着非常重大的意义。12 月 16 日，香港联交所刊发有关扩大无纸化上市制度范围咨询文件，主要内容包括：简化文件呈交流程，以电子方式发布公司通讯，简化《上市规则》附录。

三是积极推动绿色金融发展。2022 年 3 月 23 日，香港交易所迎来首只碳期货 ETF——中金碳期货 ETF 上市。10 月 28 日，港交所国际碳市场 Core Climate 交易平台推出，交易可以港币计价同时亦可以人民币计价。2022 年，香港 ESG（环境、社会、公司治理）基金规

模稳步增长。根据香港财经事务及库务局数据,截至9月30日,共有154只获香港证监会认可的ESG基金,较上年同期增长了61%,其中包括7只ETF,总资产管理规模达1 241亿美元(折合约9 679亿港元)。香港证监会于8月发布了《绿色和可持续金融议程》,明确未来将继续通过改善资讯质量、增加透明度、建立投资者信心,支持香港的绿色和可持续金融发展,推动经济体系进一步"绿化"。

四是探索虚拟资产的发展机遇。2022年10月31日,中国香港政府正式发布《有关香港虚拟资产发展的政策宣言》,在宣言中明确表达:一方面让虚拟资产创新能够在香港可持续蓬勃发展,另一方面也要确保能按照国际标准缓减和管理在金融稳定、消费者保障和打击洗钱以及恐怖分子资金筹集方面所造成的实际和潜在风险。2022年12月16日,香港交易所迎来亚洲首批加密资产ETF(交易型开放式指数基金)——南方东英比特币期货ETF及南方东英以太币期货ETF。

第二章
2022 年中国证券公司国际业务开展情况

第一节 投资银行业务

一、股票发行与 IPO 业务

2022 年全球股票承销总额 4 260 亿美元,发行总数 4 313 家。2022 年全球股票发行市场承销商承销金额前 50 位中共有 17 家国内证券公司上榜,较 2021 年增加 7 家;合计承销金额为 1 138.71 亿美元,同比下降 19.20%;合计占总承销份额的 26.73%,比 2021 年同期增加 15.36 个百分点。2022 年全球股票发行市场承销金额前 10 位承销商及进入前 50 位的国内证券公司见表专 7-2。

表专 7-2 2022 年全球股票发行市场承销金额前 10 位承销商及进入前 50 位的国内证券公司

承销商	排行	金额(百万美元)	发行数(家)	排行榜份额(%)
中信证券	1	27 778	136	9.09
高盛集团	2	25 816	169	8.45
摩根士丹利	3	23 618	172	7.73
中金公司	4	19 728	102	6.46
摩根大通	5	19 674	178	6.44
花旗银行	6	18 160	130	5.94
美银证券	7	16 754	134	5.48
中信建投	8	13 364	73	4.37
欧洲金融公司	9	9 396	82	3.08
华泰证券	10	8 859	63	2.90

续表

承销商	排行	金额（百万美元）	发行数（家）	排行榜份额（%）
国泰君安	11	7 752	72	2.54
海通证券	13	7 359	68	2.08
招商证券	20	3 801	20	1.24
安信证券	21	3 464	27	1.13
申万宏源	23	3 278	33	1.07
国信证券	24	3 226	22	1.06
民生证券	25	2 956	22	0.97
国金证券	28	2 416	19	0.79
光大证券	35	2 141	23	0.70
东兴证券	36	2 131	9	0.70
中泰证券	37	2 131	47	0.70
东方证券	48	1 749	14	0.57
东吴证券	50	1 736	17	0.57

资料来源：彭博（Bloomberg）。

2022年中国香港股票承销总额为209亿美元。2022年中国香港市场股票发行承销金额排名中，承销金额前50位中有15家中国内地证券公司，数量较2021年增加2家；合计发行金额61.87亿美元，较2021年同比降低74.90%；15家证券公司占全部市场份额的29.67%，同比减少7.70个百分点。2022年中国香港市场股票发行承销金额前10位承销商及进入前50位的中国内地证券公司见表专7-3。

表专7-3　　2022年中国香港市场股票发行承销金额前10位承销商及进入前50位的中国内地证券公司

承销商	排行	金额（百万美元）	发行数（家）	排行榜份额（%）
瑞士银行	1	2 626	21	13.08
摩根士丹利	2	1 428	21	7.11
中金国际	3	1 372	40	6.84
华泰证券	4	1 134	21	5.65
摩根大通	5	980	13	4.88
中信证券	6	975	22	4.86
花旗银行	7	868	13	4.32
招商银行	8	859	27	4.28
瑞士信贷	9	817	10	4.07
法国巴黎银行	10	748	12	3.73
海通证券	11	744	26	3.71
中信建投	17	460	9	2.29

续表

承销商	排行	金额（百万美元）	发行数（家）	排行榜份额（%）
国泰君安证券	20	377	22	1.88
银河金融控股公司	22	263	10	1.31
中国招商证券	23	262	8	1.31
中泰证券	24	205	26	1.02
申万宏源	29	120	10	0.60
国信证券	31	93	3	0.46
东吴证券	33	66	1	0.33
华兴资本	46	38	2	0.19
光大证券	47	36	12	0.18

资料来源：彭博（Bloomberg）。

2022年中国香港IPO市场承销金额前50位承销商中，有17家为中国内地证券公司，与2021年持平；合计占总市场份额的34.04%，同比增加1.43个百分点；发行金额45.60亿美元，较2021年同比减少67.48%。中金公司仍位居第一。2022年中国香港市场IPO承销金额前10位承销商及进入前50位的中国内地证券公司见表专7-4。

表专7-4　　2022年中国香港市场IPO承销金额前10位承销商及进入前50位的中国内地证券公司

承销商	排行	金额（百万美元）	发行数（家）	排行榜份额（%）
中金公司	1	1 019	33	7.84
招商银行	2	858	26	6.6
华泰证券	3	797	17	6.13
中信证券	4	710	16	5.46
中国农业银行	5	710	28	5.46
法国巴黎银行	6	672	9	5.17
中国建设银行	7	581	22	4.47
花旗银行	8	562	10	4.32
摩根大通	9	544	7	4.19
瑞士信贷	10	530	3	4.08
海通证券	14	403	20	3.10
中信建投	19	315	8	2.42
国泰君安证券	20	277	21	2.13
银河金融控股	21	263	10	2.03
中泰证券	22	200	25	1.54
申万宏源	26	121	10	0.93
招商证券	27	118	7	0.90

续表

承销商	排行	金额（百万美元）	发行数（家）	排行榜份额（%）
国信证券	29	93	3	0.72
东吴证券	31	66	1	0.51
越秀金控	37	40	2	0.31
安信证券	38	39	6	0.30
华兴资本	39	38	2	0.29
光大证券	40	36	12	0.28
兴业证券	46	26	6	0.20

资料来源：彭博（Bloomberg）。

二、债券发行情况

（一）海外债券发行情况

2022年亚洲（日本除外）G3货币债券市场承销商按金额前50位中，有8家为中资证券公司，较2021年增加1家，合计占总市场份额的10.63%，同比增加2.92个百分点。2022年亚洲（日本除外）G3货币债券市场承销金额前10位承销商及进入前50位的中资证券公司见表专7-5。

表专7-5　　　　2022年亚洲（日本除外）G3货币债券市场承销金额
前10位承销商及进入前50位的中资证券公司

承销商	排行	金额（百万美元）	排行榜份额（%）
花旗集团	1	10 077	7.45
渣打银行	2	9 454	6.99
汇丰银行	3	9 376	6.93
摩根大通	4	7 007	5.18
法国巴黎银行	5	5 730	4.24
法国农业信贷银行	6	5 634	4.17
美银证券	7	5 524	4.08
中国银行	8	4 774	3.53
德意志银行	9	3 960	2.93
中金公司	10	3 682	2.72
中信证券	12	3 466	2.56
海通证券	28	2 148	1.59

续表

承销商	排行	金额（百万美元）	排行榜份额（%）
国泰君安证券	30	1 979	1.46
中信建投	34	1 320	0.98
华泰证券	36	1 226	0.91
兴业证券	37	1 170	0.87
银河金融控股	44	887	0.66

资料来源：彭博（Bloomberg）。

2022年中国离岸债券市场承销金额前50位承销商中，有12家为中资证券公司，较2021年增加2家，合计占总市场份额的21.45%，同比增加7.30个百分点。2022年中国离岸债券市场承销金额前10位承销商及进入前50位中资证券公司见表专7-6。

表专7-6 2022年中国离岸债券市场承销金额前10位承销商及进入前50位中资证券公司

承销商	排行	金额（百万美元）	排行榜份额（%）
中国银行	1	4 436	6.44
中金公司	2	3 658	5.31
兴业银行	3	3 638	5.28
中信证券	4	3 430	4.98
交通银行	5	2 748	3.99
中信银行	6	2 630	3.82
中国农业银行	7	2 619	3.80
中国建设银行	8	2 446	3.55
中国招商银行	9	2 426	3.52
法国农业信贷银行	10	2 395	3.48
海通证券	14	2 055	2.98
国泰君安证券	16	1 903	2.76
中信建投	22	1 242	1.80
华泰证券	23	1 181	1.71
兴业证券	25	1 125	1.63
申万宏源	28	890	1.29
银河金融控股	29	853	1.24
中泰证券	30	743	1.08
天风证券	36	509	0.74
东方证券	41	426	0.62
国元证券	42	419	0.61

资料来源：彭博（Bloomberg）。

（二）熊猫债券

2022年我国共发行熊猫债52只，较2021年的72只大幅下跌；发行总额850.70亿元，较2021年的1 064.50亿元减少213.80亿元，同比下降20.08%。

2022年熊猫债创新产品落地，11月有两只绿色相关的熊猫债发行。11月16日，匈牙利成功发行20亿元绿色主权熊猫债，发行期限3年，票面利率3.75%，这是《中国绿色债券原则》正式发布以来，境外主权发行人首次在中国发行绿色债券。11月24日，梅赛德斯-奔驰国际财务有限公司在中国银行间市场成功发行首只绿色熊猫债券，发行规模为5亿元人民币，期限为2年，票面利率2.9%，募集资金将专项用于纯电车型融资租赁业务。该笔债券是梅赛德斯-奔驰在欧洲市场以外发行的首只绿色债券，同时，梅赛德斯-奔驰也是首个在中国发行绿色熊猫债券的汽车企业。

近年来，相关部门积极出台一系列措施推动熊猫债市场高质量发展。2022年11月，中国人民银行、国家外汇管理局联合发布《关于境外机构境内发行债券资金管理有关事宜的通知》，完善境外机构境内发行债券资金管理要求，进一步便利境外机构在境内债券市场融资。

三、并购业务

2022年中国香港并购市场中，有2家中国内地证券公司进入总交易价值排名前20位，较2021年减少3家；合计占总市场份额的8.23%，较2021年同期增加3.74个百分点。2022年中国香港市场并购业务总交易价值前10位及进入前20位中国内地证券公司见表专7-7。

表专7-7 2022年中国香港市场并购业务总交易价值前10位及进入前20位中国内地证券公司

承销商	排行	金额（百万美元）	交易数目（笔）	排行榜份额（%）
高盛集团	1	9 571	8	16.74
摩根士丹利	2	9 079	8	15.88
安永会计师事务所	3	8714	10	15.24
摩根大通	4	8 693	9	15.21
中金公司	5	5 918	6	10.35
汇丰银行	6	2 989	6	5.23
花旗集团	7	2 340	3	4.09
中信证券	8	1 608	3	2.81
美银集团	9	1 577	4	2.76
Avendus Capital Pvt Ltd	10	1 107	8	1.94

资料来源：彭博（Bloomberg）。

第二节　资产管理业务

一、合格境内机构投资者（QDII）业务

截至2022年底，共计21家中国内地证券公司获得QDII业务资格，总计QDII业务额度为142.6亿美元。2022年，华泰证券（上海）资产管理有限公司和上海国泰君安证券资产管理有限公司2家新获批额度（见表专7－8）。

表专7－8　　　　　　　　　证券公司获批QDII业务额度

机构名称	累计批准额度（亿美元）	最新批准日期
中国国际金融股份有限公司	27.00	2021年5月18日
招商证券资产管理有限公司	6.00	2020年9月22日
华泰证券（上海）资产管理有限公司	9.00	2022年6月29日
上海国泰君安证券资产管理有限公司	12.70	2022年6月29日
上海光大证券资产管理有限公司	5.00	2021年3月18日
国信证券股份有限公司	10.00	2015年1月30日
广发证券资产管理（广东）有限公司	17.00	2018年5月30日
中信证券股份有限公司	12.80	2020年9月22日
安信证券资产管理有限公司	6.50	2020年8月31日
申万宏源证券有限公司	4.80	2020年11月30日
中银国际证券有限责任公司	6.00	2021年5月18日
银河金汇证券资产管理有限公司	4.00	2013年1月24日
上海海通证券资产管理有限公司	8.00	2015年1月30日
太平洋证券股份有限公司	2.00	2014年4月30日
兴证证券资产管理有限公司	2.20	2018年4月24日
中信建投证券股份有限公司	3.60	2020年11月4日
国金证券股份有限公司	1.00	2018年6月28日
上海东方证券资产管理有限公司	2.00	2020年9月22日
德邦证券股份有限公司	0.50	2020年9月22日
平安证券股份有限公司	1.00	2020年11月4日
华鑫证券有限责任公司	1.50	2021年6月1日
合计家数：21	合计金额：142.60	

资料来源：国家外汇管理局。

二、人民币合格境外机构投资者（RQFII）业务与合格境外机构投资者（QFII）投资顾问业务

2022年9月10日，中国证监会发布修订后的《关于合格境外机构投资者和人民币合格境外机构投资者境内证券交易登记结算业务的规定》，将人民币合格境外机构投资者（RQFII）纳入《合格境外机构投资者和人民币合格境外机构投资者境内证券期货投资管理办法》的适用范围。根据货银对付（DVP）改革要求，修改超买情形下中国结算违约处置具体规定，改为中国结算按照相关业务规则处理。此举进一步夯实了资本市场基础制度，理顺了相关制度衔接，深化资本市场对外开放，提高境内资本市场国际影响力。

根据中国证监会网站披露信息，2022年全年共有72家合格境外投资者获批，数量较2021年的119家有所减少。合格境外投资者制度运行20年以来，2022年是获批家数第二多的年份，第三多的年份为2020年，获批71家。这表明2020年合格境外投资者制度改革启动以来，合格境外投资者的受欢迎程度显著上升。根据Wind数据，截至2022年末，外资共持有A股数量1 201亿股，持股市值达2.41万亿元。其中QFII、RQFII持股市值约1 675.07亿元，占流通A股的25.28%，其余为通过陆股通参与，以及部分为外资私募持股。

第三节　证券经纪业务

香港子公司是中资证券公司开展国际化业务的重要通道，但中国香港市场经纪业务持续呈现"僧多粥少"、竞争激烈的行业格局，且头部效应明显。中资证券公司在中国香港开展经纪业务，受进入香港时间晚、自身资本实力弱、业务线单一等多项自身条件约束，同时需要适应与内地差别较大的经纪人模式，并与国际大型投行（银行）竞争，因此在经纪业务中所占市场份额不高。

受益于近年互联互通机制的快速发展，中资证券公司在香港经纪业务份额有所提升，目前已有海通国际证券和中银国际证券跻身A组证券公司。此外，参与衍生品业务的证券公司数量亦在增加。根据香港交易所披露，截至2022年12月，共有16家衍生权证发行商，其中中银国际证券、海通国际证券及国泰君安证券（香港）为入选的三家中资证券公司（见表专7-9）。

表专7-9　　　　　　　　　个股衍生品发行商一览

序号	发行商	中文名
1	Bank Vontobel AG	瑞通银行
2	BNP Paribas Issuance B. V.	法国巴黎银行

续表

序号	发行商	中文名
3	Citigroup Global Markets Europe AG	花旗集团
4	Credit Suisse AG	瑞信
5	Goldman Sachs Structured Products（Asia）Limited	高盛
6	The Hongkong and Shanghai Banking Corporation Limited	汇丰
7	J. P. Morgan Structured Products B. V.	摩根大通
8	Macquarie Bank Limited	麦银
9	Morgan Stanley Asia Products Limited	摩根士丹利
10	SG Issuer	法兴
11	UBS AG	瑞银
12	The Bank of East Asia，Limited	东亚银行
13	BOCI Asia Limited	中银国际证券
14	Haitong International Securities	海通国际证券
15	Guotai Junan Securities（Hong Kong）Limited	国泰君安证券（香港）
16	DBS Bank Ltd.	星展银行

资料来源：中国香港交易所官网。

第三章
2022年中国证券公司国际业务面临的问题与2023年发展展望

第一节 2022年中国证券公司国际业务面临的问题

一、多重因素叠加，对证券公司境外展业带来不利影响

根据中国证券业协会2022年证券公司国际业务专项调查问卷，多家中资证券公司反馈2022年境外子公司经营受市场波动、新冠疫情、地缘政治冲突、美元加息等多因素影响。2022年境外股市、债市均呈大幅波动。2022年上半年，受美联储大幅度加息、俄乌战争、地缘政治风险剧增以及香港第五波疫情反复等因素影响，"黑天鹅"事件频发，香港股票和债券市场均出现较大波动。数据显示，标普500指数上半年累计下跌21%，恒生指数全年累计下跌6.6%，恒生科技指数全年下跌32.70%。在此背景下，2022年下半年以来，中资美元债市场违约事件频繁发生，不少中资券商投资业务受到波及，导致这些公司整体业绩明显下滑。各家中资券商也纷纷努力削减高风险中资美元债仓位，减少融资成本，降低风险敞口。此外，在中美战略博弈的背景下，境内企业境外展业也面临更大的"长臂管辖"风险。

二、资本实力不足，服务水平有待提升

国内证券公司在开展境外业务方面，在资本金规模、全球网络布局、开展业务及服务水平等方面与国际一流投行存在明显差距。高盛、摩根士丹利等国际投行资产总额已超万亿美元，与中国证券行业总资产规模相近。此外，国际投行全球网络布局完整，高盛、摩根士丹利等国际投行平均已布局超40个国家和地区，覆盖传统金融中心和主要新兴市场国家，相

较之下，中资证券公司多集中在中国香港，少数在英、美及东南亚国家设有分支机构，中资证券公司在中国香港以外的国际市场影响力和竞争力明显不足。据了解，跨境互联互通的扩容，给中资证券公司带来了增量发展的机会，财富管理业务正在成为各大中资证券公司提振业务增长的发力点。但是受港股市场成交量整体下跌的影响，经纪佣金、给予财富管理客户的孖展融资，以及发行衍生品工具等收入同比下跌，中资证券公司的财富管理业务收入同比普遍明显缩水。

三、客户结构单一，海外需求难以满足

中资证券公司国际业务现有客户结构仍然单一，服务对象以有境外业务需求的境内客户为主，以中国香港市场为主。单一的区域布局和客户构成，导致国际业务受内地及香港市场波动影响较大，互补作用有限。海外客户需求还是难以满足，交易、投资、资管类等高端一些的业务发展缓慢，衍生品现有产品简单、交易实力弱，海外客户多元投资策略及风险管理等高端需求无法满足；并且跨境管控能力有限，虽然在往国际化投行方向发展，但管理模式、架构还是沿袭内地现存模式，同时大多是各自运营、并行并列，系统、业务数据割裂，具有国际化经验的管理人才的培养也较为欠缺。

第二节 2023 年中国证券公司国际业务发展展望

尽管市场波动、资本局限、政策约束等仍对证券公司国际业务发展有持续影响，但从反馈问卷中可以看到，证券公司对 2023 年跨境业务布局积极，发挥各自资源禀赋优势，差异化展业。

一、持续高质量共建"一带一路"为证券公司带来业务发展机会

2022 年，新增 5 个国家同中国签署共建"一带一路"合作文件，共建"一带一路"大家庭成员增至 150 个国家和 32 个国际组织。多家证券公司在 2022 年持续深入布局，包括设立专门办公室，建立长效工作机制；服务相关区域展业的企业完成 IPO、并购融资、债券发行；发起设立相关战略主题基金；发布主题指数；与沿线国家中央银行或主权类机构进行债券交易等。展望 2023 年，证券公司将在"一带一路"建设中进一步发挥投融资职能，积极开展国际金融服务，服务建设更高水平开放型经济新体制。

二、深耕粤港澳大湾区，拓展国际业务布局

自 2017 年粤港澳大湾区建设启动以来的 5 年中，粤港澳大湾区快速发展，政策相继推出，机构不断聚集，粤港澳大湾区已成为全球经济发展的活跃区域。中国共产党广东省第十三届委员会第二次全体会议强调，要突出深化粤港澳合作，高水平谋划推进新阶段粤港澳大湾区建设，统筹推进粤港澳大湾区、深圳先行示范区和横琴、前海、南沙三大平台等重大战略落地落实，携手港澳加快建设国际一流湾区和世界级城市群。在此背景下，证券公司面临着重要的发展机遇。

一是大湾区新兴实体经济发展需要投融资服务。粤港澳大湾区在科技创新方面具有较好的领先优势，在战略性新兴产业、先进制造、新能源、新材料等领域具有较强的产业发展优势，目标产值数万亿元，需要证券公司借助资本市场平台，帮助优势企业走出去、引进来，形成优势企业群的有效整合与持续壮大，促进实体经济发展。

二是大湾区产业园区、创新示范中心建设需要整体性金融服务方案。为了促进协同创新环境更加优化、创新要素加快集聚、新兴技术原创能力和科技成果转化能力的提升，大湾区建设中不断涌现各种产业园区、创新示范中心等。它们的筹划与建设需要配套投融资服务方案支持，特别是随着粤港澳大湾区产业价值链整合、区块链金融发展，急需证券公司从投融资、政策制定方面协助地方政府做好整体性发展规划。

三是大湾区建设带来人民币跨境业务发展机遇。中国香港拥有全球最大的离岸人民币资金池，处理全球约 70% 的离岸人民币支付交易，是全球离岸人民币业务枢纽。粤港澳大湾区建设蓝图将催生多层次的市场机会，推进人民币跨境业务创新，推动跨境人民币双向融资、跨境发行人民币债券、跨境人民币结算等合作。这为证券公司在本外币账户管理、外债宏观审慎管理、适应投融资便利化的外汇管理等领域创造了巨大的业务发展空间。

专题报告之八：
2022年中国区域性股权市场发展综述与展望

第一章
2022年中国区域性股权市场发展情况

第一节 2022年区域性股权市场发展概况

党的二十大提出，要健全资本市场功能，提高直接融资比重，依法规范和引导资本健康发展。这对资本市场高质量发展助力中国式现代化建设提出了更高要求。

2022年，区域性股权市场聚焦服务中小企业，立足私募性、区域性及一定的公益性等功能定位，体制机制创新深入推进，区块链试点加速扩面提质，业务和制度创新试点、单项试点有序扩容，新产品新服务不断涌现，市场生态得到持续优化，企业获得感持续增强。截至2022年12月底，全市场累计服务挂牌公司4.23[①]万家（其中股份公司1.63万家），展示企业13.81万家，托管公司5.97万家（其中纯托管公司1.14万家）；实现各类融资1.88万

[①] 以下如无特别说明，全市场数据均来源于中国证监会《区域性股权市场统计分析简报》（2022年12月）。数据四舍五入。

亿元，产品转让成交 4 396.89 亿元；发展中介机构 8 277 家；发展投资者总数 102.37 万户。区域性股权市场服务企业累计转沪、深、北证券交易所上市 93 家，转全国中小企业股份转让系统（以下简称"新三板"）挂牌 842 家，被上市公司和新三板公司收购 70 家，改制为股份公司 5 827 家。

一、政策环境持续优化

政策频出，区域性股权市场正全面步入创新发展阶段。2022 年 2 月，中国证监会同意天津市、重庆市开展区域性股权市场制度和业务创新试点。3 月，中国证监会等四部委联合浙江省政府发布《关于金融支持浙江高质量发展建设共同富裕示范区的意见》，支持浙江省股权交易中心开展创新试点。4 月，国务院发布《关于加快建设全国统一大市场的意见》，明确了选择运行安全规范、风险管理能力较强的区域性股权市场，开展制度和业务创新试点。6 月，中国证监会同意将安徽等 6 家区域性股权市场纳入证监会区块链建设试点范围；上海市人大常委会通过并公布《上海市浦东新区绿色金融发展若干规定》，第一次在立法层面上弥补了私募股权基金份额质押登记机关法定缺位的问题。7 月，中国证监会主席易会满在 2022 年系统年中监管工作会议暨巡视整改常态化长效化动员部署会议上提出，强化交易所、新三板、区域性股权市场等多层次市场联动。11 月，中国证监会等八部委联合印发《上海市、南京市、杭州市、合肥市、嘉兴市建设科创金融改革试验区总体方案》，支持试验区内区域性股权市场开展创新业务试点；中国证监会、工信部联合印发《关于高质量建设区域性股权市场"专精特新"专板的指导意见》，支持中小企业专精特新发展；中国证监会批复北京股权交易中心开展首个认股权综合服务试点。

二、创新试点纵深推进

2022 年，创新发展逐步成为区域性股权市场的主基调。一是制度和业务创新试点实现扩容。在总结评估前期浙江省股权交易中心和宁波股权交易中心试点经验基础上，天津、重庆加入综合试点范围。二是股权投资和创业投资份额转让试点顺利推进。截至 2022 年 12 月底，北京股权交易中心和上海股权托管交易中心已完成份额转让 62 亿元，份额质押 40 亿元。三是认股权综合服务试点在北京股权交易中心率先破题。北京股权交易中心获中国证监会同意开展首个认股权综合服务试点。四是区块链建设试点实现第三次扩容。安徽、河北、内蒙古、吉林、河南、陕西 6 家区域性股权市场纳入证监会区块链建设试点范围，入围试点范围区域性股权市场达到 23 家。五是高质量推进"专精特新"相关板块建设。

三、主动探索成效彰显

区域性股权市场围绕企业需求积极探索服务方式,特色产品与综合服务叠加,降本与增效协同。2022年,"科创贷""瞪羚贷""上市步步贷""专精特新贷"以及知识产权质押、认股权、绿色金融等特色产品落地生根;"3+2"服务和支持体系(浙江、天津)、"321114"综合服务生态(青岛)、挂牌企业服务体系4.0(重庆)等综合服务深入开展;在积极争取属地政府出台补贴引导政策和争取合作金融机构减费让利的同时,积极推进"区块链+"应用场景建设,金融科技、大数据赋能特色产品、综合服务体系提质增效成效初显。

四、区域性股权市场风险总体可控

35家区域性股权市场基本回归服务中小微企业发展的业务职责功能。私募债存量规模持续化解,存量余额16.38亿元。可转债业务进一步细化、规范,各地严控违规增量,稳妥消化存量,全市场发行可转债存量余额和新增额较上年均大幅压减。截至2022年12月底,全市场运营机构总资产92.55亿元,净资产69.01亿元,资产负债率25.43%,处于合理水平。总体而言,全市场运行平稳,风险可防可控。

第二节 2022年区域性股权市场运营情况

一、服务企业情况

截至2022年底,全市场累计服务企业191 911家。2022年全市场新增服务企业16 608家。

(一)挂牌公司情况

截至2022年底,区域性股权市场累计挂牌公司42 340家,其中,股份公司16 306家,占比38.51%;有限责任公司26 034家,占比61.49%。2022年,全市场新增挂牌公司5 871家,较上年多增1 310家;净增4 385家(撤牌1 486家),较上年多增1 096家,年增长率33.32%;股份公司新增放缓,历史累计占比下降了0.3个百分点(见表专8-1)。

表专 8-1　　2021—2022 年区域性股权市场挂牌公司情况　　（单位：家）

项目	2021 年		2022 年	
	本年净增	历史累计	本年净增	历史累计
挂牌公司数量	3 289	37 955	4 385	42 340
其中：股份公司	1 452	15 085	1 221	16 306
有限责任公司	1 837	22 870	3 164	26 034
改制为股份公司数量	470	5 390	437	5 827

（二）托管公司情况①

截至 2022 年底，区域性股权市场累计登记托管公司 59 666 家，其中挂牌公司 42 302 家、展示企业 5 930 家、纯托管公司 11 434 家。登记托管公司中，股份公司 23 789 家，有限责任公司 35 877 家。托管总股本 3.56 万亿元（见图专 8-1）。

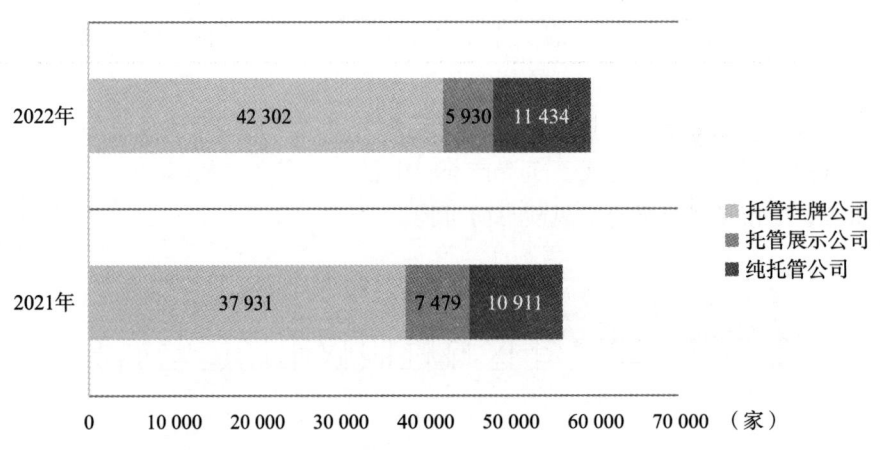

图专 8-1　2021—2022 年区域性股权市场托管公司情况

（三）展示企业情况

截至 2022 年底，区域性股权市场累计展示企业 138 137 家。2022 年全市场新增展示企业 10 297 家，结束展示企业 10 053 家，净增展示企业 244 家。

二、融资情况

截至 2022 年底，区域性股权市场累计实现各类融资 1.88 万亿元，其中股权融资 4 458.28 亿元，占比 23.71%；债券融资 4 639.32 亿元，占比 24.68%；股权质押融资

---

① 托管公司包括挂牌公司、部分展示企业和纯托管公司。

6 865.48亿元，占比 36.52%；其他融资 2 794.24 亿元，占比 14.86%；累计转让成交额 4 396.89亿元。

2022 年，区域性股权市场新增各类融资 2 113.27 亿元，其中股权融资 745.72 亿元，占比 35.29%；可转债发行 224.01 亿元，占比 10.60%；股权质押融资 923.99 亿元，占比 43.72%；其他融资 219.55 亿元，占比 10.39%（见表专 8 - 2）。

表专 8 - 2　　　　2021—2022 年区域性股权市场融资情况　　　　（单位：亿元）

项目	2021 年		2022 年		存量
	本年新增	历史累计	本年新增	历史累计	
股权融资	776.21	3 716.24	745.72	4 458.28	—
可转债	356.80	2 744.09	224.01	2 968.10	835.57
私募债	—	1 671.23	—	1 671.23	16.38
股权质押	964.57	5 941.72	923.99	6 865.48	—
其他融资	350.55	2 574.82	219.55	2 794.24	—
合计	2 448.13	16 648.10	2 113.27	18 757.31	—

（一）股权融资情况

截至 2022 年底，区域性股权市场累计实现股权融资 4 458.28 亿元。2022 年全市场新增股权融资 745.72 亿元。其中，挂牌公司 78.06 亿元，占比 10.47%；展示企业 133.50 亿元，占比 17.90%；纯托管公司 534.16 亿元，占比 71.63%。全市场仍以纯托管公司居多，但挂牌公司和展示企业股权融资绩效有所改善（见图专 8 - 2）。

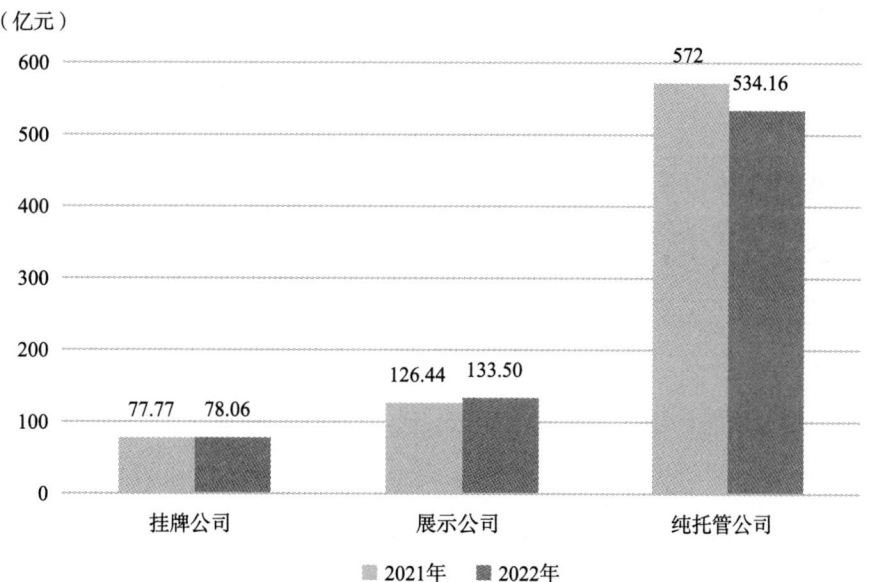

图专 8 - 2　2021—2022 年区域性股权市场股权融资分布情况

（二）债券融资情况

截至 2022 年底，区域性股权市场累计发行可转债 2 968.10 亿元，存量余额 835.57 亿元，存量较上年减少 161.5 亿元。2022 年新增可转债 224.01 亿元，较上年减少 132.79 亿元，增速放缓，规模压减。

（三）股权质押融资情况

截至 2022 年底，全市场累计实现股权质押融资 6 865.48 亿元。2022 年新增股权质押融资 923.99 亿元，较上年减少 40.58 亿元，增速有所放缓。

（四）其他融资情况

截至 2022 年底，区域性股权市场累计实现其他融资 2 794.24 亿元。其中，理财产品 1 336.46 亿元，介绍贷款 1 221.19 亿元，有限合伙企业质押融资 187.80 亿元，知识产权质押融资 48.78 亿元。2022 年区域性股权市场新增其他融资 219.55 亿元，较上年减少 131 亿元。

三、转让情况

截至 2022 年底，区域性股权市场产品累计转让成交 4 396.89 亿元，其中线上股权转让 410.84 亿元、可转债转让 172.34 亿元，线下（含挂牌公司、展示企业、纯托管公司，下同）过户 3 751.83 亿元，试点份额转让 61.88 亿元。2022 年新增转让成交 1 118.23 亿元，主要为纯托管公司线下过户，占比 85.40%，线上股票（权）转让交易和可转债转让交易合计占比 9.70%（见图专 8－3）。

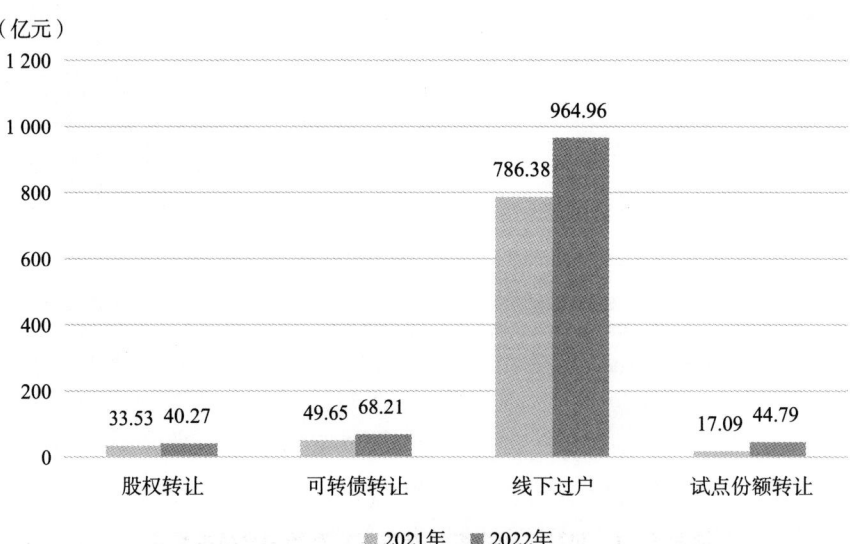

图专 8－3 2021—2022 年区域性股权市场转让情况

四、投资者情况

截至 2022 年底，区域性股权市场共有投资者 102.37 万户，其中合格投资者 13.71 万户、豁免投资者 88.66 万户。2022 年全市场合格投资者净增 11 719 户，较上年少增 7 474 户，其中个人投资者 11 348 户、机构投资者 371 户；豁免投资者净增 427 103 户，其中个人投资者 418 677 户、机构投资者 8 426 户（见表专 8-3）。

表专 8-3　　　　　2021—2022 年区域性股权市场投资者情况　　　　　（单位：户）

投资者类型	2021 年增加		2022 年增加		累计值	
	合格	豁免	合格	豁免	合格	豁免
个人	9 934	122 062	11 348	418 677	119 827	862 005
机构	9 259	50 386	371	8 426	17 225	24 634
合计	19 193	172 448	11 719	427 103	137 052	886 639

五、中介机构情况

截至 2022 年底，区域性股权市场中介机构合计 8 277 家，其中推荐机构 3 159 家。从机构类型看，证券公司（包括分支机构）238 家，律师事务所 1 655 家，会计师事务所 1 689 家，资产评估机构 256 家，证券投资咨询机构、财务顾问机构、商业银行、其他机构等合计 4 439 家。中介机构数量和结构环比变动较小，2022 年全市场净增中介机构 29 家（见图专 8-4）。

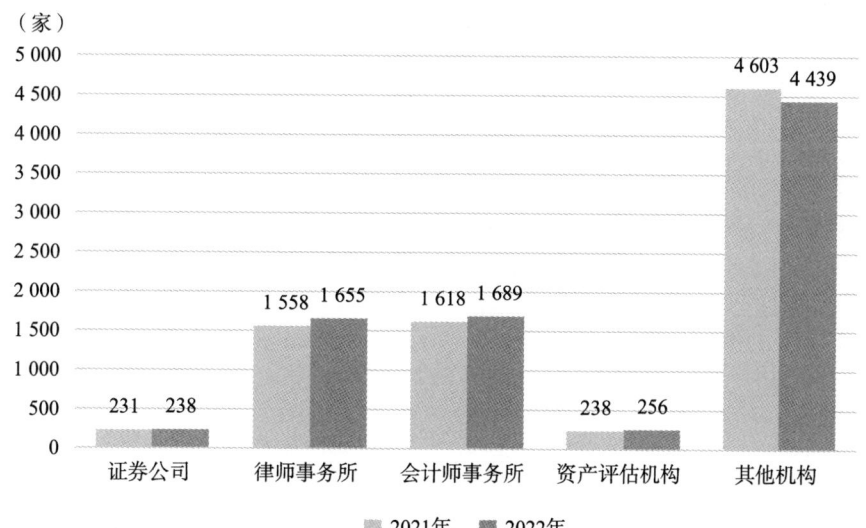

图专 8-4　2021—2022 年区域性股权市场中介机构情况

六、孵化培育情况

截至2022年底,区域性股权市场累计培育1 005家企业上市(挂牌)。其中,转沪、深、北交易所上市93家,转新三板挂牌842家,被上市公司或新三板公司收购70家。2022年,全市场孵化培育情况呈现跳跃式增长,主要得益于部分地区转新三板绿色通道机制建设,新增孵化培育企业141家,较上年增长了281.08%,其中,转沪、深、北交易所上市24家,较上年翻了一倍;转新三板挂牌105家,较上年增长了517.65%;被上市公司或新三板公司收购12家,较上年增长了50%(见表专8-4)。

表专8-4　　　　2021—2022年区域性股权市场转板情况　　　　(单位:家)

转板情况	2021年增加	2022年增加	历史累计
转沪、深、北交易所上市	12	24	93
转新三板挂牌	17	105	842
被上市公司或新三板公司收购	8	12	70
合计	37	141	1 005

第二章
2022年中国区域性股权市场发展特点

第一节　扣紧高质量发展，建设优质企业聚集地

区域性股权市场持续聚焦优质企业引育，稳步扩量、提质，不断夯实创新发展产业基础。

一、"专精特新"相关板块建设迈出新步伐

随着支持"专精特新"企业政策密集出台，区域性股权市场积极推进"专精特新"建设，齐建"专精特新"相关板块支持地方企业专精特新发展。2022年，部分区域性股权市场"专精特新"相关板块完成筹建工作；部分区域性股权市场将在已有"专精特新"板块基础上实施升级改造；其他区域性股权市场"专精特新"相关板块筹建工作也在加速推进。

二、分层管理深入推进取得新进展

2022年，区域性股权市场积极探索"板－层"结合模式，开展分层管理改革，并匹配实施不同层级差异化的信息披露规则和精准化的服务体系，实现多点突破。浙江省股权交易中心抓住企业递进式的差异化服务需求，构建起省、市、县三级规范培育体系。上海股权托管交易中心将业务类别划分与推进企业分类标识相关工作结合起来开展分层管理，已形成"专精特新""绿色企业"和"科技创新企业"三类分类标识。广东股权交易中心在服务过程中分层分类区别对待企业，建立企业质量和服务成效综合评价模型，分类开展企业服务。天府（四川）联合股权交易中心将设立特色板块企业挂牌展示及拟上市专板结合起来，实施"挂牌展示企业分类分级改革"。武汉股权托管交易中心开展分层分类管理工作，将挂牌

企业按成长性、规范程度分为孵化层、规范层、培育层三个层级。

三、特色专板扩容取得新成绩

2022年，区域性股权市场服务地方特色产业、重点企业发展取得新进展。为助力湖南文化产业发展，5月，湖南股权交易所"文化产业专板"开板，首批挂牌企业50家。7月，天府（四川）联合股权交易中心以"发展社会企业助推共同富裕"为主题，举办"天府（四川）联合股权交易中心社会企业板"开板仪式，首批挂牌企业16家。为支持川藏两地文创企业发展，天府（四川）联合股权交易中心还积极筹建"天府文创板"。为进一步发挥金融对创优人才环境支撑作用，促进创投风投基金与创业创新项目对接，更好地支持大众创业万众创新，9月，安徽省股权托管交易中心"人才企业专板"开板，首批挂牌企业22家。12月，宁波股权交易中心"拟上市企业专板"开板，首批入板企业103家，在宁波市拟上市培育库中的占比超40%。天津积极筹备"专精特新企业上市后备板""生物医药专板"和泰达上市预备板建设。为助力乡村振兴，新疆股权交易中心启动"乡村振兴板"入板工作。

第二节　扣紧降本增效，建设综合金融服务链

聚焦企业需求，区域性股权市场积极探索服务中小微企业的金融支持路径，因地制宜提供资本市场综合金融服务。

一、私募股权投融资服务创新进入深水区

2022年，区域性股权市场加速探索私募股权投融资服务创新。浙江省股权交易中心、宁波股权交易中心、北京股权交易中心、海峡股权交易中心、青海股权交易中心、中原股权交易中心等先后设立或参与设立了私募基金管理人或股权投资基金，为被培育的域内中小企业提供多渠道融资、股份制改造、股权转让、综合咨询等一系列服务。天津滨海柜台交易市场、安徽省股权托管交易中心、贵州股权交易中心、武汉股权托管交易中心、上海股权托管交易中心等积极筹建基金管理人资质和四板基金。安徽省股权托管交易中心、宁波股权交易中心等积极探索围绕优质挂牌企业做好BP（商业计划书）撰写、估值服务、路演、大赛、FA（财务顾问）对接等全链条服务。浙江省股权交易中心积极推进股权激励业务，2022年落地3个股权激励服务案例，合计登记份额逾1亿股。上海股权托管交易中心、江苏股权交易中心、大连股权交易中心等探索投贷联动、投保（险）联动、投担（保）联动、投租联

动等机制创新。重庆股份转让中心、江西联合股权交易中心还对优先股展开可行性研究。

二、普惠金融产品服务创新特色化精准化

区域性股权市场充分利用金融资源聚合平台,联动银行、担保等金融机构,探索特色产品创新,开展精准服务。上海股权托管交易中心、天津滨海柜台交易市场、深圳前海股权交易中心等充分利用大数据为挂牌企业量身定制专属产品,联合银行推出针对挂牌展示企业的特色贷款产品。深圳前海股权交易中心深入对接22家银行设计产品模型,其中8家银行为深圳前海股权交易中心定制产品,由深圳前海股权交易中心融资顾问为企业提供一对一的个性化可持续配套融资方案。江苏股权交易中心、云南省股权交易中心等联合多家银行推出"科创贷""瞪羚贷""苏股贷""上市步步贷""七彩云股贷"等专属信贷产品。各区域性股权市场积极推进"专精特新贷"系列产品,截至2022年12月底,累计服务"专精特新"中小企业融资503.90亿元。此外,海南股权交易中心创新可转债发行模式,推出针对企业董监高、股东、员工及供销商募集模式。新疆股权交易中心深入开展知识产权质押融资对接工作,推出首单知识产权质押可转债为新奇康药业融资2 000万元。武汉股权托管交易中心、甘肃股权交易中心、安徽省股权托管交易中心等结合中小企业成长周期各阶段差异化的融资需求,构建银行、风投、企业等机构的业务共同体。

三、非上市股权估值服务体系建设实现新突破

2022金融街论坛年会上,中国证监会主席易会满提出"探索建立具有中国特色的估值体系,促进市场资源配置功能更好发挥"。2022年11月,中国证券业协会区域性股权市场专业委员会召开以"探索建立中国特色的数智化股权估值体系"为主题的专精特新专板企业股权估值研讨会。近年来,区域性股权市场委员会一直探索促进区域性股权交易市场非上市股权估值业务的成熟发展,与北交金科、心流科技、交子金服、金谷子、前海股估5家专业的估值服务商保持紧密联系。多个区域性股权市场运营机构已建立起较成熟的估值指标和估值技术体系,区域性股权市场股权估值服务体系建设取得跨越式发展。安徽省股权托管交易中心通过自建"价值评估体系"将企业分类推送至银行、股权投资机构等,为4 594家挂牌企业实现融资441.18亿元。

四、企业融资降本增效多点开花

2022年,区域性股权市场围绕降本增效,不断创新服务手段、提升服务效率。多地市场服务企业增资扩股、发行股票和可转债,地方政府按照融资额度2%—3%给予奖励,对提供担保的担保(再担保)机构予以全额或一定比例的补贴。北京股权交易中心探索"政

府+金融服务"的业务模式，通过联合建立企业上市加速器服务体系，设立重点业务专属服务窗口，结合地方政府政策优势，为企业提供定制化、"在地化"服务。浙江省股权交易中心通过建立三方分保机制，创新"可转债+担保"模式，配套直接融资增信服务，共为41家科创小微企业发行"可转债+担保"产品，实现融资1.06亿元，并坚持免收备案、登记托管费用，企业平均融资成本控制在4.5%。齐鲁股权交易中心等联合多家银行推出专属信贷产品，并在贷款额度和利率等方面给予较大优惠。上海股权托管交易中心"基于区块链的股权登记托管转让服务平台"实现区域性股权市场的主要业务流程和相关数据信息上链，实现与中国证监会监管链跨链对接，入选首批资本市场金融科技创新试点（上海）项目。深圳前海股权交易中心开展"区块链+认股权"业务，企业既获得低至基准利率7折的低成本贷款，符合条件的科创企业又可享受市政府50%的贴息政策。安徽省股权托管交易中心探索股权托管、企业挂牌、股权融资、股权转让等全服务链为企业减负。陕西股权交易中心搭建"挂牌+服务"服务模式，将挂牌与企业融资的各个阶段有机融合。投前，参与架构设计、尽职调查，以挂牌、托管带动拟投企业规范；投中，通过第三方账户监管资金流向，确保投入资金专款专用；投后，凭借信息披露和持续督导职能，陪伴企业成长。截至目前，通过该模式已为企业融通资金2.74亿元。

第三节 扣紧孵化培育，建设中小微企业综合服务链

随着区块链建设试点不断扩面提质，区域性股权市场服务能力不断提高，孵化培育力度不断增强。

一、多点突破推进政策综合运用平台建设

2022年，区域性股权市场围绕政策收集、政策推送、政策培训、政策申报、政策兑现等政府服务全链条积极探索。深圳前海股权交易中心开发"政策通""载体通""法律通"等一揽子线上服务工具，大大提高了企业政策申报成功率。广东股权交易中心联合地方法人金融机构，开展首贷贴息支持企业纾困解难行动，设立中小微企业"融资信息码"和为银行配置首贷贴息"专属渠道码"，实现"企业数据授权，政务数据企业画像同步推送"的政银协作模式。青岛蓝海股权交易中心积极融入"政策通"平台，搭建"区块链+政策通"应用场景，利用大数据技术，打造一个全面覆盖挂牌企业、区域性股权交易市场、业务主管部门与财政部门的惠企项目资金兑现平台。安徽省股权托管交易中心成功推出"上市帮"App，助力金融主管部门及时了解辖区后备企业上市进程，提高政策对接精准度和时效性。贵州股权交易中心与贵州省文化和旅游厅等行业主管部门深化合作，设立首个由省、部共建

的省级文化和旅游金融服务中心，定向服务区域文化和旅游企业，主动对接文化和旅游企业的各类资本市场、金融需求信息，为落实各项支持政策提供保障服务。云南省股权交易中心率先推出"云南省企业上市挂牌金融税务服务平台"，为全省拟上市企业提供高效优质的综合"金税"服务。

二、精准发力持续提升企业资本市场意识

2022年，区域性股权市场联合沪、深、北交易所，新三板，证券公司，会计师事务所，律师事务所等机构专家，为服务企业提供资本市场基础培训、IPO发审政策专题培训等，持续提升服务企业资本市场意识。湖南股权交易所、宁波股权交易中心、安徽省股权托管交易中心等开设了董秘培训班、财务总监培训班等，广东、重庆、湖北、江苏等地区域性股权市场设立了资本市场学院，引导企业建立资本市场规范意识。厦门两岸股权交易中心等围绕"一个中心三个基地"，开办"上市后备企业培育高级研修班"和"梧桐企业家俱乐部"，开展多层次资本市场培育培训服务。2022年，厦门两岸股权交易中心共举办两期"上市后备企业培育高级研修班"，围绕宏观经济与资本市场、财税、董秘、交易所对接四大模块，为132家优质企业合计提供26场次系统培训，取得一致好评。作为安徽省多层次资本市场基础培训服务主阵地，安徽省股权托管交易中心深入开展万家企业资本市场业务专题培训，截至2022年底，累计培训企业8 593家。山西股权交易中心小微商学院优化培训课程体系，推出资本市场规划、财税规范、法律风险防范等系列专题，惠及中小微企业3 000余家。

三、合力协同为企业提供综合解决方案

2022年，区域性股权市场整合企业发展过程中需要的各类服务资源，建立服务联盟，为企业提供专业、高效、便捷、多样的综合服务。齐鲁股权交易中心等联合政府引导各类服务机构建立企业服务联盟，为企业提供融资筹划、财税规划、融资对接、估值管理、政策申报、人才引进、企业咨询等服务，助力企业健康发展。深圳前海股权交易中心与金蝶、用友等第三方服务商合作，通过统一议价向企业提供低于市场价的标准财务软件，与产业园区合作解决企业选址问题，服务企业近万次。天津、浙江等地扎实推进"3+2"服务和支持体系建设，初步形成育企强企良性机制。青岛蓝海股权交易中心探索建立"321114"综合服务生态格局，通过健全"三中心、两基地、一协会、一基金、一生态、四举措"，提高服务"专精特新"企业质效。重庆股份转让中心推出挂牌企业服务体系4.0，集合"9721"服务组合拳，着力从凸显培育成效、提升股权价值、发展上市储备等方面为服务挂牌企业精准施策。

四、锚定转板上市强化多层次资本市场联系

2022年,区域性股权市场纷纷加强与沪、深、北交易所及新三板合作,积极发挥交易所专业优势和区域性股权市场靠近企业资源优势,通过共建基地,聚集专业资源,对拟上市企业和上市后备企业开展联合培训、多样化辅导、在地化路演、"一对一"走访、带领企业走进交易所等综合服务。海峡股权交易中心承接运营福建省上市后备企业培育孵化基地,青岛蓝海股权交易中心承接运营"青岛资本市场服务基地",实现区域性股权市场与交易所资源和属地企业深度交互。内蒙古股权交易中心、宁波股权交易中心已经开启与沪、深、北交易所及全国股转公司全面合作模式。上海股权托管交易中心与上证信息,加强信息交流与数据合作共享,推出星企航企业数字化服务,上线上市问诊服务模块,携手赋能科创企业。浙江省股权交易中心搭建培育企业上市专项服务机制,沪、深、北交易所成立专门的上市服务专家小组,依据拟上市企业的实际需求,给予"闭门会诊"和"报前辅导",提供一对一的上市咨询服务,将服务端口前移至浙江省股权交易中心,获得企业与属地政府的一致好评。山西股权交易中心承接沪、深、北交易所、全国股转系统山西服务基地的具体运营工作,协调交易所专业资源,创设"交易所直通车"服务品牌,实现全省重点上市后备企业辅导服务全覆盖。安徽省股权托管交易中心、河北股权交易所、吉林股权交易所等积极探索构建服务企业转新三板挂牌绿色通道机制。

第四节 扣紧提质增效,助力创新试点扩面提质

2022年,区域性股权市场在制度和业务方面不断开拓创新,提升服务质效。

一、稳步推进综合试点扩容提质

2022年,综合创新试点由浙江省扩容到天津市和重庆市,三地区域性股权市场业务体系建设稳步推进,局部实现行业率先突破,为区域性股权市场高质量发展提供了良好的先行经验和发展样板。

2022年,浙江省股权交易中心新增5家市县级培育基地;正式发布新三板(北交所)绿色通道,挂牌企业"七丰精工"成功登陆北交所,12家企业成功转新三板挂牌;5月末,与浙商银行合作落地首单认股权创新业务。宁波股权交易中心"慈溪共富专板"顺利开板;成功推出"北易通"服务,新芝生物成功在北交所上市;联合多家银行推出"上市步步贷",为14家实现授信9.41亿元。天津滨海柜台交易市场完成分层服务体系建设,全年新

增基础规范层企业 1 595 家，融资转让层企业 338 家，上市培育层企业 234 家；经开区、河西区等 2 地率先落地以政府购买服务方式支持运营中心建设；探索"新三板审核绿色通道"，2 家企业成功在北交所上市。重庆股份转让中心完成综合金融服务平台"科创资本通"的系统开发并推进平台运营，降低市场内参与者间的时间成本和沟通成本，达成高效的资本市场对接；落地全行业首个区域性股权市场参与上市辅导验收案例；基金创新服务基地正式运营，将开展基金登记备案一站式办理工作；建立大数据融资库，帮助企业获得融资近 7 900 余万元；开展区县资本市场工程，与 6 个区县人民政府正式签约，并设立中国（重庆）路演中心渝西分中心和重庆綦江资本市场服务基地。

二、有序开展单项业务创新试点

（一）基金份额转让试点

2022 年，上海股权托管交易中心在配套措施、生态建设、系统建设均实现了突破，牵头发起设立了全国首家 S 基金联盟——上海 S 基金联盟，自主开发基金份额交易系统、基金份额估值参考服务系统和基金份额转让、质押信息发布平台。北京股权交易中心参与承办服贸会"2022 全球 PE 论坛"等行业研讨会，组织开展政策解读、市场分析、案例复盘等系列培训。同时，以基金份额转让为核心加快构建基金服务生态体系，搭建以商业咨询、资产评估、法务财税为主体的第三方服务机构库，为交易双方提供全流程服务。在地方政府支持下，广东股权交易中心、江西联合股权交易中心、青岛蓝海股权交易中心、安徽省股权托管交易中心、中原股权交易中心、吉林股权交易所、内蒙古股权交易中心、天津滨海柜台交易市场等探索并尝试开展有限合伙企业财产份额登记、转让和质押业务。

（二）认股权综合服务试点

2022 年，北京股权交易中心着力推进认股权登记和转让综合服务试点。截至 2022 年 12 月底，北京股权交易中心已针对认股权登记、转让、准入管理等事项，初步搭建了认股权综合服务平台的制度和业务体系，并成功完成了首单认股权"登记、转让、行权"全流程功能体系案例测试。除了全国首个认股权综合服务试点落地北京股权交易中心外，上海、浙江、重庆等区域性股权市场也在地方政府和原银保监属地分支机构支持下探索开展认股权相关业务，并有认股权产品发布和落地。

（三）区块链试点

2022 年，区域性股权市场聚焦监管要求和业务需要，加快区块链平台搭建，推动"区块链+数据报送""区块链+登记托管""区块链+企业融资对接""区块链+政策通"等应用场景建设，多个卡点、难点问题取得实质性突破。上海股权托管交易中心率先在区域性股权市场上线应用DID分布式数字身份技术解决数据授权采集、融合使用的问题，并上线"基于区块链的统一市场主体标识系统"实现了区域股权市场之间投资者的身份互认、信息互信的关键基础系统。青岛蓝海股权交易中心创新搭建"区块链+股易通"金融科技服务平台，在全国率先运用区块链技术实现区域性股权市场与企业登记机关、法院、仲裁完成数据互联互通、业务联动办理，提高企业服务效率，拓宽融资渠道。武汉股权托管交易中心与鄂融通完成了企业信息与业务数据的互联互通，建立起了数据对接和调用的双向通道。浙江省股权交易中心与新三板已完成系统一期接通，实现浙江专精特新企业培育库线上共享、专板企业转新三板线上预审等各项功能。山西股权交易中心承接的山西省"信易贷"平台，成功接入全国中小企业融资综合信用服务平台山西省级节点，打通了与全国一体化政务服务平台数据共享交换的通道。平台围绕企业发展需求，以"信用"核心提供集信贷产品超市、资本市场服务、信用服务等综合信用融资服务，着力打造覆盖全省、全行业、全金融机构、全生命周期的"信用+科技+普惠金融"的新型信用综合服务生态。安徽省股权托管交易中心、江西联合股权交易中心等实现与征信机构的数据联通。

第三章
2023年中国区域性股权市场发展展望

第一节 区域性股权市场面临的发展瓶颈

一、发展思维有待突破

区域性股权市场是典型的场外市场,但发展路径受场内思维影响较深,发展理念具有较为明显的场内市场特征。区域性股权市场的监管办法、业务规则和业务流程都具有较为明显的交易所、新三板等场内市场色彩,譬如强调挂牌展示区别、挂牌推荐程序、信息披露义务等。受此影响,区域性股权市场业务也以服务中小微企业的股权融资、债券融资和股权转让等为主要发展方向。

二、发展模式有待探索

2022年,区域性股权市场出现了营业收入和利润总额的双收缩,这与发展模式不明确、资本实力和服务能力有待加强有关。一是资本实力不强,在服务方面的探索和投入不足,无法形成有效服务体系,发展能力不足。二是区域性股权市场的发展模式仍在探索之中,部分区域性股权市场仍以挂牌展示收费和政府补助形成主要收入,持续性较差。三是属地支持政策逐步退出,部分区域性股权市场服务企业缺乏足够的获得感,市场化商业模式有待探索。四是与其他层次资本市场未建立有机联系,塔基作用不明显。

三、生态体系有待完善

2022年,区域性股权市场在完善服务中小企业生态方面积极探索,但仍存在一些客观因素制约和深层次体制机制性障碍，无法建立起高效完善的业务生态体系。一是市场职能较多，既承担了交易场所职能，还承担了中介职能，但交易场所职能不够扎实，中介职能不够专业，两类业务没有形成有效联动。二是市场高质量企业进场意愿不足，证券公司、银行和私募股权投资、创业投资机构等资本市场重要的中介机构参与不足。三是制度性约束较多，股权登记的法律效力不足，没有纳入资本市场统一税收优惠体系，市场运行和交易成本较高，对市场主体吸引力不够。

第二节　区域性股权市场发展方向

2023年是全面落实中国共产党第二十次全国代表大会精神的开局之年，各地应深入贯彻《关于加快建设全国统一大市场的意见》《关于高质量建设区域性股权市场"专精特新"专板的指导意见》战略部署，聚焦企业需求，立足属地实际，坚持厘清功能定位、完善市场生态、积极争取业务创新试点和健全市场制度体系，全力构建与属地经济发展需求相匹配的新型区域性股权市场。

一、厘清功能定位

区域性股权市场立足"一省一策"，聚焦服务中小微企业，坚持区域性、私募性和一定的公益性职责定位。一是结合属地产业基础，稳步提升服务企业质量，夯实服务产业基础，助力属地经济高质量发展。二是围绕属地产业链布局以直接融资为主的资金链，大力引育机构投资者，强化与政策性金融合作，推进普惠金融创新服务，优化属地投融资生态，提升企业获得感。三是瞄准产业链和资金链打造综合服务链，助力服务企业"融资融智"、规范发展、转板上市。四是紧扣效率提升和降本增效，强化"区块链+"应用开发，推进科技赋能工作。

二、完善市场生态

各地应积极探索重塑区域性股权市场发展逻辑和商业模式。一是创新培育方式，引导属地拟上市企业、上市后备企业、机构投后企业、"专精特新"企业、高新技术企业进入市场，提升服务企业质量。二是深入开展服务企业分层管理，配套中介机构分层服务管理办法，明确差异化准入门槛、执业规范和监管要求，积极引导支持证券机构、服务企业上市的会计师事务所和律师事务所、银行、保险等高质量服务中介进场开展普惠金融服务，提升服务水平。三是拓展"7+4"地方金融组织集中托管，集成地方金融组织开发专属服务产品，提升精准服务能力。四是加强与交易所联系，承接其属地基地运营，提升转板上市专业服务能力。五是建立基于区块链技术的企业成长数字档案，争取政务数据对区域性股权市场开放，开展金融科技赋能和政策赋能，助力企业服务降本增效。

三、深化改革创新

聚焦企业服务需求，坚持市场化导向，深化改革创新。一是在总结行之有效且可复制的经验基础上，有序推进条件好、资源丰富且政策支持力度大的地区，开展制度和业务创新试点，为全面推进区域性股权市场改革提供更多的经验积累。二是在借鉴区块链创新试点基础上，扩大股权投资和创业投资份额转让、认股权等单项业务创新试点覆盖面，兼顾东、中、西不同地区，提升试点的适用性。三是支持各区域性股权市场动员各种适合中小企业融资的工具入场，支持继续探索股权、可转换债券、股权质押、财务顾问、员工持股、股权激励、投贷联动、优先股等业务服务，为区域性股权市场全面改革奠定基础。四是推进建立包容审慎的"监管沙盒"制度，鼓励区域性股权市场开展产品和服务创新。

四、完善市场制度体系

《区域性股权市场监督管理试行办法》规定，区域性股权市场服务产品工具为非公开发行、转让中小微企业股票、可转换为股票的公司债券，这难以满足中小企业服务多样性需求，丰富区域性股权市场产品与服务的相关制度体系亟待完善。一是修改完善监管规则。及时总结试点经验，并及时调整完善业务监管规则，形成支持区域性股权市场服务创新、产品创新制度性安排。二是建立业务创新协调机制。围绕新产品、新业务创新，争取相关部委支持，发挥地方政府积极性，推进部门间、部省间协同。三是推进区域性股权市场与全国性资本市场合作。以"专精特新"专板为抓手，搭建区域性股权市场与全国股转系统自上而下和自下而上的双向联系机制，逐步构建区域性股权市场与上海证券交易所、深圳证券交易所、北京证券交易所的双向联系机制。

专题报告之九：
2022年证券公司场外业务监测监控概述及柜台市场业务发展综述

第一章
2022年证券公司场外业务监测监控概述

中证机构间报价系统股份有限公司（以下简称"中证报价"）是经中国证监会批准设立并授权中国证券业协会管理的金融机构。作为我国多层次资本市场中的重要金融基础设施，中证报价紧密围绕中国证监会党委的统一部署和全面深化资本市场改革方案的有关要求，坚守服务场外市场建设的初心使命，以聚焦监测监控为主业主责，构建一体化数据生态，实施一体化数据治理，形成服务监管、服务行业的新发展格局，努力打造场外监测权威机构、监管自律信任机构、市场服务信赖机构、行业数据共信机构。

监测监控方面，中证报价坚持深耕主责主业，加快建设符合监测监控工作需要的高质量监测监控指标体系，持续提升监测监控统计、分析、预警、处置建议能力；建设运营场外业务交易报告库，着力打造场外业务监测监控中心、证券公司跨境业务监测监控中心、债券业务监测监控中心，推动场外业务高质量发展。

市场服务方面，中证报价积极探索建立以大数据、区块链、人工智能等金融科技为底层支撑的技术研发与实践应用平台，赋能互联互通、数字化发展、投资者教育、信息技术服务等业务，探索基于区块链技术驱动的资本市场发展新模式，通过区块链技术重塑场外市场数据互联与信息互通的报价体系，以数字化合约管理为切入点，提供"链上—链下"一体化场外业务服务，为证券行业数字化转型、高质量发展做出了有益尝试。

第一节　场外证券业务发展情况

一、场外衍生品

近年来，场外衍生品业务逐渐成为证券公司业务最具活力的领域之一。2022年，证券公司场外衍生品业务规模延续增长态势，成为证券公司服务客户风险管理及资产配置的重要金融工具，也是证券公司营业收入的重要增长点。截至2022年底，共8家证券公司具备场外期权业务一级交易商资质，37家证券公司具备场外期权业务二级交易商资质。

（一）业务规模趋于平稳

2022年全年共新增场外衍生品交易合计名义本金83 084.75亿元，与上年基本持平。其中新增收益互换交易合计名义本金49 573.42亿元；新增场外期权交易合计名义本金33 511.34亿元。截至2022年末，未了结的场外衍生品交易合计共存续名义本金20 868.20亿元，同比增长3.48%。其中，收益互换交易存续名义本金8 952.87亿元，场外期权交易存续名义本金11 915.34亿元（见表专9-1）。

表专9-1　　　　2020—2022年证券公司场外衍生品交易情况

年份	全年累计新增（名义本金）				年末存续规模（名义本金）			
	场外期权（亿元）	收益互换（亿元）	合计（亿元）	同比增长（%）	场外期权（亿元）	收益互换（亿元）	合计（亿元）	同比增长（%）
2020	26 045.99	21 551.07	47 597.06	158.61	7 569.67	5 210.83	12 780.50	105.26
2021	36 310.66	47 727.35	84 038.01	76.56	9 906.50	10 260.67	20 167.17	57.80
2022	33 511.34	49 573.42	83 084.75	-1.13	11 915.34	8 952.87	20 868.21	3.48

2022年场外衍生品月度新增规模波动较大，上半年受二级市场行情波动影响，4—5月业务新增规模较少，6月起有所回升。年底新增业务规模快速增加，11—12月平均增长规模超过9 000亿元（见图专9-1）。

（二）交易集中度显著下降

在交易集中度方面，2022年证券公司场外衍生品新增交易集中度（指每月新增交易中名义本金排名前5位的证券公司交易量之和在全市场中的占比）整体有所下降，且全年月度下降趋势明显。其中，收益互换业务新增交易集中度，月度震荡式下降，由1月的94.01%

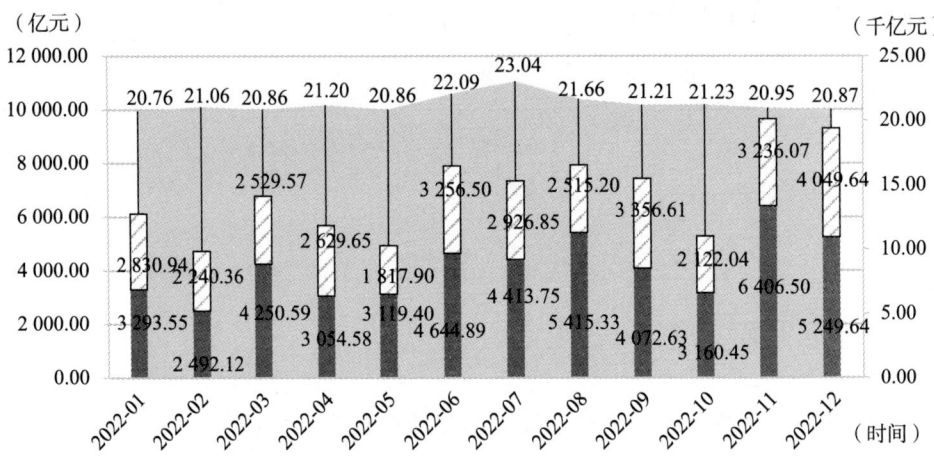

图专 9-1　2022 年证券公司场外衍生品月度新增交易情况

降至 12 月的 76.52%。场外期权业务新增交易集中度，由年初的 78.9% 降至年末的 59.54%，下降 25%（见图专 9-2）。

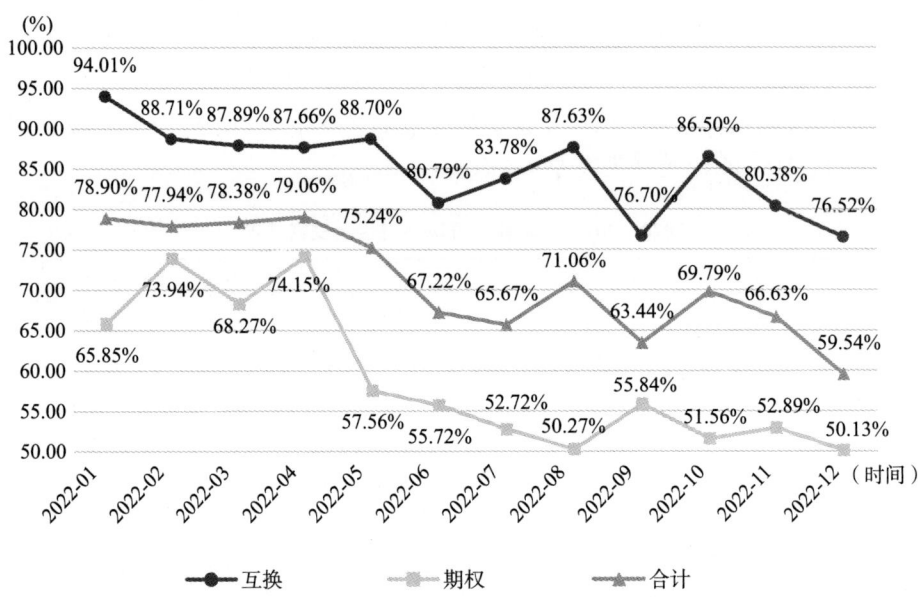

图专 9-2　2022 年证券公司场外衍生品新增交易集中度

（三）合约标的各有侧重

在合约标的分布上，主要有 A 股股指、A 股个股、大宗商品和其他标的（包括基金及基金专户、境外股票、境外股指、股指期货、债券、汇率等）。以名义金额计算，截至 2022 年末，场外期权业务中 A 股股指占比最高，约为 61.67%；收益互换业务中其他标的占比最高,约为 48.69%(见表专 9-2)。

表专 9-2　　　　　2022 年末证券公司场外衍生品存续交易标的情况

标的类型	存续交易业务类型			
	场外期权		收益互换	
	名义本金规模(亿元)	占比(%)	名义本金规模(亿元)	占比(%)
股指类	7 347.79	61.67	1 776.86	19.85
商品类	953.34	8.00	79.93	0.89
个股类	1 078.62	9.05	2 736.98	30.57
其他类①	2 535.59	21.28	4 359.10	48.69
合计	11 915.34	100.00	8 952.87	100.00

注:①其他类标的主要包括境外权益类标的、汇率类标的。

(四) 私募基金与商业银行是主要交易对手

从存量合约分析,私募基金与商业银行是证券公司场外衍生品业务最主要的买方机构。截至 2022 年末,场外期权业务的交易对手方中商业银行、私募基金占比较高,分别为54.78%、25.9%;收益互换的交易对手方中私募基金、境外机构占比较高,分别为68.74%、14.01%(见表专 9-3)。

表专 9-3　　　　　2022 年末证券公司场外衍生品存续交易对手方情况①

交易对手类型	存量业务交易对手情况	
	场外期权占比(%)	收益互换占比(%)
商业银行	54.78	2.15
私募基金	25.90	68.74
期货公司风险管理公司	4.82	4.37
基金公司子公司	2.99	4.06
境外机构	3.93	14.01
工商企业	6.08	6.04
证券公司子公司	1.50	0.64
合计	100.00	100.00

注:①交易对手方占比计算剔除了交易商之间的存续规模,以交易商与客户间存续规模为基数计算。

二、收益凭证

2014 年 6 月,依据中国证监会《关于进一步推进证券经营机构创新发展的意见》(证监发〔2014〕37 号),收益凭证业务作为证券经营机构探索新融资渠道的新型融资工具启动试点。经过多年发展，收益凭证已成为证券公司的重要债务融资工具，其发行期限灵活，产品结构及挂钩标的丰富，一方面拓宽了证券公司融资渠道，在证券公司流动性管理方面发挥了重要作用，另一方面满足了不同类型投资者多样化的投资需求。

（一）收益凭证业务总体情况

2022 年全年，91 家证券公司新发行收益凭证 43 258 只，规模合计 8 482.32 亿元，与 2021 年相比，发行规模下降 17.06%。其中，在证券公司柜台发行 33 813 只，规模 5 289.11 亿元（62.35%），在报价系统发行 9 445 只，规模 3 193.21 亿元（37.65%）。

截至 2022 年底，已发行收益凭证的 87 家证券公司存续收益凭证 17 541 只，存续规模 4 224.21 亿元，与 2021 年底相比，存续规模上升 1.98%。其中，证券公司柜台存续 12 960 只，规模 2 601.89 亿元（61.59%），报价系统存续 4 581 只，规模 1 622.32 亿元（38.41%）（见表专 9 - 4 及图专 9 - 3）。

表专 9 - 4　　　　　　　2022 年全市场收益凭证发行兑付情况

发行场所	2021 年底存量 规模		2022 年新发行 规模		2022 年兑付 规模		2022 年底存量 规模	
	数量（只）	本金（亿元）	数量（只）	本金（亿元）	数量（只）	本金（亿元）	数量（只）	本金（亿元）
报价系统	4 694	2 126.06	9 445	3 193.21	9 558	3 696.96	4 581	1 622.31
柜台市场	11 257	2 016.18	33 813	5 289.11	32 110	4 703.40	12 960	2 601.89
合计	15 951	4 142.24	43 258	8 482.32	41 668	8 400.35	17 541	4 224.21

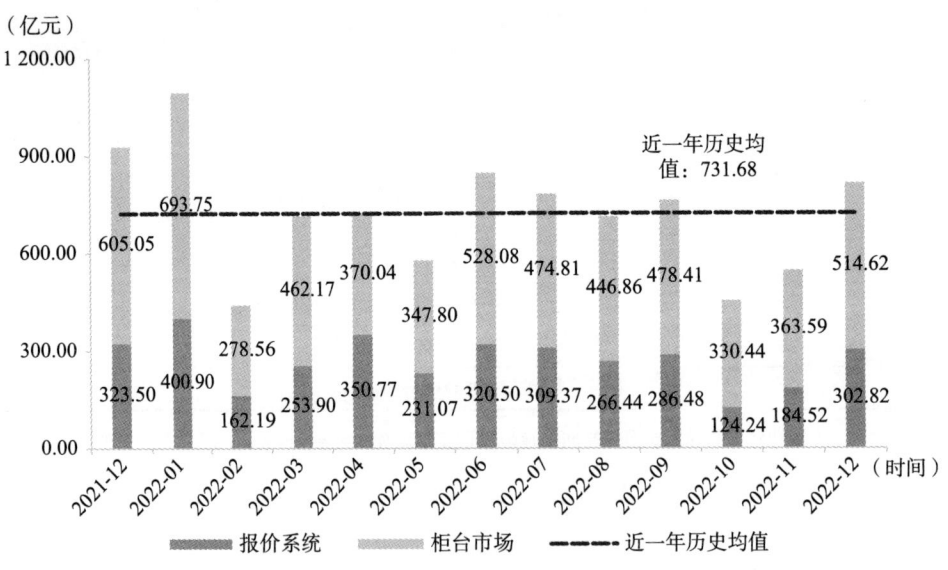

图专 9 - 3　2022 年收益凭证月度发行情况统计

(二) 收益凭证收益结构

从收益结构情况来看，2022年市场新发行收益凭证中，固定收益型产品27 861只，规模5 215.35亿元（61.48%）；浮动收益型产品15 397只，规模3 266.98亿元（38.52%）。浮动收益型产品中，本金保障型产品13 518只，规模2 357.66亿元（72.17%）；非本金保障型产品1 879只，规模909.32亿元（27.83%）。

截至2022年12月末，存续收益凭证中，固定收益型产品10 397只，规模1 955.67亿元（46.30%）；浮动收益型产品7 144只，规模2 268.54亿元（53.70%）。浮动收益型产品中，本金保障型产品4 781只，规模934.07亿元（41.18%）；非本金保障型产品2 363只，规模1 334.47亿元（58.82%）。与2021年相比，浮动收益型产品的发行规模占比及存续规模占比均有所上升（见图专9-4和图专9-5）。

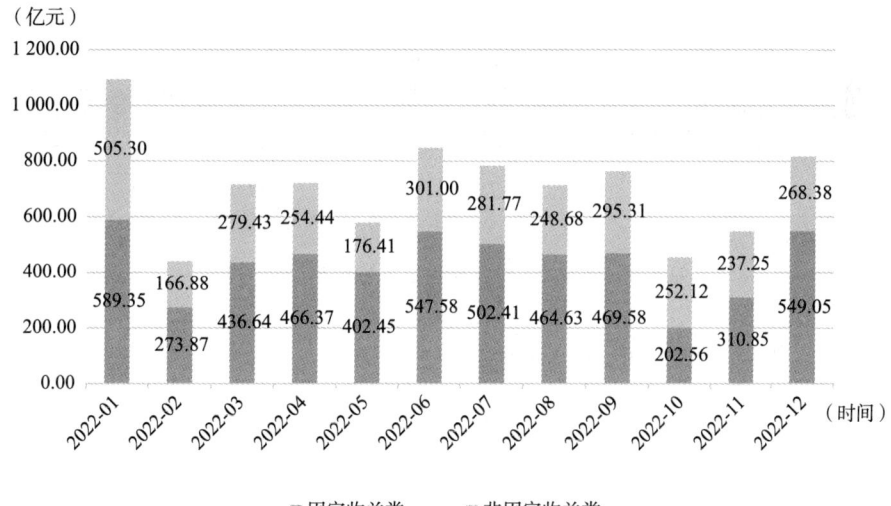

图专9-4 2022年收益凭证发行收益结构情况统计

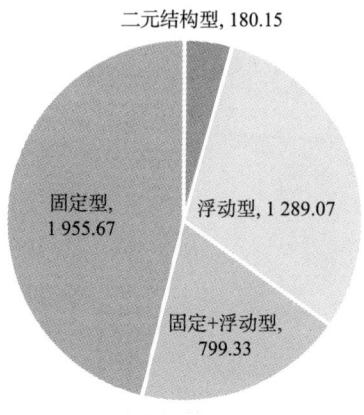

图专9-5 2022年末存续收益凭证收益类型统计（单位：亿元）

（三）收益凭证期限结构

从发行期限结构情况来看，2022 年收益凭证全年新发行的产品期限主要集中在 1 年以内，合计金额为 7 283.14 亿元，占全年新发行总规模的 85.86%；期限一年以上产品金额为 1 199.18 亿元，占本期新发行总规模的 14.14%（见图专 9－6）。

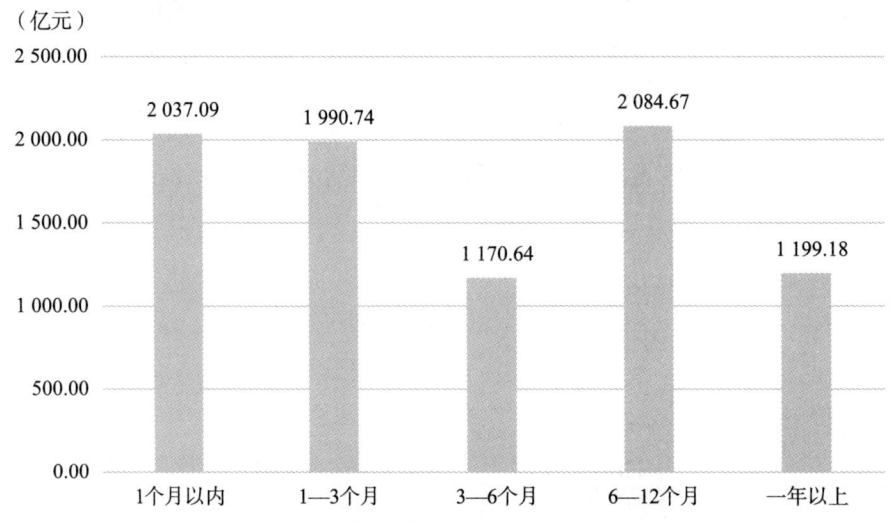

图专 9－6　2022 年收益凭证发行期限结构分布

（四）收益凭证业务投资者持仓情况

截至 2022 年 12 月末，全市场存续的 17 541 只产品共涉及约 36.83 万人次投资者，投资者数量集中在个人投资者，持有规模集中在机构投资者。其中，个人投资者为 36.22 万人次，占比 98.34%，持有规模共 701.84 亿元，占总存续规模 16.61%；机构投资者 6 117 户，持有规模共 3 522.37 亿元，规模占比 83.39%（见图专 9－7）。

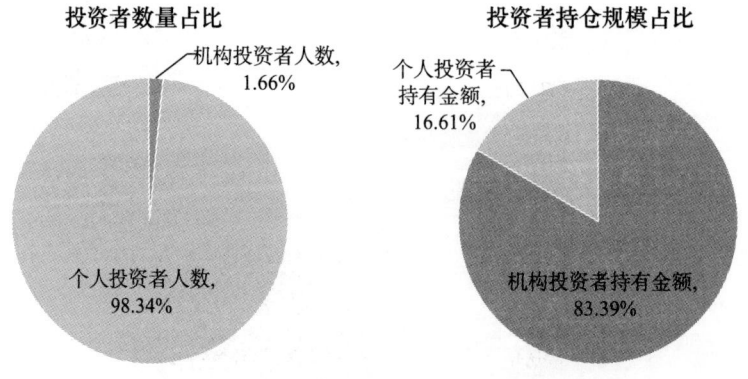

图专 9－7　2022 年末存量收益凭证投资者持仓情况

（五）浮动收益型收益凭证情况

截至 2022 年 12 月末，全市场共计 43 家证券公司有存量浮动收益型收益凭证，共 7 144 只，存量规模 2 268.54 亿元，占存续收益凭证总额约 53.70%。从挂钩标的看，主要挂钩标的的类别及存量金额占比分别为沪、深证券交易所和新三板挂牌交易证券及其指数 71.75%、贵金属及其指数 13.53%、利率及其指数 3.39%、大宗商品及其指数 0.42%、汇率及其指数 0.07%、其他类 10.84%。

从发行期限看，存续的浮动收益型收益凭证期限在一年以内（含一年）的规模为 1 086.38 亿元，占比 47.89%；期限在一年以上的规模为 1 182.16 亿元，占比 52.11%。从业务主体看，浮动收益型收益凭证存续规模排名前 10 位证券公司存量共计 1 779.91 亿元，主要集中在具备场外期权业务一级交易商资质的证券公司（1 399.07 亿元，78.60%），与场外衍生品交易能力基本匹配。

三、跨境业务

2022 年，10 家试点证券公司积极开展跨境业务，整体业务增速明显。截至 2022 年 12 月末，跨境业务存续规模[①]约 7 593.08 亿元（见图专 9－8）。

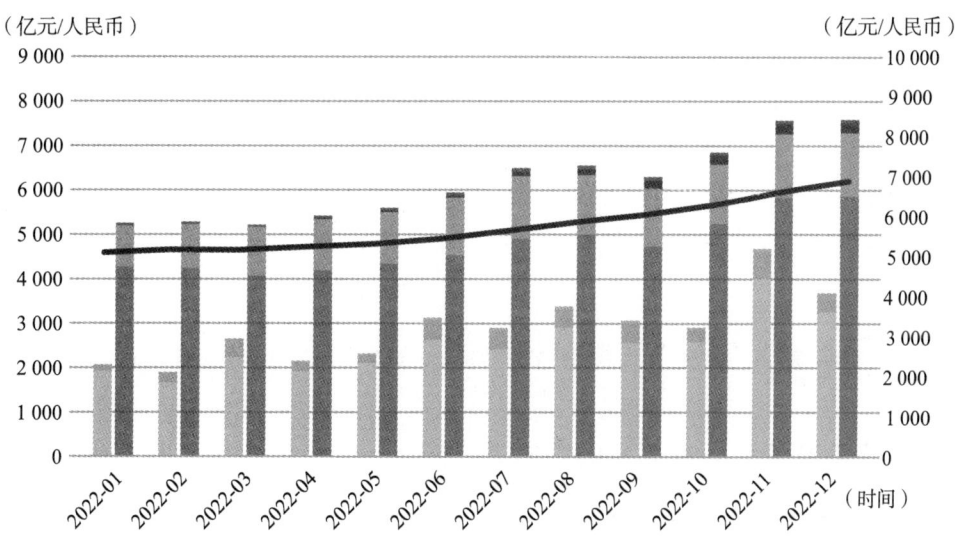

图专 9－8 2022 年试点证券公司跨境业务开展情况

注：柱形图中左侧为新开展业务规模，右侧为存续业务规模。

---

① 不包含 ETF 做市业务和结售汇业务。

(一) 跨境自营投资业务增量明显

截至 2022 年 12 月末,试点证券公司跨境自营投资业务存续规模 1 424.98 亿元,较上年同期上升 57%。交易标的以美国国债、国债期货和中资美元债等固定收益类资产为主,其中,中资美元债规模占比稳步下降。

(二) 跨境场外衍生品业务南北向交易结构稳定

截至 2022 年 12 月末,试点证券公司跨境场外衍生品业务存续规模 5 870.30 亿元,较上年同期上升 40%,其中,跨境收益互换 4 208.67 亿元,跨境场外期权 1 620.66 亿元,信用衍生品 40.97 亿元。从资金流向来看,南北向交易结构相对稳定,南向交易规模占比较大且稳步上升,北向交易规模较为平稳,月度变化不大。交易对手南向以境内私募基金和境内商业银行为主,北向以境外金融机构为主。交易标的南向以权益类为主,月均规模占比近 60%,北向以利率类为主,月均规模占比 42%(见图专 9-9)。

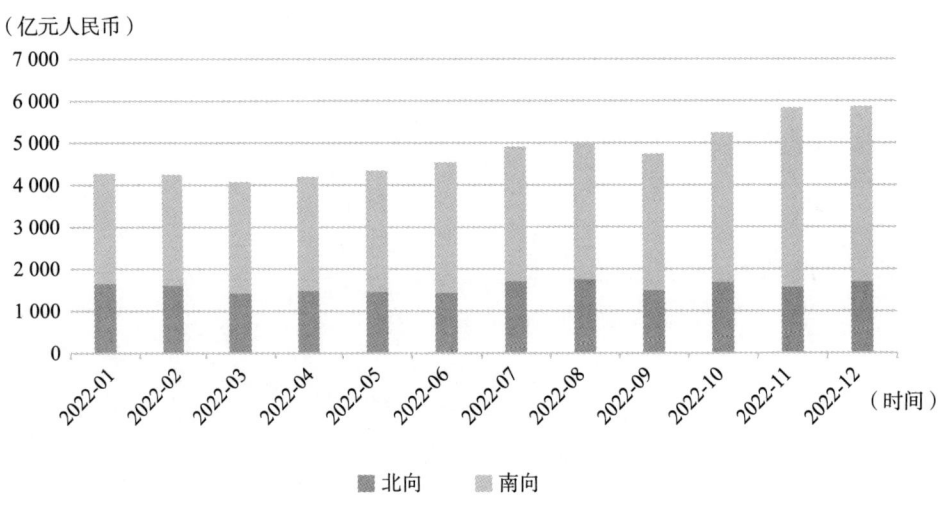

图专 9-9 2022 年试点证券公司跨境场外衍生品业务南北向交易情况

(三) 跨境收益凭证业务标的结构有所变化

截至 2022 年 12 月末,试点证券公司跨境收益凭证业务存续规模 74.52 亿元,较上年同期上升 43%,全年呈波动上升态势。挂钩标的以定制化策略指数和汇率为主的其他标的规模稳步上升;交易对手以境内信托公司、一般工商企业和私募基金为主,结构稳定(见图专 9-10)。

(四) 债券"南向通"业务平稳起步

2021 年 12 月,中国人民银行将债券"南向通"试点范围扩大至证券公司。2022 年 4

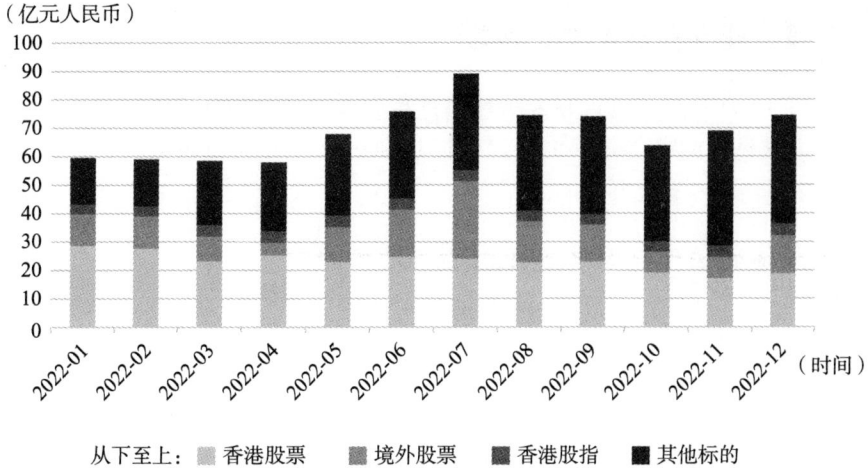

图专 9-10 2022 年试点证券公司跨境收益凭证业务交易标的类型分布情况

月,中国证监会同意获得债券"南向通"资质的 4 家证券公司实际开展业务。截至 2022 年 12 月末,证券公司债券"南向通"业务存续规模 223.28 亿元,业务需求显现,交易标的以金融类中资美元债为主(见图专 9-11)。

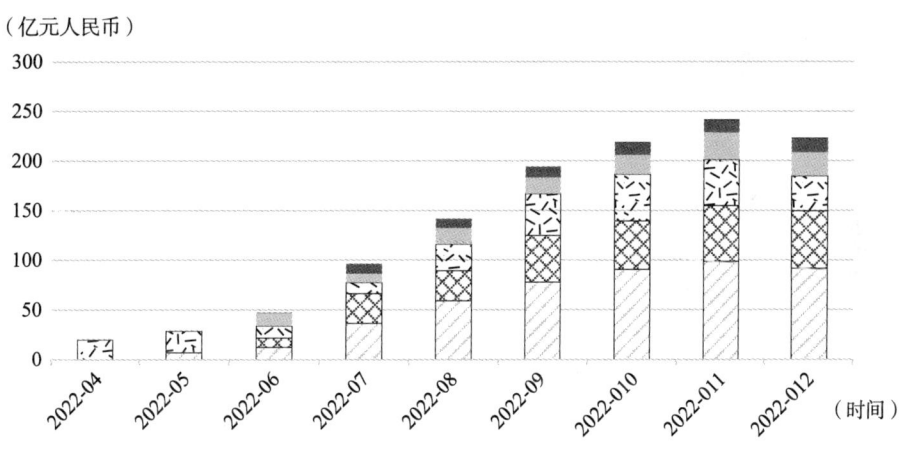

图专 9-11 2022 年证券公司债券"南向通"业务交易标的类型分布情况

(五)跨境 ETF 做市业务标的较为分散

试点证券公司跨境 ETF 做市业务整体规模不大,以恒生指数、纳斯达克指数和标普 500 指数等 ETF 基金为主要标的,业务集中度不高,业务发展平稳,仅 2022 年 12 月出现明显跃升。截至 2022 年 12 月末,跨境 ETF 做市业务规模 20.69 亿元(见图专 9-12)。

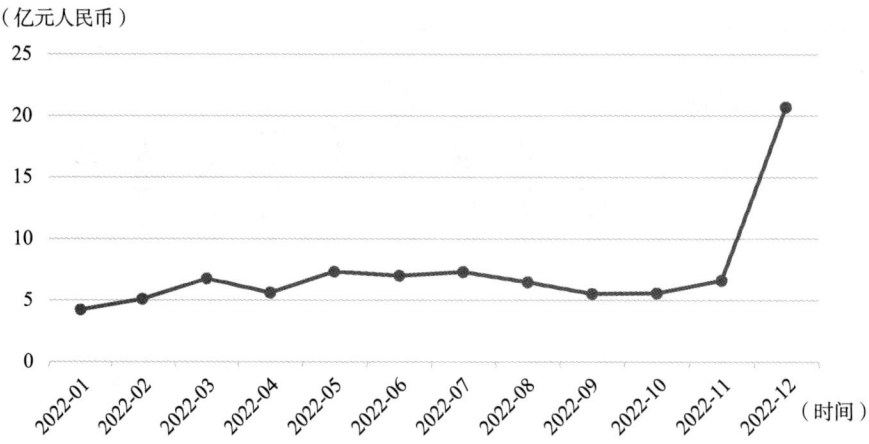

图专 9-12 2022 年试点证券公司跨境 ETF 做市业务开展情况

(六) 结售汇业务以掉期和即期交易为主

2022 年,试点证券公司结售汇业务月度交易变化幅度较大,以掉期交易和即期交易为主,月度平均占比接近 80%。截至 2022 年 12 月末,结售汇业务规模 1 195.69 亿美元,基本与上年同期持平(见图专 9-13)。

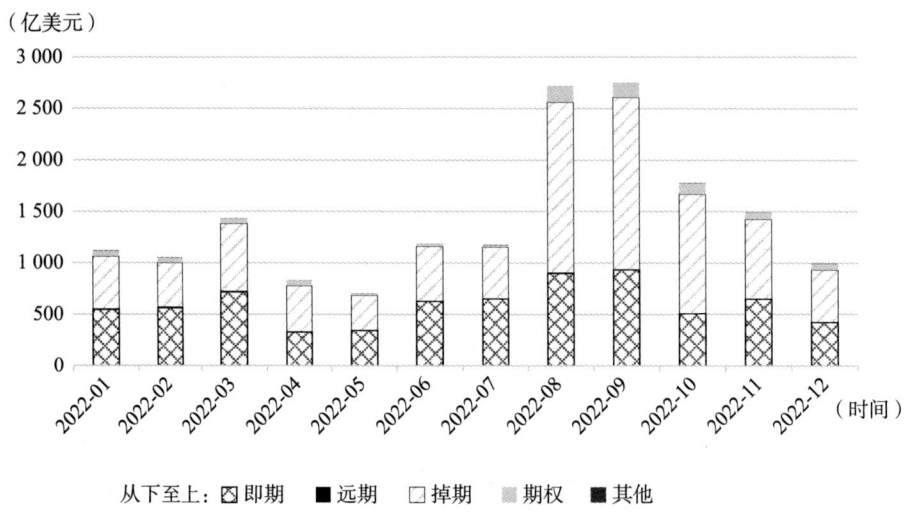

图专 9-13 2022 年试点证券公司结售汇业务开展情况

四、柜台业务

2022 年全年,证券公司通过柜台合计发行收益凭证 33 813 只,发行规模为 5 289.11 亿元;开展场外衍生品交易为 83 013.78 亿元;完成柜台产品销售 9 625.56 亿元;柜台投资者账户开立 497.83 万个，实现柜台产品转让 22.46 亿元。

（一）账户开设情况

2022 年，投资者在柜台共新开立账户 497.83 万个。在集中度方面，存续账户和新增账户前 5 位证券公司的合计占比分别为 76.87% 和 68.73%。在账户类型方面，投资者新开立账户基本为个人账户，占比超过 99%（见表专 9-5）。

表专 9-5　　　　2022 年证券公司柜台投资者账户开立情况　　　　（单位：万个）

账户类型	年初账户数量	全年新增	全年销户	年末账户数量	全年累计净增
机构投资者账户	5.23	1.46	0.31	6.42	1.17
个人投资者账户	3 209.17	496.37	34.12	3 676.86	462.25
合计	3 214.40	497.83	34.43	3 683.28	463.42

（二）柜台转让情况

2022 年，证券公司柜台累计 4 655 只产品发生转让，转让金额累计为 22.46 亿元。在产品类型方面，转让产品以资管计划、收益凭证为主（见表专 9-6）。

表专 9-6　　　　2022 年证券公司柜台市场转让情况

产品类型	本年累计转让	
	产品数量（只）	成交金额（亿元）
信托计划	3	0.07
资管计划	46	1.57
收益凭证	4 595	19.49
私募基金	6	0.24
其他	5	1.09
合计	4 655	22.46

（三）登记托管业务

2022 年，76 家证券公司报告共为 123 266 只私募产品提供了登记服务；58 家证券公司报告共为 115 003 只私募产品提供了托管服务。在产品类型方面，以私募基金为主（见表专 9-7）。

表专 9-7　　　　2022 年证券公司登记托管业务开展情况

业务类型	产品数量（只）	开展业务证券公司数量（家）
登记	123 266	76
托管	115 003	58

（四）场外金融产品销售业务

2022年，证券公司共报告销售私募产品37 351只，累计销售金额6 985.42亿元（见表专9-8）。在产品类型方面，收益凭证、资管计划销售金额占比最高，分别为全年新增销售规模的75.72%和15.72%。

表专9-8　　　　　　　　　2022年证券公司场外证券销售情况

产品类型	本年累计销售	
	数量（只）	金额（亿元）
资管计划	2 040	1 097.84
收益凭证	33 813	5 289.11
基金专户	79	27.85
私募基金	889	391.34
信托计划	530	179.28
合计	37 351	6 985.42

第二节　交易报告基础建设

一、交易报告库（TR）

2022年《期货和衍生品法》的出台，从法律层面解决了交易报告库的身份问题。2022年，中证报价持续满足《金融市场基础设施原则》（PFMI）基本要求，连续第二年获得金融稳定理事会（FSB）的TR认证。中证报价将继续遵照国内上位法与国际PFMI准则要求，借鉴国际成熟交易报告库建设经验，健全交易报告库制度体系，完善公司治理，优化风险管理架构，加强技术升级，夯实系统功能，提升金融科技水平，深化监测监控能力，有序推动交易报告库高质量建设与可持续发展。

二、监测监控重点工作

（一）场外衍生品监测监控

根据中国证监会的统一部署，在中国证券业协会的指导下，为切实发挥场外市场监测监控职能，中证报价以交易报告库建设为核心，聚焦场外衍生品业务，高标准规划建设场外衍生品业务监测监控体系，有效支持行政监管和自律管理，护航场外衍生品业务高质量、可持续发展。中证报价当前重点对证券公司场外期权与收益互换业务，以及证券期货行业权益类衍生品场内场外联动风险进行监测监控。

一是落实权益类场外衍生品联动监测。为贯彻中国证监会统一部署，加强场外衍生品场内场外联动风险监测，防范跨市场风险，2022 年中国证券业协会指导中证报价积极推进联动监测工作，及时优化适应联动风险监测需要的数据报送标准，积极配合统一证券、期货行业数据报送要求。结合场内对冲交易数据，制定联动监测整体框架，完善联动监测指标，建立监测报告体系，持续完善联动监测体系。当前，联动风险监测工作步入正轨，进入常态化运行、提升阶段。

二是完成收益互换电子化接口迭代升级，进一步夯实数据基础。随着《证券公司收益互换业务管理办法》的出台，中证报价同步启动收益互换数据采集优化及电子化接口改造工作。按计划发布指导文件，明确各项标准，组织行业开展收益互换新接口开发测试与升级上线。截至 2022 年 8 月，全部交易商均已完成收益互换新接口改造。本次收益互换接口改造，细化了收益互换业务分类，深化了数据采集层次，整体改善了行业报送数据质量，对于进一步夯实数据基础、深化后续数据分析能力具有重要意义。

三是细化场外期权数据报送要求。2022 年中证报价全面优化场外期权数据报送标准，细化场外期权结构分类，建立二级可扩展式数据采集框架，建立香草、二元、障碍、自动赎回等 7 大类、44 小类期权结构。拓展数据采集层次与内容，丰富合约实际交易维度的数据要素，将合约初始交易数据、存续期变动数据、风险数据、履约保障数据等均纳入采集范畴。新增合约估值及希腊值信息（包括 Delta cash、Vega cash、Gamma cash 等）等风险计量信息采集要求，便于快速了解合约风险情况。

四是持续完善统计分析与监测监控机制。开展全方位统计分析，综合反映业务全貌，进行专门主体、专项业务、特定场景等专项统计分析，逐渐形成日趋完善的监测分析报告机制。建立全面风险监测体系，按业务维度设计风险监测指标，搭建动态风险监测框架；持续迭代风险监测系统，实现监测监控智能化、流程化。深化专项业务监测，对雪球产品等行业热点及监管关注问题，加强情景分析与压力测试，提出风险评估建议。建立联动监测机制，从权益类衍生品场内外联动监测入手，完善联动风险监测指标，加强联动监测监管协同。建立应急值守和监测快报机制，在发生重大事件或市场行情大幅波动时，及时响应并做出监测反馈。强化风控预警能力，建立风险关注线、预警线二级预警机制，对触发预警线的风控指标进行专项分析并及时上报，根据监管要求做好行业风险提示和业务指导。

（二）承接并持续完善证券公司跨境业务监测监控

1. 加强跨境业务数据标准化建设，推动数据报送更加规范化

2022 年，跨境业务持续完善数据报送管理机制，加强跨境业务数据标准化建设，细化报送字段颗粒度，进一步明确要素定义，规范数据口径，于 12 月修订发布了《跨境业务数

据报送文件接口规范 V2.0》《跨境业务文件接口数据报送说明 V2.0》，推动实现数据报送更加规范化；同步推进跨境业务电子化报送系统升级改造工作，优化系统功能，提升系统性能，进一步提高了数据报送质量和效率。

2. 建立多维分层的跨境业务监测指标体系，推动智能化监测分析及预警平台建设

已初步构建多维分层的监测指标体系，根据跨境业务场景化特点，突出资金净流向、交易对手集中度和杠杆情况、标的集中度和异常波动等监测重点，设置范围可动态调节的预警阈值，推动实现自动化预警和智能化监测；同步启动智能化监测分析及预警平台建设，初步讨论完成系统框架设计，推动数据结果动态化、可视化展示。

三、标准化建设与服务

（一）加快完善场外业务统一编码管理体系

为全面提升场外业务标准化水平，加快构建统一的场外证券业务编码管理体系，中证报价从以下方面入手，夯实编码管理服务。

一是中证报价完成场外业务编码管理平台一期建设，实现交易对手编码、LEI 码的赋码、查询及管理功能。后期编码平台将依据监测监控业务需要，逐步推进实现挂钩标的编码、收益凭证编码、债券编码的查询、赋码等功能，提升备案数据的准确性、完整性和有效性，为场外期权、收益互换等电子化接口报送、交易对手和挂钩标的等的穿透性识别及全生命周期管理等奠定基础，充分发挥编码平台对场外监测监控业务的支撑作用。

二是中国证监会科技监管局指导中证报价建设并成功上线了证券行业首个"LEI 码自动化申领平台"。通过与中国人民银行、北京国家金融标准化研究院等单位的系统进行接口对接，该平台为证券公司及其客户实现了 LEI 码自助申领、信息查询、年检查验等功能，提升了 LEI 码的服务管理效率。截至 2022 年 12 月末，中证报价已面向证券公司客户赋码 4 766 个。LEI 码在证券行业的试点应用，提升了金融机构对于境内外机构客户的身份信息管理能力，同时也增强了监管部门对于境内外交易主体的识别穿透能力，促进了场外衍生品等业务的高质量发展。

三是为推动证券市场私募业务健康发展，规范私募产品编码的使用，中证报价平稳运行管理证券公司私募产品报价与服务系统编码中心，负责私募产品编码发放、编码领用、对应产品信息收集、编码报备等日常工作。2022 年全年，中证报价累计向市场发放私募产品编码 53 次，共计发放编码 53 000 个。

（二）持续推动场外业务标准化

为全面深入开展场外业务监测监控工作，提高报送数据的标准化、结构化水平，中证报价从以下方面推动场外业务标准化建设：

一是稳步推进场外衍生品合约分类和数据要素标准化工作。组织调研并全面梳理场外衍生品业务要素，规范要素命名、编制数据字典，形成场外衍生品合约分类等相关要素数据标准，进一步提升交易确认书等合约文本的结构化水平，提高采集效率和数据质量。

二是推进完成《证券期货业场外业务资金服务接口》的发布，为场外业务资金服务提供统一的行业标准，为实现场外业务的资金动态监测监管奠定基础。

第三节 报价系统运营情况

2022年，报价系统坚守职责定位，紧密围绕"一体两翼"发展战略与"三管四机构"的部署要求，提升参与人服务水平，依规稳健开展各项业务运营工作，以稳运营、防风险为核心任务，牢牢守住不发生市场系统性风险的底线，保证了报价系统私募产品注册发行、份额登记与资金结算等业务的平稳运行。

一、参与人服务与账户管理

（一）深度调研，精准服务，切实提升参与人服务质效

参与人是报价系统业务开展的基石。为实施精准对接服务、提升参与人管理水平，报价系统通过调研等方式与参与人逐一开展了深度交流。2022年，开展了三批共43家证券公司的调研工作，另与12家银行及其理财子公司进行了充分沟通。调研中发现，证券公司、银行及其理财子公司在开展场外业务时均对报价系统有一定的依赖，上述机构也对报价系统的业务流程以及技术系统提出了许多中肯的建议。

通过调研交流，报价系统积极听取了参与人的反馈意见和建议，收集了证券公司、银行及其理财子公司共计75条反馈建议。这些建议既是今后寻找业务流程优化的重要参考，同时也是更好地开展参与人服务的有力抓手，进一步提升参与人服务水平。此外，报价系统与参与人建立了日常沟通机制，能够及时解决其业务开展中遇到的问题。

（二）依规审核，实现存量账户数量稳步增长

以《机构间私募产品报价与服务系统管理办法（试行）》《机构间私募产品报价与服务系统登记结算业务规则（试行）》为指导，同时结合《机构间私募产品报价与服务系统账户业务指南（试行）》的相关要求，报价系统持续做好账户审核工作，实现存量账户数量稳步增长。2022年，参与人共新开产品账户246个，存量账户3 835个、同比增长6.58%；共新开资金结算账户249个，存量账户4 720个、同比增长5.39%。由于报价系统要求受托类产

品以产品名义单独开户,故参与人存量账户中受托类产品账户与资金结算账户占比最高,分别达 63.02% 和 48.31%;其次为自营类产品账户与资金结算账户。

二、发行、登记与结算服务

(一)持续提升服务质效,稳步推进收益凭证注册发行工作

为满足参与人对收益凭证产品注册灵活度、时效性和准确度的需求,报价系统结合前期参与人调研成果与实际业务开展情况,取消了收益凭证配额试点并优化了定向发行等功能;同时,进一步优化产品注册审批流程,提高审批效率,精简产品要素填写,加强系统校验,在一定程度上降低了操作风险,减轻了参与人填报压力。

2022 年,共有 86 家参与人通过报价系统完成了 9 761 只收益凭证产品的发行注册,实际募集规模达 3 182.25 亿元。截至 2022 年 12 月 31 日,参与人通过报价系统累计成功发行收益凭证产品 58 412 只,累计募集金额达 27 849.71 亿元。

(二)联通柜台,助力监测,有序开展收益凭证登记服务

2022 年,基于《证券期货业场外市场交易系统接口》内容,中证 TA 实现了与中信证券柜台收益凭证 TA 的对接、联测和上线工作,迈出了证券公司柜台收益凭证产品登记信息集中的第一步。

2022 年,报价系统共办理 9 761 只收益凭证的发行登记,其中产品发行成功率为 96.68%,合计登记规模共计 3 182.25 亿元。截至 2022 年 12 月 31 日,报价系统累计为 61 632 只产品办理了发行登记(含发行失败产品),累计登记规模共计 28 940.95 亿元。

2022 年,报价系统共为 229 只产品办理变更登记,涉及金额共计 137.59 亿元。变更登记最主要的原因是产品的协议转让与做市业务。截至 2022 年 12 月 31 日,通过报价系统开展协议转让(含做市)的产品交易金额共计 1 687.51 亿元,其中非公开发行公司债券转让成交金额占比达到 76.52%。

(三)紧盯结算资金管理,累计交收规模突破 5 万亿元

2022 年,报价系统全年累计资金交收规模共计 7 063.86 亿元、日均资金交收规模为 29.19 亿元,全年资金交收笔数共计 103.53 万笔。截至 2022 年 12 月 31 日,报价系统共为参与人完成资金交收 5.56 万亿元,涉及认购、转让、申购、赎回、回购、兑付等多种业务场景。

受益于前期系统建设与业务沉淀,结算直通业务在 2022 年发展平稳,全年新开立结算直通业务的证券公司共计 5 家;截至 2022 年 12 月 31 日,累计开通结算直通业务的证券公司已达到 62 家。

三、电子签约业务

中证易签是中证报价在中国证监会以及中国证券业协会、中国证券投资基金业协会指导下自主研发并运营的电子签约平台，专注为证券行业提供安全、高效的电子签约服务，是中证报价探索服务监管、服务行业的重要举措。2022年中证易签进一步完善服务体系，在服务证券公司场外业务方面更进一步，研发建设了衍生品签约及数据报送一体化服务平台，与行业机构共同提升了证券行业数字化运营水平。

（一）探索衍生品签约加报送服务模式，推动中证易签服务证券公司场外业务

收益互换新规发布后，中证报价主动求变、科学应对，深入调研交易商业务开展的痛点，以服务监管、服务行业为宗旨，研发建设了中证易签衍生品电子签约服务平台。平台于2022年9月上线试运行，至2022年底已与多家证券公司交易商业务系统实现互联互通，为证券公司提供衍生品协议电子签约和数据报送一体化服务。平台支持签约后自动同步至交易报告库，提升衍生品协议报送效率和报送质量。随着越来越多的交易商及机构投资者汇集到衍生品签约服务平台，平台的网络效应将逐步显现。

（二）持续完善中证易签服务体系，助力行业数字化运营

近年来，随着电子签约方式的普及，证券公司各业务场景使用电子签约已形成基础。中证报价继续深入摸清市场需求，持续迭代优化中证易签系统功能，提高平台服务能力，以服务托管证券公司为抓手，持续提升中证易签覆盖面。截至2022年12月，中证易签已实现证券公司类托管人100%覆盖。证券公司代销业务是中证易签重要的业务场景，也是目前签约量占比约八成的业务。截至2022年底已与25家代销机构签署正式服务协议，已实现16家代销机构业务上线电子签约系统。

（三）积极探索助力科技监管新模式，研究论证中证易签服务新场景

为响应中国证监会守正创新、引导行业金融科技规范健康发展的号召，中证报价积极参与资本市场金融科技行业创新试点项目，探索寓监管于服务的方式，以试点引领行业标准，提高中证易签的影响力。2022年公司申报的《基于区块链的证券业务电子签约与存证服务平台项目》一文获第二届首都金融创新激励项目一等奖，《基于区块链的多层穿透式监管模型研究及应用实践》一文获第八届证券期货科学技术奖优秀奖。经过四年多探索，中证报价以电子签约为核心的"中证易签——基于区块链的签约及存证行业公共服务体系"逐步成型，初步取得监管部门和行业机构的认可。此外，中证易签积极探索覆盖更多服务场外证券业务的应用场景，致力于打造证券行业场外业务数字化运营的互联互通服务平台。

四、投资者服务

2022年,中证报价围绕服务监管、行业,创新投资者服务工作,协助监管部门加强场外证券及衍生品业务的舆论引导,建设场外业务投教专家库,与国内高校建立长效合作机制,组织开展行业从业人员场外证券知识及业务技能培训,培育、引导专业投资者群体,从长远促进场外业务高质量发展。投教基地在中国证监会2021—2022年度全国证券期货投资者教育基地考核中获评"优秀"级别。

(一) 服务投资者保护工作,促进场外业务高质量发展

中证报价积极落实中国证监会关于投资者教育与保护的工作要求,聚焦主责主业,坚持走特色化、专业化、精品化发展路线,持续打造场外业务投资者教育品牌。2022年,围绕结构化产品、衍生工具、财富管理与投资者教育等主题开展"从象牙塔到金融街——场外衍生品圆桌会""从业人员必修课"等投教活动53场,参与人数超过1 000万人次;发布场外市场发展国际经验、对手方信用风险管理、利率衍生品估值计算等场外业务相关原创产品1 025种,累计覆盖超过4 900万人次,持续加强场外证券业务专业知识宣导。

(二) 大力宣传《期货和衍生品法》,夯实场外市场长期稳定发展的制度基础

2022年6月,中证报价联合中国证券业协会场外市场与衍生品业务专业委员会开展了《期货和衍生品法》主题投教活动。以衍读、衍说《期货和衍生品法》为主题,聚焦衍生品方面内容,围绕此法出台意义、衍生品交易等相关概念与基本原则、交易报告库等衍生品市场重要制度安排和法律规定,通过视频和文章的形式进行科普,得到了社会公众的积极响应,覆盖受众超过1 000万人次,提高了资本市场法制宣传教育的针对性和有效性。

(三) 协助加强场外业务的舆论引导,提高市场认知

年内市场行情波动时,中证500等主要股票指数出现较大跌幅。市场行情对雪球敲入的影响,以及雪球对冲行为是否造成市场抛压等问题,引起市场广泛关注。中证报价投教基地在中国证监会投保局和中国证券业协会的指导下承担了雪球产品的投教宣传指导工作,制作了《理性认识雪球产品》等投教产品,有效宣传普及了雪球产品金融知识,正确引导了投资者的风险和收益预期。

(四) 多举措推动"扬帆计划"助力稳就业,彰显证券行业社会责任担当

为持续推进投资者教育纳入国民教育体系,增强大学生投资风险意识及金融素养,同时开展推动证券行业促进稳就业行动,中证报价第四年承担"扬帆计划·证券行业大学生实习"的运营工作,共组织80家证券公司提供3 500余个实习岗位,最终招收实习生2 800余

个，充分发挥了金融机构在服务大学生实习、就业方面的积极作用。为了帮助高校学生学习证券行业各项业务所需的技能，助力高校学生规划职业发展路径，中证报价与中国证券业协会人才发展专业委员会联合 10 家证券公司及行业机构开展了"扬帆计划·证券行业大学生实习"之"入行前的一节课"线上投教周活动，围绕证券行业各领域工作情况、业务发展、人才技能、职业素养等共举办 10 场线上直播活动，累计参与超过 3 万人次，受到了学生们的热烈欢迎。

五、场外估值服务

2022 年，估值服务纳入中证报价变更后的经营范围，标志着中证报价开展市场化估值服务具备政策可行性。中证报价提供的第三方估值服务基于产品发行、转让定价、风险管理、会计核算等应用场景，探索提供场外金融工具公允的市场价格基准，不断丰富数据服务体系，推动数据资源转化应用。中证报价作为行业基础设施，探索开展场外品种估值服务，有助于提高市场透明度，更好地保护投资者利益，实现中证报价服务市场、服务行业的公共服务功能。

（一）研究编制第三方估值体系建设方案，推动收益凭证估值服务规范发展

中证报价以重点课题研究成果和市场需求调研为基础，深入剖析行业估值服务现状，针对定价机制有待完善、市场有效性体现不足、估值结果缺乏外部验证、会计核算存在合规风险、数据格式亟待统一等问题，梳理境内外市场第三方估值服务中不同管理模式的发展经验、产品特征及市场环境，在国内债券市场估值模式基础上，梳理收益凭证第三方估值应用场景，形成中证报价收益凭证估值产品体系规划及估值数据源标准、估值配套规则、估值系统建设等第三方估值服务系列规划。

（二）组织各方专家开展收益凭证模拟估值，启动估值专家库、估值模型库及参数库建设

中证报价联合会计审计、估值定价、信用评级、金融科技、金融工程等相关领域的学界和业内专业人士，共同研究场外品种的估值基准、估值技术方案，为场外市场估值服务提供智力支持。中证报价组织其中 25 位专业人士共同开展收益凭证模拟估值，剖析具有代表性的收益凭证产品说明书，分别选用 BS 模型、解析解、有限差分法、DCF 模型等方法，对普通香草型、自动敲出赎回型、区间累计型、鲨鱼鳍结构、二元期权、蝶式组合、指数增强型等 12 种含权类收益凭证和固定型收益凭证进行模拟估值，跟踪、校验模型的稳定性、参数的适当性，并根据验证结果对模型进行进一步调整。收益凭证模拟估值工作为构建估值模型库和参数库积累了经验，为提高第三方估值服务质量和估值公允性打下坚实基础。

(三) 积极开展行业机构调研,准确把握市场估值需求

中证报价积极与国内关键第三方估值机构交流互动,就估值产品体系、业务流程、估值数据源等方面的经验和观点进行交流。为掌握收益凭证第三方估值市场需求,中证报价分别调研了收益凭证发行、投资两端的机构投资者,重点选取商业银行及其理财子公司、证券公司及其资管部门和托管外包部门开展估值市场调研,就场外品种估值服务的具体品种、估值方法、估值需求、估值成本、估值质量等问题进行了邮件、电话、问卷调查、实地访问等方式的调查和访谈,认真倾听市场对场外品种估值服务的难点、痛点及建议。调研发现,由于当前场外品种第三方估值服务的缺失以及产品结构的复杂性,收益凭证估值服务的主要提供者是收益凭证发行人,双重角色在一定程度上存在利益冲突风险。独立的第三方估值机构有助于向市场相关方提供客观、公允的估值服务。在估值服务方面,第三方估值机构还应做到估值产品覆盖广——覆盖当日新发产品,估值时效性强——T+0日发布估值结果,估值服务差异化——满足估值用户定制化估值需求等。

(四) 稳健开展估值运营,准时发布收益凭证估值报告

2022年共编制并发布收益凭证估值日报242期(总第958期),估值周报50期(总51期)。除收益凭证发行人估值分类评价信息外,估值报告发布渠道包括中证报价官网数据服务版块、微信公众号("证券食堂")、投资者教育基地及定向邮件推送。其中,估值日报年度点击量超25万人次;估值周报(公开发布版)年度点击量超6 800人次;估值周报(参与人版)定向服务机构客户734家,其中银行335家,证券公司124家,公募基金及其子公司107家,期货公司及其子公司98家,其他机构用户70家。

第二章
2022 年中国证券公司柜台市场业务发展综述

第一节 2022 年中国证券公司柜台市场业务的开展情况

一、证券公司柜台市场业务功能发挥情况

为了解 2022 年证券公司柜台市场业务的开展情况，中国证券业协会组织了 2022 年证券公司柜台市场业务专项调查。调查显示，42 家柜台市场业务试点证券公司均开展了柜台市场业务。证券公司柜台市场业务所能提供的平台功能包括发行销售、登记结算、做市转让和质押等。业务的开展是平台功能发挥作用的重要体现。根据调查问卷，42 家试点证券公司中，约八成的证券公司开展了发行、代理销售、衍生品交易等业务；约半数开展了转让业务；约两成开展了产品登记业务；不到一成开展了做市业务。

证券公司柜台市场平台功能的发挥依托相关系统的建设与不断完善。42 家试点证券公司开展柜台市场业务涉及的系统包括登记结算系统、撮合系统、账户管理系统、交易系统、做市系统、产品管理系统等。其中，约六成的证券公司部署了登记结算系统、交易系统，约半数部署了账户管理系统，超三成部署了产品管理系统。

二、投资者账户情况

2022 年，证券公司柜台市场投资者账户呈现以下特点：一是增长趋势放缓，2022 年底累计存续账户数 3 683.28 万户，相较于 2021 年底存量增长 14.59%，而新增投资者账户数 497.83 万户，同比下降 17.48%。二是证券公司柜台市场投资者仍以个人投资者为主，其占比高达 99.83%。三是证券公司柜台市场账户数继续呈现高集中度特征，截至 2022 年底，存

量账户和新增账户前 5 位证券公司的合计占比分别达到 76.87%、68.72%，存量账户和新增账户前 10 位证券公司的合计占比分别为 88.80%、88.40%（见表专 9-9、表专 9-10）。

表专 9-9　　　　2021—2022 年证券公司柜台市场投资者账户情况　　　　（单位：万户）

项目	2021 年		2022 年	
	个人	机构	个人	机构
年度累计新增①	601.79	1.50	496.37	1.46
年底存续户数②	3 209.09	5.23	3 676.86	6.42

注：①新增指各年内（1 月 1 日—12 月 31 日）新增数；②年底存续户数指截至各年 12 月 31 日存续的账户数。

表专 9-10　　　　2022 年证券公司柜台市场账户集中度情况　　　　（单位：万户）

排名	存续账户	新增账户
前 5 位	2 831.45	342.12
前 10 位	3 270.74	445.04
总数	3 683.28	497.83

三、业务开展情况

目前证券公司柜台市场业务主要围绕收益凭证发行、做市转让、资产管理产品（以下简称"资管产品"）销售、场外衍生品交易、登记业务等方面开展。

（一）收益凭证发行

收益凭证发行业务依然是证券公司柜台市场的主要业务，2022 年，证券公司柜台市场发行收益凭证规模总计 5 289.11 亿元，同比下降 12.03%；产品发行只数 33 813 只，与 2021 年基本持平。

根据调查问卷，针对相对复杂的非本金保障型收益凭证发行，影响证券公司业务开展的因素主要集中在发行规模易受市场行情的影响、客户选择受适当性要求限制等方面。

（二）做市转让

证券公司柜台市场交易业务主要包括柜台市场产品转让业务以及做市业务。根据调查问卷，42 家试点证券公司中共有 19 家证券公司开展转让业务，占比 45.24%；共有 4 家证券公司开展做市业务，占比 9.52%。根据中证报价披露的柜台市场转让数据可以看出，证券公司柜台市场 2022 年累计转让规模 22.46 亿元，同比减少 78.77%；转让产品数量 4 655 只，同比减少 37.89%，已连续两年下降。由于资管新规过渡期结束，柜台市场存续的证券公司资管大集合产品加速进行公募化改造，资管计划转让规模从 2021 年的 88.74 亿元降至 2022 年的 1.57 亿元，同比下降 98.23%，占比从 83.88% 降至 6.99%，对整个柜台市场转让规模下降影响最为显著。收益凭证转让规模从 2021 年的 14.60 亿元升至 2022 年的 19.49 亿元，占比从 13.80% 升至 86.78%，收益凭证交易活跃度提升，成为目前柜台市场转让业务最活跃的交易品种。

2022 年证券公司柜台市场交易排名前 3 位的证券公司转让交易规模占比达到 87.53%，排名前 5 位的证券公司转让交易规模占比达到 93.28%，柜台市场转让交易集中于少数证券公司（见表专 9 – 11）。

表专 9 – 11　　　　　　2022 年证券公司柜台市场转让交易量排名

排名	2021 年转让金额（亿元）	占比（%）	2022 年转让金额（亿元）	占比（%）
前 3 位	98.67	93.26	19.66	87.53
前 5 位	102.66	97.03	20.95	93.28
前 10 位	105.08	99.32	22.41	99.78
合计	105.80	100.00	22.46	100.00

（三）资管产品销售

证券公司可以通过柜台市场开展资管产品销售业务。2022 年证券公司柜台市场资管产品销售业务较 2021 年总体呈现出较为明显的下降趋势。从规模来看，2022 年资管产品销售规模总计 1 696.31 亿元，同比下降 58.22%；从产品数量来看，资管产品销售只数总计 3 538 只，同比下降 39.07%，只数降幅小于规模降幅。2022 年受到整体市场下行影响，资管产品销售业务承压下降，但值得注意的是，42 家试点证券公司中有 34 家反馈通过柜台市场开展了相关业务，较上年柜台市场参与度明显上升。证券公司积极通过柜台市场销售各类资管产品以满足不同客户的投资需求，其中，资管计划、私募基金、信托计划仍为主要销售品种，合计规模占比约 98.36%，合计只数占比约 97.77%。

（四）场外衍生品交易

根据 2022 年中国证券业协会发布的交易商名单，全市场共有 8 家场外期权业务一级交易商、37 家场外期权业务二级交易商。一级交易商名单保持不变，二级交易商有增有减。

2022 年证券公司场外衍生品业务累计新增名义本金逾 8 万亿元，年末存续名义本金逾 2 万亿元，均与 2021 年基本持平，业务规模趋于平稳。

2020—2022 年，《证券公司场外期权业务管理办法》《证券公司收益互换业务管理办法》《期货和衍生品法》相继发布实施，为行业规范化发展奠定了基础，其影响主要有：第一，明确了场外期权一、二级交易商方可开展收益互换业务，规定了交易标的及合约管理，明确不得挂钩私募基金及资管计划等私募产品、场外衍生品，并要求证券公司针对不符合挂钩标的要求的存量收益互换进行整改，压缩存量业务规模。第二，根据业务品种分别制定了投资者适当性要求，有套期保值需求且符合条件的实体企业可以灵活运用场外衍生品进行风险管理。第三，规定了数据报送、自律管理及监测监控相关内容，对证券公司规范开展场外衍生品业务提出了更高的要求。

（五）登记业务

证券公司柜台市场是除资管产品管理人、中国结算、中证报价之外重要的产品份额登记机构，登记业务以收益凭证的产品份额登记以及私募产品的运营外包份额登记业务服务为主。根据调查问卷，在42家柜台市场业务试点证券公司中，有36家证券公司为收益凭证提供登记服务，19家具有私募基金份额登记业务服务资格的证券公司为私募产品提供份额登记服务。2022年证券公司自建柜台收益凭证共发行33 813只，较2021年略有增长。全年证券公司为123 266只私募产品提供了份额登记服务（其中大部分为私募基金），较2021年增加20.25%。近年来，随着收益凭证、私募产品发行数量的增加，证券公司柜台市场在满足市场差异化需求以及为发行人/管理人提供专业化服务、降低运营成本、提高运营效率中起到了重要作用。同时，登记业务尤其是私募基金运营外包份额登记服务市场竞争较为激烈，证券公司通过技术水平、业务效率、服务质量的不断提升，增强其行业竞争力。

四、产品构成情况

证券公司柜台市场业务产品主要包括证券公司发行销售的收益凭证、外部代销的资管产品、与对手方开展的场外衍生品交易等。

总体来说，2022年证券公司柜台产品新增规模有不同程度的下降。2022年，收益凭证累计新增规模5 289.11亿元，同比下降12.03%；资管产品累计新增规模1 696.31亿元，同比下降58.22%；场外衍生品累计新增名义本金规模83 084.75亿元，小幅下降1.13%，总体与上年持平。从柜台产品的占比变化看，场外衍生品占比进一步提升至92.24%，收益凭证占比略微下降至5.87%，资管产品占比下降至1.88%（见表专9-12）。

表专9-12　2021—2022年证券公司柜台市场产品构成情况

产品类型	年度新增规模（亿元）		同比变化（%）	占比（%）	
	2021年	2022年		2021年	2022年
收益凭证	6 012.45	5 289.11	-12.03	6.39	5.87
资管产品	4 059.72	1 696.31	-58.22	4.31	1.88
场外衍生品①	84 038.01	83 084.75	-1.13	89.30	92.24
小计	94 110.18	90 070.17	-4.29	100.00	100.00

注：①场外衍生品统计口径为累计新增名义本金规模。

其中，资管产品的产品构成上，各类资管产品的规模同比均下降，私募基金、信托计划和基金专户的降幅分别为74.97%、64.86%、60.29%，资管计划规模同比下降42.69%。从各类资管产品占比变化看，进一步集中于资管计划，其他产品占比均有所下降（见表专

9-13）。

表专 9-13　　2021—2022 年证券公司柜台市场资管产品构成情况

产品类型		年度新增规模（亿元）		同比变化（%）	占比（%）	
		2021 年	2022 年		2021 年	2022 年
资管产品	资管计划	1 915.56	1 097.84	-42.69	47.18	64.72
	基金专户	70.14	27.85	-60.29	1.73	1.64
	私募基金	1 563.77	391.34	-74.97	38.52	23.07
	信托计划	510.25	179.28	-64.86	12.57	10.57
小计		4 059.72	1 696.31	-58.22	100.00	100.00

第二节　2022 年中国证券公司柜台市场业务发展特点与 2023 年展望

一、2022 年证券公司柜台市场业务发展特点

2022 年证券公司柜台市场业务发展呈现一些新变化，包括布局个人养老金等创新业务、场外衍生品业务呈现新特征、与代销金融产品业务不断融合等。

一是柜台市场成为部分创新业务的孵化平台。比如个人养老金投资公募基金业务，作为公募基金代销业务的延伸，柜台交易系统为个人养老金提供销售交易支持、产品管理等服务功能，并满足了银行端非三方存管资金交收模式的要求，42 家柜台市场业务试点证券公司中，14 家首批获得代销资格的证券公司均已顺利展业。同时，部分证券公司依托柜台市场产品发行销售、协议转让等功能优势，结合相应的创新业务资格，也积极布局代客外汇业务、贵金属代理业务、保险兼业代理业务等，孵化各类创新业务。

二是场外衍生品业务呈现新特征。一方面，随着《期货及衍生品法》的实施，场外衍生品服务实体经济的重要性更加凸显，助力企业降低融资成本、稳定经营业绩、实施股权激励、参与财富管理等，积极发挥场外衍生品在降低企业整体经营风险方面的作用；另一方面，业务本身也呈现新特征，跨境衍生品规模持续增长带动收益互换新增规模增长；证券公司及子公司、私募基金作为交易对手的场外期权新增规模大幅增长；市场热门的雪球产品在维持较高发行规模的同时，也面临着基差收敛带来的收益降低甚至出现亏损的风险，这对衍生品风险管理能力提出了更高要求。

三是柜台市场与代销金融产品业务融合程度不断加深。代销金融产品日益呈现出产品多样性和复杂性特征，并且不断衍生出新的业务模式，比如基金投顾业务、高净值客户资产配

置业务等，这些业务对产品管理系统、交易系统的灵活性和可配置性提出了更高要求，柜台市场较好地满足了上述要求。从业务实践来看，证券公司柜台市场通过提供销售支持、产品管理、流动性支持等，成为代销金融产品业务的重要助推器。

二、2023年证券公司柜台市场业务发展展望

（一）发挥柜台市场功能，服务财富管理转型

财富管理转型逐渐成为证券公司的重要战略方向，而金融产品代销是推进财富管理转型的重要抓手。根据调查问卷，大部分证券公司资管产品销售支持分散在各个部门，公、私募产品由不同的技术系统进行管理，多部门多系统分散运营造成效率低下，同时也未能有效发挥柜台市场转让和做市功能，柜台市场在提升产品管理效率、服务财富转型方面的重要潜能有待进一步释放。证券公司可充分发挥柜台市场功能，支持金融产品代销业务，加速财富管理转型。

一方面依托柜台市场延伸金融产品销售的内涵。充分发挥柜台市场在转型财富管理中的功能优势，发挥柜台市场做市、转让等协同功能，满足客户流动性与资产配置等多元需求，提升客户服务能力。另一方面进一步升级产品管理体系。产品体系的不断丰富对证券公司产品管理提出了更高要求。未来，证券公司应建立更为连贯的业务流程体系，可依托柜台市场现有基础设施建立产品中台，从而打破前、后台部门之间的衔接壁垒，增强对场外金融产品的统一管理能力，提升业务效率。

（二）发挥柜台市场平台优势，孵化创新业务

试点以来，柜台市场为证券公司孵化创新业务发挥了重要的平台作用，未来需要在完善创新机制、加强基础设施建设、提升专业能力等方面共同努力，形成推动证券公司柜台市场业务高质量发展的合力。一是进一步完善柜台市场创新机制，发挥柜台市场创新"试验田"功能，进一步丰富产品及业务生态；二是加强行业基础设施建设，提升柜台业务效率，降低资金结算风险，助力证券公司对冲风险，促进场外衍生品业务发展壮大；三是提升证券公司的专业能力，依托柜台市场创新孵化功能优势，利用证券公司定价能力及产品设计能力，结合不同类型客户需求设计结构化产品甚至综合金融解决方案。同时，借助《期货及衍生品法》出台这一契机，通过加强投资者教育、舆论宣传等方式，引导市场主体进一步对柜台市场业务的正面认知与理解，提高市场主体的参与度。

专题报告之十：
2022年中国证券公司固定收益业务发展综述与展望

第一章
2022年中国债券市场发展概况

第一节 2022年中国债券市场规模和结构

一、存量规模与结构变化

债券市场存量，是已经发行但尚未到期的债券托管量。以债券托管量来代表债券市场存量规模及其结构，是衡量债券市场的重要指标之一。根据Wind统计，2022年末我国债券市场存量为141.36万亿元，较2021年末增加11.02万亿元，同比增长8.45%。从市场结构看，银行间债券存量为51.03万亿元，同比增长3.82%；交易所债券存量为15.67万亿元，同比增长1.44%；跨市场债券存量73.2万亿元，同比增长14.12%，余额占比提升2.57个百分点（见表专10-1）。随着2020年以来债券市场及其基础设施互联互通等相关措施的落实,跨市场发行与交易的债券成为主体。

表专 10-1　　　　　2021 年、2022 年末各市场债券存量对比

市场	债券余额（亿元）			余额占比（%）		
	2021 年（亿元）	2022 年（亿元）	增速（%）	2021 年	2022 年	变化
银行间	491 464	510 254	3.82	37.71	36.10	-1.61
交易所	154 496	156 725	1.44	11.85	11.09	-0.77
跨市场	641 434	731 977	14.12	49.21	51.78	2.57
其他	15 991	14 601	-8.69	1.23	1.03	-0.19
合计	1 303 385	1 413 558	8.45	100.00	100.00	0.00

资料来源：Wind。

二、发行规模与结构变化

据 Wind 统计,2022 年我国债券市场发行额为 61.54 万亿元,与 2021 年基本持平。从发行面额比重看,同业存单占比最高,达到 33.3%,比 2021 年下滑 2 个百分点;其次是国债,占比为 15.8%,比 2021 年提高 4.8 个百分点;再次是金融债,占比为 15.4%,比 2021 年提高 0.1 个百分点;最后是地方债,占比为 12%,比 2021 年下滑 0.2 个百分点。占比在 3%—10% 的品种有短期融资券、公司债、中期票据和资产支持债券,其他品种的占比均在 2% 以下。

从 2022 年同比增速看,全市场为 -0.35%。从具体品种看,政府支持机构债虽然增速排名首位,但由于发行量小,整体影响有限;国债同比增速为 43%,排在第二位;中期票据的同比增速为 9.8%,排在第三位。2022 年发行额下降幅度较大的品种包括资产支持债券、可转债、定向工具、企业债和公司债,同比增速下降幅度均在 10% 以上;同业存单同比增速为 -6%;短期融资券同比增速为 -5.2%;其他品种的变化均不大。值得注意的是,上述品种增速应与面额占比结合分析,如果面额占比很小,对债券市场总体影响相对有限（见表专 10-2）。

表专 10-2　　　　　2021—2022 年债券市场发行品种结构对比

类别	发行额（亿元）			面额比重（%）		
	2021 年（亿元）	2022 年（亿元）	同比变化（%）	2021 年	2022 年	变化
国债	67 967.10	97 222.70	43.04	11.01	15.80	4.79
地方政府债	74 826.30	73 555.79	-1.70	12.12	11.95	-0.16
央行票据	600.00	600.00	0.00	0.10	0.10	0.00
同业存单	217 972.00	204 913.80	-5.99	35.30	33.30	-2.00
金融债	94 034.36	94 490.05	0.48	15.23	15.36	0.13
企业债	4 399.40	3 681.30	-16.32	0.71	0.60	-0.11
公司债	34 525.24	30 904.84	-10.49	5.59	5.02	-0.57
中期票据	25 492.65	27 994.30	9.81	4.13	4.55	0.42
短期融资券	52 301.71	49 560.38	-5.24	8.47	8.05	-0.42
定向工具	8 633.83	6 766.46	-21.63	1.40	1.10	-0.30
国际机构债	175.00	165.00	-5.71	0.03	0.03	0.00
政府支持机构债	1 900.00	2 760.00	45.26	0.31	0.45	0.14

续表

类别	发行额（亿元）			面额比重（%）		
	2021年（亿元）	2022年（亿元）	同比变化（%）	2021年	2022年	变化
资产支持证券	31 401.17	20 124.77	−35.91	5.08	3.27	−1.81
可转债	2 828.47	2 190.13	−22.57	0.46	0.36	−0.10
可交换债	421.60	422.94	0.32	0.07	0.07	0.00
项目收益票据	49.30	0.00	—	0.01	0.00	−0.01
合计	617 528.14	615 352.48	−0.35	100.00	100.00	0.00

资料来源：Wind。

三、二级市场走势变化

影响我国债券市场的因素更加复杂化，我国债券市场由周期明显的"趋势市"转向周期不明显的"平衡市"。2022年全年10年期国债收益率基本上在2.6%—2.9%之间波动，与前些年债市的大幅波动有着显著差别。总体上看，我国债券市场的波动逐年减少。从10年期国债收益率的走势看，2022年末2.84%的水平与年初的2.79%相差不大，全年走势主要分为两个阶段：第一阶段为年初至10月底，国债收益率整体呈现波动下行；第二阶段为11月初至年底，国债收益率整体震荡上行（见图专10-1）。

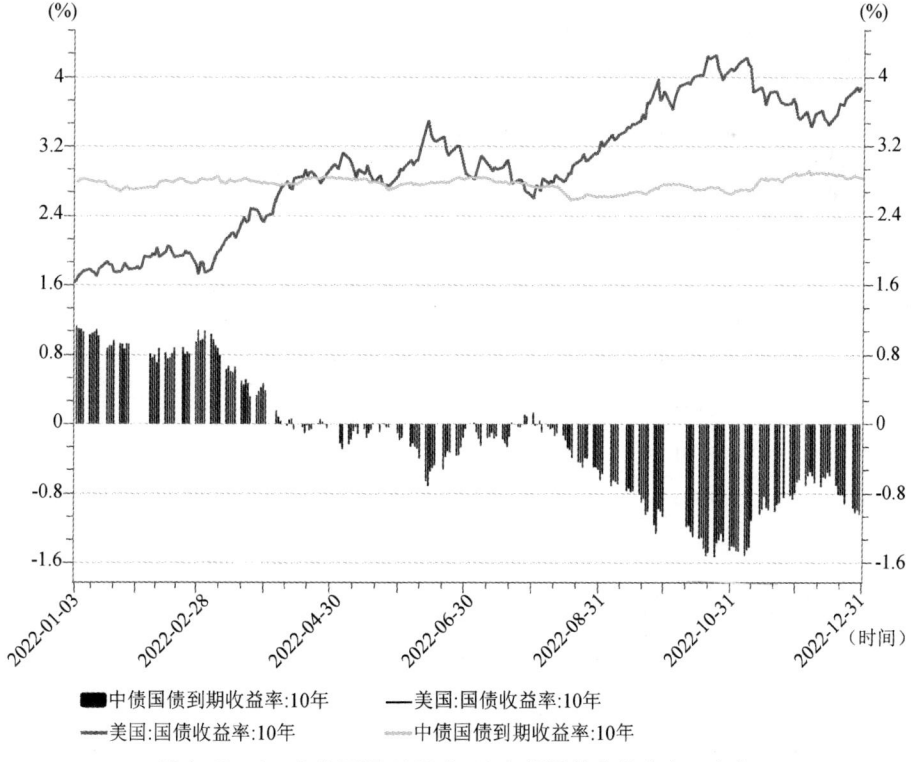

图专10-1 中美两国2022年10年期国债收益率水平变化

资料来源：Wind。

第二节　2022年中国债券市场投资者结构

一、投资者结构变化

投资者结构是影响债券市场金融资源配置效率的重要因素，也是债券市场风险分散与分担功能的重要体现。培育一支合格的、多元化的机构投资者队伍是我国债券市场发展中不可缺少的重要一环。目前，我国债券市场按投资场所主要分为银行间债券市场、交易所市场和其他市场三大类。债券市场的投资者除特殊结算会员外，可分为银行类、非银行金融机构类、非金融机构类、个人类和境外机构几大类。随着非银行的债券投资者增多，2022年以来我国债券市场投资者的持仓结构呈现进一步多样化的趋势。

从中央国债登记结算有限责任公司（以下简称"中央结算"）统计的持仓量结构看（见表专10-3），截至2022年末，持仓量占比排名首位的是商业银行，面额占比为64.79%，比2021年末提高了2.34个百分点；排名第二位的是非法人产品，包括证券投资基金、全国社保基金、信托计划、企业年金、保险产品、资管产品和理财产品等，占比为17.23%，比2021年末下滑1.09个百分点；其他投资者、柜台市场和其他市场的占比均在5%以下。

表专10-3　2021年末和2022年末中国债券市场投资者持仓结构变化

市场	托管面额（亿元）			面额占比（%）		
	2021年末（亿元）	2022年末（亿元）	增速（%）	2021年末	2022年末	变化
一、银行间债券市场	834 349.13	924 195.73	10.77	95.68	95.80	0.12
1. 商业银行	544 549.87	625 061.40	14.78	62.45	64.79	2.34
2. 信用社	9 220.06	11 460.19	24.30	1.06	1.19	0.13
3. 保险机构	29 688.50	32 591.14	9.78	3.40	3.38	-0.03
4. 证券公司	15 001.68	18 040.22	20.25	1.72	1.87	0.15
5. 非法人产品	159 773.03	166 259.04	4.06	18.32	17.23	-1.09
6. 境外机构	36 834.33	31 144.66	-15.45	4.22	3.23	-1.00
7. 其他	39 281.67	39 639.06	0.91	4.50	4.11	-0.40
二、柜台市场	8 015.73	7 338.24	-8.45	0.92	0.76	-0.16
三、其他市场	29 676.00	33 205.95	11.89	3.40	3.44	0.04
合计	872 040.86	964 739.92	10.63	100.00	100.00	0.00

资料来源：中国债券信息网。

从 2022 年同比增速来看，全市场同比增速 10.6%，其中，银行间市场为 10.77%，包括交易所的其他市场为 11.89%。从 2022 年银行间市场增速来看，增速最高的为信用社（24.3%），其次是证券公司（20.25%），再次为商业银行（14.78%），最后是保险机构（9.78%）；而境外机构则下滑 15.45%（见表专 10-3）。

二、证券公司持仓结构

截至 2022 年底，在银行间市场，中央结算托管的债券品种中，证券公司持有的债券存量规模合计为 1.8 万亿元，前 5 位品种按大小排序分别为：记账式国债 6 793 亿元、地方政府债 4 145 亿元、政策性银行债 2 685 亿元、企业债券 1 908 亿元、商业银行债券 1 422 亿元。从占比来看，记账式国债占比 37.7%、地方政府债占比 23%、政策性银行债占比 14.9%、企业债券占比 10.6%、商业银行债券占比 7.9%，其他债券品种持仓不足千亿元，占比较小（见图专 10-2）。

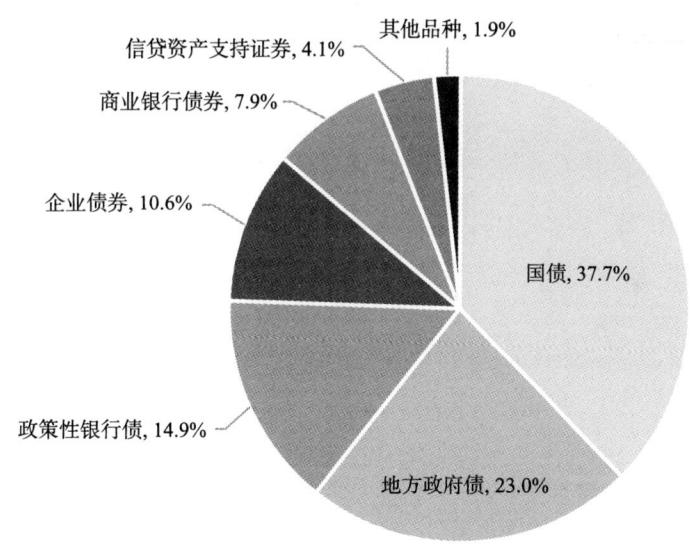

图专 10-2 2022 年底银行间市场（中央结算托管）证券公司债券持仓结构

资料来源：Wind。

截至 2022 年底，在银行间市场，上海清算所托管的债券品种中，证券公司持有的债券存量规模合计为 9 367 亿元，前 5 位的品种按大小排序分别为：中期票据 5 172 亿元、同业存单 2 054 亿元、非公开定向债务融资工具（PPN）884 亿元、金融债券 377 亿元、超短期融资券 357 亿元。从占比来看，中期票据占比 55.2%、同业存单占比 21.9%、非公开定向债务融资工具（PPN）占比 9.0%、金融债券占比 4.0%、超短期融资券占比 3.8%，其他债券品种持仓不足 300 亿元，占比较小（见图专 10-3）。

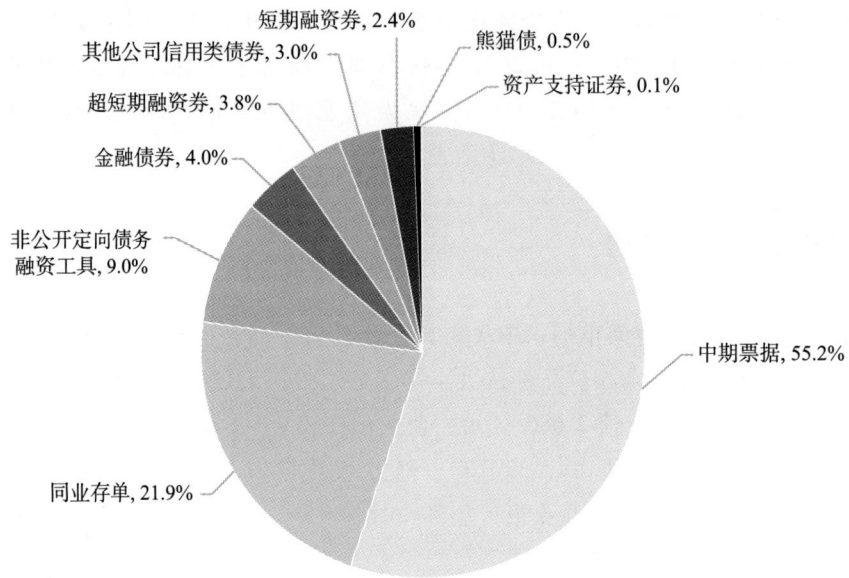

图专10-3 2022年底银行间市场（上海清算所托管）证券公司债券持仓结构

资料来源：Wind。

第二章

2022年证券公司固定收益业务发展情况

第一节 2022年证券公司固定收益业务发展概况

一、证券公司FICC业务的总体情况

2023年初，中国证券业协会对2022年证券公司固定收益（FICC）业务情况进行了专项问卷调查，共106家证券公司进行了有效反馈。根据调查问卷统计，共98家证券公司设有专门的固定收益部门，固定收益业务的开展广泛而多样；20家证券公司开展了大宗商品业务，其中收入超亿元的公司有8家；从事外汇业务的证券公司有8家，其中收入超亿元的公司有3家。

从固定收益的业务种类看，有31家证券公司以固定收益业务部、固收总部或固收委员会的形式来开展债券承销业务，有26家证券公司以投资银行部或投行总部或事业部的形式来开展债券承销业务，还有证券公司以企业融资总部、债务融资总部、资本市场部等形式来开展债券承销业务，也有证券公司多个部门共同参与债券承销业务，部门名称与参与形式十分多样。从事债券销售（撮合）业务的证券公司有54家，多以固定收益部或金融市场部或销售交易部的形式来开展交易，业务收入超亿元的公司有6家。从事债券做市业务的证券公司有30家，多以固定收益部来开展业务，个别以金融市场部和做市业务部来开展业务，业务收入超亿元的公司有7家。与承销业务一样，大部分证券公司均从事债券自营业务，多以固定收益部的形式来开展业务，少数以金融市场部、资金运营部或证券投资部形式从事业务，业务规模和收入占比较大，业务规模有52家超百亿元、13家超千亿元，收入有68家超亿元、13家超10亿元。从事债券资管业务的证券公司有45家，大部分以资产管理总部的形式开展业务，业务规模超百亿元的公司有23家，收入超亿元的公司有20家。

二、债券发行承销业务和债券交易业务

从历史经验看，债券承销业务主要由银行和证券公司承揽，2022年同样如此。按Wind统计口径，2022年银行总承销债券金额为14.25万亿元，同比下降7.5%；证券公司总承销金额为10.78万亿元，同比下降6.3%。从市场份额占比看，银行占比为56.9%，与上年持平；证券公司占比为43.1%，较上年上升0.6个百分点；信托、财务公司等其他机构占比较小，几乎可以忽略不计。从银行承销债券金额排名来看，工商银行、中国银行、建设银行、农业银行、交通银行五大国有银行仍占据前5名，市场份额占比为45.4%，较上年下滑0.3个百分点。从证券公司承销债券金额来看，中信证券、中信建投证券、中金公司、国泰君安证券和华泰证券承销金额居前5名，2022年全年承销金额分别为15 758亿元、12 448亿元、9 188亿元、8 124亿元和7 163亿元，前5名的市场份额占比为48.9%，较上年提高3.1个百分点，前10名的市场份额占比为63.5%，较上年下降0.8个百分点。银行和证券公司内部的竞争格局相对稳定，近年来前5名、甚至前10名的名单变化不大。证券公司的市场集中度仍小于银行，但证券公司间的市场集中度在提高，特别是头部证券公司的市场份额占比加快上升，而银行间的市场集中度在下降。

从债券交易业务看，中央结算2022年全年银行间市场现券交易量为358.9万亿元。其中，证券公司全年现券交易量为127.4万亿元，排名第2位，占比35.5%，占比较上年提高1.9个百分点；商业银行全年现券交易量为164.8万亿元，排名第1位，占比45.9%，占比较上年下降2.6个百分点。2022年全年银行间市场正回购交易量为10.8万亿元。其中，证券公司全年交易量为4.3万亿元，排名第2位，占比39.7%，占比较上年提高4.2个百分点；商业银行全年交易量为4.4万亿元，排名第1位，占比41%，占比较上年下降8.9个百分点。债市杠杆率方面[①]，2022年末杠杆率为107.7%，较2021年末的107.5%变动不大。分机构来看，银行杠杆率最低，全年在104%左右波动，证券公司杠杆率最高，全年在200%附近波动。

第二节 2022年证券公司固定收益业务发展特征

一、绿色债券发展势头良好，证券公司积极参与绿色金融、助力碳达峰碳中和

我国绿色债券市场自2015年正式启动以来一直蓬勃发展，2017年、2018年均为发行量

---

① 采用债券总托管量/（债券总托管量－质押式回购余额）估算。

第二大国家，占比约为20%，仅次于美国。2021年4月，中国人民银行、国家发展改革委、中国证监会联合印发《绿色债券支持项目目录（2021年版）》，科学准确地界定了绿色项目的范围，为我国绿色债券发展提供了稳定框架和灵活空间。2022年，绿色债券标准委员会发布《中国绿色债券原则》，标志着国内统一、国际接轨的中国绿色债券标准正式建立，对推动绿色债券市场高质量发展具有重要意义。随着"双碳"目标的全面推进，绿色债券市场的发展也驶入了"快车道"。Wind数据显示，2022年我国境内市场发行绿色债券515只，同比增长5.75%，规模达8 720.16亿元，同比增长43.35%；截至2022年末，绿色债券累计发行规模达2.63万亿元，存量规模1.54万亿元。证券公司积极参与绿色金融，助力碳达峰碳中和目标实现，根据中国证券业协会发布的统计数据，2022年度作为绿色公司债券主承销商或绿色资产证券化产品管理人的证券公司共55家，承销（或管理）152只债券（或产品），合计金额1 716.58亿元，其中资产证券化产品55只，合计金额771.13亿元。

二、固收业务的产品创新不断，服务实体经济高质量发展

我国正处于经济恢复和结构转型的关键时期，切实发挥好债券市场的作用，促进与实体经济发展相适应的创新产品及制度设计推陈出新至关重要。2022年，我国债券市场聚焦关键领域，锚定发力点，创新产品及制度设计层出不穷，如科创票据、专精特新主题公司债券、能源保供特别债、绿色债券和绿色ABS、科技创新公司债券、转型债券、低碳转型公司债等多种创新品种，为特定领域精准引入资金活水。同时，沪、深证券交易所推出了债券做市制度，以进一步促进债券市场的流动性与价格发现机制。此外，在全年稳增长、扩投资背景下，地方债尤其是专项债充分靠前发力，带动扩大有效投资，有利于优化资源配置作用的发挥，助力经济高质量发展。证券公司发挥专业优势，积极参与相关领域债券承销。根据中国证券业协会发布的统计数据，2022年度作为科技创新公司债券主承销商的证券公司共30家，承销83只债券，合计金额1 028.41亿元；2022年度参与发行地方政府债券的证券公司共63家，合计中标金额227.20亿元，合计中标地区10个。

三、进一步拓宽民营企业债券融资渠道，支持民营企业发展

为贯彻党中央、国务院关于支持民营企业发展的决策部署，落实2022年政府工作报告中关于完善民营企业债券融资支持机制的工作要求，2022年3月28日，中国证监会发布公告进一步拓宽民营企业债券融资渠道，主要措施包括推出科技创新公司债券、将优质民企纳入成熟知名发行人名单、推出信用保护工具、放宽受信用保护的民营企业债券回购质押库准入门槛、将民营企业债券相关指标纳入证券公司分类评价体系、加强宣传推介力度、提升信息披露质量七个方面。5月11日，中国证监会发布通知开展民营企业债券融资专项支持计划，专项支持计划由中国证券金融股份有限公司运用自有资金负责实施，通过与债券承销机

构合作创设信用保护工具等方式，增信支持有市场、有前景、有技术竞争力并符合国家产业政策和战略方向的民营企业债券融资。根据中国证券业协会发布的统计数据，2022年度作为民营企业公司债券主承销商或资产证券化产品管理人的证券公司共45家，承销（或管理）364只债券（或产品），合计金额3 491.42亿元，其中资产证券化产品242只，合计金额2 218.92亿元；2022年1—12月，18家证券公司类核心交易商中，共有11家证券公司创设信用保护工具规模达117.70亿元，较上期增加39.79亿元，环比增长51.07%。

第三章
2023 年中国证券公司固定收益业务发展展望

一、绿色金融成为经济高质量发展的助推剂，证券公司固定收益业务将从绿色债券向更多 ESG 领域扩展

为实现高质量的可持续发展，我国生态文明建设进入了"以降碳为重点战略方向"的新阶段，绿色金融被写进碳达峰碳中和顶层设计文件。2022 年 2 月，中国人民银行等四部委发布《金融标准化"十四五"发展规划》，明确指出标准是绿色金融可持续发展的重要支柱，并提出了加快建立绿色债券标准、制定上市公司和发债企业环境信息披露标准、建立 ESG 评价标准体系等重点工作。中国证监会于 2022 年 4 月 12 日发布了《碳金融产品》行业标准，碳金融产品被划分为碳市场融资工具、碳市场交易工具以及碳市场支持工具，为相关碳金融产品制定了统一的规范，给证券公司等金融机构发行、推广相关金融产品确定了具体的实施准则与路径。

受全球主要经济体大幅加息等因素影响，2022 年全球 ESG（环境、社会、公司治理）债券发行规模较 2021 年下滑 20% 左右。在通胀压力消退、绿色经济扶持力度更强、利率环境更确定等因素下，全球 ESG 债券发行量有望在 2023 年反弹。ESG 主题债券主要包括绿色债券（Green Bond）、社会责任债券（Social Bond）、可持续债券（Sustainability Bond）和可持续发展挂钩债券（Sustainability-Linked Bond）四类。2016 年以来，国内 ESG 债券发行数量逐年上升，绿色债券处于绝对主导地位，其次为社会责任债券。近两年，可持续发展债券及可持续发展挂钩债券的增长速度更快。截至 2022 年末，我国绿色债券存量规模约 1.5 万亿元，位居全球第二。由于 ESG 投资理念与我国经济转型升级方向契合，未来 ESG 债券类型将更加多元化。随着净零碳目标相关政策的落实，未来我国 ESG 债券市场有望持续增长。在此背景下，证券公司固定收益业务或将迎来更多的发展机会，从绿色债券向社会责任和可持续债券等更多 ESG 领域扩展。

二、积极拓展创新业务，发力 REITs、可转债、外汇、大宗商品等品种

近年来，证券公司固定收益业务聚焦于多种创新品种，抓住市场上新的业务增长点。随着 REITs（基础设施领域不动产投资信托基金）品种的推出，证券公司对 REITs 布局逐渐增加。截至 2022 年末，已上市交易 24 只公募 REITs，总市值超过 800 亿元。在公募 REITs 发展过程中，证券公司及其资管子公司承担计划管理人、财务顾问、战略投资人、做市商等角色。公募 REITs 资产类型从试点之初小范围的基础设施，发展到如今的保障性租赁住房、新能源等，已经实现了多个领域的突破，下一步试点范围将向水利、新基建等领域拓展。未来，随着公募 REITs 市场规模的稳步扩大，REITs 产品将成为证券公司固收业务增量的重要组成部分。

此外，证券公司也逐渐增加可转债投资规模。可转债兼具股票和债券两种特性，是"进可攻、退可守"的投资产品。2017 年以来，可转债发行方式调整，市场关注度提升，规模显著扩张。截至 2022 年末，可转债余额 8 380 亿元，较 2017 年末的 975 亿元增长约 759%。2022 年，沪、深证券交易所发布《关于可转换公司债券适当性管理相关事项的通知》及《可转换公司债券交易实施细则》，进一步加强可转债交易监管。随着市场规模的扩大和相关规则的完善，机构投资者可转债持仓占比逐步增加，证券公司也逐渐增配该品种。2022 年末，证券公司持有可转债合计 568 亿元，较年初增加 109 亿元；持仓占全市场余额比例为 6.78%，较 2021 年末提高 0.2 个百分点。随着可转债市场的日益完善，证券公司参与规模或将进一步扩大。

在传统固定收益业务之外，证券公司也积极拓展外汇（Currencies）和大宗商品（Commodities）业务，形成完整的 FICC（Fixed Income, Currencies and Commodities）业务线。海外 FICC 起步较早，高盛自 20 世纪 70 年代率先开始打造 FICC 业务线，并逐渐覆盖固收、外汇和商品等全业务条线。我国 FICC 业务以固定收益为主，其业务体量和丰富度均远高于其他两者，外汇和大宗商品发展相对缓慢。但随着信用债打破刚性兑付、人民币国际化带来的利率市场化和汇率市场化进程加速、证券公司国际化等，三大业务品类有望实现均衡发展。

三、以技术赋能业务发展，推动固定收益业务数字化转型

2021 年中国证监会发布的《证券期货业科技发展"十四五"规划》以及 2022 年中国人民银行印发的《金融科技发展规划（2022—2025 年）》均明确指出了金融行业数字化转型对深化金融供给侧结构性改革、增强金融服务能力的重要作用。固定收益是一个相对传统的业务，其数字化和自动化程度较低。与股票活跃的场内交易不同，国内债券交易以场外交易为主，交易谈判、流程风控、交易报单、交易结算等过程通常相对独立，进而导致业务效率偏低。而非交易环节的信息化程度普遍较低，例如债券发行过程中仍存在大量手工操作环

节，不仅易出错，而且易在过会、发行簿记等重要环节上出现纰漏。固收业务的数字化转型是证券公司金融科技发展的重点之一。经过近几年的摸索，证券公司在固收领域的数字化转型取得了一定成果，但相较于权益市场，固收行业数字化转型进度较慢，仍处于起步阶段，不论是在应用场景还是功能上，均稍逊一筹。未来证券公司需要加大在信息技术方面的投入，聚焦于业务链条整合，将客户的需求融于各环节中，结合固定收益的特色环节，以实现成本降低、质量提高、客户满意度提升为根本目的，最终促进行业实现高质量发展，更好地服务实体经济。

附录：

2022年中国证券行业重要制度规范发布目录

时间	制度规范
1月1日	中国证监会发布《证券期货行政执法当事人承诺制度实施规定》
1月1日	中国证监会、财政部联合发布《证券期货行政执法当事人承诺金管理办法》
1月5日	中国证监会发布《上市公司章程指引（2022年修订）》
1月5日	中国证监会发布《上市公司监管指引第3号——上市公司现金分红（2022年修订）》
1月5日	中国证监会发布《上市公司股份回购规则》
1月5日	中国证监会发布《上市公司分拆规则（试行）》
1月5日	中国证监会发布《〈上市公司重大资产重组管理办法〉第十四条、第四十四条的适用意见——证券期货法律适用意见第12号（2022年修订）》
1月5日	中国证监会发布《上市公司股票停复牌规则》
1月5日	中国证监会发布《公开发行证券的公司信息披露内容与格式准则第5号——公司股份变动报告的内容与格式（2022年修订）》
1月5日	中国证监会发布《公开发行证券的公司信息披露内容与格式准则第17号——要约收购报告书（2022年修订）》
1月5日	中国证监会发布《公开发行证券的公司信息披露内容与格式准则第26号——上市公司重大资产重组（2022年修订）》
1月5日	中国证监会发布《公开发行证券的公司信息披露编报规则第4号——保险公司信息披露特别规定（2022年修订）》
1月5日	中国证监会发布《上市公司监管指引第2号——上市公司募集资金管理和使用的监管要求（2022年修订）》
1月5日	中国证监会发布《上市公司监管指引第4号——上市公司及其相关方承诺》
1月5日	中国证监会发布《公开发行证券的公司信息披露编报规则第26号——商业银行信息披露特别规定（2022年修订）》
1月5日	中国证监会发布《上市公司监管指引第5号——上市公司内幕信息知情人登记管理制度》
1月5日	中国证监会发布《上市公司股东大会规则（2022年修订）》
1月5日	中国证监会发布《上市公司独立董事规则》
1月5日	中国证监会发布《〈上市公司重大资产重组管理办法〉第三条有关标的资产存在资金占用问题的适用意见——证券期货法律适用意见第10号》

续表

时间	制度规范
1月5日	中国证监会发布《上市公司董事、监事和高级管理人员所持本公司股份及其变动管理规则（2022年修订）》
1月5日	中国证监会发布《〈上市公司收购管理办法〉第六十二条有关上市公司严重财务困难的适用意见——证券期货法律适用意见第7号（2022年修订）》
1月5日	中国证监会发布《上市公司现场检查规则》
1月5日	中国证监会发布《上市公司监管指引第6号——上市公司董事长谈话制度实施办法》
1月5日	中国证监会发布《上市公司监管指引第7号——上市公司重大资产重组相关股票异常交易监管》
1月5日	中国证监会发布《关于废止4部证券期货制度文件的决定》
1月7日	中国证监会发布《中国证监会关于北京证券交易所上市公司转板的指导意见》
1月7日	上海证券交易所发布《上海证券交易所上市公司自律监管指引第1—5、7—11号》
1月7日	深圳证券交易所发布《深圳证券交易所股票上市规则（2022年修订）》《深圳证券交易所上市公司自律监管指引第1、2、5、6、9—13号》
1月13日	深圳证券交易所发布《深圳证券交易所上市公司自律监管指引第7号》
1月18日	中国证券业协会发布《公司债券受托管理人处置公司债券违约风险指引》《公开发行公司债券受托管理协议必备条款》《公司债券受托管理人执业行为准则》
1月20日	上海证券交易所发布《银行间债券市场与交易所债券市场互联互通业务暂行办法》
1月27日	上海证券交易所发布《上海证券交易所债券交易规则》
1月27日	上海证券交易所发布《上海证券交易所债券交易规则适用指引第1—3号》
1月28日	中国证监会、公安部、国资委、中国银保监会联合发布《上市公司监管指引第8号——上市公司资金往来、对外担保的监管要求》
1月28日	中国证监会发布《关于注册制下提高招股说明书信息披露质量的指导意见》
1月28日	中国证监会、司法部、中华全国律师协会联合发布《监管规则适用指引——法律类第2号：律师事务所从事首次公开发行股票并上市法律业务执业细则》
1月28日	上海证券交易所发布《上海证券交易所基金自律监管规则适用指引第3号——基金通平台份额转让》
1月28日	深圳证券交易所发布《深圳证券交易所证券投资基金业务指引第3号——基金通平台份额转让》
2月10日	深圳证券交易所发布《深圳证券交易所上市公司自律监管指引第3、4号》
2月11日	中国证监会发布《境内外证券交易所互联互通存托凭证业务监管规定》
2月17日	上海证券交易所发布《上海证券交易所上市公司自律监管指引第6号——重大资产重组（2023年修订）》
2月17日	深圳证券交易所发布《深圳证券交易所上市公司自律监管指引第8号——重大资产重组（2023年修订）》
2月17日	全国中小企业股份转让系统发布《全国中小企业股份转让系统挂牌公司持续监管指引第2号——提供担保》
2月18日	中国证监会发布《证券基金经营机构董事、监事、高级管理人员及从业人员监督管理办法》
2月25日	北京证券交易所发布《北京证券交易所证券发行承销自律委员会管理细则》
3月4日	上海证券交易所发布《北京证券交易所上市公司向上海证券交易所科创板转板办法（试行）》
3月4日	深圳证券交易所发布《深圳证券交易所关于北京证券交易所上市公司向创业板转板办法（试行）》

续表

时间	制度规范
3月4日	全国中小企业股份转让系统发布《全国中小企业股份转让系统分层管理办法》《全国中小企业股份转让系统挂牌公司分层调整业务指南》
3月4日	北京证券交易所发布《北京证券交易所上市公司持续监管指引第7号——转板》
3月25日	上海证券交易所发布《上海证券交易所互联互通存托凭证业务指引第1—2号》《上海证券交易所与境外证券交易所互联互通存托凭证上市交易暂行办法》
3月25日	深圳证券交易所发布《深圳证券交易所互联互通存托凭证业务指引第1、2号》《深圳证券交易所与境外证券交易所互联互通存托凭证上市交易暂行办法》
3月28日	中国证券业协会发布《中国证券业协会团体标准工作规范（试行）》
3月31日	上海证券交易所发布《上海证券交易所上市公司自律监管指引第13号——破产重整等事项》
4月8日	中国证监会发布《关于修改〈首次公开发行股票并上市管理办法〉的决定》
4月11日	中国证监会发布《上市公司投资者关系管理工作指引》
4月12日	中国证监会发布金融行业推荐性标准《证券期货业数据模型 第4部分：基金公司逻辑模型》《碳金融产品》《面向老年人的证券期货业移动互联网应用程序设计规范》《面向老年人的证券期货业移动互联网应用程序设计检测规范》
4月22日	上海证券交易所发布《上海证券交易所公司债券发行上市审核规则》《上海证券交易所非公开发行公司债券挂牌规则》《上海证券交易所公司债券上市规则（2022年修订）》《上海证券交易所债券市场投资者适当性管理办法（2022年修订）》
4月22日	深圳证券交易所发布《深圳证券交易所公司债券发行上市审核规则》《深圳证券交易所非公开发行公司债券挂牌规则（2022年修订）》《深圳证券交易所债券市场投资者适当性管理办法（2022年修订）》
4月25日	中国证券业协会发布《证券公司文化建设实践评估办法（试行）》《证券公司文化建设实践年度报告编制指引》
4月29日	中国证监会发布《关于完善上市公司退市后监管工作的指导意见》
4月29日	上海证券交易所发布《关于退市公司进入退市板块挂牌转让的实施办法》《上海证券交易所公司债券发行上市审核规则适用指引第3号——审核重点关注事项（2022年修订）》
4月29日	深圳证券交易所发布《关于退市公司进入退市板块挂牌转让的实施办法》《深圳证券交易所公司债券发行上市审核业务指引第1、2号》
4月29日	北京证券交易所发布《关于退市公司进入退市板块挂牌转让的实施办法》
4月29日	全国中小企业股份转让系统发布《关于退市公司进入退市板块挂牌转让的实施办法》
5月5日	全国中小企业股份转让系统发布《全国中小企业股份转让系统股票代码管理指南》
5月10日	中国证券业协会发布《证券公司董事、监事、高级管理人员及从业人员管理规则》
5月12日	中国证监会发布《证券公司科创板股票做市交易业务试点规定》
5月13日	中国证券业协会发布《证券公司建立稳健薪酬制度指引》《证券行业支持民营企业发展资产管理计划规范运作指引》《证券公司重大资产重组财务顾问业务执业质量评价办法》《非公开发行公司债券报备管理办法》

续表

时间	制度规范
5月20日	中国证监会发布《证券登记结算管理办法》《公开募集证券投资基金管理人监督管理办法》《关于实施〈公开募集证券投资基金管理人监督管理办法〉有关问题的规定》
5月20日	中国证券业协会发布《证券行业诚信准则》《证券行业执业声誉信息管理办法》
5月20日	上海证券交易所发布《上海证券交易所公司债券发行上市审核规则适用指引第4号——科技创新公司债券》
5月20日	深圳证券交易所发布《深圳证券交易所公司债券创新品种业务指引第6号——科技创新公司债券》
5月27日	中国证监会发布《保荐人尽职调查工作准则》《证券发行上市保荐业务工作底稿指引》
5月27日	上海证券交易所发布《上海证券交易所公司债券发行上市审核规则适用指引第6号——知名成熟发行人优化审核》
5月27日	深圳证券交易所发布《深圳证券交易所公司债券发行上市审核业务指引第3号——优化审核安排》
5月31日	中国证监会发布《关于修改〈中国证监会派出机构监管职责规定〉的决定》
5月31日	中国证监会、司法部、财政部联合发布《关于加强注册制下中介机构廉洁从业监管的意见》
6月2日	上海证券交易所发布《上海证券交易所公司债券发行上市审核规则适用指引第2号——特定品种公司债券（2022年修订）》《上海证券交易所公司债券发行上市审核规则适用指引第5号——审核程序》
6月6日	上海证券交易所发布《上海证券交易所科技创新咨询委员会工作规则（2022年修订）》
6月10日	中国证监会发布《关于修改〈内地与香港股票市场交易互联互通机制若干规定〉的决定》
6月10日	上海证券交易所发布《上海证券交易所科创板发行上市审核规则适用指引第7号——医疗器械企业适用第五套上市标准》
6月17日	上海证券交易所发布《关于可转换公司债券适当性管理相关事项的通知》
6月17日	中国证券业协会发布《证券公司首次公开发行股票并上市保荐业务工作底稿目录细则》《证券业务示范实践第3号——保荐人尽职调查》《注册制下保荐协议（示范文本）（2022年版）》
6月24日	中国证监会发布《关于交易型开放式基金纳入互联互通相关安排的公告》
6月24日	上海证券交易所发布《上海证券交易所沪港通业务实施办法（2022年修订）》《上海证券交易所港股通委托协议必备条款（2022年修订）》《上海证券交易所港股通交易风险揭示书必备条款（2022年修订）》
6月24日	深圳证券交易所发布《深圳证券交易所深港通业务实施办法（2022年修订）》《深圳证券交易所港股通委托协议必备条款（2022年修订）》《深圳证券交易所港股通交易风险揭示书必备条款（2022年修订）》
6月28日	上海证券交易所、中国证券登记结算有限责任公司联合发布《境外机构投资者债券交易及登记结算业务实施细则》
7月8日	中国证券业协会发布《证券行业专业人员水平评价测试实施细则》《证券公司从业人员业务培训细则》
7月15日	上海证券交易所发布《上海证券交易所科创板股票做市交易业务实施细则》
7月15日	深圳证券交易所发布《深圳证券交易所公司债券发行上市审核业务指引第5号——非公开发行公司债券挂牌条件确认程序》《深圳证券交易所资产支持证券挂牌条件确认业务指引第1号——确认程序》
7月20日	中国证券业协会发布《证券公司交易结算及对账数据对外发送指引（试行）》
7月27日	中国证监会、财政部联合发布《关于证券违法行为人财产优先用于承担民事赔偿责任有关事项的规定》
7月28日	北京证券交易所发布《北京证券交易所债券招标发行业务操作指引》

续表

时 间	制度规范
7月29日	中国证监会发布《公开发行证券的公司信息披露编报规则第25号——从事药品及医疗器械业务的公司招股说明书内容与格式指引》
7月29日	上海证券交易所发布《上海证券交易所可转换公司债券交易实施细则》《上海证券交易所上市公司自律监管指引第12号——可转换公司债券》
8月5日	全国中小企业股份转让系统发布《退市公司股票挂牌业务指南》
8月12日	中国证监会发布《关于废止部分证券期货规范性文件的决定》《关于修改、废止部分证券期货规范性文件的决定》
8月12日	上海证券交易所发布《上海证券交易所债券自律监管规则适用指引第3号——公司债券和资产支持证券自律监管措施实施标准（试行）》
9月2日	北京证券交易所发布《北京证券交易所证券指数管理细则》
9月2日	中国证券业协会发布《证券公司保荐业务规则》
9月9日	中国证监会发布《关于合格境外机构投资者和人民币合格境外机构投资者境内证券交易登记结算业务的规定》
9月16日	深圳证券交易所发布《深圳证券交易所公司债券创新品种业务指引第1号——绿色公司债券（2022年修订）》
9月23日	全国中小企业股份转让系统、北京证券交易所联合发布《全国中小企业股份转让系统 北京证券交易所证券公司投资者教育工作指引（试行）》
10月14日	上海证券交易所发布《上海证券交易所科创板上市公司股东以向特定机构投资者询价转让和配售方式减持股份实施细则（2022年10月修订）》
10月28日	中国证监会发布《中国证监会关于12386服务平台优化运行有关事项的公告》
10月28日	中国证券金融股份有限公司、上海证券交易所、中国证券登记结算有限责任公司联合发布《科创板做市借券业务细则》
10月28日	全国中小企业股份转让系统发布《两网公司及退市公司股票转让办法》《两网公司及退市公司信息披露办法》
11月4日	中国证监会发布《个人养老金投资公开募集证券投资基金业务管理暂行规定》
11月11日	北京证券交易所发布《北京证券交易所融资融券交易细则》
11月14日	中国证监会发布金融行业推荐性标准《证券期货业机构内部接口 证券交易》《证券业登记结算核心术语》《证券期货业数据安全管理与保护指引》《证券期货业信息技术服务连续性管理指南》《场外通用传输接口》《证券公司客户信息交换规范》《证券经营机构投资者适当性管理 投资者评估数据要求》
12月2日	中国证券业协会发布《证券公司投行业务质量评价办法（试行）》
12月8日	深圳证券交易所发布《深圳证券交易所证券投资基金业务指引第2号——流动性服务（2022年修订）》
12月9日	全国中小企业股份转让系统发布《全国中小企业股份转让系统挂牌公司持续监管指引第3、4号》
12月9日	中国证券业协会发布《非公开发行公司债券项目承接负面清单指引（2022年修订）》
12月16日	深圳证券交易所发布《深圳证券交易所大湾区债券平台跨境债券挂牌业务试点指引》
12月23日	上海证券交易所发布《上海证券交易所上市审核委员会和并购重组审核委员会管理办法》

续表

时　间	制度规范
12月23日	深圳证券交易所发布《深圳证券交易所上市审核委员会和并购重组审核委员会管理办法》
12月23日	北京证券交易所发布《北京证券交易所上市委员会和并购重组委员会管理细则》
12月30日	中国证监会发布《关于修改〈科创属性评价指引（试行）〉的决定》
12月30日	上海证券交易所发布《上海证券交易所科创板企业发行上市申报及推荐暂行规定（2022年12月修订）》《上海证券交易所公司债券发行上市审核规则适用指引第7号——审核会》《上海证券交易所资产支持证券挂牌条件确认规则适用指引第1—4号》
12月30日	深圳证券交易所发布《深圳证券交易所创业板企业发行上市申报及推荐暂行规定（2022年修订）》《深圳证券交易所资产支持证券挂牌条件确认业务指引第2、3号》
12月30日	北京证券交易所发布《北京证券交易所上市公司自律监管指引——纪律处分实施标准（试行）》

后　　记

　　《中国证券业发展报告（2023）》由中国证券业协会组织编撰，由中国证券业协会和13家单位组成的写作组共同完成。报告分为总报告、分报告及专题报告，撰稿单位情况如下：海通证券股份有限公司负责撰写"总报告：2022年中国证券业发展回顾与展望"第一章、"专题报告之一：2022年中国证券公司合规管理发展综述"及"专题报告之二：2022年中国证券公司风险管理发展综述"；国泰君安证券股份有限公司负责撰写"总报告：2022年中国证券业发展回顾与展望"第二章及"分报告之一：2022年中国证券经纪业务发展回顾与展望"；申万宏源证券有限公司负责撰写"总报告：2022年中国证券业发展回顾与展望"第三章、第四章及"分报告之三：2022年中国证券公司资产管理业务发展回顾与展望"；海南港澳资讯产业股份有限公司负责撰写"总报告：2022年中国证券业发展回顾与展望"证券投资咨询公司发展状况相关部分；中信建投证券股份有限公司负责撰写"分报告之二：2022年中国投资银行业务发展回顾与展望"；中信证券股份有限公司负责撰写"分报告之四：2022年中国证券公司融资类业务发展回顾与展望"和"分报告之五：2022年中国证券公司投资业务发展回顾与展望"；联合资信评估股份有限公司负责撰写"分报告之六：2022年中国证券市场资信评级业务发展回顾与展望"；中国证券业协会会员管理部负责撰写"专题报告之三：2022年证券行业履行社会责任情况综述"；中国证券业协会投资者服务部负责撰写"专题报告之四：2022年证券公司投资者保护工作发展综述"；中国证券业协会从业人员管理部负责撰写"专题报告之五：2022年证券行业人力资源管理发展综述"；安信证券股份有限公司负责撰写"专题报告之六：2022年中国证券业信息技术与服务发展综述"；广发证券股份有限公司负责撰写"专题报告之七：2022年中国证券公司国际业务发展综述与展望"；安徽省股权托管交易中心负责撰写"专题报告之八：2022年中国区域性股权市场发展综述与展望"；中证机构间报价系统股份有限公司负责撰写"专题报告之九：2022年证券公司场外业务监测监控概述及柜台市场业务发展综述"第一章；东方证券股份有限公司负责撰写"专题报告之九：2022年证券公司场外业务监测监控概述及柜台市场业务发展综述"第二章；第一创业证券股份有限公司负责撰写"专题报告之十：2022年中国证券公司固定收益业务发展综述与展望"。按报告顺序，各写作组负责人分别为：路颖、施继军、罗麒、郑治国、殷军军、贾新、张玲、艾仁智、赵慧文、杜洪波、徐仕达、周素霞、黄钰薇、许彦冰、陈福、颜占寅、刘辉、王春华、马东军。

后 记

本报告在编写过程中得到了中国证监会证券基金机构监管部、发行监管部的大力支持。初稿完成后,中国证监会证券基金机构监管部、中国证监会市场监管二部、中国证券金融股份有限公司、中国证券业协会证券经纪与财富管理专业委员会、投资银行专业委员会、资产管理业务专业委员会、融资融券业务专业委员会、股权与另类投资业务专业委员会、合规管理与廉洁从业专业委员会、风险管理专业委员会、证券科技专业委员会、国际合作专业委员会、场外市场与衍生品业务专业委员会、区域性股权市场专业委员会、固定收益专业委员会、资信评级专业委员会的专家对报告内容进行了认真审阅并提出了宝贵的修改意见和建议。此外,本报告的完成也得到了上海证券交易所、深圳证券交易所、中国证券投资基金业协会及广大会员单位的支持,在此一并表示感谢!

由于内容繁多,数据来源不同,编写人员能力有限,《中国证券业发展报告(2023)》难免有疏漏、错误之处,敬请业内同仁、广大读者提出宝贵意见和建议。

《中国证券业发展报告(2023)》编委会

2023 年 11 月